中国古代文学600题

主　编　张新科
副主编　刘银昌　魏景波　刘军华
编　者　张新科　刘银昌　魏景波　刘军华
　　　　张江珍　伍　娜　段素梅　刘亮亮
　　　　陈地阔　崔婉茹

陕西师范大学出版总社

图书代号　JC16N1332

图书在版编目(CIP)数据

中国古代文学600题 / 张新科主编. —西安：陕西师范大学出版总社有限公司，2021.8
ISBN 978-7-5695-2036-1

Ⅰ.①中… Ⅱ.①张… Ⅲ.①中国文学—古典文学—问题解答 Ⅳ.①I206.2-44

中国版本图书馆 CIP 数据核字(2020)第 271047 号

中国古代文学600题
ZHONGGUO GUDAI WENXUE 600 TI

张新科　主编

责任编辑	邱水鱼
责任校对	张俊胜
封面设计	鼎新设计
出版发行	陕西师范大学出版总社
	(西安市长安南路199号　邮编 710062)
网　　址	http://www.snupg.com
经　　销	新华书店
印　　刷	西安日报社印务中心
开　　本	787mm×1092mm　1/16
印　　张	20.375
字　　数	440千
版　　次	2021年8月第1版
印　　次	2021年8月第1次印刷
书　　号	ISBN 978-7-5695-2036-1
定　　价	78.00元

读者购书、书店添货如发现印刷装订问题，请与本社高教出版中心联系调换。
电　话：(029)85303622(传真)　85307826

序　言

作为高等院校中文专业的骨干课程，"中国古代文学史"时间跨度长，空间维度广。从先秦到明清，历时数千年；从北方到南方，纵横数万里。内容丰富多彩，文体多姿多样。要学好这门课，仅靠课堂时间是远远不够的。陕西师范大学文学院中国古代文学教研室为了配合本课程教学，于2005年建立了"中国古代文学史"课程网站，为学生提供了较为丰富的课外学习资料。网站设有"在线答疑"栏目，教师与学生进行互动交流，收到了良好的效果。

本课程于2008年被批准为陕西省精品课程和国家级精品课程，对学生的学习起到了积极的促进作用。此后，课程网站不断完善，本课程教学团队也于2010年荣获陕西省优秀教学团队称号。2013年，本课程又在原基础上，改造升级为陕西省和国家级精品资源共享课。

时光荏苒。本课程网站"在线答疑"栏目中学生提出的问题愈来愈多，有些甚至是校外学生或社会其他人员提出的问题，我们都及时予以答复。问题有的简单，有的复杂，甚至刁钻；教师的回答针对性强，有的简略，有的繁复，不拘一格。有的同学还建议我们将网上问题集中起来编写成书供他们学习，表现出对这门课程的热情。计算一下，从课程网站起步到现在已经超过10年时间。于是，我们采纳大家的建议，将"在线答疑"中的问题进行了梳理筛选，又适当作了一些增补，共600题。这些问题的选择，不求系统性，但求对学习有所帮助。本书对于问题的解答尽量简明扼要，不作过多的阐述。同时，尽量条理化，便于学生记忆。总之，一切从学生实际需要出发，为学生的学习着想，使他们能够结合教材、课程网站和这些问题，对中国古代文学史有一个较为全面的了解，为以后的深造和研究打下良好的基础。

编写《中国古代文学史600题》，目的在于给学生课外学习提供新的资料。当然，也可以作为广大文学爱好者的参考书。特别要说明的是，有些问题的答案来自有关著作或教材，受教辅体例和出版篇幅的限制，没有一一注明，谨请读者谅解。

本课程在陕西师范大学中文专业开设时间是三年。教学内容按照时代发展的顺序分为三大段,每学年一大段,即:先秦两汉魏晋南北朝文学、唐(五代)宋(辽金)文学、元明清文学。我们的编写也按照这三个段落进行,具体分工如下:刘银昌、张江珍、伍娜、段素梅负责先秦两汉魏晋南北朝文学,魏景波、刘亮亮负责唐(五代)宋(辽金)文学,刘军华、陈地阔、崔婉茹负责元明清文学。最后由课程负责人张新科统稿,对部分问题进行增减。

本书的出版,得到陕西师范大学教务处、陕西师范大学出版总社的大力支持,责任编辑冯新宏、邱水鱼也付出了辛勤劳动,在此一并表示衷心感谢!

编者

2018.9.26

目　　录

先秦文学

1. 我国早期神话不同于希腊神话的显著特征有哪些？……………………（1）
2. 我国古代神话的分类及其被保存的相关著作有哪些？…………………（2）
3. 简述古代神话对后世文学创作有哪些影响。……………………………（2）
4. 《山海经》神话的价值及影响有哪些？……………………………………（3）
5. 《诗经》包括哪些思想内容？………………………………………………（4）
6. "诗有六义"指的是什么？…………………………………………………（5）
7. 什么是"诗经学"？简要叙述其内容。……………………………………（6）
8. 《诗经》的艺术成就有哪些？………………………………………………（6）
9. 简略分析《诗经》与楚辞的比兴手法有哪些不同。………………………（8）
10. 先秦叙事散文对后世文学有什么影响？…………………………………（8）
11. 先秦散文分为哪两类？它为什么在春秋战国时期得到了空前发展？…（9）
12. 韩愈《进学解》中提到"周《诰》殷《盘》,佶屈聱牙",其原因何在？……（10）
13. 《尚书》的文学价值是什么？………………………………………………（10）
14. 《春秋》的写作特点有哪些？………………………………………………（12）
15. 《国语》的文学价值有哪些？………………………………………………（12）
16. 《左传》的文学价值有哪些？………………………………………………（13）
17. 为什么说《左传》是先秦散文的"叙事之最",标志着我国叙事散文的成熟？（14）
18. 《战国策》的文学成就是什么？……………………………………………（14）
19. 《竹书纪年》的由来及其价值是什么？……………………………………（14）
20. 先秦诸子有哪几家？简要分析其各自的特点。…………………………（15）
21. 简述《论语》的文学艺术价值。……………………………………………（16）
22. 试说明先秦说理散文的成熟过程。………………………………………（16）

- 1 -

23. 试述《庄子》《韩非子》中的寓言差异。 …………………………（17）
24. 简要说明孔子的思想特征。 ……………………………………（18）
25. 简略分析《墨子》散文的艺术特点。 …………………………（18）
26. 《老子》一书的思想特征有哪些? ………………………………（19）
27. 简述《老子》散文的艺术特色。 …………………………………（20）
28. 《庄子》的思想特征有哪些? ……………………………………（20）
29. 简要分析《庄子》的艺术成就。 …………………………………（21）
30. 简要说明《庄子》寓言的成就。 …………………………………（21）
31. 试述《庄子》寓言中包含哪些内容。 ……………………………（22）
32. 简要说明《庄子》的精神实质和风格面貌。 ……………………（23）
33. 简述《庄子》散文在文学发展过程中的地位和影响。 …………（23）
34. 简要说明《孟子》散文的艺术特点。 ……………………………（24）
35. 试比较《孟子》《庄子》的不同。 ………………………………（25）
36. 简要分析《孟子》寓言的特点。 …………………………………（25）
37. 《荀子》的主要特色是什么? ……………………………………（26）
38. 简要分析《成相》。 ………………………………………………（26）
39. 简述荀子《赋篇》之具体内容及影响。 …………………………（27）
40. 先秦诸子的寓言特色是什么? ……………………………………（27）
41. 简要分析《荀子》《庄子》《孟子》《韩非子》的论辩风格。 …（28）
42. 试分析《韩非子》的散文特色。 …………………………………（29）
43. 《韩非子》的寓言有什么特点? …………………………………（29）
44. 试分析《晏子春秋》的写作特色。 ………………………………（30）
45. 简要说明《吕氏春秋》的性质及体例。 …………………………（30）
46. 试概括《吕氏春秋》的文学价值。 ………………………………（31）
47. 简述《孝经》的历史影响。 ………………………………………（32）
48. 简述《周礼》的基本内容。 ………………………………………（33）
49. 简述《仪礼》的重要价值。 ………………………………………（33）
50. 简要说明《周易》的结构和内容。 ………………………………（34）
51. 试述《周易》在中国文化中的价值。 ……………………………（34）
52. 简述楚文化的特色。 ………………………………………………（35）
53. 简述楚辞的产生和流变。 …………………………………………（35）
54. 分析楚辞产生的原因。 ……………………………………………（35）
55. 屈原的作品有哪些? ………………………………………………（36）

56. 简要说明关于《离骚》之题意的多种解释。……………………………（36）
57. 分析《离骚》的思想内容。……………………………………………（37）
58. 简要说明《离骚》的艺术成就。………………………………………（37）
59. 《离骚》的浪漫主义精神体现在哪些方面？…………………………（38）
60. 简述"香草美人"意象具有哪些内涵。………………………………（39）
61. 试分析屈原与庄子浪漫主义的相同点。………………………………（40）
62. 试分析屈原与庄子浪漫主义的不同点。………………………………（40）
63. 简述《九歌》的艺术特色。……………………………………………（41）
64. 简述《九章》的思想内容。……………………………………………（42）
65. 简要说明《九章》的艺术特点。………………………………………（43）
66. 分析《天问》的思想内容和文学价值。………………………………（43）
67. 分析《招魂》的艺术特点。……………………………………………（44）
68. 说明屈原对后世的影响有哪些。………………………………………（44）
69. 屈原对以前的诗歌传统做了哪些发展？………………………………（45）
70. 说明《九辩》的内容主旨。……………………………………………（46）
71. 分析《九辩》的艺术特色。……………………………………………（46）
72. 楚辞的影响有哪些？……………………………………………………（47）

两汉文学

73. 汉代文学和经学有什么关系？…………………………………………（48）
74. 汉代文学的基本发展态势是什么？……………………………………（48）
75. 汉代文学样式有什么嬗革？……………………………………………（49）
76. 汉代作家群体是如何出现的？…………………………………………（49）
77. 赋为什么在汉代特别兴盛？……………………………………………（50）
78. 汉赋演化的三个阶段及其主要特点是什么？…………………………（50）
79. 司马相如有什么文学成就？……………………………………………（52）
80. 司马相如的《子虚赋》《上林赋》二赋在汉赋发展史上居于什么地位？……（52）
81. 汉大赋的基本特征及风格是什么？……………………………………（53）
82. 简述枚乘《七发》的价值。……………………………………………（53）
83. 除了司马相如，西汉还有哪些赋家？…………………………………（54）
84. 东方朔《答客难》是不是赋？…………………………………………（55）
85. 扬雄有什么文学成就？…………………………………………………（55）
86. 扬雄前后期对赋的态度有何转变？……………………………………（56）

87. 抒情赋是怎么兴起的？……………………………………………………（57）
88. 简述张衡在汉赋史上的地位。……………………………………………（57）
89. 王褒《洞箫赋》的内容及艺术成就是什么？……………………………（58）
90. 汉代骚体赋、汉大赋和抒情小赋各有什么特点？………………………（59）
91. 蔡邕有什么文学成就？……………………………………………………（60）
92. 《史记》的体例是什么？…………………………………………………（60）
93. 《史记》有哪些著名的注本？……………………………………………（61）
94. 为什么说《史记》是"史家之绝唱，无韵之《离骚》"？………………（61）
95. 《史记》有什么风格特征？………………………………………………（62）
96. 《史记》和《汉书》有什么异同？………………………………………（63）
97. 《史记》取得了哪些文学成就？…………………………………………（64）
98. 《史记》的叙事艺术有哪些特点？………………………………………（64）
99. 《史记》是如何刻画人物形象的？………………………………………（65）
100. 《史记》在文学史上有什么样的地位和影响？…………………………（65）
101. 《项羽本纪》是如何塑造人物形象的？…………………………………（65）
102. 什么是《史记》互见法？…………………………………………………（66）
103. 汉乐府民歌的艺术成就有哪些？…………………………………………（67）
104. 汉乐府民歌在中国文学史上有什么意义？………………………………（67）
105. 乐府、乐府诗、乐府民歌有什么区别与联系？…………………………（68）
106. 汉乐府民歌是如何被采集和保存的？……………………………………（68）
107. 汉乐府民歌对后世诗歌创作有什么影响？………………………………（69）
108. 汉乐府民歌的现实主义精神表现在哪些方面？…………………………（70）
109. 为什么说汉乐府民歌标志着我国古代叙事诗的成熟？…………………（70）
110. 《陌上桑》的思想和艺术成就是什么？…………………………………（71）
111. 《孔雀东南飞》的思想内容和艺术成就是什么？………………………（72）
112. 李延年的《佳人曲》有何特色？…………………………………………（73）
113. 班婕妤的《怨歌行》有何特色？…………………………………………（73）
114. 东汉有哪些文人诗？………………………………………………………（74）
115. 张衡《四愁诗》有何艺术特色？…………………………………………（75）
116. 《古诗十九首》的思想主题、艺术特色及其意义是什么？……………（75）
117. 五言诗是怎样起源发展的？………………………………………………（76）
118. 什么是苏李诗？……………………………………………………………（78）
119. 汉代散文发展的脉络是什么？……………………………………………（77）

120. 汉初政论散文有何特点？ …………………………………………（78）
121. 贾谊和晁错政论文有何异同？ ……………………………………（78）
122. 贾谊《过秦论》的艺术特色有哪些？ ……………………………（78）
123. 王充的文学观点有哪些？ …………………………………………（79）
124. 汉初政论散文发达的原因是什么？有哪些代表作家？ …………（81）
125. 《汉书》的体例及文学艺术价值是什么？ ………………………（81）
126. 《汉书》的价值有哪些？ …………………………………………（81）
127. 《吴越春秋》有什么文学特色？ …………………………………（82）
128. 刘向的《说苑》是怎样一部书？ …………………………………（83）

魏晋南北朝文学

129. 魏晋南北朝被称为"文学的自觉时代"，这一时期文学的自觉主要表现在哪些方面？ …………………………………………………（84）
130. 三曹、七子分别指谁？他们的代表作品有哪些？ ………………（85）
131. 三曹在文学史上的主要贡献有哪些？他们的诗风有什么差异？ …（85）
132. 什么是建安风骨？代表作家有哪些？ ……………………………（86）
133. 建安诗歌创作的时代特征是什么？ ………………………………（86）
134. 曹丕诗歌的主要内容是什么？有何创新之处？ …………………（87）
135. 曹丕的《典论·论文》是一篇什么样的文章？主要提出了哪些见解？ …（88）
136. 曹植在诗歌上取得了哪些成就？怎样评价他在文学史上的地位？ …（88）
137. 曹植诗歌前后期有什么变化？产生这种变化的原因是什么？ …（89）
138. 《赠白马王彪》的创作背景、主要内容和艺术特色是什么？ …（90）
139. 蔡琰《悲愤诗》的艺术特色是什么？ ……………………………（91）
140. 正始政治时局对诗歌创作有哪些影响？ …………………………（92）
141. 阮籍《咏怀诗》的主要思想内容与艺术特色是什么？ …………（92）
142. 阮籍和嵇康在诗歌创作风貌上有什么不同？形成差异的原因是什么？ …（93）
143. 什么是太康诗风？其特征表现在哪些方面？ ……………………（93）
144. 何谓"陆海潘江"？ …………………………………………………（94）
145. 左思对咏史诗的创新之处表现在哪里？ …………………………（94）
146. 什么是"左思风力"？ ………………………………………………（95）
147. 什么是"文章二十四友"？ …………………………………………（95）
148. 游仙诗渊源是什么？怎样看待郭璞的《游仙诗》？ ……………（95）
149. 什么是兰亭诗？ ……………………………………………………（96）

150. 玄言诗的特点和代表诗人有哪些？……………………………………（96）
151. 陶渊明田园诗的艺术成就有哪些？…………………………………（96）
152. 陶渊明的诗歌以平淡自然见长，但是也有"金刚怒目"式的豪放之作，怎样看待陶诗中这些"金刚怒目"式的作品？……………………………（97）
153. 陶渊明在我国文学史上有何地位和影响？…………………………（98）
154. 南北朝乐府民歌的差异体现在哪些方面？…………………………（98）
155. 南朝民歌《西洲曲》的内容和艺术特色是什么？…………………（99）
156.《木兰诗》的主题思想和艺术特色是什么？………………………（100）
157. 南朝文学的主要特点是什么？………………………………………（100）
158. 什么是"元嘉体"？它的特点及影响有哪些？……………………（101）
159. 何谓"元嘉三大家"？………………………………………………（102）
160. 谢灵运山水诗的特点是什么？………………………………………（102）
161. 从陶渊明到谢灵运，诗歌艺术的转变主要表现在哪些方面？……（103）
162. 鲍照诗歌的艺术风格有哪些？………………………………………（103）
163. 鲍照对七言诗发展的贡献表现在哪些方面？………………………（104）
164. 鲍照《芜城赋》的思想内容和艺术成就是什么？…………………（104）
165. 什么是新体诗？新体诗有哪些代表作家？…………………………（104）
166. 如何评价永明体诗歌？………………………………………………（105）
167. "沈诗任笔"指的是什么？…………………………………………（105）
168. 什么是"江郎才尽"？………………………………………………（105）
169. 谢朓诗歌的艺术成就有哪些？………………………………………（106）
170. 大小谢诗歌的异同表现在哪些方面？………………………………（106）
171. "竟陵八友"指的是哪几个人？他们的主要贡献是什么？………（106）
172.《文选》是一部怎样的书？其历史价值体现在哪里？……………（107）
173.《文心雕龙》的贡献与影响是什么？………………………………（107）
174.《诗品》的主要贡献是什么？………………………………………（108）
175. "北地三才"指的是谁？……………………………………………（109）
176. 宫体诗的内涵及其对文学史的意义是什么？………………………（110）
177.《玉台新咏》是一部怎样的作品？…………………………………（110）
178. 庾信前后期创作有何不同？他在文学史上有怎样的地位？………（111）
179. 齐梁时期文学的"新变"意识主要表现在哪些方面？……………（111）
180. 七言诗是怎样产生和发展的？………………………………………（112）
181. 陆机《文赋》的主要内容是什么？…………………………………（112）

182. 刘勰《文心雕龙》的系统性表现在哪些方面？ …………………………（113）
183. 《颜氏家训》是一本什么样的书？有何影响？ …………………………（114）
184. 简述"文笔说"的内容及其在文学批评史上的地位。 …………………（114）
185. 魏晋时期辞赋的特点是什么？ ……………………………………………（115）
186. 魏晋抒情小赋的代表作家和作品有哪些？ ………………………………（116）
187. 什么是骈文？南朝骈文发展过程是怎样的？ ……………………………（116）
188. 南朝骈赋的形式与内容有什么特点？ ……………………………………（116）
189. 北朝散文的代表作及内容形式特点是什么？ ……………………………（116）
190. 《洛阳伽蓝记》是一部什么样的书？ ……………………………………（117）
191. 《水经注》是本什么样的书？ ……………………………………………（118）
192. 什么是志怪小说和志人小说？ ……………………………………………（118）
193. 中国小说的起源是什么？ …………………………………………………（118）
194. 魏晋南北朝志怪小说兴盛的原因是什么？ ………………………………（119）
195. 魏晋南北朝志怪小说的主要内容是什么？对后世产生了什么影响？ …（119）
196. 志怪小说的思想艺术特点是什么？ ………………………………………（120）
197. 《世说新语》是一部什么样的书？ ………………………………………（120）
198. 《世说新语》的艺术成就有哪些？对后世有什么影响？ ………………（120）
199. 《乐府诗集》是一部什么样的书？ ………………………………………（121）
200. 《全上古三代秦汉三国六朝文》是一部什么样的书？ …………………（121）
201. 《先秦汉魏晋南北朝诗》一书有何价值？ ………………………………（122）

隋唐五代文学

202. 隋代诗歌创作有何特点？ …………………………………………………（123）
203. 唐代文学繁荣的原因及表现是什么？ ……………………………………（123）
204. 唐诗发展的轨迹是什么样的？ ……………………………………………（124）
205. 唐诗一般怎么分期？ ………………………………………………………（125）
206. 贞观年间的诗坛概貌如何？ ………………………………………………（126）
207. 王绩对初唐诗坛有何贡献？ ………………………………………………（126）
208. 虞世南的诗歌特色和艺术风格如何？ ……………………………………（126）
209. 何谓"上官体"？ …………………………………………………………（127）
210. 陈子昂对唐诗的发展做了什么贡献？ ……………………………………（127）
211. "初唐四杰"对唐代文学的贡献有哪些？ ………………………………（128）
212. 杜甫为什么很推崇"初唐四杰"？ ………………………………………（128）

213. 何谓"吴中四士"? ……（129）
214. 沈、宋诗歌有何特点? ……（129）
215. "文章四友"指谁? 其中谁的诗歌成就最高? ……（129）
216. 杜审言对后代有何影响? ……（130）
217. 律诗体式是如何定型的? ……（130）
218. 何谓"盛唐气象"? ……（131）
219. 王维、孟浩然山水田园诗有什么不同? ……（132）
220. 盛唐时期为什么边塞诗盛行? ……（132）
221. 盛唐边塞诗有什么内容? ……（133）
222. 高适与岑参的诗风有何异同? ……（134）
223. 王昌龄绝句的成就是什么? ……（135）
224. 为什么说王维"诗中有画"? 表现在哪些地方? ……（135）
225. 王维诗中的禅意有何具体表现? ……（136）
226. 为什么称李白为"谪仙"? ……（136）
227. 李白诗歌的特色是什么? ……（137）
228. 李白乐府诗的特点及其创新之处有哪些? ……（138）
229. 李白歌行诗有什么艺术特点? ……（138）
230. 李白浪漫飘逸诗风形成的原因是什么? ……（139）
231. 为什么称杜甫的诗为"诗史"? ……（139）
232. 为什么称杜甫为"诗圣"? ……（140）
233. 为什么历来以"沉郁顿挫"概括杜诗的艺术风格? ……（140）
234. 杜甫叙事诗有什么特点? ……（141）
235. 杜甫律诗创作所取得的主要成就是什么? ……（142）
236. 如何评述杜甫诗歌的地位和影响? ……（142）
237. 困守长安的经历对杜甫诗歌创作有何影响? ……（143）
238. 何谓"三吏""三别"? ……（143）
239. 南宋严羽《沧浪诗话·诗评》云："李杜二公,正不当优劣。太白有一二妙处,子美不能道;子美有一二妙处,太白不能作。子美不能为太白之飘逸,太白不能为子美之沉郁。"对此如何理解? ……（144）
240. 李白、杜甫的诗歌理论各有何特点? ……（144）
241. 中唐诗歌创作的概况如何? ……（146）
242. 元结的文学主张是什么? ……（146）
243. 大历十才子包括哪些人? 他们的作品有何特色? ……（147）

244. 刘长卿的诗对后世有何影响? …………………………………………（147）
245. 为什么说韩愈"以文为诗"? …………………………………………（148）
246. 韩诗对宋诗散文化有何影响? …………………………………………（148）
247. 韩愈的文学理论有哪些? ………………………………………………（149）
248. 简述唐代散文的发展轨迹。 …………………………………………（149）
249. 唐代古文运动兴起的背景是什么? ……………………………………（150）
250. 韩柳古文运动的宗旨和理论是什么? …………………………………（150）
251. 韩愈、柳宗元在散体文创作上有何开拓? ……………………………（151）
252. 柳宗元对文学散文的贡献有哪些? ……………………………………（151）
253. 以王梵志和寒山为代表的唐代僧人创作的诗歌有何特点? ………（152）
254. 韦应物、柳宗元在诗史上的地位应如何评价? ……………………（152）
255. 唐代新乐府运动是怎样形成的? ………………………………………（152）
256. 如何评价白居易《新乐府》创作? ……………………………………（153）
257. 为什么元、白并称? ……………………………………………………（153）
258. 元、白的诗风有何异同? ………………………………………………（154）
259. 白居易的文学理论有哪些? ……………………………………………（154）
260. 何谓"元和体"? ………………………………………………………（155）
261. 元和诗风在诗史上有何地位? …………………………………………（155）
262. 刘禹锡的诗歌有何特点? ………………………………………………（156）
263. 何谓"长吉体"? ………………………………………………………（157）
264. 何谓"郊寒岛瘦"? ……………………………………………………（157）
265. 小李杜的诗风格如何? …………………………………………………（158）
266. 杜牧诗歌创作的艺术成就如何? ………………………………………（158）
267. 李商隐诗歌的艺术特色有哪些? ………………………………………（159）
268. 李商隐的诗歌是如何形成既凄艳又浑融的风格的? …………………（159）
269. 李商隐的诗歌在文学史上的地位如何? ………………………………（159）
270. 在诗歌所达到的境界上,李商隐和杜甫有何异同? …………………（160）
271. 李商隐的无题诗究竟表达了什么内容? ………………………………（160）
272. 李商隐的无题诗在艺术表现上有哪些特点? …………………………（161）
273. 何谓"三十六体"? ……………………………………………………（161）
274. 何谓"咸通十哲"? ……………………………………………………（161）
275. 何谓"芳林十哲"? ……………………………………………………（162）
276. 韩偓的诗就是香奁体吗? ………………………………………………（162）

277. 皮日休、陆龟蒙的小品文有何特点？……………………（163）
278. 司空图的诗学理论有哪些？……………………………（163）
279. 佛教对唐代文学的影响如何？…………………………（163）
280. 唐代新文体出现的原因及表现有哪些？………………（164）
281. 唐代传奇兴起的原因是什么？…………………………（164）
282. 鲁迅先生在《中国小说史略》中说"唐人始有意为小说"，对此如何理解？…（165）
283. 唐传奇的发展阶段及代表作品有哪些？………………（165）
284. 唐传奇的主要艺术成就有哪些？………………………（166）
285. 唐传奇对后世文学产生了什么影响？…………………（167）
286. 何谓"变文"？……………………………………………（167）
287. 词这一文体形成的背景是什么？………………………（167）
288. 敦煌词的主要特征有哪些？……………………………（168）
289. 敦煌曲子词的发现有什么意义？………………………（168）
290. 温庭筠词的艺术特色是什么？…………………………（169）
291. 温庭筠和韦庄词在艺术特点上有何异同？……………（169）
292. 李煜在词史上的地位和意义有哪些？…………………（170）
293. 花间派的代表作家有哪些？……………………………（170）
294. 什么是唐代的参军戏？…………………………………（170）
295. 唐代还有哪些杂戏？……………………………………（171）
296. 唐人选唐诗有哪几种？…………………………………（171）
297. 唐人选唐诗主要选集各自体现了怎样的文学主张？…（172）
298.《全唐诗》是一部怎样的书？……………………………（172）
299.《全唐诗补编》是一部怎样的书？………………………（173）
300.《全唐五代诗》是一部怎样的书？对《全唐诗》有何超越？…（173）
301.《全唐文》是一部怎样的书？……………………………（174）

宋辽金文学

302. 宋诗在哪些方面对唐诗有继承和创新？………………（175）
303. 宋词兴盛的原因是什么？………………………………（176）
304. 宋初诗坛有哪些流派？这些流派分别有哪些代表作家？…（176）
305. 何谓"北宋诗文革新运动"？……………………………（177）
306. 欧阳修的文学理论是什么？……………………………（177）
307. 欧阳修散文的艺术成就体现在哪些方面？……………（178）

308. 柳宗元和欧阳修山水游记散文有何不同？ …………………………（178）
309. 欧阳修词作题材的多样性体现在哪些方面？ ……………………（179）
310. 韩愈和欧阳修的散文风格有何异同？ ……………………………（180）
311. 何谓"六一风神"？ …………………………………………………（180）
312. 欧阳修、梅尧臣在宋诗发展中起了什么作用？ …………………（180）
313. 苏舜钦和梅尧臣代表的诗风有什么影响？ ………………………（181）
314. 北宋词至柳永出现了哪些变化？ …………………………………（181）
315. 晏殊词有什么特点？ ………………………………………………（182）
316. 晏几道词的特点有哪些？ …………………………………………（183）
317. 柳永对词境的开拓体现在哪些方面？ ……………………………（183）
318. 柳永对慢词的发展有何贡献？ ……………………………………（184）
319. 柳永词的俚俗色彩具体有什么表现？ ……………………………（184）
320. 为什么张先的词被称为"古今一大转移"？ ………………………（185）
321. 张先"张三影"是如何得名的？ ……………………………………（185）
322. 秦观词的特色有哪些？ ……………………………………………（185）
323. 秦观为什么被称为"词手"？ ………………………………………（186）
324. 周邦彦词"缜密典丽，浑厚和雅"的风格具体怎么体现？ ………（186）
325. 周邦彦词的韵律美怎么表现？ ……………………………………（187）
326. 周邦彦词的"集大成"体现在哪些方面？ …………………………（188）
327. 结合具体作品分析柳永词和周邦彦词在艺术上的不同。 ………（188）
328. 何谓"大晟词人"？ …………………………………………………（189）
329. 贺铸的词艺术上有什么特色？ ……………………………………（189）
330. 儒、道、释的思想是如何在苏轼身上体现的？ …………………（189）
331. 为什么说苏轼是北宋诗坛上的第一大家？ ………………………（190）
332. 苏轼的诗歌美学思想在具体作品中如何体现？ …………………（191）
333. 苏轼散文的艺术成就有哪些具体表现？ …………………………（191）
334. 苏轼词在宋词发展变革中的重要地位和贡献体现在哪些方面？ …（192）
335. 苏轼"以诗为词"的具体表现是什么？ ……………………………（193）
336. 苏轼散文赋作的散体特征有哪些表现？ …………………………（193）
337. 黄庭坚"山谷体"的艺术特色有哪些方面？ ………………………（194）
338. 黄庭坚在宋代诗坛产生重要影响的原因是什么？他的诗歌理论和创作有何
    特色？ ………………………………………………………………（195）
339. 何谓"苏门四学士"？ ………………………………………………（195）

340. 何谓"苏门后四学士"? ……………………………………………… (196)
341. 何谓"苏门六君子"? ………………………………………………… (196)
342. 苏轼晚年在《自题金山画像》中说:"心似已灰之木,身如不系之舟。问汝平生功业,黄州惠州儋州。"对此如何理解? …………………… (197)
343. 何谓"江西诗派"? …………………………………………………… (197)
344. 陈师道在江西诗派中的文学成就如何? …………………………… (197)
345. 陈与义在江西诗派中的文学成就如何? …………………………… (198)
346. 王安石诗歌的成就如何? …………………………………………… (198)
347. 王安石的绝句有何特色? …………………………………………… (199)
348. 宋代"古文运动"的特点有哪些? …………………………………… (199)
349. 欧阳修对北宋散文发展的理论贡献有哪些? ……………………… (200)
350. 欧阳修散文的影响有哪些? ………………………………………… (200)
351. "三苏"的文章有何特点? …………………………………………… (201)
352. "三苏"对后世有什么影响? ………………………………………… (202)
353. 曾巩的散文风格如何? ……………………………………………… (202)
354. 为什么明代的唐宋派和清代的桐城派对曾巩都特别推崇? ……… (203)
355. 何谓"唐宋八大家"? ………………………………………………… (204)
356. 南渡词人群创作的特点是什么? …………………………………… (204)
357. 李清照在《词论》中提出了哪些词学理论? ………………………… (204)
358. 如何评述李清照的《词论》? ………………………………………… (205)
359. 何谓"易安体"? ……………………………………………………… (205)
360. 李清照、李煜词作的异同点有哪些? ……………………………… (206)
361. 范成大的诗作有什么特点? ………………………………………… (207)
362. 何谓"中兴四大诗人"? ……………………………………………… (208)
363. 陆游诗歌的特点有哪些? …………………………………………… (208)
364. "诚斋体"有何特点? ………………………………………………… (209)
365. 辛弃疾对词境的开拓体现在哪些方面? …………………………… (209)
366. 稼轩词的艺术特色有哪些? ………………………………………… (210)
367. 辛弃疾的登临词以什么样的艺术手法体现其强烈的爱国主义感情? …… (210)
368. 辛弃疾词的多样化风格体现在哪些方面? ………………………… (211)
369. 辛弃疾词中的意象有何特点? ……………………………………… (211)
370. 姜夔对词的发展有哪些贡献? ……………………………………… (212)
371. 梦窗词的艺术成就有哪些? ………………………………………… (212)

372. 吴文英和周密为什么合称"二窗"？ …………………………… (213)
373. 宋代话本在中国文学史上的地位如何？ ……………………… (213)
374. 吕本中和曾几对江西诗派有何贡献？ ………………………… (214)
375. "永嘉四灵"的诗歌风格如何？ ………………………………… (214)
376. 何谓"江湖派"？ ………………………………………………… (214)
377. 文天祥有哪些著名的爱国诗篇？ ……………………………… (215)
378. 文天祥诗歌创作的特点有哪些？ ……………………………… (216)
379. 宋末遗民诗人的总体特点是什么？ …………………………… (216)
380. 元好问编的《中州集》是怎样一部书？ ……………………… (216)
381. 宋代属于辛派的词人有哪些？ ………………………………… (217)
382. 张炎的词与词学理论有何特点？ ……………………………… (218)
383. 张炎词与词论在词史上有何地位？ …………………………… (218)
384. 宋遗民词反映了怎样的时代面貌？ …………………………… (219)
385. 元好问诗歌的思想内容与艺术风格如何？ …………………… (219)
386. 金词有哪些重要作家？ ………………………………………… (220)
387. 辽代诗歌有什么特点？ ………………………………………… (221)
388. 宋人选宋词的著名选本有哪些？ ……………………………… (221)
389. 《太平广记》是一部怎样的书？ ……………………………… (222)
390. 宋代传奇有何特点？ …………………………………………… (223)
391. 《京本通俗小说》在小说史上的地位如何？ ………………… (223)
392. 什么叫"说话四家"？ …………………………………………… (224)
393. 《永乐大典戏文三种》在戏曲史上有何意义？ ……………… (224)
394. 宋代诗话为什么繁荣起来？ …………………………………… (225)
395. 宋诗话有什么特点？ …………………………………………… (226)
396. 何谓《四书集注》？ …………………………………………… (227)
397. 《沧浪诗话》的文学理念是什么？ …………………………… (227)
398. 元好问的《论诗绝句》有哪些观点？ ………………………… (228)
399. 《容斋随笔》是一部怎样的书？ ……………………………… (229)
400. 《全宋词》是一部怎样的书？ ………………………………… (229)
401. 《全宋诗》是一部怎样的书？ ………………………………… (229)
402. 《全宋文》是一部怎样的书？ ………………………………… (230)

元代文学

403. 什么是元曲? …………………………………………………………………（231）
404. 什么是散曲? …………………………………………………………………（231）
405. 什么是宫调? …………………………………………………………………（231）
406. 什么是套数? …………………………………………………………………（231）
407. 简述散曲与诗词的区别。 ……………………………………………………（232）
408. 简述散曲前期的发展特征。 …………………………………………………（232）
409. 简述《东篱乐府》。 …………………………………………………………（233）
410. 什么是"酸甜乐府"? …………………………………………………………（233）
411. 分析睢景臣[般涉调·哨遍]（高祖还乡）的思想内容和艺术特色。 ……（233）
412. 赏析马致远[越调·天净沙]（秋思）。 ………………………………………（233）
413. 赏析张养浩《山坡羊·潼关怀古》。 ………………………………………（233）
414. 简述元代社会思想状况与文学的关系。 ……………………………………（234）
415. 简述元杂剧的特点。 …………………………………………………………（234）
416. 什么是楔子? …………………………………………………………………（234）
417. 简要解释宾白、科、介。 ……………………………………………………（235）
418. 什么是北曲? …………………………………………………………………（235）
419. 什么是南曲? …………………………………………………………………（235）
420. 简要说明元曲四大家。 ………………………………………………………（235）
421. 简述元杂剧的四大爱情剧。 …………………………………………………（235）
422. 简述元杂剧的题材类型。 ……………………………………………………（236）
423. 简述元杂剧中爱情剧的特点。 ………………………………………………（236）
424.《录鬼簿》是一本什么书? …………………………………………………（236）
425. 简述关汉卿杂剧的思想内容。 ………………………………………………（237）
426. 分析关汉卿杂剧对女性问题的态度。 ………………………………………（237）
427. 简析《窦娥冤》第三折"三桩誓愿"的深刻含义。 ………………………（237）
428. 简要分析《窦娥冤》中窦娥的形象。 ………………………………………（238）
429. 以剧本为例评析关汉卿杂剧的文人色彩。 …………………………………（238）
430. 简析《救风尘》中赵盼儿的形象。 …………………………………………（238）
431. 简析《单刀会》在构思上的特色。 …………………………………………（239）
432. 简述《西蜀梦》的主题思想。 ………………………………………………（239）
433. 为什么说关汉卿的杂剧是"场上之曲"? …………………………………（239）

434. 比较马致远和关汉卿在创作上的不同点。 …………………………… (240)
435. 简述"西厢"故事的演变过程。 …………………………………………… (240)
436. 简述王实甫《西厢记》对莺莺故事题旨改造的意义。 ………………… (241)
437. "董西厢"对《会真记》的超越表现在哪里？ …………………………… (241)
438. 分析《西厢记》中的张生形象。 ………………………………………… (241)
439. 试以莺莺为例分析《西厢记》是如何刻画爱情心理的。 ……………… (242)
440. 简述西厢故事中红娘形象的演变过程。 ………………………………… (242)
441. 分析王实甫《西厢记》中的老夫人形象。 ……………………………… (242)
442. 试分析"长亭送别"一折的心理描写。 ………………………………… (243)
443. 简析《西厢记》的艺术成就。 …………………………………………… (243)
444. 为什么说王实甫《西厢记》的语言"字字当行，言言本色，可谓南北之冠"？ … (244)
445. 试比较《汉宫秋》和《梧桐雨》。 ……………………………………… (244)
446. 简析《墙头马上》女主人公李千金的性格特征。 ……………………… (244)
447. 试比较崔莺莺和李千金的人物形象。 …………………………………… (245)
448. 简述马致远神仙道化剧产生的原因。 …………………………………… (246)
449. 试述《汉宫秋》的思想内容。 …………………………………………… (246)
450. 简述《赵氏孤儿》的内容。 ……………………………………………… (246)
451. 简述《赵氏孤儿》的悲剧性。 …………………………………………… (247)
452. 简析《李逵负荆》中李逵的性格特征。 ………………………………… (247)
453. 结合《倩女离魂》分析郑光祖爱情剧中女性的矛盾心理。 …………… (247)
454. 南方戏剧圈的杂剧创作有何特点？ ……………………………………… (248)
455. 试述南戏在元代的发展。 ………………………………………………… (248)
456. 简述南戏的基本特征。 …………………………………………………… (248)
457. 简述南戏与杂剧的异同。 ………………………………………………… (248)
458. 简述四大南戏。 …………………………………………………………… (249)
459. 《永乐大典戏文三种》是指哪三种戏文？ ……………………………… (249)
460. 简要分析《琵琶记》中蔡伯喈形象的塑造。 …………………………… (249)
461. 简要分析《琵琶记》中赵五娘的形象。 ………………………………… (250)
462. 简述《琵琶记》的艺术特色。 …………………………………………… (250)
463. 高明在《琵琶记》的开场写道："正是不关风化体，纵好也徒然。论传奇，乐人易，动人难。知音君子，这般另作眼儿看。休论插科打诨，也不寻宫数调，只看子孝与妻贤。"你如何评价《琵琶记》所叙写的"子孝与妻贤"的内容？ ………… (250)
464. 简述元代前期诗文的创作情况。 ………………………………………… (251)

465. 简述元代中期诗文的创作情况。 …………………………………… (251)
466. 简述元代后期诗文的创作情况。 …………………………………… (251)
467. 简述元诗四大家。 …………………………………………………… (252)
468. 什么是"铁崖体"？ …………………………………………………… (252)

明代文学

469. 简述明代八股文的发展演变并评论其利弊。 ……………………… (253)
470. 简述台阁体的特征并分析其形成的原因。 ………………………… (253)
471. 简述茶陵派并评价李东阳在明代文学发展中的地位。 …………… (254)
472. 简要介绍明代前、后七子以及为什么称其为"秦汉派"。 ………… (254)
473. 前、后七子主张"诗必盛唐"是什么意思？ ………………………… (254)
474. 简评前、后七子文学复古的功过得失。 …………………………… (255)
475. 试述归有光的散文特色。除归有光外"唐宋派"还有哪些代表人物？ …… (255)
476. 以《项脊轩志》为例说明归有光的散文创作特色。 ……………… (255)
477. 董其昌评归有光的古文"前非李、何，后非晋江（王慎中）、毗陵（唐顺之），卓然自为一家之书"（《凤凰山房稿序》），那么，被列入"唐宋派"的归有光为什么能"自为一家之书"？ …………………………………………………………… (256)
478. 唐宋派的唐顺之在其《答茅鹿门知县第二书》中言"直摅胸臆，信手写出"，在《又与洪方洲书》中语"开口见喉咙"，这些主张与晚明性灵派文论是否一致，有何不同？ …………………………………………………………… (256)
479. "吴中四才子"分别指哪些人，这是一个怎样的群体？ …………… (256)
480. "吴中四才子"与前七子大致同时出现，其对后来文学进程的影响为何远逊于前七子？ ……………………………………………………………… (257)
481. 公安派与竟陵派有什么不同？ ……………………………………… (257)
482. 公安派的文学理论主张是什么？ …………………………………… (257)
483. 简述袁宏道"性灵说"的主要内涵。 ………………………………… (258)
484. 简述竟陵派的文学理论主张。 ……………………………………… (258)
485. 简述李贽的"童心说"。 ……………………………………………… (258)
486. 简述晚明小品文的创作特色。 ……………………………………… (259)
487. 晚明小品文为什么会风行起来？有哪些主要作家和作品？ ……… (259)
488. 什么是章回小说？ …………………………………………………… (260)
489. 章回小说的特征有哪些？ …………………………………………… (260)
490. 简述章回小说的发展情况。 ………………………………………… (260)

491. 什么是历史演义？历史演义小说大量产生于何时？主要作品有哪些？ …… (261)
492. 简述《三国演义》的主要版本。 …… (261)
493. 简述"三国故事"的历代演变情况。 …… (261)
494. 简述史书中对三国时期刘备、曹操两大集团的尊贬态度倾向。 …… (262)
495. 你如何理解《三国演义》中曹操的形象？ …… (262)
496. 试分析《三国演义》中虚与实的结合。 …… (263)
497. 试分析《三国演义》中的人物塑造。 …… (263)
498. 《三国演义》的叙事特征是什么？ …… (263)
499. 鲁迅在《中国小说史略》中就《三国演义》写了一段话："至于写人,亦颇有失,以致欲显刘备之长厚而似伪,状诸葛之多智而近妖。"你如何理解诸葛亮这一人物形象？ …… (263)
500. 简述《三国演义》之后明代出现的历史演义小说。 …… (264)
501. 《水浒传》的成书过程是怎样的？ …… (264)
502. 简述《水浒传》的叙述结构。 …… (264)
503. 如何解读宋江把"聚义厅"改为"忠义堂"这一举动？ …… (264)
504. 评述《水浒传》在人物塑造上的特点。 …… (265)
505. 梁启超认为《水浒传》是"诲盗"之书,《水浒传》英雄都是一批"以破城劫狱为能事,以杀人放火为豪举"的没有人性的"强盗"。周作人说《水浒传》不是"人的文学",而是"强盗文学"。对此怎么看？ …… (265)
506. 简述明代后期在通俗小说领域兴起的神怪小说。 …… (265)
507. 与《三国演义》《水浒传》相比,《西游记》的成书演化过程有何不同？ …… (265)
508. 简述《西游记》的取经故事流变。 …… (266)
509. 《西游记》是怎样一部小说,分析其主要的艺术特点和成就。 …… (266)
510. 举例分析孙悟空身上所反映的晚明时代精神以及作者的态度。 …… (266)
511. 任蛟在《西游记叙言》中说《西游记》在艺术表现上的一大特点是"以戏言寓诸幻笔"。他为什么这么说,请分析。 …… (267)
512. 何谓世情小说？ …… (267)
513. 请以"四大奇书"为主要标志概述长篇小说艺术发展的历程。 …… (267)
514. 《金瓶梅》成书于何时？ …… (267)
515. 说说《金瓶梅》的主要版本。 …… (268)
516. 试述《金瓶梅》与之前的白话小说有何不同。 …… (268)
517. 分别介绍《金瓶梅》中西门庆的众妻妾。 …… (268)
518. 如何理解《金瓶梅》的价值与意义？ …… (269)

- 17 -

519. 欣欣子在为《金瓶梅》所写的序中首句即言"窃谓兰陵笑笑生作《金瓶梅传》,寄意于时俗"。其中的"时俗"如何理解,这与之前的长篇小说又有什么不同? ……(269)
520. 与之前的长篇小说相比,《金瓶梅》在人物塑造上有什么不同? ……(269)
521. 何谓"三言"?何谓"二拍"? ……(269)
522. 简述明代短篇小说集《今古奇观》。 ……(270)
523. 睡乡居士在《二刻拍案惊奇序》中所说的"无奇之所以为奇"怎么理解? ……(270)
524. 简述"三言""两拍"在小说体式方面表现出的继承与创新。 ……(270)
525. 试分析"三言""二拍"中商人形象的新变。 ……(270)
526. 简述"三言"与"二拍"的艺术取向。 ……(270)
527. 作为中国古代短篇白话小说,"二拍"的创新之处有哪些? ……(271)
528. 简述《娇红记》在中国小说史上的新进展。 ……(271)
529. 元明杂剧创作主体有什么差别?这对杂剧的创作产生了怎样的影响? ……(272)
530. 《四声猿》分别是哪四部作品?分析《四声猿》在明代戏曲发展中的新变。 ……(272)
531. "传奇"这一概念,应如何解释? ……(272)
532. 简述明传奇的渊源。 ……(272)
533. 何谓"玉茗堂派"? ……(273)
534. 对"临川四梦"进行比较分析。 ……(273)
535. 简述《牡丹亭》所具有的文化警世意义。 ……(273)
536. 明代戏曲、小说及民歌等通俗文学的发展,突出显示了明代文学的创作者们对文学特性认识的深化。这主要表现在哪些方面? ……(273)
537. 结合作家作品简述明代散曲发展情况。 ……(273)

清代文学

538. 简述清代学术思想是如何转化的。 ……(275)
539. "江左三大家"是谁? ……(275)
540. 什么是"虞山诗派"? ……(276)
541. 什么是"梅村体"? ……(276)
542. 什么是"神韵说"?什么是"格调说"?什么是"肌理说"? ……(276)
543. 袁枚的诗论主张是什么? ……(276)
544. 龚自珍《己亥杂诗》的主要内容是什么? ……(276)
545. 谈谈龚自珍诗歌的浪漫主义特点。 ……(277)

546. 什么是"诗界革命"? …… (277)

547. 什么是"南社"? …… (278)

548. 为什么说清代是词学复兴的时代? …… (278)

549. 什么是"浙西词派"? …… (278)

550. 清初浙派词与清中叶浙派词有哪些不同? …… (278)

551. 什么是"常州词派"? …… (279)

552. 简述陈维崧的词作特点。 …… (279)

553. 试析纳兰性德的词。 …… (279)

554. "古文三大家"是谁? …… (280)

555. 什么是"桐城派"? …… (280)

556. 方苞"义法"说的含义是什么? …… (280)

557. 应该怎样看待清代骈文的兴盛? …… (280)

558. 简述龚自珍散文在晚清文坛上的地位及影响。 …… (281)

559. 梁启超新文体散文的基本特点是什么? …… (281)

560. 什么是"子弟书"? …… (281)

561. 什么是"苏州派"? …… (281)

562. 试述《清忠谱》在戏曲史上的意义。 …… (282)

563. 试论李渔的戏曲理论。 …… (282)

564. 什么是"南洪北孔"? …… (282)

565. 《长生殿》是怎样表现李、杨爱情的? …… (282)

566. 试论《长生殿》中爱情描写与政治批判之间的关系。 …… (283)

567. 试论《长生殿》的艺术特色。 …… (284)

568. 试论《长生殿》曲辞的抒情色彩。 …… (284)

569. 与前代同题材的作品相比,《长生殿》有什么特点? …… (284)

570. 试述《桃花扇》的主旨。 …… (285)

571. 试论《桃花扇》的思想内容与社会意义。 …… (286)

572. 分析李香君的形象。 …… (286)

573. 分析《桃花扇》"借离合之情,写兴亡之感"的艺术手法。 …… (286)

574. 试述清中后期剧坛上的"花雅之争"。 …… (287)

575. 清代小说与前代相较,有哪些新的变化? …… (287)

576. 简析清初才子佳人小说。 …… (288)

577. 试论清代世情小说对《金瓶梅》的继承。 …… (288)

578. 试论清代文言小说的发展状况。 …… (289)

579. 试论《聊斋志异》对女性才智的肯定与赞赏。 …………………………（289）
580. 《聊斋志异》创作中"一书而兼二体"的基本内涵是什么？ …………（289）
581. 《聊斋志异》在哪些方面超越了传奇手法？ ………………………（290）
582. 试论《儒林外史》的礼乐兵农思想。 ………………………………（290）
583. 试论《儒林外史》中杜少卿形象的人文内涵。 ……………………（290）
584. 试析蒲松龄、吴敬梓两人对科举考试的认识有何异同。 …………（291）
585. 试论《儒林外史》中两组对立人物的意义。 ………………………（291）
586. 鲁迅先生说《儒林外史》"戚而能谐,婉而多讽",该怎样理解？ …（291）
587. 试论《儒林外史》的讽刺艺术成就。 ………………………………（292）
588. 试论《儒林外史》的结构特点。 ……………………………………（292）
589. 《红楼梦》脂评本与程刻本的主要区别是什么？ …………………（293）
590. 简述红学的研究历程。 ………………………………………………（293）
591. 什么是"木石前盟"和"金玉良缘"？ ………………………………（294）
592. 试论《红楼梦》的人物塑造艺术。 …………………………………（294）
593. 试论《红楼梦》的叙事结构特点。 …………………………………（295）
594. 简述《红楼梦》在诗词运用方面的特色。 …………………………（295）
595. 分析《红楼梦》的悲剧意义。 ………………………………………（295）
596. 试述《红楼梦》在小说史上的地位。 ………………………………（296）
597. 李渔的短篇小说创作呈现出什么样的特点？ ………………………（297）
598. 《子不语》是一部什么样的书？ ……………………………………（298）
599. 简述《三侠五义》的成书情况。 ……………………………………（298）
600. 什么是"谴责小说"？有哪些代表作？ ……………………………（298）

先秦文学

1. 我国早期神话不同于希腊神话的显著特征有哪些？

我国早期神话不同于希腊神话的显著特征有：第一，神话人物（或具有神话色彩的传说人物）除极个别的以外，都是为民除害的英雄。至于个人的利害得失，他们并不挂怀。禹在父亲鲧受到不公正的处分以后，仍然全心全意治水，甚至不惜化身为熊，以至妻子变而为石。这与奥林匹斯山上诸神斤斤于个人恩怨甚或沉溺情欲形成鲜明的对照。第二，中国神话对既存秩序持肯定态度。无论天上的帝（例如，赐羿弓箭的帝俊）或人间的帝（例如，命羿除害的尧）都关心民众，为民造福。对鲧的处分虽似过重，但仍重用其子禹，而且鲧最后复活了。至于为害人群的共工，则终于自食恶果。换言之，中国神话中的既存秩序是合理而有益的，因而并无受到歌颂的反抗英雄。希腊神话中的主神宙斯却有很多荒唐的行为，甚至到人间去偷情，他的妻子——天后赫拉又很妒忌，不但迫害宙斯的情人而且迫害其后裔。普罗米修斯窃火予人类，这本是为民谋利益的好事，但宙斯却因此把他锁在高加索山崖，由神鹰每天去啄食他的肝脏，夜间伤口愈合，天明再啄。普罗米修斯始终不屈，后得到希腊神话另一英雄赫拉克勒斯的解救，始得脱难。而赫拉克勒斯也是不断遭受天后赫拉迫害的、富于反抗性的人物。可见，在希腊神话中，既存秩序不尽合理，因而反抗的英雄备受歌颂，而这也显然与中国古代神话相异。两相对照，可以看出在中国早期神话中，就已渗透了重群体而轻个体的意识，并且这种意识是与肯定既存秩序联系在一起的。第三，系统性不同。中国神话由于儒家"不语怪力乱神"的影响，很早以前就被有意忽视甚至改造，所以保留下来的只是片片断断，各不相干。而古希腊神话则有一个奥林匹斯山神的体系，以宙斯为首领的神的世界盘根错节，令人目不暇接。第四，取向不同。中国神话侧重于描述人与自然的关系，如精卫填海、女娲补天、后羿射日等，往往表现的是我们的先民在面对大自然的时候所迸发出的生活热情。古希腊神话则以人的命运为主线，表现人的宿命感和无力感，西西弗斯神话就是一个典型例子。

2. 我国古代神话的分类及其被保存的相关著作有哪些？

我国古代神话产生很早，但用文字记录下来则较晚。我国古代缺乏系统记载神话的专门典籍，但在《山海经》《庄子》《楚辞》《淮南子》和《列子》等古籍中，或多或少保存了一些神话传说。虽大多属于片段的记录，不够系统、完整，但内容非常丰富，堪称瑰丽多姿。按其内容划分，现存中国古代神话主要包括以下几类：

第一，创世神话。原始社会人类首先要思考的问题就是关于世界的起源问题，我们所熟知的盘古开天辟地、女娲造人、炼石补天等神话，都反映了先民对宇宙等自然现象的积极思考和勇于探索的精神。

第二，自然神话。在中国古代神话中，自然神话颇为出色，如主宰昼夜明晦、冬夏寒暑的钟山之神烛阴、十日所浴之处的神树扶桑、衔木石而填东海的神鸟精卫等，都是自然神话中的著名主角。自然神话多以鸟兽树木之类的自然物为主体，反映了原始人类对大自然的敬畏和崇拜，迷惑与解释。同时，也表达了他们征服自然、支配自然的美好愿望。

第三，英雄神话。英雄神话的出现意味着人类自我意识的觉醒，标志着神话发展进入了一个新的阶段。这类神话的主人公基本都是人的形象，但是他们却拥有神的本领，比如后羿射日，表达了先民征服自然的愿望；又如夸父逐日，表现了先民献身事业的伟大精神和造福后人的崇高美德。

第四，传奇神话。在《山海经》中有很多关于超越现实的奇国神物的记载，诸如"其民皆生毛羽"的羽民、长臂国、黑齿国等。这些都反映了原始人类改造和征服自然的愿望。

3. 简述古代神话对后世文学创作有哪些影响。

神话对后世文学产生了巨大而深远的影响，主要表现在以下三个方面：

（1）给作家创作提供了丰富的素材。中国神话丰富多彩的形态类别成为后世文学创作的重要素材。在先秦散文中，《庄子》一书缥缈奇变，其精妙的说理和恣肆的文风，在很大程度上得益于神话。如《逍遥游》中鲲鹏的变化、《应帝王》中"凿破混沌"的情景，都可以在古代神话中找到原型。而曹植则巧妙化用洛水女神宓妃的形象，创作了著名的《洛神赋》。用神话入诗，在中国文学作品中也很多，如《诗经·大雅·生民》中后稷诞生过程中的神迹，《楚辞·离骚》中纷至沓来的各种神灵以及李商隐《瑶池》中"瑶池阿母绮窗开，黄竹歌声动地哀。八骏日行三万里，穆王何事不重来"的描写都是对中国神话的化用。小说、戏曲中利用神话素材的也比比皆是，如唐代李朝威的小说《柳毅传》、明代吴承恩的《西游记》、清代蒲松龄的《聊斋志异》等，都有许多发人深省的神话情节。古代神话作为素材，经过文学家的深入发掘、巧妙改造，在新的作品中复活了生机。

（2）中国古代神话直接影响了作家创作的思维方式和表现手法。中国古代神话是浪漫主义文学的萌芽。神话的创作基础是现实的，创作方法却是浪漫的。那种新奇奔放的幻想，能启发作家的想象力，对作家进步世界观的形成和积极浪漫主义的创作起了重要作用。如屈原的《离骚》即继承了古代神话中的浪漫精神，大胆地将神话传说、历史人物和自然形象糅合在了一起。而魏晋志怪小说、唐代传奇、宋元戏曲中怪诞的形象、离奇的情节、夸张的描写亦是对古代神话创作手法的直接借鉴。原始先民在创作神话时,以己观物、以己感物的形象思维特征以及其所具有的象征性和隐喻性也给后世作家的文学创作提供了有益的启发。此外,神话思维所伴随的浓烈的情感体验更是成为中国后世抒情文学的典型特征。

(3)神话原型中所包含着的浓郁的情感因素及其所代表的精神信仰为后代众多的作家和读者提供了精神情感的寄托,同时也激励着一代代中华儿女战胜苦难,为美好的明天而不懈奋斗。神话原型凝结着先民对自身和外界的思考与感受,寄托着他们的愿望和期待。这些神话意象在历史中固定下来,代代相传,成了特定精神信仰的载体,如"精卫填海""夸父逐日"所代表的不屈不挠、奋斗不息的精神,"大禹治水""后羿射日"所代表的为民除害、造福人类的奉献牺牲精神等,经过历史的沉淀,成为支撑中华民族永不倒下的精神支柱。当屈原在现实世界中苦闷失落时,他御龙结凤,巡游天界,来寻求精神的依托,抚慰自己的心灵。而蒲松龄的《聊斋志异》更是以神话作为其全部的精神寄托。神话本身所承载的精神力量在屈原、蒲松龄等人的作品中得到了有力的表现。

4.《山海经》神话的价值及影响有哪些?

《山海经》一书,有着地理、博物、历史及人类学等多方面的价值。在我国古代神话大量散亡和被历史学家们加以历史化的情况下,它所记录和保存的大量几乎未经修饰的朴野质重的神话,显得特别珍贵。

《山海经》神话的价值,首先在于这种未经雕琢熔冶、犹如璞玉一般的原始性。它文字简短朴实,叙述质直,绝少文饰,通篇呈露出一种淳厚、朴素的气氛。从神话形象来说,《山海经》里的神都是比较奇异粗犷的,一般都具有神、兽、人三者结合的特征。如《西次三经》里的西王母是一个"豹尾虎齿而善啸,蓬发戴胜"的半人半兽的怪物、一个"司天之厉及五残"的恶煞,与《穆天子传》里雍穆文雅、彬彬有礼的人王有很大不同。《山海经》的记叙不以华美的形象著称,而以奇特大胆、令人惊叹的幻想取胜。这正是我国古代神话的特点,也是它原始性的证明,其无论是对于认识原始人的生活和思想,还是对于欣赏原始的艺术美,都是十分宝贵的财富。

《山海经》神话的价值还在于它有着丰富的内容和多种多样的形象。大而至天地山川,小而至昆虫草木,无不包含有关的神话。《山海经》中每一山岳、川泽都由相应的神主宰,或本身就具有一定的神性,甚至每一动植物都带有神异性或神话色彩。其神话看似零散,却仍有某种"系统性"。书中的神话形象按其神权的大小,表现出一定的尊卑位次。在我国古代神话大量亡佚和缺乏系统性的情况下,《山海经》神话这种相对的"系统性"就显得特别有价值。

《山海经》神话对后世文学特别是小说产生了重要的影响。我国第一部具有小说意味的作品是《穆天子传》,它的一部分人物和故事,就是根据《山海经》神话演绎而成。其主要人物之一西王母即出自《西次三经》等经的有关记载。六朝人的《神异经》《十洲记》等雏形小说,记述山川道里,炫耀奇人异物,显然模仿《山海经》。在以《搜神记》为代表的魏晋志怪小说里,可以看到不少《山海经》神话中的人物,如西王母、黄帝、炎帝等。

此外,《山海经》神话对寓言和诗歌等也产生了某些影响。如《庄子》寓言利用《山海经》里的神话材料(如帝江、黄帝、姑射国等神话),把自然及动植物拟人化,很明显是受了该书自然及动植物神话的幻想、夸张等浪漫主义手法的影响;陶渊明《读〈山海经〉》诗赞颂夸父、精卫、刑天等英雄的斗争精神,受《山海经》神话的影响也是显然的。

5.《诗经》包括哪些思想内容?

《诗经》作为我国第一部诗歌总集,内容广泛丰富,深刻反映了殷周时期,尤其是西周初至春秋中叶三百多年社会生活的各个方面,构成了一幅广阔的社会生活画卷。具体来说,包括以下六个方面的内容:

(1)祭祖颂歌和周族史诗。上古时期,生产力低下,人们将自身能力无法左右和解决的问题寄托于神灵,认为"国之大事,在祀与戎"。因而祭祀活动盛行,赞颂神灵、祖先以及祈福禳灾的祭歌大量产生。《诗经》中的祭祖颂歌多保存在"大雅"和"三颂"之中,以祭祀、歌颂祖先为主。同时,这些作品也具有历史和文学价值。如叙述周部族历史发展轨迹的《生民》《公刘》《绵》《皇矣》《大明》五篇诗歌,比较完整地勾勒了周人由最初的部落群体转化为奴隶制国家的过程,具有弥足珍贵的史料价值。

(2)政治怨刺诗。西周中晚期,周室衰微,政治黑暗,因而出现了大量反映丧乱、讽刺时政的怨刺诗。这些诗歌主要保存在"二雅"和国风中,如大雅中的《桑柔》《板》《荡》,小雅中的《雨无正》《节南山》《十月之交》《正月》《巧言》等,反映了厉王、幽王时政治的腐败、赋税的繁重以及百姓的痛苦。国风中的《邶风·新台》《魏风·伐檀》《鄘风·相鼠》《齐风·南山》等,或揭露了统治者的荒淫无耻,或讽刺其不劳动而无厌地剥削劳动人民的成果。相比较而言,大雅中的怨刺诗批判朝政,带有更多的规谏之意;而小雅中的怨刺诗在贬斥黑暗的政治,悲叹国运将尽、民不聊生的同时,也感慨自身的不幸;国风中的怨刺诗则是以下层百姓疾恶如仇的态度,对荒淫腐败的统治者进行辛辣犀利的揭露和讽刺。

(3)战争、徭役诗。《诗经》中描写战争的诗可分为两类:一类是歌颂天子、诸侯的武功,表现出强烈的自豪感,如大雅中的《常武》《江汉》,小雅中的《六月》《出车》,多反映的是宣王时的武功。而《秦风·无衣》《秦风·小戎》则表现了秦人的尚武精神和同仇敌忾、抵御外辱的精神状态。另一类是反映战争带来的离别相思、造成的死伤痛苦,表现了人们厌恶战争及期待和平的情感,如《小雅·采薇》表现了对玁狁来犯的愤怒以及自己久戍不得归、久战不得休的痛苦与无奈。《豳风·东山》则表现的完全是战争造成的家园破败、田园荒芜、妻子孤独无依,流露出强烈的厌战情绪。《诗经》中的徭役诗则表现了人们对永无休止的繁重徭役的厌倦与不满,如《唐风·鸨羽》表现了王事无休,致使服役者田园荒芜,奉养父母不得的痛苦、怨愤之情。

(4)婚姻爱情诗。这类作品在《诗经》中所占比例很大,丰富众多的爱情诗篇或表现了青年男女相思、相恋的各种情景和心理;或描写了爱情受阻的焦愁;或描绘了热闹、喜悦的婚嫁场面;或反映了妇女婚后遭弃的痛苦与无奈。如《秦风·蒹葭》表现的是对爱恋者一往情深的执着追求;《邶风·静女》反映了男女幽会时,男子兴奋等待的不安神态和赠物传情的场面;《郑风·将仲子》揭示了父兄干涉和邻里舆论给恋爱中的青年男女造成的压力和创伤;《周南·桃夭》则描写的是女子出嫁时漂亮的容貌、喜悦热闹的场面以及对其处理好与夫家关系的美好祝愿;而《邶风·谷风》和《卫风·氓》则反映了妇女婚后被弃的痛苦与无奈。

(5)农事诗。农业在中国有着悠久的历史,周人就将自己的始祖后稷与发明农业联系在一起。《诗经》中的作品不仅在道德观念和审美情趣上深深地打上了农业文明的烙印,而且还有一些直接描写农业生产生活和相关的政治、宗教活动的农事诗。如《丰年》《臣工》《良耜》《载芟》等,是耕种籍田、祈谷报祭时的祭祀乐歌;而《七月》则直接展示了农夫一年四季的艰苦劳作过程和他们的生活情况。

(6)燕飨诗。产生于西周初年的燕飨诗是当时社会和谐、繁荣的反映。这些诗篇以君臣、亲朋间的欢聚宴饮为主要内容,更多地反映了上层社会的乐趣,如《小雅·鹿鸣》就是天子宴群臣嘉宾之诗。这种宴飨不是单纯为了享受,而是为了发挥其"亲亲之道,宗法之义",主要是出于巩固统治的政治目的。宴饮中的仪式体现了礼的要求和人的内在道德规范,表现了对守礼有序、宾主融洽关系的赞美,对不能循礼自制、纵酒失德的讽刺。这些宴飨诗从侧面反映了周代的礼乐文化。

6. "诗有六义"指的是什么?

"诗有六义"是关于《诗经》类别及表现方法的概括说明,即"风""雅""颂""赋""比""兴"。此说源于《周礼·春官》:"教六诗:曰风,曰赋,曰比,曰兴,曰雅,曰颂。"《毛诗序》明确提出"六义"说:"故诗有六义焉:一曰风,二曰赋,三曰比,四曰兴,五曰雅,六曰颂。"唐代孔颖达对"六义"做了较明确的解说,认为:"风、雅、颂者,《诗》篇之异体;赋、比、兴者,《诗》文之异辞耳。"也就是说,风、雅、颂是《诗经》的三种体裁,而赋、比、兴则是《诗经》的三种表现手法。具体来说:

"风""雅""颂"是《诗经》三百零五篇按音乐性质的不同,所做出的分类。《诗经》中的作品最初都是乐歌,风即音乐曲调,国风是各诸侯国地区的乐调。十五国风共一百六十篇。"雅"即正,指朝廷正乐,西周王畿的乐调。雅分为大雅和小雅。大雅三十一篇,小雅七十四篇。大雅的作者,主要是上层贵族;小雅的作者,既有上层贵族,也有下层贵族和地位低微者。"颂"是宗庙祭祀之乐,许多都是舞曲,音乐比较舒缓,分为周颂三十一篇,鲁颂四篇,商颂五篇。

"赋""比""兴"是《诗经》中最主要的三种表现手法。"赋"就是铺陈直叙,即诗人把思想感情及其有关的事物平铺直叙地表达出来;"比"就是比方,以彼物比此物,诗人有了本事或情感,借一个事物来做比喻;"兴"就是触物兴词,客观事物触发了诗人的情感,引起诗人的歌唱,所以大多在诗歌的发端。赋、比、兴的运用,既是《诗经》艺术特征的重要标志,也开启了我国古代诗歌创作的基本手法。赋、比、兴三种表现手法,在诗歌创作中,往往交相使用,共同创造了诗歌的艺术形象,抒发了诗人的情感。

7. 什么是"诗经学"？简要叙述其内容。

《诗经》作为我国最早的诗歌总集,作为一部儒家的经书,历来为人们所重视。在我国的文学史、经学史,以至在全人类的文化史当中,《诗经》都占有极其重要的地位。古往今来,治《诗经》之人不胜枚举,研究《诗经》之著述,几可谓汗牛充栋。故《诗经》研究渐成专门之学,"诗经学"也就应运而生了。所谓"诗经学"就是有关《诗经》研究及《诗经》研究历史的专门学问。具体而言,包括以下内容:

(1)对《诗经》文字的诠释、训诂。由于《诗经》是先秦时的诗歌,文字往往需要训释方能通晓,故历代不乏注释之作。比如,现存的汉代毛亨传、郑玄笺,唐代孔颖达的《毛诗正义》,宋代朱熹的《诗集传》,清代王先谦的《诗三家义集疏》等,是其中有代表性的著作。

(2)关于《诗经》作者、体例、义理诸问题的探讨。这部分的内容不少包含在历代的训释、笺注本中,但也有专门论述之文。所涉问题主要有:孔子题诗问题、诗序作者问题、诗之六义问题等。

(3)有关《诗经》的各种学科研究。包括语言文字学、历史地理学、植物动物学、名物制度等。此外,从音乐、天文等方面来研究的也不乏其人,这些都已经超越了单纯的文学范围,涉及更广阔的领域了。

8.《诗经》的艺术成就有哪些？

《诗经》的艺术成就表现为以下几点:

(1)开创了我国诗歌的现实主义传统。《诗经》反映了广阔而深刻的现实,其中的诗来自广大的地区和阶层,作者有奴隶、自由民、士兵、流亡者、乞丐、思妇、弃妇,也有从统治者内部分化出来的受打击、排斥的贵族。他们从不同的地位、遭遇和生活感受,从各个不同的社会侧面广泛地反映了当时的社会生活,展示了从西周初年到春秋中叶五六百年的生活。作者大多能站在被剥削者的立场上,揭露统治者贪得无厌的本质和压迫人民的罪行,同时也反映了奴隶们的悲惨命运,以及奴隶从不自觉走向自觉的反抗过程。《诗经》通过这些描写,真实地勾勒出了周代由全盛走向崩溃没落的历史。

(2)丰富多彩的艺术表现手法。

①赋、比、兴的手法。

赋、比、兴手法的运用,既是《诗经》艺术特征的重要标志,也开启了我国古代诗歌创作的基本方法。赋者,铺也,就是铺陈直叙,即诗人把思想感情及其有关的事物平铺直叙地表达出来。比,以彼物比此物,就是比喻。兴,先言他物以引起所咏之词,大多在诗歌的发端。

赋可以叙事描写,也可以议论抒情,比、兴都是为表达本事和抒情服务的,在三者中,赋是基础。

《诗经》中大量用比,表明诗人具有丰富的联想和想象,能够以具体形象的诗歌语言来表达思想感情,呈现异彩纷呈的物象。

兴的运用情况比较复杂,有的只是在开头起调节音律、唤起情绪的作用,与下文在内容上的联系并不明显。更多的是或烘托渲染环境气氛,或比附象征中心题旨,构成诗歌艺术境界不可或缺的部分。比和兴都是以间接的形象表达情感的方式,后世往往比兴合称,用来指《诗经》中通过联想、想象寄寓思想感情的创作手法。

②《诗经》的句式和章法。

《诗经》的句式,以四言为主,其间杂有二至八言不等。二节拍的四言句子带有很强的节奏感,是构成《诗经》整齐韵律的基本单位。四字句节奏鲜明而略显短促,重章叠句和双声叠韵读来又显得回环往复,节奏舒卷徐缓。《诗经》重章叠句的复沓结构,不仅便于围绕同一旋律反复吟咏,而且在意义表达和修辞上也具有很好的效果。

《诗经》中的重章,许多都是整篇中同一诗章重叠,只变换少数几个词,来表现动作的进程和情感的变化。《诗经》中也有一篇之中,有两种叠章,或是一篇之中,既有重章也有非重章。

《诗经》的叠句,有的在不同诗章里叠用相同的诗句,有的是在同一诗章中叠用相同或相近的诗句。《诗经》中的叠字又称为重言。和重言一样,双声叠韵也使诗歌在演唱或吟咏时,音节舒缓悠扬,语言具有音乐美。

《诗经》押韵的方式多种多样,常见的是一章之中只用一个韵部,隔句押韵,韵脚在偶句上,这是我国后世诗歌最常见的押韵方式。还有后世诗歌中不常见的句句押韵。《诗经》中有不是一韵到底的,也有一诗之中换用两韵以上的,甚至还有极少数无韵之作。

《诗经》的语言不仅具有音乐美,而且在表意和修辞上也具有很好的效果。《诗经》中数量丰富的名词,显示出诗人对客观事物有充分的认识;《诗经》中动作描绘的具体准确,表明诗人具有细致的观察力和驾驭语言的能力。

总之,《诗经》的语言形式形象生动,丰富多彩,往往能"以少总多""情貌无遗"。

③风、雅、颂不同的语言风格。

雅、颂多数篇章运用严整的四言句,极少杂言,国风中杂言比较多。小雅和国风中,重章叠句运用得比较多,在大雅和颂中比较少见。国风中用了很多语气词,在雅、颂中也出现过,但不如国风中数量多,富于变化。国风中对语气词的驱遣妙用,增强了诗歌的形象性和生动性,达到了传神的境地。雅、颂与国风在语言上这种不同的特点,反映了时代社会的变化,也反映了创作主体的差异。

9. 简略分析《诗经》与楚辞的比兴手法有哪些不同。

在《诗经》和楚辞中,"比""兴"这两种表现手法从表现到运用都有很大的不同,主要表现为以下四点:

(1)界限较分明与完全融合的不同。《诗经》中"比""兴"的界限大多数比较分明。例如,《卫风·硕人》描绘庄姜之美,就用了一连串的比:"手如柔荑,肤如凝脂,领如蝤蛴,齿如瓠犀,螓首蛾眉。"楚辞的"比"和"兴"已经完全融合为一体。在楚辞中纯粹的起兴已经消失,兴辞的作用已经由发端起情变成一种借助想象和联想对现实生活和心理现象的类比和象征,具有比的性质。从一定程度来说,楚辞应该说只有"比"而没有元意义上的"兴",或者说,只有合成的"比兴"。

(2)现实主义和浪漫主义的差异。《诗经》中的"比""兴"大多采用的是现实主义的手法,是触景生情的实写。而楚辞的"比兴"是浪漫主义的表现手法,"比兴"之辞是虚构,是想象之辞。借助想象之物或是神话传说中的人事,表现现实生活或是诗人心里想法的这种虚构方法,在楚辞中被广泛地使用。

(3)思维过程的不同。《诗经》"比""兴"的思维过程通常是从外向内,如《黍离》中看到眼前的景致,联想到自己的忧愁,由景生情,是一种被动式的抒情。在《诗经》中,这些外物才是诗人情感的原发动力。楚辞"比兴"的思维过程则是由内而外,其表现形式多为托物寄情,因而寄托的事物都有明确的指代性,而不是随意的。如《离骚》中,香草,往往借以象征人格的忠贞和芳洁;恶草,用来象征党人的奸佞和陷害;美人,往往比喻君王,或是自喻。楚辞中情感是第一动力,但却凭借外物来表达,表现形式多为托物寄情,具有主动式的抒情特点。

(4)与上一点相联系的是二者在比兴对象取材上的差异。《诗经》中的"比"和"兴",其取比和兴象较为多样,缺少一致的情感依托意义。亦即,某一个对象,它的情感含义并不是稳定一贯的。我们称这种情况为物情关系的不同一性。而在楚辞中,这种情况发生了很大的变化。所谓:"善鸟香草以配忠贞;恶禽臭物以比谗佞。灵修、美人以媲于君;宓妃、佚女以譬贤臣。虬龙、鸾凤以托君子;飘风、云霓以为小人。"其意义指向非常明确。

(5)零散片段式与集中系统式的差异。《诗经》中的"比""兴"一般都比较单纯,只是诗中的片段,而楚辞的作者已经注意在诗中将比喻成片连用。如《离骚》中的"比兴"是系统的比,所比之事、之物、之人在人间都能找到相应的本体,已不是一种比较单一的比喻和联想,而是将物的某些特质与人的思想情感、人格和理想结合起来,成为一种象征体,从而极大地增强了诗歌的艺术张力。

10. 先秦叙事散文对后世文学有什么影响?

叙事散文在我国过去的历史著作中占有极高的地位,但它的渊源则在先秦时期,并对后世的文学创作产生了深远的影响。

(1)先秦叙事散文的体例、思想、写作艺术等,对后世史传文学的创作有直接启发。

《史记》体例是在先秦编年史、国别史基础上的创新和发展,而《汉书》《资治通鉴》等则是《春秋》《左传》编年体史书的直接继承。司马迁写《史记》是想要上继《春秋》的,不仅采用《尚书》《左传》《战国策》的史料,而且汲取它们的写作技巧和语言风格,例如《赵世家》极似《左传》,平原君、魏公子列传又极似《战国策》。《史记》吸收了它们的写作技巧,对其中的一些史实略加改动便加以运用。少数特别精彩的篇目,甚至不加改动就直接录入。《春秋》的褒贬是非以及《左传》直书无隐的精神,一直为司马迁以来的"良史"所继承,成为过去史家撰著的原则。从司马迁开始,史家之有论赞,也是受了《左传》的启示。

（2）先秦叙事散文在散文史上具有崇高的地位,成为后世散文写作的楷模。秦汉以后,《左传》的文章一直为人们所喜爱,尤其是唐宋以来的古文家,非常推崇《左传》,并把它作为学习对象。韩愈《进学解》说他"沉浸浓郁,含英咀华"的古代作品中,就包括《左传》。在苏洵、苏轼等后代作家的散文中,也可以体味到先秦叙事散文的神韵。

（3）先秦叙事散文对古代小说的产生具有巨大的作用。

①先秦叙事散文在叙述历史事件中表现出的褒贬分明的倾向性,对我国古代小说注重教化作用有直接的影响,并且《左传》《国语》等作品中用"君子曰"等对事件进行评述,在文言小说,如唐宋传奇和《聊斋志异》等书中,被直接借鉴,就是在明清白话小说中,也有明显的痕迹。

②先秦叙事散文奠定了我国古代小说基本的叙事结构。我国古代小说常按时间顺序安排结构,串联情节,特别重视对故事起因、过程、结果的完整描写,并以倒叙、插叙、补叙等方式追叙事件的起因,以预叙的方式暗示故事的结局。这些都是《左传》等散文中就已形成的叙事传统。

③我国古代小说写人的基本手法在先秦散文中已经初具规模。我国古代小说主要通过描写人物的个性化言行和生动的细节描写来刻画人物,表现人物性格,而较少成篇的外貌描写、心理描写,这正是《左传》《国语》《战国策》等写人的共同特点。

④我国古代小说对历史题材的重视,也是受先秦叙事散文的启示。这不仅是指诸如《东周列国志》之类以先秦叙事散文为题材的作品,同时,古代小说大量采用历史题材,也和我国叙事文学最初是产生在历史著述中不无关系。

11. 先秦散文分为哪两类？它为什么在春秋战国时期得到了空前发展？

先秦散文分为诸子散文与历史散文两类。

春秋战国时期,散文得到了前所未有的发展,其原因是多方面的。

（1）在奴隶制上层建筑崩溃的过程中,过去那种"学在官府"的局面被打破,私人办学、私人著书立说一时蔚然成风。著书立说之风的盛行,是先秦散文发展的一大原因。这时的先秦诸子,争先恐后地自我表现,即便是最平实的,也有其独到的贡献。

（2）在历史过渡中,社会阶层出现了分化及重新组合,派生出"士"这一阶层。他们有很高的文化修养,而一些统治者也很需要他们,所以出现了招贤纳士的社会风气。"士"

阶层的出现,大大推动了散文的发展。

(3)与百家争鸣有很大关系。在奴隶制崩溃过程中,旧的传统、思想体系、道德观念、礼法制度随之破产,从而使当时思想获得了极大的解放,出现了百家争鸣的局面,诸子百家在当时复杂的斗争中,提出各自的主张,著书立说,聚众讲学,互相驳难,在思想政治领域极为活跃。这样,也就促成了散文的发展。

(4)当时政治斗争的需要。春秋诸侯争霸连续三百年,各国统治者为了在兼并过程中获取胜利,都要从历史中汲取兴衰成败的教训,寻找借鉴。战国时期,斗争更加激烈。春秋以来,"弑君三十六,亡国七十二",战争四百,朝聘盟会四百五十,在政治、外交、军事方面积累了丰富的经验,所有这些都需要人们去总结。

此外,先秦散文也是以前金文、《尚书》早期散文的发展和继续,前期和当代的历史资料也为它的发展提供了丰富的资料,而当时经济发展所带来的城市商业交通的发展和书写工具的发达,也大大有利于散文的繁荣。

12. 韩愈《进学解》中提到"周《诰》殷《盘》,佶屈聱牙",其原因何在?

韩愈《进学解》中提到的作品是《尚书》,它"佶屈聱牙"的原因主要有以下三个方面:

(1)渊源久远,语言古今迥异。《尚书》五十八篇中有《虞书》五篇、《周书》三十二篇、《夏书》四篇、《商书》十七篇。其中,大部分被认为是先秦时代的作品,如《盘庚》依《史记·殷本纪》的说法,当是盘庚以后小辛时代的作品。到韩愈时也已有两千多年的历史,距今则有三千三百余年了。上古渺邈,其语言不仅异于现代汉语,与一般习见的秦汉时代的古汉语也不同。比如,《尚书》中常常出现的"惟时""乃惟"等语气词,在后代都是少见的。此外,如《盘庚》等文诰中,还杂以上古方言,这更增加了阅读的困难。

(2)版本沿革,文字多有讹误。《尚书》自汉代以降,便作为儒家经典而被列于官学。数千年来,辗转变异,鲁鱼帝虎之误,篆隶真草之变,多有异同。汉文帝时,广罗天下典籍。伏生口述,晁错以隶书记录献上《尚书》二十八篇,后又得《秦誓》一篇,是为《今文尚书》。后来,鲁共王从孔氏旧宅壁中,得《尚书》等数种书,以先秦篆文书写。就《尚书》而言,比伏生等所献者多十六篇,这就是《古文尚书》。到了东晋时代,原来的今、古文《尚书》俱已不全。而梅赜则又献上一种本子凡五十八篇,即今传世者,或称之为《伪古文尚书》。这些《尚书》,不仅篇数不同,而且文字多有异同。即使同为《伪古文尚书》,亦有多种版本。清代阮元撰《校勘记》,列其异同近数百处,甚至迄今还有句读难明之处。

(3)师承不一,注家议论纷纷。就《尚书》本身而言,有今、古文及沿革版本之不同,而每一种本子,又有多种注释。往往同一篇、同一句,甚至同一字,都会歧义丛生,更给这部古老的典籍涂上了一层迷蒙的色彩。

因此,后人阅读其书,感到困惑、佶屈聱牙,就不足为奇了。

13.《尚书》的文学价值是什么?

《尚书》是我国最早的政事史料汇编,它的基本内容是君王的文诰和君臣间的谈话记

录。作为我国古代散文的开端之作,《尚书》是散文发展初期探索小有成就的作品集。其文学价值表现在以下三方面:

(1)多种文学体裁的结合。

① 《尚书》是记言与记事的结合。《尚书》按内容可分为典、诰、誓、命四种体裁,其中"典"是记事的,后三种基本上是记言的。但《尚书》中还有一部分记言与记事结合并且侧重记事的散文,如《尧典》《金縢》《顾命》《召诰》《洛诰》等,而《禹贡》篇全是描写与记事。因此,《尚书》整体上来说是一部记言与记事结合而以记言为主的历史散文著作。其中的记言体散文虽然只是作为君臣谈话被记录了下来,但这种记录史料的方法在后世也成为散文创作的一种方法。诸子散文中较早出现的《论语》是纯语录体散文,《墨子》以语录体为多,《孟子》也有大量对话体,都体现了这种文体发展与演变的历史痕迹。《尚书》中的记事体散文虽然篇目不多,但已经是结构完整的独立篇章,对后世散文也有重要影响。

② 本纪与志的先导。《尚书》中的每一篇都是史官用他认为最能表现事实的方式来记录的,《荀子·劝学》篇曰:"《书》者,政事之记也。"从与后代史书的比较来看,不难发现,后代一些史书的体例在《尚书》中并非毫无踪影,至少在"本纪"与"地理志"这两方面,《尚书》起到了导源作用。司马迁在写《史记》时,《尚书》成为其最主要的上古资料来源,《史记》中的《五帝本纪》《夏本纪》《殷本纪》《周本纪》等就引了《尚书》中十二个篇目的文章。《禹贡》一篇以大禹治水开篇,写其按照高山大川划分全国为九个区域,再按九州次序分别叙述各州山川分布、水土治理、土壤质量、物产交通等。陈柱在《中国散文史》中说:"《禹贡》一篇,实后世一切地理书、水道志之所本。"

③ 政论散文的雏形。在战国大量政论散文出现之前,《尚书》中就已出现了一些陈述政治观点、表达政治理想的作品,如《无逸》以"君子所,其无逸"为论点,引述历史事实,正反两面论述,最后又有告诫成王勤政的方法,已是一篇结构完整的议论文。《大诰》篇写周公为了说服大臣同意东征,从不同角度反复陈说对叛乱者实行武力镇压的必要。全文运用驳论论证的方法成功驳倒了众大臣的反对观点。这种驳论论证的方法首先在《尚书》中得到了成功实践。

(2)后世多种创作手法的源头。《尚书》大部分篇章具有相对完整的结构,或以事为纲穿插人物活动,或以时为经安排历史事件,有的采取总分式的结构方式,如《尧典》,有的采用环环相扣的谋篇布局,如《文侯之命》,这些篇章已具备了颇为严谨的行文结构。此外,《尚书》中还采用了多种写作手法,如《尧典》中正面描写与侧面描写相结合的手法,《秦誓》中的对比描写,以及散见于其他篇章的场景描写、环境烘托、气氛渲染等,给后世散文创作提供了有益的借鉴。《尚书》中也运用了夹叙夹议的写作方法,如《尧典》《无逸》等篇,这种既有叙述又有议论的手法在《尚书》中并不少见,是其运用较为成熟的一种创作手法。这些写作手法虽并非在每一篇都有明显的体现,但也使得历史事件的面貌比较丰满,这在散文创作史上有一定的参考价值。

(3)上古语言艺术的结晶。《尚书》以记言为主,是口语化的书面语。这些语言属于上古语言,古奥难懂,比较质直古朴,但《尚书》中也自觉运用了多种修辞手法,如传神写意的连音形式——重言词。据统计,《尚书》中相同音节字叠用的共五十六例,且以形容词为主,不同程度上发挥了这些重言词在描摹容状、模拟声音、增强语气、调节音调等各方面的功能,有利于增强文章的表现力。《尚书》还使用了凝练隽永的紧缩结构——成语,如如丧考妣、巧言令色、不可向迩、凤凰来仪等,这些言简意赅、具有鲜明民族色彩的成语,其源头都可追溯至《尚书》。同时,现在通用的一些成语虽并非《尚书》原有,却明显是从其化用而来,如和衷共济、作威作福、洞若观火等。这些成语以凝练的形式表达了深刻悠长的含义,富有哲理性,经过历史的积淀和运用,已经成为经久不衰的成语典故。此外,《尚书》中还较多地使用了比喻、排比、借代、对偶、引用等修辞,在不同程度上丰富了《尚书》的语言色彩,富有一定的表现力。这些修辞手法是后代众多散文家借鉴的对象,与后世散文作品之间存在着历史的联系。

14.《春秋》的写作特点有哪些?

《春秋》是鲁国的编年史,这种编年史周王朝和诸侯各国都有,虽然内容不同,一般都称之为"春秋"。现今流传的鲁《春秋》是经过孔子修订的。《春秋》有别于专门记言的《尚书》,是一部记事之作,不仅开创了编年之体,而且其内容、叙事、语言都很有特点,明显地较《尚书》有了新的发展。

(1)在内容上表现出了"微言大义"的特点。"春秋笔法""微言大义"是《春秋》属辞比事的一大特色,即在看似平常的记事之中蕴含着深刻的褒贬劝惩之意。如《郑伯克段于鄢》,无一字不含深意。

(2)在叙事上表现出了简洁严谨的特点。《春秋》叙事"简而有法",既简明扼要,又谨言有方,历来被文章家奉为典范。刘知几称其为"《春秋》变体,其言贵于省文",这一特点不同于《尚书》的"词旨可称,则一时之言,累篇咸载",这不仅是私家著述简练有序的体现,而且是在写作上已经有了长足进步的明显标志。

(3)在语言上表现出了凝练含蓄的特点。《春秋》不过一万八千余字,却记载了二百四十二年的史实,其语言之凝练含蓄,历来为人所称道。《春秋》叙事的简要严谨,实亦得力于此。所谓"一字褒贬",即《春秋》语言特点的集中体现。有时同是一个字,所含的褒贬意义也不同。除此之外,还有许多隐晦含蓄的例子,如《隐公十一年》的"公薨",《桓公十八年》的"公薨于齐"等,看似平淡,却隐含着一些难以言明的史实,甚至还包含着作者的强烈情感。

15.《国语》的文学价值有哪些?

从文学角度来讲,《国语》具有不小的价值。它在记言中展现的故事情节,不乏虚构和想象;文章的结构也有所创新;其语言大体平实畅达,风格则不尽一致。这些特点,体现了史家之文的新发展。

（1）长于记言。《国语》重在记言，也长于记言。与同以记言为主的《尚书》相较，《国语》的语言有其自身特点。首先《国语》的人物语言大多长于说理，重于教训。如姜氏劝告重耳不可安于齐国，就不仅仅是《左传》中的短短几句话，而是生出一大段文字来。姜氏的话，旁征博引，角度多样，显然是经过了作者有意识的修饰和加工。《国语》记言的另一个特点是平实畅达，不同于《尚书》的佶屈聱牙，它所用的词汇大都明白易懂，贴近口语，不显古奥晦涩。但是，其各篇文章的风格却并不死板，而是呈现出多样化的特点。如《周语》《鲁语》颇重文辞，较为典雅；《晋语》多记谋略，事胜于辞，且不乏幽默风趣之笔。

（2）言中有人。在刻画人物方面，《国语》也有自己的特色。《国语》虽然记言多于记事，但没有单纯的议论文或语录，而是有一系列大小故事穿插其中，因此在表现出叙事技巧和情节构思上的特点的基础上，有时也能写出鲜明生动的人物形象。尤其是通过语言和细节描写，刻画了诸如重耳、夫差等鲜明立体的人物形象。

（3）情节结构，有所创新。《国语》全书包括二百四十三则长长短短的故事，各含繁简不等的情节。其中尚有不乏虚构和想象的成分，虽曾被责为"荒唐诬妄"，但正是这些"不实"的描写，体现了《国语》在情节构思方面的艺术创新。此外，《国语》因重教诲，其所记载往往不忘从中引出某种教训，故无论文章长短，其前因后果大都记述明白。由于国别史的特点，《国语》有时在记叙某一国事件时，集中在一定篇幅写某一人的言行，这种方式有向纪传体过渡的趋势。但尚未把一个人的事迹有机结合为一篇完整的传记，而仅仅是材料的汇编，是一组各自独立的小故事的组合。一些篇章已是线索清楚、层次井然、结构完整，标志着史家之文的新发展。

16.《左传》的文学价值有哪些？

《左传》是历史著作，但有显著的文学特点。其文学价值表现在以下几个方面：

（1）叙事完整翔实。特别是对重大战争的叙述，有条不紊，繁简适当，体现了高超的记事能力。比如，记晋楚城濮之战，先从交战之前的状况入手，晋国接到宋国的求援请求，分析了形势，决定攻曹、卫以解宋国之围的策略。接下去，写楚国子玉率师与晋国接触，如何锐意求战，而晋文公则退避三舍，以骄其兵。再写到具体战斗中，双方的阵势，进攻的方法。最后是战争的结果，从晋军缴获的战利品，到楚国子玉的结局，以及这次战争对整个政局的影响，都做了明确的交代。整篇文章不过两千余字，而将一场波及数国、震惊华夏的大战，交代得清清楚楚，纤毫悉备。这种叙事的能力，实在令人叹为观止。

（2）刻画人物，形象生动。《左传》中人物众多，有的正直，有的邪恶；有的机智，有的庄重；有的淳朴，有的诙谐，写来无一不形象鲜明。甚至通过连续记载人物的事迹，描述了人物性格发展的过程。例如，对晋公子重耳的描写，他颠沛流离在外十九年。开始时，他是一个政治上不成熟的落魄公子，曾乞食于"野人"，"野人"以大块泥土与之，他便沉不住气，大怒，"欲鞭之"。然而在政治的旋涡中，在生活波涛的冲刷之下，他渐渐成熟起来。之后在战争中老谋深算,决胜于帷幄,显示了卓越的才略。读者很好地看到了其性格发展的脉络。此外,论战的曹刿、退师的烛之武等人物,也被刻画得栩栩如生,广为人们所知晓。

(3)语言简练、字句精严、行文变化纵横,显示了作者驾驭语言的能力。唐刘知几称《左传》"其言简而要,其事详而博",肯定了《左传》遣词造句的成就。

17. 为什么说《左传》是先秦散文的"叙事之最",标志着我国叙事散文的成熟?

《左传》的叙事,主要以《春秋》记载为纲领,将《春秋》所记之事进行较为详细的扩充。这些叙述,既包括事件记叙,也包括人物描写。叙述之中,既有对《春秋》笔法以一字寓褒贬的继承与发展,也有叙述者直接以"君子曰""君子是以知"和"孔子曰"等形式对人物或事件进行评价。

其叙事主要采用时间顺序进行叙述,但也间有倒叙和预叙。叙述过程中非常重视事件之间的因果关联,这其中尤以对战争的叙述最为精彩,并且出现了细节描写。

其写人不仅描写的人物繁多,且很多人物个性鲜明,人物形象大多通过自身的行动和语言表现出来。

《左传》自身的语言也颇为成熟,具有简练含蓄、词约义丰的特点。

正是因为以上所述成就,《左传》才可以被称为先秦散文的"叙事之最",标志着我国叙事散文的成熟。

18. 《战国策》的文学成就是什么?

《战国策》的文学成就主要包括人物形象塑造刻画和语言艺术两个方面。

在人物形象塑造刻画方面,《战国策》打破编年体的局限,以人物活动为中心,叙人物之事,记人物之言,已经出现了纪传体的萌芽。围绕人物活动叙事,作者以史实为基础,但又不局限于史实,而是虚构了一些故事以刻画人物,并且运用跌宕起伏的情节、个性化的语言和神态、细节来描写人物,使得那些纵横之士的形象栩栩如生。

在语言方面,不管是人物的辩论游说之辞,还是一般性的叙述语言,均体现出辩丽横肆的艺术风格,带有当时纵横捭阖的时代烙印,对汉初文风有一定的影响。

19. 《竹书纪年》的由来及其价值是什么?

《竹书纪年》是战国时魏国的史书,汉代不见著录。西晋咸宁五年,汲郡人不准盗发魏襄王(一说安釐王)墓,得竹书数十车,束晳、荀勖等人加以整理研究。其中有"纪年"十三篇,所记内容,起自夏禹,记述三代,周宣王以后专记晋国政事,三家分晋以后仅记魏国史实,至魏襄王时称"今上",止于魏哀王二十年。可知是魏国史官所记之书。书中用夏正纪年,以建寅之月为岁首,用战国古文书写,采取编年体,略前而详后,记事简略,有如《春秋》。又叫《古文纪年》或《汲冢纪年》。郦道元注《水经》,引用此书,始称《竹书纪年》。唐代类书及注释中多有征引,唐宋以后逐渐散佚,北宋时亡佚大半,南宋仅存三卷。

明嘉靖年间又出现两卷《竹书纪年》,内容起自黄帝,近人称《今本竹书纪年》,经清代学者考定,认为是明人范钦伪作。清人辑本有十余种之多,比较好的是朱右曾的《汲冢纪年存真》。近人王国维有《古本竹书纪年辑校》,今人范祥雍有《古本竹书纪年辑校订补》。

《竹书纪年》有重要的史料价值。其中有些材料与《左传》一致,有些材料可补《史记》疏误,有些古代传说与儒家说法不同。如"舜囚尧","益干启位,启杀之"等。从文学方面看,值得注意的是,其中保存了一些古代神话的片段,可与其他古籍互相参阅。如夏帝胤甲时十日并出等等。

20. 先秦诸子有哪几家?简要分析其各自的特点。

先秦诸子,据《汉书·艺文志》记载有:"诸子十家,其可观者九家而已。"这十家是:儒、道、阴阳、法、名、墨、纵横、杂、农、小说。十家著述虽然是政论文,但也是文学艺苑中的奇葩异蕾。特别是儒家的《孟子》《荀子》、道家的《老子》《庄子》、法家的《韩非子》、墨家的《墨子》,散文各有特色。

《孟子》,是继《论语》后一部重要的儒家经典,现存七篇。其风格气势充沛、雄健有力。比如《告子下》论"天将降大任于斯人也"一节,一气呵成,读之几令人无喘息之机。后人评说:"集义养气,是孟子本领。不从事于此,而学孟子之文,得无象之然乎?"(《艺概·文概》)这是很能说明《孟子》为文特点的。

荀子,名况,又称荀卿,或作孙卿,赵国人。现存《荀子》凡三十二篇。《荀子》为文的特点,在于"雄浑"。其学问渊博精深,所以行文气魄宏大雄浑,有包容诸家的气概。比如,《劝学》篇提出了"青取之于蓝而青于蓝"的见解,强调了"学不可以已"的观点。总结了治学经验,为后世传诵宗法。文章气势雄浑,为诸子所不及。后人称其文"学分之足,了数大儒"(《艺概·文概》),可谓中的之论。

《老子》作者一般认为是老聃,春秋时人,略早于孔子。《老子》又称《道德经》,凡八十一章,约五千言。《老子》一书为道家著作,旨义深邃玄奥。从散文的特点来说,它堪称"清远"二字。比如,"有物混成,先天地生","人法地,地法天,天法道,道法自然",文笔简净,声韵流美。当然,《老子》主要不是文学作品,但它为文的这种清远风格,追随者还是不乏其人的。

道家的另一部著作是《庄子》。据《汉书·艺文志》著录,有《庄子》五十二篇,现存三十三篇。先秦诸子之中,就文学角度而言,最有影响的便是此书。它行文的主要特点在于"恣肆"。如《逍遥游》,小到杯水芥舟,大至"其翼若垂天之云"的鹏,从"朝菌不知晦朔"的"小年",到以八千岁为春秋的"大年",随思信笔,纵横恣肆。

《韩非子》,是法家学派的代表著作。《韩非子》文章的主要特点是"峻削"。分析鞭辟入里,严峻峭拔,读之颇有刻骨铭心之感。比如,《亡征》篇中,从开卷第一句"凡人主之国小而家大,权轻而臣重者,可亡也",如此而下,一连四十余个"可亡也",条分缕析,步步深入地罗列了各国亡国之征,直如连天波涛,一浪接一浪地扑面而来。

《墨子》,是记载墨子言行之书。现存五十三篇。《墨子》为文的主要特点是"质朴"。比如,《非攻》篇,以"入人园圃,窃其桃李,众闻则非之"开始,平铺直叙,通过层层推理,说明攻战之不义,强调了"非攻"的主张。

21. 简述《论语》的文学艺术价值。

《论语》主于记言,是语录体散文的典范。从文学角度看,作为诸子散文之冠,它具有不容忽视的文学价值,对后世散文的发展有着深远的影响。

(1)言简意赅,含蓄隽永。《论语》以载孔子言论为主,比较忠实地记录了孔子的言行、思想,是研究孔子生活、思想的重要资料。作品记述了孔子的治国理政之道、循循善诱之教和评说文艺之见,言简意赅、含蓄隽永,字里行间闪烁着智慧的光彩。凝练的语言包孕着深刻的思想,意味深长,使之富有经久不衰的艺术魅力。同时,《论语》中也创造了许多流传千古的成语和格言。如"三人行,必有我师焉""君子坦荡荡,小人长戚戚"和"中庸之道""怨天尤人"等。

(2)人物形象具体,鲜活生动。《论语》的文学价值还表现在它善于通过对人物神态、语言性情的描摹,还原人物的真实风貌。孔子毫无疑问是《论语》一书的支柱,是将各个人物联系起来的中心,书中不仅以文字再现了他举止、仪态等方面的特点,还传神摹写了他的个性、气质,从而使孔子谦和恭俭、慈祥守礼的儒师形象具体鲜明地展现在了读者面前。同时,围绕孔子这一中心的一些孔门弟子形象,也都被刻画得典型具体,鲜活生动。如伉直豪爽、仗义勇敢却又鲁莽草率的子路;温雅贤良、安贫乐道的颜渊;能言善辩、机敏聪颖的子贡等,都可谓个性鲜明,令人印象深刻。至于《微子》等篇所写隐逸者的形象,也都鲜明生动,具体传神,具有非比一般的感染力。

(3)语录文体,影响深远。《论语》是一部纯语录体散文著作。"语录"作为一种文体,乃《论语》所首创,其特点主要表现为:文辞贴近口语,通俗、自然、浅近,因而令人有亲切之感;所录要言不烦,多非长篇大论,因而令人有精粹之感;大多有感而发,不作无病呻吟,因而令人有真实之感。当然,语录体毕竟属于散文文体发展史上的早期形态,它的不成熟、不规范、简单化和随意性,是显而易见的,也是难免的。应该指出的是,这种文体并非没有生命力,事实上,它对后代的影响颇为深远。在此之后,《孟子》《墨子》中可见语录的存在,而《庄子》《荀子》《韩非子》中亦有语录之遗。汉代扬雄的《法言》和隋代王通的《中说》,直摹《论语》之体。此外,《论语》语录体对后世的影响还波及《世说新语》之类的笔记、小说,甚至到了现代,也不能忽略语录体的存在。

22. 试说明先秦说理散文的成熟过程。

先秦说理散文的成熟,大致经历了三个阶段。

第一个阶段,以战国初期形成的语录体《论语》为代表。《论语》记载孔子及其弟子的言行,语多简洁,大多缺乏具体语境的交代,每篇皆取自首章首句中的两个字为标题,缺乏成熟说理文的逻辑性。但是,《论语》语录体的文体形式和形象化的说理方式,对先秦说理散文产生了一定的影响。

第二个阶段，以战国中期对话体的《孟子》和寓言体的《庄子》为代表。《孟子》受到《论语》语录体的影响，篇题也是取自首章首句中的几个字，但有些章节围绕一个论点反复论述，从语录体发展出了对话体。与之同时的《庄子》大量运用寓言故事说明道理，与稍早的《墨子》一起呈现出专题论文的萌芽状态。

第三个阶段，以战国末期的专题论文《荀子》和《韩非子》为代表。《荀子》和《韩非子》每篇均有一个涵摄全篇主旨的标题，行文讲究谋篇布局，论证讲究一定的逻辑性，标志着我国说理散文体制的成熟。

23. 试述《庄子》《韩非子》中的寓言差异。

(1) 思想内容上的相异之处。《庄子》寓言体现了道家学派的主张，《韩非子》寓言表现了法家学派的观点。《庄子》和《韩非子》在先秦诸子哲理散文中，分别是道家学派和法家学派的代表作，二者均主要以寓言故事为载体，出色地反映了各自的政治主张、哲学观点。《庄子·天运》中"孔子游于卫"的故事，先后将"陈之刍狗""推舟于陆""桔槔俯仰随人""猨狙衣周公之服""丑人效颦"等寓言组织在一起，反复论证，含蓄而深刻地表现了寓意。韩非是先秦法家思想的集大成者，他创作的寓言全面地宣传了他的法治思想。《储说》中的二百多则寓言，不仅有强调"必罚明威""信赏尽能""慎言独断"的，而且有说明"明主之道""臣主之理""臣下之节"的；既肯定了严刑峻法的重要性，又突出了教条保守的危害性，有时甚至宣扬了驾驭权术的必要性。二者一个是哲理思想的阐释，一个是实践方法的表述。

(2) 题材来源的相异之处。《庄子》寓言题材比较广泛，来自自然的、历史的、现实的应有尽有；《韩非子》寓言题材比较单一，多来自历史故事。《庄子》中的寓言，据统计，共二百六十一则，其中，取材于动物或植物的有三十四则，取材于人物的有二百二十七则。在人物寓言中，直接与庄周其人有关的故事十四则，人物与动植物参半的故事五则，只有人物形象（包括传说人物、历史人物、虚构人物等）的达二百零八则。《韩非子》中的寓言，据统计，共三百四十则，其中，取材于神话故事的有五则，引述民间故事或将格言故事化的有七十五则，加工历史故事的有二百六十则。

(3) 组织形式上的相异之处。寓言在庄子及其后学手里不仅是一种文体，更是一种智慧的诗性形式，是体"道"的艺术手段，它体现的是"道"的精神和物心交融的审美情趣。《庄子》的绝大多数文章虽然都有几则寓言故事，有时也有在寓言中套小寓言的群落，但基本上没有改变论证论点不能独立存在的状况。如《庄子·外物》中的"涸辙之鲋"这则寓言，是庄子指斥不肯贷粟的监河侯时，讲的一个关于车辙中鲋鱼受困的故事，它很好地倾吐了庄子愤然不平的心情，有力地表达了要少说空话、大话而多做实事的思想，辛辣地讽刺了那些只讲好听话而不肯用实际行动救助别人的人。《韩非子》中的寓言少数散见于各篇，作为说理的论据使用，而多数集中在一起。其在表现形式上的独到之处,就是"完成了结构宏伟的'寓言群'这一新体制"。这说明寓言作为一种艺术形式,已开始脱离散文母体,取得了独立存在的形式。

(4)形象塑造上的相异之处。《庄子》寓言既有人物,又有动物、植物甚至无生物,而《韩非子》寓言绝大多数是人物。就人物形象说,《庄子》寓言多为下层民众,《韩非子》寓言多为上层人士。《庄子》寓言塑造了千姿百态的各类形象,动物有鲲鹏、学鸠、蜗牛、井蛙、猴子、泽雉等,植物有大樗、栎社、五石瓠、柏、桑、山木等,无生物有风云、金矿、桔槔、影子等,人物形形色色,多达四百个。《韩非子》寓言里的人物,以历史人物中的上层人士为最多。既有尧、舜、武王、文王、楚怀王、魏文侯、晋文公等诸多国君帝王,又有吴起、李悝、申不害、春申君、孙叔敖等诸多达官贵人。

24. 简要说明孔子的思想特征。

(1)思想核心是"仁"。孔子的"仁"包含了四个方面的内容,第一是"克己复礼"为仁,仁在礼先,"礼"是指统治阶级规定的秩序,包括政治制度、道德规范等内容,其根本点是尊卑贵贱有严格规定的等级制度,"克己复礼"则指客观的伦理教化,即按照周礼所规定的秩序,调整统治阶级内部的矛盾;第二是"仁者爱人",即指对生命的尊重和爱惜;第三是"修己以安人",强调作为君子士大夫需要取得的政治成就;第四是"忠恕为仁",即"己所不欲,勿施于人"。以"仁"为核心的政治思想反映了孔子维护奴隶制等级制度的政治立场。

(2)天命鬼神观。孔子的哲学思想基本上属于唯心主义。在他看来,"天"有人格、有意志,俨然是自然和社会的最高主宰。他讲"命"和"天命",认为"天命"不可抗拒,将一切的偶然性,甚至某些必然性都归之于天命。他"不语怪力乱神",认为"未能事人,焉能事鬼",对鬼神的态度是存而不论,但利用鬼神来维持剥削者的统治。此外,孔子承认有"生而知之者",在认识论上反映了他的唯心主义。

25. 简略分析《墨子》散文的艺术特点。

(1)尚实尚质,言之无文。《墨子》之文,意显语质,言多不辩;重视实用,不讲文采。这与墨子思想崇尚质实,富于现实性、针对性和功利性相适应。墨家唯恐"以文害用",故不事文采。其文虽然反复论辩、不尚空谈,却未免"言之无文",因此"行而不远"。

(2)讲究逻辑,明辨是非。在《非命上》中,有所谓"三表法",提出论证问题应有三个方面的依据:一是本之于历史事实,二是原察百姓之见闻,三是观察政治实践的校验。这就是说,要引证史诗和古代文献,以及百姓的现实经验,并以现实政治的实践效果来加以检验。这是对历史经验和现实经验的总结,是理性精神在实践中的大大发扬。这样的论证方法是历史的进步。《墨子》其文讲究逻辑而且逻辑严密,在分析、议论、驳论等方面,显然对后来的《荀子》《韩非子》之文有所影响。此外,墨家讲究论辩的目的,乃在明辨是非。其文大都有所为而发,针对性极强,因而旗帜鲜明,绝不含糊,具有观点明确、是非分明的特点。

(3)文体因革,承前启后。以《论语》为代表的语录体散文,是早期散文不成熟的形态。因其目的在于记录师言以免产生歧义之说,故文不成篇,乃纂辑而成。《论语》所记,多为孔子一人言论。因为孔子讲学,弟子记言,问者略而授业者详,故《论语》有如孔子之语录。《墨子》散文则在此基础上有了明显的发展。它的文体已经呈现出由"对话体"向"专论体"过渡的趋势。这在《尚贤》《兼爱》等篇中有突出的表现。其特点是:

①各篇出现了简明扼要的标题。此标题并非可有可无,也非如《论语》似的任取文章首句用作篇名,但其篇名与全篇内容实不相关,而是犹如一根红线,贯穿全篇,有概括全篇中心思想的作用。

②《墨子》中亦载墨子之语录,这些语录并非各自孤立存在,而是围绕中心论题,互相被连缀成一个整体;就每段语录而言,都是该篇文章中不可或缺的一个有机组成部分。

③《墨子》文章谋篇布局已初具章法,颇有自觉为文的倾向。其文纲目昭然,层次分明,已构成颇具规模的完整篇章,但各篇中仍屡见"子墨子曰""夫子曰"等,说明在形式上仍未完全跳出"语录体""对话体"的格式。这显示了《墨子》文体有因革。它的出现,无疑是散文文体发展史上的一个重要环节。

(4)多种多样的论辩方法。

①寓理于喻。这一点在《非攻上》中表现得非常明显,这篇文章里巧妙地融入了四个比喻:一是将攻伐者喻为盗贼,二是将攻伐者喻为杀人者,三是将攻伐者喻为黑白不分者,四是将攻伐者喻为甘苦不辨者,四个比喻层层推进,生动说明了攻伐者的危害,令人读后精神为之一振。

②对"归谬法"的熟练运用。这一方法在《公输》中得到了淋漓尽致的体现。文中墨子与公输论辩,游说楚王,都是从日常生活的浅显事例入手,引导对方说出说理的理论基点,再针对对方的所作所为点出其矛盾之处,最后又用比喻、推理等手法,论证自己的观点,使对方在辩论中没有丝毫回避的余地。

③举例论证。如《尚贤》中,为了说明君王只有尚贤并"法其言,用其谋,行其道",才能抓住治国之本,因而举了尧用舜、汤用伊尹、武丁用傅说的例子论证了尚贤的重要性。

26.《老子》一书的思想特征有哪些?

(1)天道自然无为的哲学思想。老子的哲学思想以"道"为核心。老子认为,"道"是天地万物的本原,是混沌未分的原始物质,也是物质运动的根本规律,所以"道"是万事万物存在与变化的普遍原则,而它的基本特征是"自然"和"无为"。通过"道",老子系统地论证了奴隶社会剥削制度的不合理性,它无疑是春秋末期中国社会特定历史条件之下的产物,具有不小的进步意义。

(2)朴素可贵的辩证法思想。《老子》中处处有辩证法思想的闪光。老子观察了天地万物发展变化的情况,认识到社会历史与现实生活中对立统一的辩证规律,发现了事物无不向其对立面转化,事物之间关系不断转变的基本法则,以及从反面取胜的途径,比较系统地揭示了事物之间的辩证关系。老子的辩证法思想,既是对当时社会不断变革的客观现实的深刻反映,也是当时人们认识世界日益深化的表现,反映出中国先秦时代哲学思想的透彻性。

(3)无为而治的社会政治思想。《老子》在政治方面主张"虚静无为",即反对以人为的手段干涉社会生活,包括种种文化礼仪的手段。老子不讲礼义而讲无为,不过是想以"无为"作为手段,达到"无不为"的目罢了,因此,在《老子》一书中,有不少激烈的政治评论和社会批评,表现出强烈的批判精神。与此相应,《老子》描述了乌托邦式的社会理想,提出了"小国寡民"的主张,这在一定程度上反映了当时生活在战乱、困苦之中的人民,迫切要求过宁静、安乐生活的愿望,包含着对现实社会的不满与批判。

27. 简述《老子》散文的艺术特色。

(1)韵散结合的特殊文体。《老子》文体异于诸子,它虽然也像语录,大多三言两语,但与《论语》的纯语录体散文有所不同。它的文句大体整齐,有的全是韵语,有的则是韵散结合。其押韵没有固定的形式,大多较为自由,可谓随文成韵,每句字数亦多少不一。其用韵规则变化多态,有似《诗经》者,亦有似《楚辞》者,可见南北文化融合之趋势。但《老子》毕竟属于"文"而非"诗",其韵语不能入乐,并且其文多数仍为不押韵之散体。如果仅从形式着眼,这种韵散结合的文体似乎颇类今之"散文诗"。这种文体对《庄子》《荀子》《韩非子》中以散为主、间用韵语的文章颇有影响,对后世骈文的形成和赋体的韵散结合,也是有所影响的。

(2)寓理于形的表现手法。善于用具体可见的形象来折射或寄寓抽象深刻的哲理,是先秦诸子散文的共同特点。《老子》一书对这一手法的运用,更是得之于心,应之于手,并且具有自身与众不同的特点。它往往以人所共知而习用,在当时也许还算是先进的某些具体事物,如车、风箱、射箭等为喻,而将深刻的哲理融于其中,目的在于提供论据,起到深化论点的作用,因而不同于一般的单纯的比喻。

(3)凝练精妙的口语化书面语言。《老子》的语言极其凝练,而又非常通俗生动。其中运用了大量的方言、谚语、格言、警句,可认为是经过高度提炼并做了艺术加工的人民群众口语的精华。享有"五千精妙"之誉的《老子》一书,其自身独特的文学魅力,在很大程度上即是由此而来。

28.《庄子》的思想特征有哪些?

(1)以道为本的哲学思想。《庄子》哲学思想继承、发展了老子道的学说。庄子的"道",乃指人的主体精神。在他看来,世界只不过是人的主体观念的产物,是神秘莫测的、不可知的,在老子的天道自然和相对主义的基础上,更进一步地走向了宿命论和虚无主义。

(2)"无为而治"的政治观念。庄子认为,古代君王管理天下,毫无欲望,无所作为,天下才能富足;君主只有运用无为之道,天下才能大治。在《天道》篇中说到以"无为"处于上位,"帝王天子之德也";以"无为"居于下位,"玄圣素王之道也";以"无为"退居而闲游,"江海山林之士服";以"无为"进为而抚世,"则功大名显而天下一也"。这一段论述说明,《庄子》的政治观念中不绝对反对功名,而把"无为"当作最大的功名。这是庄子在所处的时代,面对丑恶和污浊的社会现象,愤恨当世,找寻不到摆脱现实的道路而产生的一种消极的治世思想。

(3) 顺其自然的处世哲学。《庄子》"无为"的思想贯彻于整个人生哲学中。他从齐物我、齐生死的观念出发,幻想出一个不受任何条件限制而绝对自由的精神境界,臆造出所谓"至人无己,神人无功,圣人无名"的理想人格典型。既然人性属自然属性,同自然没有差别,那么人就应该回归自然,应该保持内心中的安宁安泰,从而获得精神上的逍遥自由。但顺其自然并不代表听天由命,《庄子》重视人的精神存在,庄子最害怕的或最悲哀的是精神之死,他认为精神不会随着人的肉体变化消亡。

29. 简要分析《庄子》的艺术成就。

《庄子》的艺术成就,可以从浪漫主义气息、论辩特色、语言风格和文体形式等方面进行理解。

庄子与屈原一起开创了我国文学的浪漫主义传统,其浪漫主义的显著标志就是出人意表的想象和虚构。《庄子》中的人物、动物和植物以及无生命的自然之物,很多都是为了表达其哲学思想虚构想象出来的。庄子表现出非凡的想象力,与诸子的质实之风迥然不同。

诸子之文,多为说理而生,故对论辩之道颇为重视。《庄子》的论辩,往往不是通过严密的逻辑推理来实现观点的成立,更鲜有对观点的直接提出,而是通过形象化的寓言故事寄寓其中,让读者在恢诡的艺术感受中领悟其寓意,如《逍遥游》中的"不龟手之药",《秋水》中的"安知鱼之乐"之辩。

《庄子》散文语言的显著特点是行云流水、跌宕跳跃、汪洋恣肆而又节奏鲜明,具有诗歌语言的特点。而且,有时候为了突出表达效果,作者又喜欢选用极端之词,对读者的审美认知构成强烈的冲击力。

《庄子》一书,在文体方面虽然体现出向专论文过渡的痕迹,但在篇幅修辞方面,正如《寓言》所说,全书"寓言十九"。大量寓言的运用,使其理论逻辑犹如草蛇灰线,若隐若现,时断时连,在章法方面也就变化莫测,难以捉摸,从而取得了不同于一般说理散文的审美特质。

正是因为以上四个方面的合力作用,《庄子》实现了哲学与文学的完美结合。

30. 简要说明《庄子》寓言的成就。

《庄子》的寓言以"谬悠之说,荒唐之言,无端崖之辞"描述了众多形形色色、异彩纷呈的艺术形象,寄寓他惊世发聩的深刻思想和深沉情感。

(1) 异彩纷呈的故事情节。《庄子》用众多的寓言故事说明道理,使他的行文充满了精彩的故事情节,例如《达生》中的"桓公见鬼",庄子巧妙地虚构了一个田猎见鬼的故事,设计出一段幽默生动的情节,像剥笋一样,通过曲笔层层显露出人物的内心世界和自己的创作意图,充满形象性与趣味性。

(2) 奇幻夸张的想象。《庄子》的想象出人意表,变幻莫测,例如《外物》中的"任公子钓大鱼",钓鱼本是常见的生活现象,但其鱼竿之长,可以"蹲于会稽,投竿东海";钓饵之多,有五十头犍牛;其鱼一跃,则白波若山。虽有世俗的影子,但采用了极度夸张的手法加以表现,展现出一个近乎巨人国的世界。

(3) 异彩纷呈的艺术形象。庄子大量糅合、改造神话传说,创造出千奇百怪的艺术形象,例如许多有"德"得"道"的虚构人物往往是形体残疾丑陋的,还有一些人物形象如"神人""南郭子"等常常通过传神的神情、动作、语言描写和特定的内心活动来表现,被视为开了寓言小说的先河。再如《盗跖》中讲述孔子自告奋勇去规劝杀人放火的"大盗",却遭盗跖痛斥,不得不仓皇逃走的故事,故事情节波澜起伏,人物形象栩栩如生。

(4) 讥刺谐趣横生。"鸱得腐鼠"讥刺惠施怕人与他争夺相位的俗态,通过鸱与鹓雏的对比显得生动有趣。"触蛮之争"批判执政者为了土地而发动战争,造成灾祸,而他们所争夺的只不过是比蜗牛更加渺小的利益。造境用语犀利尖刻,充分发挥了寓言文体的功用,将谐谑与讽刺的意味表现得淋漓尽致。

31. 试述《庄子》寓言中包含哪些内容。

庄子把哲思寄寓在故事之中,又把故事融于自己汪洋的思想之中。《寓言》篇中告诉读者,这部著作中"寓言十九,重言十七,卮言日出,和以天倪"。可见,寓言在《庄子》一书中占有很大的比例,这些寓言故事按照内容大致可以分为三类。

(1) 第一类是揭露黑暗社会风气,批判儒墨标举仁义。这一类寓言人物多为对现实人物的修饰附会,也有虚构人物。有批判重于利禄者,例如向庄子炫耀自己从亲王那里得到了百乘的曹商;以自己位高权重就对学道之人申屠嘉颐指气使的子产;以学者自居,追求名声却分辨不出形体与精神究竟哪个重要的孔子。还有讽刺悖于自然物性者,例如到断发文身的越国卖帽子因而失败的宋人;不顾奔马的力气耗尽仍然驱使它,最终导致马力竭失足的东野稷等等。这一类寓言笔锋锋利尖刻,讽刺痛快淋漓。

(2) 第二类多是贤人努力求取大道,以虚构人物来阐述大道。寓言表现庄子对理想盛世、人物的热烈追求和礼赞。有远离人世而游者,例如《逍遥游》中的神人、《齐物论》中的至人、《应帝王》中的壶子、《外物》中钓大鱼的任公子等,他们在庄子所构筑的世界里,是最合理想化的,合于大道,居处于神话般的世界里,悠游于无尽天地之间,与人无干,更像是仙人的形象。也有与人世有所交者,例如老聃、许由、广成子、徐无鬼等,他们的心也游于大道之中,但是更符合世间之人的特征。还有一些畸人形象、安贫远世者、齐同死生者等。庄子用这种虚幻神秘的笔致勾画神人的形貌,着重渲染他的纯洁、神异、不同流俗,表现出神奇飘逸的特色,是他超脱世俗的人生观的形象体现,是他绝对自由精神的外化形象。

（3）第三类是借动植物形象来寓言大道。《庄子》中的动植物常常是形象生动的生命体，仿佛有了人的思想和行为，然后再通过对它们行为状态的描写以及它们最终的取舍，来表明作者本人的态度和意图。例如《列御寇》中，庄子借"牺牛"的最终遭遇来表现自己淡泊名利，不愿入世，追求自由人生的理想状态；又如《逍遥游》中"患其无用"的大树，庄子借大树因没有用处而最终能保存生命，来表现自己"无用即有用"的观念；再如《秋水》中的鸱与鹓雏的对比，庄子以此来喻追名求利之人的俗态与自己高洁处世的人生态度。这类寓言往往短小生动、充满谐趣且寓意深刻。

有些虚构庄子言行的故事，多以日常生活中的平常事件借题发挥，寄寓深刻的哲理，其目的仅仅在于表达庄子某一哲学思想，也可以视为寓言。这一类寓言数量最多，意义也最复杂。

32. 简要说明《庄子》的精神实质和风格面貌。

《庄子》一书洋溢着一种浪漫主义精神气质。"他以悠远的论说，广大的言论，没有限制的言辞，常放任而不拘执，不持一端之见。认为天下沉浊，不能讲严正的话，用无心之言来推衍，引用重言使人觉得真实，运用寓言来推广道理。独自与天地精神往来而不傲视万物，不拘泥是非，和世俗相处。他的书虽然奇特却婉转叙述，无伤道理。他的言辞虽然变化多端，却特异可观。他充实而无止境，上与造物者同游，下与忘生死无终始分别的人做朋友。"（陈鼓应《庄子·天下》篇译文）这就是《庄子》文章的精神实质和风格面貌。《齐物论》中的"夫天籁者，吹万不同，而使其自己也，咸其自取"和"举莛与楹，厉与西施，恢诡谲怪，道通为一"，是其精神实质与风格面貌的另一种表述。

庄周以其变化无穷而又具体形象的寓言故事，鲜明活泼、层出多变的取譬设喻，营造了一个个缤纷多彩、奇幻异常的艺术世界，把寓意深厚的思想表达了出来。在他生花的笔下，能使鲲鹏小大互变（《齐物论》），抟扶摇而直上，水击三千里，去以六月息（《逍遥游》），鳖蛙对话，蛇风相怜（《秋水》），髑髅"深矉蹙额"（《至乐》），蛮触"同居蜗角"（《则阳》），"争地而战""伏尸百万"等，都是通过具体形象的寓言故事，来反映社会人生的深刻哲理。

《庄子》行文，"尤缥缈奇变，乃如风行水上，自然成文"（刘熙载《艺概》），与其浪漫主义气息相融合，成为一种诗意哲学。

33. 简述《庄子》散文在文学发展过程中的地位和影响。

庄子在文学史上是与屈原并称的作家，世称"庄屈"。他深刻的哲学思想、强烈的批判现实精神和汪洋恣肆、恢诡谲怪的文章风格，开创了不同于儒家的新的文学传统，奠定了他在文学史上的地位。鲁迅说，庄子"其文则汪洋辟阖，仪态万方，晚周诸子之作，莫能先也"（《汉文学史纲要》）。金圣叹甚至称《庄子》为"天下第一奇书"。

庄子在文学史上影响极大。许多著名的文学家，如阮籍、嵇康、陶渊明、李白、柳宗元、苏轼、辛弃疾、曹雪芹、龚自珍等,都在思想上和艺术上受其濡染。但其影响又呈现出相当复杂的面貌。魏晋之际,社会现实极为动荡、黑暗,人人自危,何晏、王弼注《老子》,兴起玄学之风,倾动一时。一些士族文人以玄谈老庄为事,流入玄虚之境,以超脱现实。在文学上则出现了"理过其辞,淡乎寡味……诗皆平典似《道德论》,建安风力尽矣"(钟嵘《诗品序》)的玄言诗,这些反映了庄子影响的消极面。而阮籍、嵇康则主要继承庄子不拘礼教、任性不羁、愤世嫉俗的人格和批判现实的精神,《大人先生传》《与山巨源绝交书》就表达了对权势利禄的蔑视,对名教礼法的否定。东晋诗人陶渊明从精神、理想、情趣、诗境上颇得益于庄子,他对"复得返自然"的由衷欣喜,对山间田园生活的怡然自乐,对桃花源空想社会的向往,以及不为五斗米折腰的人格精神,"乐天安命,知足保和"的人生态度,都可以看到庄子思想的影子。唐代李白更多地与庄子摆脱一切束缚、抗逆现实的精神相承,并吸收庄子"开浩荡之奇言"的艺术风格,其诗多表现对权贵的蔑视,对黑暗现实的憎恶和不傲不屈、追求自由的反抗精神,感情炽烈,想象丰富,气势磅礴,风格豪放,将庄子与屈原所开创的浪漫主义文学推向了新高峰。中唐的柳宗元是一位把庄子等先秦诸子开创的寓言发展为独立的文学样式的作家,他的寓言深得庄子寓言的精神意趣,著名作品《三戒》《蝂蝜传》写得含义深远,想象奇妙,语言犀利清新又幽默风趣,颇有庄子寓言之风。这些都是受到《庄子》感染与影响的典型事例。

34. 简要说明《孟子》散文的艺术特点。

(1)富有雄辩色彩。长于论辩是《孟子》散文的特征,这种雄辩具有独到的特点。一是能够把握对方心理,循循善诱,引导对方不知不觉投入到自己设置的机彀中来,使对方心悦诚服;二是气势丰沛,是非鲜明,纵横恣肆,步步紧逼,不给对方任何辩驳的机会。《孟子》这种特点在一些长篇论辩文中更是表现得淋漓尽致,例如《梁惠王上》的"齐桓晋文之事",孟子抓住齐宣王的心理,采取预设必然答案而追问的办法,逼出齐宣王称霸天下的真实想法,洋洋洒洒,铺排宏论地阐释了他的王道理想。

(2)擅长运用譬喻。《孟子》在论辩中常用典型事例、比喻和寓言说理,把抽象的道理用具体生动的形象表现出来。《孟子》中的比喻,大多浅近简短而贴切深刻,如《离娄上》"民之归仁也,犹水之就下,兽之走圹也",以一个简单的比喻,表现民众归仁的必然趋势。此外,《孟子》中也有少数就近取譬,用生动有趣的寓言故事来说理,著名的如《梁惠王上》"五十步笑百步",《公孙丑上》"揠苗助长";再如《离娄下》"齐人有一妻一妾",人物毕肖,结构完整,情节生动,具有很强的戏剧性。

(3)语言明白精练,气势浩然。《孟子》的语言明白晓畅,平实浅近,同时又精练准确,形成了一种精练简约、深入浅出的语言风格。同时,《孟子》大量使用排偶句、叠句等修辞手法,来加强文章的气势,使文气磅礴,若决江河,沛然莫之能御。孟子曾说:"我善养吾浩然之气",气盛言宜,孟子内在精神修养上的浩然气概,是《孟子》气势充沛的根本原因。

35. 试比较《孟子》《庄子》的不同。

《孟子》是代表儒家思想的对话体论辩文,《庄子》则是典型的道家学派的抒情性说理文。二者的不同主要有以下几个方面：

（1）论辩方式的不同。《孟子》长于论辩,其巧妙灵活地运用逻辑推理的方法,尤其是类比推理和二难推理的方法,使文章具有雄辩的力量。孟子喜用譬喻,而且运用纯熟、自然贴切,常将比喻组织在论说中,或直接用比喻性的形象说理,可以说,《孟子》一书在形象运用上正处于比喻向寓言形式过渡的状态。书中也有一些纯正的寓言,比如"揠苗助长"等。其寓言故事大多不以情节的夸张性取胜,而以描写的生动性见长。《庄子》的说理则不以逻辑推理为主,而是表现出形象恢诡的论辩风格。《庄子》的论辩,与其说读者是被其逻辑推理所征服,不如说是被奇诡的艺术境界、充沛的情感所感染。寓言是《庄子》最主要的表现形式,庄子自称"寓言十九",这使得《庄子》章法散漫、富于变化,以深邃的思想和浓郁的情感灌注于行文之中,与其说它是论辩文,不如说它是哲理性抒情散文。

（2）语言风格的不同。《孟子》文风至大至刚而又饶有韵味,具有充沛的"浩然之气",语言明白晓畅、平实浅近而又精练准确,具有排山倒海般的气势,令人不由得信服。《庄子》语言如行云流水,汪洋恣肆,跌宕跳跃,音调和谐而富有诗意。《庄子》是先秦诸子散文中最具有文学价值且对后世文学创作影响最大的一部作品。

（3）思想内容的不同。《孟子》一书反映了孔子以后,最重要的儒学大师孟子对儒家学说的继承和发展。游说诸侯,进行政治活动,宣传自己行王道、施仁政的政治主张,是孟子一生的主要活动内容。希望消除乱世,救民于水火之中的热忱,是其游说诸侯的原因所在,也是孟子精神世界内最具闪光点的方面。正是这种精神境界,才使他具有刚正不阿、大胆泼辣的个性。在对于人性的认知上,孟子主张"性善论",提出了"四心四端"的说法,所谓"四心四端",就是"恻隐之心,仁之端也;羞恶之心,义之端也;辞让之心,礼之端也;是非之心,智之端也"。这四点是孟子心中人天生应该具备的特性,并且可以通过后天的教育加以巩固和提高。《庄子》的哲学思想源于老子,而又有所发展。"道"也是其哲学的基础和最高范畴,既是关于世界起源和本质的观念,又是至人的认识境界。庄子的人生就是体认"道"的人生。庄子的体道人生,实为一种艺术的人生,与艺术家所达到的精神状态有相通之处。从庄子的整个思想体系和政治观点来看,他对现实是极端不满而又无力反抗的,因此他不得不谋求一条隐居于世的道路,一方面议君相,讥儒墨,甘贫贱而肆其志;一方面否定一切,齐万物,一死生,泯是非得丧,以追求内心的调和、精神的胜利而自我麻醉。

36. 简要分析《孟子》寓言的特点。

（1）取材上,《孟子》寓言多来自现实生活,以善于描摹人情世态见长,寓意显露,明白晓畅,有很强的现实针对性。孟子是一位积极的入世者,一生周游列国,传播"仁政"思想,把眼光投向的是当时的社会生活,所以孟子多根据说理的需要,选取生活中的现象来构成其寓言中的形象,"月攘一鸡""揠苗助长""弈秋诲弈"等,紧贴现实生活,浅近通达又给人以教益。

(2)表达方式上,《孟子》寓言以对话体为主,寓言情节的推进是在对话中展开的。孟子在传播他的主张时,常遇到与人争辩的情况,故其寓言中常有精彩的辩论,如"以羊易牛""缘木求鱼"等,均是在与梁惠王的对话中编制寓言,生动形象,寓意深刻,富有说服力。

(3)语言风格上,《孟子》寓言简洁凝练、形象生动、幽默诙谐。《孟子》寓言篇幅比较短小,往往寥寥数语就能将故事特征完好表现出来。如"填然鼓之,兵刃既接,弃甲曳兵而走"(《梁惠王上》)。仅仅十二字就将战场上刀光剑影,相互厮杀,兵败而逃的画面勾勒了出来。又如"托妻游楚"亦是几句话就将情景再现,生动简洁又充满风趣和智慧。

37.《荀子》的主要特色是什么?

(1)行文严谨周详。具体表现为逻辑周密,论述详赡,说理透辟。《荀子》之文多系专题式学术论文。这种立意统一、体式宏伟的长篇巨制,不仅结构完整,全面系统,而且纲目昭然,条理明晰。如《劝学》《王制》等篇,充分体现了这一点。其文往往有总论,有分论,层层深入,节节变化,中心突出,条达细密。这在先秦诸子之文中是颇为出色的。它们标志着我国议论散文的成熟,成为后世论说文体的典范。尤为难得的是,《荀子》之文还长于正论反驳,善立善破。特别是驳论写法的出现,标志着我国论说文体的新发展。

(2)内容博大精深。荀子对先秦诸子百家学说有所批评,在批评各家的同时,又吸收百家的学术精华,融会贯通自成一家。荀子的学说范围很广,按其文章主要内容分类,几乎可说是应有尽有。政治有《非相》《仲尼》等、哲学有《天论》《荣辱》等、经济有《富国》、教育学有《劝学》,《荀子》中还出现了较为纯粹的文学作品《成相》与《赋篇》。可谓无所不窥,无所不精,形成了独具特色的思想体系,而且这些学说都是和他所处的社会息息相关的。

(3)说理善用譬喻。《荀子》中大量运用许多日常生活中常见的事物为譬喻,深入浅出,生动巧妙地把抽象的道理具体化、形象化,使深奥的道理理论浅显易懂,丰富多彩,层出不穷。例如《劝学》篇,最能反映荀子文章的这种风格,它强调学习的重要性,即反复阐述,孜孜为说,细致周密地论述了"劝学"这一中心论题。全篇几乎是由一个接一个的比喻构成的,并且比喻的运用变化多端,或正反为喻,或并列为喻,辞采缤纷。

(4)语言富有感染力。《荀子》在论述一个论点时,喜欢用大量的排比句法,或者是以韵语来描写或抒情,增强了文章的气势,协调了音节,使说理更富有说服力和感染力。

38. 简要分析《成相》。

《成相》是荀子采用当时民间说唱文艺形式写成的一首政治抒情诗,是中国最古老的民间曲艺形态,为兼有叙事与抒情的民谣。"相"是一种古代乐器,也叫"拊",即用牛皮缝成鼓形,里面装着糠的打击乐器。奏乐唱歌时,击相以为歌声之节,有如现代说大鼓书时击鼓为演唱伴奏一样。原用于庙堂雅乐之中,后来民间仿效,徒歌无乐击物以为节拍也叫作相,如舂米人结合杵声唱歌即是。

《成相》篇共有五十六节,每节都是五句,第一、二句各三字,第三句七字,第四句四字,第五句七字,除第四句外,每句押韵。在内容上,全诗分为三大段。第一大段主要论为政之本在辨贤奸,隆礼明法,用贤则治,用逸则乱;第二大段列举正反两种历史经验教训,痛陈是非反易、贤奸倒置为害之烈;第三大段正面阐述他一系列政治主张。全诗以政治主题贯穿始终,说理深刻,抒情激切,举引典型事例二十余起,具体而警策。在艺术风格上,文辞质朴,不加雕饰。音节铿锵,抑扬顿挫,不用语气词,而有声韵之美。

《成相》篇大约作于荀子晚年废居兰陵期间。这时他已多次遭受谗毁排斥,政治上局蹐不得志,理想和抱负无法实现,楚国的政治腐败使他越来越感到厌恶。满腹牢骚,一腔忧愤,都借助于民间流行的通俗文艺形式来抒发表达。这样以通俗文艺形式来阐发政治观点的长篇抒情诗,不但在先秦时期独树一帜,而且在后世也不可多得。

39. 简述荀子《赋篇》之具体内容及影响。

《赋篇》由荀子创作于战国时代,是我国文学史上第一部以赋名篇的文学作品,所以本篇在中国文学史上具有特别重要的地位。据《汉书·艺文志》著录,荀赋原有十篇,然而今本《荀子·赋篇》仅存《礼》《知》《云》《蚕》《箴》五篇,末附《佹诗》二篇,《小歌》一篇。

(1)具体内容。本篇中的五篇赋,每篇描写一件事物,其中《礼》《知》二赋为说理之作,《云》《蚕》《箴》三篇为咏物之赋。其形式颇为一律,如同制作谜语。基本上是前段设谜,以四言韵语围绕谜底铺陈形容;后段点题,杂以散文句式,设为问答之辞,末以结语揭示谜底。这五篇赋作具有假物寓意的特色。至于篇末的《佹诗》与《小歌》,乃《赋篇》之总结,有如《楚辞》之"乱曰"。它不取猜谜的形式,而以较为显豁的词语来铺叙揭露社会上的反常现象,更具有政治诗的味道。

(2)重要影响。荀赋五篇在艺术价值上,以《箴》较为生动,余则训诫之味颇浓,艺术价值不高。但《荀子·赋篇》开创了"赋"这样一种新的文学样式,在"赋"的领域里自成一家。虽在形式上与后世的赋相比具有不同的特点,但这种托物讽喻的特点对后代"劝百讽一"的赋颂传统的形成无疑具有极大的影响,因而具有特殊的地位。

40. 先秦诸子的寓言特色是什么?

"寓言"一词,最早见于《庄子》的《寓言》篇。"寓"乃寄托,即所谓"寓真于诞,寓实于玄"。(刘熙载《艺概·文概》)寓言通常用虚构的夸张的故事,说明一个深刻的道理。《孟子》《庄子》《列子》《韩非子》《吕氏春秋》等著作,均运用了丰富的寓言故事进行论辩说理。

先秦诸子寓言的特色有以下几个方面:

(1)富于想象,在虚构的故事中寓有深刻的道理。如《庄子·庖丁解牛》的故事,说明为人处世乃至做事要能善用其刃、得间而行的道理。

(2)善用拟人手法。如《庄子·触蛮相争》中的触、蛮相争和《韩非子·涸泽之蛇》中小蛇的形象,赋予动物人的思维。

(3)喜用夸张手法。如在《庄子·徐无鬼》中,把匠石同郢人密切合作运斤成风的绝技描摹得动人心魄;在《列子·汤问》中,把韩娥歌喉婉转、驱人啼笑的艺术天才表现得淋漓尽致。

其他如形式短小精悍,语言浅显易懂,风格辛辣幽默,也都是诸子寓言的鲜明特色。

41. 简要分析《荀子》《庄子》《孟子》《韩非子》的论辩风格。

(1)从论辩方法上看,《孟子》的论辩主要采用多种形式的逻辑推理方法,往往欲擒故纵,反复诘难,迂回曲折地把对方引入自己预设的结论中。如《梁惠王下》中,孟子和齐宣王的对话,作者先以两个设问,使齐宣王顺着自己的思路得出结论,而后类推,使得齐宣王陷入自我否定的结论中。《庄子》则表现出形象恢诡的论辩风格,常以寓言代替哲学的观点阐述,用比喻、象征手法代替逻辑推理的论述,让读者从荒诞却生动的寓言故事中去体味哲理。《荀子》擅长论辩,也惯用逻辑推理方法,说理明晰,逻辑周密,在先秦说理散文中别具一格。如《性恶》中,"人之性恶,其善者伪也"。先提出"性"两个概念,并明确界定"性"是"天之就也"。"伪"即人为,即后天通过礼义的学习而形成道德观念,在区分了"性""伪"之后,再进一步辩"人之性恶明矣,其善者伪矣",具有严密的逻辑性。《韩非子》常使用二难推理和类比推理来驳倒对方,论辩透彻,逻辑严密,一针见血,常令人有醍醐灌顶、拍案叫绝之感。

(2)论辩中修辞手法的运用也不尽相同。《荀子》以其说理的清晰,论辩的透辟,逻辑的周密,在先秦说理散文中别具一格。思想的深邃丰富,理论的系统严整,使其不仅单篇行文缜密,而且全书相互照应,论证严谨周详。为说明观点层层论述,反复推想,一篇中首尾一贯,一气呵成。各篇之间颇有照应,恢宏博大,风格浑厚。《荀子》大量运用许多日常生活中常见的事物为譬喻,深入浅出。还喜欢用大量的排比句法,或以韵语描写、抒情,增强了气势,调协了音节,更富于说服力与感染力。《庄子》则运用大量的寓言故事来说理,使其更加生动形象。其诡奇的想象,是为了表达其哲学思想。"寓真于诞,寓实于玄"是《庄子》的主要特征。《庄子》结构线索上的模糊隐秘,并不意味着文章结构缺乏内在联系,而是深邃的思想和浓郁的情感灌注于行文之中,形成一条纽带,把寓言与寓言、段与段之间连接在一起,形成一个有机体。语言如行云流水,汪洋恣肆,跌宕跳脱,节奏鲜明,音调和谐,具有诗歌语言的特点。《孟子》常用比喻,把抽象的道理用具体生动的形象表现出来,比喻浅近简短而又贴切深刻,这些使论辩富于形象性,具有极大的艺术感染力。也有少数就近取譬,生动有趣的寓言故事,人物毕肖、结构完整、情节生动,具有很强的戏剧性。气势浩然是《孟子》散文的重要风格特征。这种风格,源于孟子人格修养的力量。《孟子》大量使用排偶句、叠句等修辞手法,来加强文章的气势,使文气喷薄,沛然莫之能御。《孟子》的语言明白晓畅,平实浅近,同时又精练准确。《韩非子》以论辩的透彻,逻辑的严密,成为先秦说理散文论辩艺术的集大成者。其最具文学意味的还是数量居先秦散文之首的寓言故事。其寓言故事主要取材于历史事迹和现实,稍加改造,使之反映自己的思想观点,具有耐人寻味、警策世人的艺术效果。

42. 试分析《韩非子》的散文特色。

与法家深刻寡恩、真率直露的特点相适应,韩非之文具有冷峻峭刻、锋芒毕露的特征,在先秦诸子之文中自成一家,独具特色。

(1)直言畅论,个性鲜明。韩非的法家思想鲜明直露,无所掩饰,其文亦直言畅论,不加文饰。读其文,令人有冷峻、尖锐、直率、犀利之感。他在《备内》篇中,剖析当时的人际关系,无情地撕开了那温情脉脉的面纱,将丑恶、肮脏的实质揭露无遗。他在《八奸》篇中专论内奸篡夺政权的危险和手段,写得淋漓尽致、入木三分。作者贯通古今,故其文具有高度的总结性、非凡的深刻性、凌厉的攻击性,又具有细致、周详、透彻、明晰的特点。

(2)文体多样,特擅驳论。韩非之文,多属政论,但体式多样,不一而足。如《五蠹》《显学》为长篇专论;《三守》《备内》乃短篇专论;《难一》《难二》属驳论之体;以韵文为主者,如《主道》;还有纲目式的经说文,如《解老》。上述种种,尚未包括无遗,但已足见其文体之多样化。这些文体有的是对前人传统的继承和发展,有的则为韩非所独创。它们对后世散文的发展,影响甚大。在众体之中,韩非特擅驳论之体。这不仅是当时"百家争鸣"的具体体现,而且是韩非口不善言,只好寄意笔端的结果。其《难一》《难二》之驳论,有破有立,有论有据,圆熟老练,犀利明快,极富说服力。

(3)广譬博喻,寓言大观。韩非有意识地系统收集整理了散见于各书和流传于民间的众多寓言故事,并且也自创寓言,然后分门别类,编排成为各种形式的寓言故事集。于是,在先秦散文中,首次推出了数量可观的寓言专辑,见于《韩非子》中的《十过》、内外《储说》及《说林》诸篇中。在《韩非子》一书中,根据统计共有三百多则寓言故事,数量居先秦各家著作之首。韩非广譬博喻,把这些取材于历史故事和现实生活中的寓言作为锐利的武器,来宣扬其法治思想,具有强烈的时代气息和冷峻峭刻、褒贬分明、尖锐遒劲、典雅庄重的特点。其作举不胜举,著名的有"和氏献璧""远水不救近火""守株待兔"等。

43.《韩非子》的寓言有什么特点?

《韩非子》是说理散文,其中的寓言故事数量居先秦散文之首,这也是《韩非子》最具文学意味的一点。韩非子有意识地系统收集、整理、创作寓言,分门别类,辑为各种形式的寓言故事集,像内外《储说》、《说林》上下等,前面冠以简短的经文,其后则全由独立成篇的寓言构成,俨然成了寓言专辑。这些寓言大致有以下两个特点:

(1)历史故事的形式。《韩非子》的寓言故事主要取材于历史事迹和现实,来阐明道理、表达思想。很少有拟人化的动物故事和神话幻想故事,也没有超越现实的虚幻境界和人物,形象化地体现了他的法家思想和他对社会人生的深刻认识。如"郑人买履""郢书燕说"等具有的讽刺力量,"矛与盾"等表现出的哲学智慧,都是韩非寓言思想深度的反映。

(2)通俗浅白的形象。题材的平实,使韩非寓言不像庄子寓言那样恢诡谲怪,但韩非寓言在艺术上并不平淡,而是构思精巧,描写大胆,语言幽默。往往先讲一个小故事,之后摆明寓意,于平实中见奇妙,具有耐人寻味、警策世人的艺术效果。如《外储说左上》的"棘刺母猴",三个人物各侧重其性格的一端,故事情节波澜起伏,跌宕生姿。"守株待兔""买椟还珠"等等,都以其丰富的内涵和贴近生活的故事,成为脍炙人口的成语典故,至今为人们广泛运用。

44. 试分析《晏子春秋》的写作特色。

《晏子春秋》是一部记叙春秋时代齐国晏婴思想、言行、事迹的书,也是我国最早的一部短篇小说集。《晏子春秋》一书在写作上很有特色。作者善于抓住富有典型意义的事件,运用简洁生动的语言着力描叙,因而文章故事性强,引人入胜,具有感人的艺术魅力。如众所熟知的"晏子使楚"的故事:"晏子使楚,以晏子短,楚人为小门于大门之侧而延晏子。晏子不入,曰:'使狗国者,从狗门入;今臣使楚,不当从此门入。'傧者更道,从大门入,见楚王。"不过三言两语便把晏子机智敏捷、巧于应对、临难不苟、谈笑风生的英姿跃然于纸上。如此精彩的篇章,在《晏子春秋》中可以说不胜枚举。

再有,此书写晏子的"谏议",力避干巴巴的正面说教。无论是理直气壮的侃侃而谈,还是讽刺幽默的微言隽语,都能做到深入浅出、娓娓动人。此外,故事简洁完整,语言清新流畅,也是此书比较突出的艺术特色。

《晏子春秋》在艺术上也存在一些不足之处。如《内篇杂下》"景公病疡晏子抚而对之乃知群臣之野"章中的晏子形象,与《内篇杂上》"景公使进食与裘晏子对以社稷臣"章所记,一卑庸诡媚,一刚正不阿,前后相较,判若两人。又如书中写齐景公,有时一味胡来,有时又从善如流,性格前后矛盾,俨然两副面孔。此外,书中还有一些章节,单调重复,结构松散,枯燥乏味。

尽管如此,《晏子春秋》从整体来看,仍不失为一部较为优秀的文学作品。作为我国最早的一部短篇小说集,它在文学史上应当占有一席之地。

45. 简要说明《吕氏春秋》的性质及体例。

《吕氏春秋》荟萃百家精华,是战国后期出现的一部具有总结性的文化巨著,同时也是一部具有文学价值的哲理散文著作。可以说,该书是对先秦思想文化进行的一次系统整理和总结,主编者是吕不韦。

对于《吕氏春秋》的性质,历来有六种代表性的观点:一是子书说:《汉书·艺文志》将其列入杂家,高诱的《吕氏春秋序》也称其"大出诸子之右",故《四库全书》将其列为子部杂家。这种看法是基于其是一部兼合以前各派的学说而编辑成的书,偏于其思想。二是史书说:此说以其名为春秋又多存史,与《尚书》《春秋》互见,偏于其史料性。三是类书说:侧重于其以类相从的编撰体例。四是百科全书说:着眼于其包罗万象的内容。五是先秦总揽性文化要籍说:李家骧在《吕氏春秋通论》中说该书:"是一部中华民族先秦总结期最后一部总揽性的文化要籍。"六是政书说:此说以吕氏作书之动机"将欲为一代兴王之典礼"为据。就该书的思想内容而言,《吕氏春秋》既是战国后期出现的一部涵纳了先秦众多文化因子且具有总结性的文化要籍,也是一部与秦统一天下相伴而生的政治理论典籍,是一部政论之作。表面上看,它是先秦各家学说的拼合,实际上是作者有意在其所构建的庞大体系内填充了先秦诸子百家的政治学说和材料。该书中的十二纪、六论、八览都是以政治生活为中心,具有浓厚的政治色彩,从道家的"无为"到儒家的"德治"再到法家的"刑德论",最终勾勒了一幅宏伟而美好的政治蓝图。全书具有严密的政治理论体系,张扬民本思想,在中国思想文化史上具有承前启后的重要作用。

《吕氏春秋》一书的结构体系是严格按"法天地"以行人事的思想来设计的,全书由"十二纪""八览""六论"三大部分构成。"十二纪"配天时,即按"天曰顺"的规律安排人事,"六论"配地利,即按"地曰信"的特性来加以推演,"八览"在中间配人事,即按"人曰信"的要求,分门别类地论述人事方面的行为规范。"十二纪"按照春、夏、秋、冬四季的顺序来进行编排,分言君主之要务,每"纪"为五篇文章,首篇为月令,共六十篇,"十二纪"后附有《序意》一篇,起着"十二纪"总序的作用,具有总揽全局的作用。文章大致按春生、夏长、秋收、冬藏的四季特征来编排内容。孟春、仲春、季春篇言养生修德之道;孟夏、仲夏、季夏言教育、学习、音乐;孟秋、仲秋、季秋言用兵之法;孟冬、仲冬、季冬言丧葬、生死之义。"十二纪"具有"备天地万物古今之事"的规模和气势,体现了法天立政的理想和天人相应的观念。"八览"下,每"览"八篇文章,共六十四篇,今《有始览》散失一篇。首览以《有始》篇开头,从天地万物生成、宇宙观谈起,从而引出下面有关国家治乱兴亡和君臣之道的论题,其核心内容是为君治国之道。"六论"是六组专题论文,每论六篇,共三十六篇,围绕"地"展开论说,由"地"及人,因地化人,按照"地"的特性推演出为人处世应当遵循的事理原则和坚守的节操。全书共一百六十篇,"十二纪""六论""八览"分别按照"上揆之天,下验之地,中审之人"的宇宙观和方法论构成了三个既彼此独立、各有侧重又相互联系的结构体系。

46. 试概括《吕氏春秋》的文学价值。

(1)新颖、独创的体式。《吕氏春秋》初创了一种"纪""览""论"三位一体的著书体例,构成了一个囊天括地的时空架构,体系严密,使得内容虽广博却条理清晰。该体式的系统性、严谨性、独创性和包容性为后世的类书、专著等巨著的编纂提供了重要借鉴。

(2)平实畅达的文风。《吕氏春秋》的文章,具有很强的现实针对性,用事说理,朴实简劲,不尚文采。虽多譬善喻,但多以生活中常见的现象为材料,故文章大都平稳、朴实。同时,该书中的文章又放言无惮、驰骋跌宕、善用排比、语气畅达。此书敢于毁訾时君,指责时政,如《贵公》《去私》等篇,论尧、舜让贤而"不肯与其子孙",矛头显然直指"传之无穷"的"始皇帝"(亦含有为吕氏争权之意),如此放言无忌,指斥时君世主,乃时代之风气使然,并非"秦法犹宽"之故。此书虽然时有尖锐之论,但重在摆事实,讲道理,不作空言,因而文风平实。其文因出众手,风格不尽统一,但显然曾经专人整理,文风尚能大体保持一致。总的风格是平实畅达,质而不文。

(3)色彩缤纷的寓言故事。《吕氏春秋》在文学上的重大价值是保存了丰富多彩的先秦寓言和历史故事,它们无不闪耀着文学的光彩。据统计,此书共辑寓言故事三百余则,几乎各篇皆有,其数量之多,可与《韩非子》相颉颃。这些寓言故事亦如其思想,大多"杂取各家",当然并不排除也有其自己的创作。因此,其中不少寓言和历史故事亦见于先秦其他著作。《吕氏春秋》颇重理性,其文引用寓言故事并非猎奇,而是为了说明事理。其结构形式略似《韩非子》中的《储说》,但构思更为严谨细密。每篇文章引用寓言故事往往非止一则,而数则寓言故事各有作用,合而共同说明一个道理。

47. 简述《孝经》的历史影响。

"百善孝为先","孝"文化是中国优秀的文化传统,孝道思想影响中国几千年,对稳定中国社会,弘扬先进的社会道德风尚,起着不可磨灭的作用。"孝"文化之所以在我国深入人心,主要得益于儒家经典《孝经》的传播和影响。

《孝经》是中国古代儒家伦理学著作,以"孝"为中心,全面阐述了儒家的伦理思想。中国封建社会历朝历代都高度重视《孝经》,不仅把它当作道德、伦理规范,更把它作为管理社会甚至治理国家的法宝。唐玄宗亲自为《孝经》作注,南宋时将《孝经》作为儒家的经典,成为十三经之一。

《孝经》将"孝"的地位和作用,上升到了"天"的高度,认为"孝"是上天定下来的规范,是"天之经,地之义,民之行"。既然"孝"是天经地义,是天道,是上天的大法大经,人们自然要遵守了,否则,就违背了天意。《孝经》认为"孝"是"诸德之本",在各种社会道德规范中,是基础,是根本,体现了"孝"在传统道德体系中的重要地位。

《孝经》巧妙地将"孝"与"忠"联系在一起,得到了统治者的认可和推崇,使其地位进一步提升。"孝",本是一种道德关系,《孝经》利用"礼"所阐述的"君君臣臣、父父子子"的逻辑,巧妙地将"孝"推广到君臣之间的关系,认为"忠"是"孝"的延续。可以说,是一种思维上的创新。这一创新,符合统治阶级的利益,自然得到统治者的青睐。历代统治者均看到"孝"不仅能够维护社会稳定,还有利于政权统治,因此都提倡"以孝治天下"。也难怪唐玄宗要亲自为之作注了。目前,流行的注本是唐玄宗注本,皇帝的重视,无疑提升了全社会的重视程度。

同时,《孝经》进一步强化"孝"的社会地位和作用,认为"孝悌之至"能够"通于神明,光于四海,无所不通"。《孝经》还进一步将"孝"从道德关系上升到法律关系,认为"五刑之属三千,而罪莫大于不孝"。将"孝"上升到法律高度,利用国家机器,借用法律权威来维护社会道德秩序和宗法关系。

48. 简述《周礼》的基本内容。

《周礼》亦称《周官》或《周官经》,儒家十三经之一,传说为周公所作,实则出于战国。它是一部通过官制来表达治国方案的著作,内容极为丰富,涉及社会生活的所有方面。其所记载"礼"的体系最为系统,既有祭祀、朝觐、封国、巡狩、丧葬等国家大典,也有用鼎制度、车骑制度、服饰制度等具体规范,还有各种礼器的等级、组合、形制、度数的记载。许多制度仅见于此书,因而尤其宝贵。

《周礼》将这些制度规范分为六类职官,所以全书共有六篇:《天官·冢宰》以大宰为首,掌邦治,主要负责宫廷事务;《地官·司徒》以大司徒为首,掌邦教,主要负责民政事务;《春官·宗伯》以大宗伯为首,掌邦礼,主要负责宗族事务;《夏官·司马》以大司马为首,掌邦政,主要负责军事事务;《秋官·司寇》以大司寇为首,掌邦禁,主要负责刑罚事务;《冬官·百工》涉及制作方面共三十种职官,负责营造事务(早佚,汉时补以《考工记》)。六官分别为天地春夏秋冬,是为合天地四时之数。六官之下又各有属官,是谓百官。其中天官乃王之辅弼,为六官之首,百官之长。

《周礼》其制度规范正当性的根据,是儒家的仁爱精神,即有差等的爱。《周礼》的制度规范并非以往社会的实际制度,而是一种指向未来的理想设计,如此层级分明,职能完备,显然带有某种儒家理想色彩,因而往往成为后世托古改制的思想武器。

49. 简述《仪礼》的重要价值。

(1)学术价值。书中记载的古代宫室、车骑、服饰、饮食、丧葬之制,以及各种礼乐器的形制、组合方式等等,尤其详尽,考古学家在研究上古遗址及出土器物时,每每要质正于《仪礼》。《仪礼》还保存了相当丰富的上古语汇,为语言、文献学的研究提供了价值很高的资料。《仪礼》对于上古史的研究几乎是不可或缺的,古代中国是宗法制社会,大到政治制度,小到一家一族,无不浸润于其中。《仪礼》对宗法制度的阐述,是封建宗法制的理论形态,要深刻把握古代中国的特质,就不能不求于此。

(2)文化价值。此书材料来源甚古,内容也比较可靠,而且涉及面广,从冠婚飨射到朝聘丧葬,无所不备,犹如一幅古代社会生活的长卷,是研究古代社会生活的重要史料之一。此外,《仪礼》所记各种礼典,对于研究古人的伦理思想、生活方式、社会风尚等,都有不可替代的价值。在后代的皇室的礼仪制度中,《仪礼》始终是作为圣人之典而受到尊重的,其冠礼、婚礼、丧礼、祭礼等,都是以《仪礼》作为蓝本,加以损益而成的。

(3)维护统治的价值。中国民间传统文化是不断吸收外来文化融合本土文化的一个过程,站在统治者角度,思想文化的杂糅对于封建统治的稳固往往会产生很多弊端。《仪礼》中的礼制是中国儒家文化的典型,也是统治阶级用来树立典范的工具,因而成为维护儒家文化统治的一个重要武器。如在宋代,司马光、朱熹等人就顺应时势,对《仪礼》进行删繁就简、取精用宏的改革,摘取其中最能体现儒家人文精神的冠、婚、丧、祭诸礼,率先实行,并在士大夫阶层中加以提倡,收到了比较积极的成效。

(4)思想价值。《仪礼》虽是一本先秦时代的礼制汇编,但这并不是说它对于今天的社会生活就没有指导意义,《仪礼》中的许多礼仪,是儒家学者精心记录、总结、研究的结晶,其中所蕴含的许多伦理思想、教育思想和政治思想至今依然没有完全过时。当代人应该学会利用《仪礼》的合理内核,对于这一宝贵的历史文化遗产,应该保持应有的尊重,并以科学的态度加以继承和借鉴。

50. 简要说明《周易》的结构和内容。

《周易》即《易经》,是儒家传统的重要经典之一,为群经之首,相传系周人所作。内容包括本文的"经"和解说的"传"两部分。

(1)"经"主要是作为占卜之用的六十四卦。六十四卦即六十四个象征符号,每卦的内容包括爻、卦画、卦名、卦辞、爻题、爻辞。卦画的基本单位为"爻",爻分奇画与偶画,奇画由一条长的横线而成"——",俗称"阳爻";偶画是以两条断开的横线而成"— —",俗称"阴爻"。每一卦从最底层数起,总共有六爻。卦名,顾名思义即前面卦画之名,如"坤""复""既济"等。卦辞,是在卦名后对六爻的综合总结,如"元亨利贞""同人于野""利涉大川,利君子贞"等。爻题,即爻位名称,表示某一爻在六爻中的具体位置及奇偶画性质,阳爻为九,阴爻为六。

(2)"传"包含解释卦辞和爻辞的七种文辞共十篇,统称为"十翼"。含《文言》、《彖传》上下、《象传》上下、《系辞传》上下、《说卦传》、《序卦传》、《杂卦传》,共七种十篇,是孔门弟子对《周易》经文的注解和对筮占原理、功用等方面的论述,但一般认为,它是战国或秦汉时期的儒家作品,并非出自一时一人之手。

51. 试述《周易》在中国文化中的价值。

(1)思想价值。《周易》是中国传统思想文化中自然哲学与人文实践的理论根源,是古代汉民族思想、智慧的结晶,被誉为"大道之源"。其中的象数理、天干地支五行论、阴阳互应、刚柔相济等思想对中国几千年来各个领域都产生了极其深刻的影响,孔孟之道、老庄学说、《孙子兵法》《黄帝内经》都无不和《周易》有着密切的关系。而《周易》研究被称为"易学",其研究成果代代相传,释家林立,留下了三千多部蔚为大观的著作,成为我国思想宝库中的一块灿烂的瑰宝。

(2)科学价值。《周易》的内容极其丰富,其中的思想智慧已经渗透到中国人生活的方方面面。最突出的就是对于天地万物进行性状归类,甚至精确到可以对事物的未来发展做出较为准确的预测,所以古人用它来预测未来、决策国家大事、反映当前现象。但《周易》绝不是一部占卜之书,它囊括了天文、地理、医学、农学等丰富的知识内容,反映了自然万物的变化规律,对于中国古代人民具有很大的科学指导意义。

(3)文学价值。《易经》中已有很优美的类似于诗歌的语言,这些卦爻辞中的诗歌结构单纯,语言古朴,旨在取象以明理。其表现形式,对稍后周代民歌的蔚起和四言句式的定型,以及赋比兴手法的成熟运用,无疑具有垂范引导的作用。因此,卦爻辞诗歌当视为《诗经》之先声,视为我国诗歌史上继原始歌谣之后而出现的第一批书面作品,使我们得以看到原始时代的文学面貌。

(4)精神价值。《周易》历经数千年之沧桑,已成为汉族文化之根,《周易》中所渗透的"自强不息"的坚忍精神、"厚德载物"的仁德精神、"夕惕若厉"的忧患意识、"亢龙有悔"的自省精神都是中华民族精神宝库中的重要财富。汉民族之所以能够久历众劫而不覆,多逢危难而不倾,是与我们民族对易道精神历久弥新的把握息息相关的。

52. 简述楚文化的特色。

楚国处于长江、汉水流域,其地理位置及独特的地理分布和民族分布,使其呈现出与北方中原地区不同的文化特色。楚文化的特色可以从政治制度与习俗审美两个方面进行理解。

在政治思想和社会制度方面,楚国与中原各国基本相似。楚国贵族士大夫对中原文化的自觉学习以及楚国与中原各国的交流活动,使中原地区的礼乐文化、政治理念等在楚国产生影响,因此,这方面的差异不甚明显。

但楚国毕竟拥有与中原各国不同的地理环境和居住人群,因此,在生活习俗和审美趣味方面,与中原各国又有着明显的不同,其最为显著的特点是信巫鬼、重淫祀的巫文化特色。这种巫术文化,进一步影响到当时楚国的朝野审美趣味,使之浸染了浓郁的浪漫主义色彩。这与北方中原地区的现实主义颇为不同。

53. 简述楚辞的产生和流变。

楚辞是继《诗经》之后产生于战国后期我国南方的一种新诗体。它"书楚语,作楚声,纪楚地,名楚物",具有异常浓厚的地方色彩。故所谓楚辞,其本义即指楚地的歌辞。它的代表作家是伟大诗人屈原及宋玉。楚辞之称,始见于西汉。成帝时,刘向在前人纂辑的基础上,集录屈、宋诸作及后人模拟之作为一书,统题为《楚辞》,东汉王逸继作《楚辞章句》,于是,《楚辞》又作为这一诗歌总集的书名流传于世。

在屈原及其作品直接影响下,产生了楚辞派。屈原不仅开创了楚辞这一崭新的诗体,而且开创了文学史上第一个流派。史载屈原之后,楚有宋玉、唐勒、景差之徒,皆祖屈原,"好辞而以赋见称",但其作品多未流传。《汉书·艺文志》载有"唐勒赋四篇",然皆亡佚;景差之作则未见著录。王逸曾谓《大招》作者"或曰景差",而同时又称"疑不能明",学者们则多不信。唯一有作品流传后世且有一定影响者是宋玉。自屈原以后,仿作楚辞者不乏其人,但大都缺乏创造精神,唯模拟是务,亦步亦趋,专求形似,于是堕入末流,渐趋僵化。然而应该看到,作为"词赋之宗""词赋之英杰"的楚辞作品,确实为赋体文学的发展树立了典范,正是它们直接促进了汉赋的繁荣与兴盛。

54. 分析楚辞产生的原因。

楚辞这一新的文学样式登上诗坛,开创了我国文学发展史上的新时代。但它并非从天而降,而是根植于现实的土壤。南方楚地的山川、风物、民情、习俗孕育了它,风味独特的楚声、楚歌滋养了它。同时,它还从光照千秋的《诗经》里吸收了营养,在战国策士的游说风气中受到了熏陶。最后得力于伟大诗人屈原的天才创造,终于成就了这一足与日月争光的战国文学精品。

(1)楚地山川、风物、民情、习俗之孕育。楚地瑰丽奇伟、光怪陆离的山川风物,人神杂糅、巫风盛行的民情风俗,是楚辞产生的客观前提。

(2)楚声、楚歌之滋养。风味独特的楚声、楚歌,为楚辞的产生提供了丰富的养料。不妨说,出自民间的楚声、楚歌正是楚辞的直接源头。

(3)中原文化的滋润和熏陶。楚辞固然是南方文化的特产,然而,春秋战国时期,中原文化在南方的传播以及彼此之间所形成的交流与融合,也对楚辞的产生有着重要的影响。尤其是《诗经》这一北方文学的代表对它有明显的影响,而战国时代谋臣策士的游说风气以及纵横家们辩丽横肆的游说之辞,也对楚辞的内容、思想及诗风的形成有着一定的促进作用。

(4)伟大诗人屈原的天才创造。楚辞是与伟大诗人屈原连在一起的。作为我国最富有浪漫主义精神气息的南方文学之代表,楚辞乃孕育和培植于楚文化的沃土之中,灌注了中原文化的新鲜血液,汲取了来自楚国民间文学的丰富营养,而最终结晶于"自铸伟辞"的忠魂士子——屈原之手。可以说,没有伟大诗人屈原,便没有楚辞。

55. 屈原的作品有哪些?

据《汉书·艺文志》著录,屈原有作品二十五篇,然而未列篇名。后世学者对此众说纷纭,颇多歧见。按东汉王逸《楚辞章句》,标明"屈原之所作"者为《离骚》、《九歌》(十一篇)、《天问》、《九章》(九篇)、《远游》《卜居》《渔父》,合于二十五篇之数。这也许本于当初刘向的校定。另有《大招》一篇,王逸既谓"屈原之所作",又称"或曰景差,疑不能明也"。南宋朱熹《楚辞集注》则径断《大招》为景差之作,其所定屈原作品二十五篇,一如王逸所定。但据学者们考证,《远游》《卜居》《渔父》乃后人之作,并非屈原作品。目前比较一致的看法是:《离骚》《天问》确系屈原所作,无可怀疑;《九章》中虽有后人拟作之可疑者,但基本上仍可认定为屈原作品;《九歌》则是屈原在楚国民间祭歌的基础上加工改造的再创作。另有《招魂》一篇,据司马迁之说,亦应认为屈原所作。虽然屈原作品真伪杂糅,一时难以辨清,但经历代学者的研究、考证,大部分还是可以认定的。以《离骚》为代表的光辉作品,奠定了屈原在文学史上的崇高地位。

56. 简要说明关于《离骚》之题意的多种解释。

自西汉以来,关于《离骚》题意的解释,颇多异说。司马迁释为"离忧",班固释为"遭忧",王逸解为"别愁"。这是较早的也是用训诂方法做出的解释。宋人项安世、王应麟则据《国语·楚语上》韦昭注,认为"离骚"亦如"骚离","皆楚言"也。后人对此再加发挥,以为"离骚"即"牢骚",这是从方言角度作解的。近人游国恩主要是从音韵着眼,认为

《离骚》与《大招》篇中"楚劳商只"之"劳商"为双声字,并以旁纽通转,二者一事而异名,《离骚》亦即《劳商》,为楚古曲之名。此外,大同小异的解释还很多,但主要说法为上述三种。现在看来,三说似皆言之成理,但以马、班之说最为近古,合乎诗人命题之旨,于训诂有据,且不乏旁证,故较为可信。后人常以《离骚》之名为楚辞之代称,如王逸《楚辞章句》、朱熹《楚辞集注》将屈原作品均冠以《离骚》之名。梁昭明太子《文选》分骚、赋为两体,刘勰《文心雕龙》分立《辨骚》《诠赋》二目,则径以"骚"代称楚辞了。

57. 分析《离骚》的思想内容。

《离骚》是屈原心灵的歌唱。诗人饱含血泪倾诉了自己的理想、情操,展现了自己的精神世界。思想的灿烂光芒闪耀在全诗的字里行间。

(1)"存君兴国"的美政理想。战国七雄争霸,楚国一度与秦国势均力敌,政治力量不容小觑。然而,屈原生当怀王之世,其时楚国已是内忧外患,日趋衰落。"明于治乱"的屈原,具有强烈的参政意识。他的政治理想在于打破贵贱等级和"世卿世禄"制,举贤授能,明修法度,认为国家是有德者在位,无德者失国。而严酷的现实、腐败的政治使得诗人的美政思想最终只能化为泡影。

(2)深沉执着的邦国情感。诗人把个人的进退、生死置之度外,而把君国的命运、前途系于心中。楚国容不下他,他却离不开楚国。他虽然遭谗被疏,但仍心系怀王,念念不忘振兴楚国。当时七国并争,诸侯割据,人才尽可自由流动。以屈原之贤能才干,不愁无用武之地,他也确实考虑过"远逝以自疏"。然而,当他托言上下求索、四方神游时,"忽临睨夫旧乡",那积淀于胸中的爱国情愫千丝万缕缚住了他。他宁肯以身殉国,也不愿离开父母之邦。

(3)放言无惮的批判精神。战国时期,思想解放,百家争鸣。诸子放言横议,无所顾忌。这一时代精神,在屈原《离骚》中也有体现。诗人满怀悲愤,责数楚王之昏惑,揭露世俗之混浊,痛斥群小之谗邪,表现出可贵的批判精神。正是这一点,屈原为后世维护皇权、囿于儒家"诗教"传统的班固之流所不容,乃有所谓"露才扬己,怨刺其上"之讥。不过,这正好从反面说明了屈原批判精神之可贵。但也应该看到,屈原在忠君前提下对楚王的批判,毕竟多哀怨凄恻之音,而少反抗挑战之意,故其"感动后世,为力非强"。

(4)独立不迁的峻洁人格。屈原志洁行廉,既怀内美,又重修能。他在长期的参政实践中,正道直行,屡经风波,养成了忠于理想、坚贞不屈、特立独行、洁身自好的品格情操。诗人在《离骚》中抒写了对真、善、美的执着追求和对假、恶、丑的无情挞伐,倾诉了坚持操守、九死不悔的坚定意志,表达了不与奸佞谗邪同流合污的顽强决心。其峻洁人格,足以与日月争光。

58. 简要说明《离骚》的艺术成就。

(1)理想人格的塑造。屈原的自叙性抒情长诗《离骚》具有鲜明的个性特征。他以自身为原型,成功塑造了一位光彩照人的抒情主人公的高大形象。诗人以第一人称的口吻,描写了他的世系、出身、品质、抱负,记述了他的志趣、爱好、服饰、言行和遭遇,实际是诗人人格的外在显现。在这位主人公的身上,诗人熔铸了自己的意识、情感、理想和人格。其上下求索的几次经历,也显示出诗人对世俗的蔑视和对信念的执着。诗人所塑造的这一主人公形象,成为后世人们景仰、敬慕的崇高典型。

(2)创作方法的突破。《离骚》以现实主义为基调,以浪漫主义为特色,这二者的完美结合,标志着古代诗歌创作方法的突破和发展。《离骚》实际是一篇具有深刻现实性的积极浪漫主义作品,自始至终贯穿着诗人以理想改造现实的顽强斗争精神,当残酷的现实终于使理想破灭时,他更表示了以身殉理想的坚决意志,这些都表现了《离骚》这首长诗的浪漫主义的精神实质。《离骚》又大量地采用了浪漫主义的表现手法。这突出地表现在诗人驰骋想象,糅合神话传说、历史人物和自然现象编织幻想的境界。上叩天阍,下求佚女,想象奇特,场面壮丽,有力地表现了诗人追求理想的精神。这种神话式的浪漫主义,成为我国浪漫主义文学的直接源头。

(3)赋、比、兴的开拓。赋、比、兴的表现手法,是《诗经》的伟大艺术创造。屈原在《离骚》的创作实践中,继承了《诗经》的比兴传统,而又进一步发展了它。《离骚》中比兴手法的运用有两个特点,一是比起《诗经》中单纯独立的客体,《离骚》中描写之物与所表现的内容往往是合而为一的,具有象征意味和审美价值;二是比起《诗经》中往往只是一首诗中零散片段的比兴,《离骚》则在长篇巨制中以系统的一个接一个的比兴表现了它的内容,将比兴运用得更加广泛,富于变化,使全诗显得生动形象,丰富多彩。《离骚》在表现手法上的开拓创新,促进了中国古代诗歌艺术的发展。

(4)形式、语言的革新。一方面,《离骚》打破了《诗经》四言格式,吸收了民间文学的营养和先秦散文的语言表达功能,创造了一种句法参差、韵散结合,采用"兮"字放在句中或句尾的新诗体,后人称之为"骚体"。屈原开创的这一新诗体,新鲜、生动、自由,有助于增强作品的艺术表现力。另一方面,《离骚》在语言艺术上也有开拓。如双声、叠韵、重言和工稳偶句的熟练运用,增强了诗歌的文采和艺术表现力。诗人还吸收了大量楚地方言口语入诗,体现了传统诗歌语言的革新,增加了地方色彩和生活气息。

59.《离骚》的浪漫主义精神体现在哪些方面?

(1)作品生动形象地反映了主人公对理想的热烈向往和追求。在《离骚》中,虽有真实地反映现实的内容,如诗中所揭露的楚国贵族集团的腐化堕落等等,但主要的、更多的则是把社会化了的个人理想放在第一位,表现了诗人对美好理想所进行的执着探索和热烈追求。他的理想在人世间得不到实现,他就幻想到仙界就重华而陈词,向舜帝控诉人间的罪恶,表明自己的心迹,然而得不到舜帝的回答;他又幻想进入天帝的九重宫阙,向天帝申说,可是帝阍却不给他开门;他要到人间寻找高丘神女求得理解,而神女恰巧不在那里;他去宓妃那里求爱,宓妃却对他无礼,使他不屑;他又找到简狄和二姚的居处,可是没有媒人的说合。总之,所逢不偶,不能如愿。最后实在是报国无门,只好"从彭咸之所居",表明了以死殉国的决心。这些通过幻想创造出来的壮丽神奇的境界,形象地反映了诗人在现实中对理想的探索和追求。

(2)热烈奔放的感情、奇幻绚丽的想象,以及神话传说的运用,是《离骚》中浪漫主义的主要表现形式。在诗人笔锋底下,主人公驰骋丰富的想象,大胆运用神话传说、历史人物、日月风云等构成了一幅异常雄奇壮丽的完整的图画。例如,诗人在就重华陈词后,便幻想自己驾龙驭凤上天,他一早从苍梧出发,傍晚时来到了昆仑山上的县圃。他看到"日忽忽其将暮",便命令太阳的御者羲和按辔徐行,"望崦嵫而勿迫",自己则不顾路途遥远,继续上下求索。这时望舒、飞廉前呼后拥,鸾鸟、雷师奔走相随,飘风、云霓前来欢迎。接着就写了叩阍求女的失败。这些通过幻想所创造的境界是非常宏伟壮丽的,它反映了诗人在现实中的探索与追求,以及这种种努力的失败。那诚心诚意的叩阍以及想方设法的求女,都使人感到有一腔热烈的情感洋溢于字面。

(3)创造性地运用比兴手法,语言优美生动,也是构成《离骚》浪漫主义特色的重要因素。《离骚》中的比兴手法,和《诗经》中的比兴手法不完全相同,也不是单纯的比喻,而是将这种手法运用到整个艺术构思中,借以塑造出一组富于象征色彩的意象群来。例如,诗人在作品中叙写了他的家世生辰之后,便从各方面用香草鲜花来象征诗人品质的修洁:"扈江离与辟芷兮,纫秋兰以为佩……朝搴阰之木兰兮,夕揽洲之宿莽。""江离""辟芷""秋兰""芰荷""芙蓉"这些生长在水国深岩的幽花香草,本来就容易把人们的心情引到奇丽的幻想境界,诗人用它们来象征高洁的品质,披戴着它们,就是象征诗人的被服德义,这就写出了诗人的高洁形象。

《离骚》的语言既华丽又典雅,是在学习民歌的基础上加工提炼而成的。同时,大量使用双声、叠韵、叠字这样的联绵词,以及对偶句式,辞藻华丽,语言优美,体情状貌,十分传神,增强了诗歌的浪漫主义色彩。

60. 简述"香草美人"意象具有哪些内涵。

"香草美人"的说法来自《楚辞》,如《离骚》中有"惟草木之零落兮,恐美人之迟暮"。一般来说,"香草美人"主要是指《楚辞》中的一种特殊的象征表现手法。这种表现手法的特点在于它具有政治抒情意味,象征诗人的政治理想与高尚人格。

(1)《楚辞》中美人的意象一般被解释为比喻。或是自喻,或是比喻君王。其中最集中地表现在以男女关系比喻君臣关系,以男女婚约的变化比喻君臣关系的改变,符合战国时期人的思维习惯,即将君和夫、臣和妇放在同样的位置。屈原很多时候都是通过自拟弃妇而抒情的,所以,全诗在情感上哀婉缠绵,如泣如诉。另一方面,很多时候美人其实是在比喻君王,几次求女的经历,实际是在求贤君,通过求女的艰辛来倾诉自身的政治理想的难以实现。

(2)《楚辞》中充满了种类繁多的香草,往往是用来起兴和比喻。这些香草作为装饰,是对美人德行的显露和修饰,支持并丰富了美人的意象。香草意象象征了品德的高洁,诗人有时以香草自称,有时又用来指称他尊敬的人,表现出诗人对美好事物和理想的追求。另外,它也和恶草相对,象征着政治斗争的双方,表现出诗人不与恶势力同流合污的高洁情操。在《离骚》中,诗人通过佩戴、种植、食用各类香草,希望自己的美政理想和高洁人格能够得到广泛的传播,充满了浪漫主义的美好想象。

(3)"香草美人"作为诗歌象征手法,既是屈原的创造,也和楚地文化紧密相关,是其文化习俗的一种反映。例如《九歌》中的"人神恋爱",就是以"人神恋爱"的成功来象征祭祀的成功,而香草则是作为献祭或者取悦巫神的饰品。所以这一意象,其内核是中国古代神话和原始宗教的情境,也反映了诗人渴望从内心深处对现实的超越。

61. 试分析屈原与庄子浪漫主义的相同点。

屈原与庄子浪漫主义的相同点主要体现在四个方面:

(1)都受南楚文化的影响。《庄子》和《楚辞》同属南楚文化传统,战国中后期的楚国文化,仍然保留着原始巫术文化的活力,而地处江淮一带的楚文化往往有着富于幻想和浪漫色彩的风格。除了受本土地域文化的影响,屈原和庄子也同样接受过中原文化的熏陶,所以在他们的作品中,都多少留有两种地域文化融合所带来的印记。屈原的上天入地,人神之恋,庄子的汪洋恣肆,神人神话,无不时刻体现着他们赖以生存的文化土壤。

(2)都批判现实,抒发对理想的追求。庄子和屈原都生活在激烈变革的战国中后期,这样一个过渡时代所反映出的现实问题层出不穷。他们都是现实的批判者,同时又都是理想主义者,他们的作品表现出了对现实的强烈不满,大胆地揭露了腐朽势力的丑恶与贪婪,同时也抒发了对理想社会的热烈向往,以及理想无法实现的幻灭感。这种强烈的主观抒发,贯穿在这两部作品中,成为其浪漫主义文学的基本特征之一。

(3)都具有崇尚人格美的倾向。不与"小人"同流合污,保持高洁的人格,在这一点上,屈原和庄子是大致相同的。他们不为金钱所感,不为高官显位所动,不与统治阶级中的恶势力合作,坚守"独立不迁"的人格,并且通过塑造虚拟的形象和奇异的故事,来向世人展示出了他们寻求崇高精神境界的执着,这正是二人浪漫主义产生的现实基础和原因。

(4)都具有奇幻而丰富的想象。庄屈二人的浪漫主义均有雄奇缥缈的艺术境界,庄子通过改造神话,夸张现实,讲述一个个寓言故事,而屈原则是塑造一个代自己发声的抒情主人公,讲述其上天入地的经历。二者都展开了丰富的想象力,并且进行大胆的夸张与改造,使得作品在表达思想之余,具有荒诞诡谲的审美效果,在艺术表现形式上看有一定的共性。

62. 试分析屈原与庄子浪漫主义的不同点。

(1)浪漫主义风格不同。由于屈原和庄子不同的人生经历和政治态度,形成了他们在创作上不同的浪漫主义风格。屈原作为一个受时代激荡而觉醒的人,他对祖国的现实、民族的前途和自身的命运有着清醒深刻的认识,而"信而见疑,忠而被谤"的结局,使得一股悲慨激愤之情在胸中郁结,形成了他浪漫主义创作上郁愤缠绵的风格。而庄子不像屈原那样执着于政治理想,他更多的是致力于对世俗价值的超越,对人生困境的超脱,他所抒发的是永恒的人世之悲,所以自然而然形成了浪漫主义创作上冷峻超然的风格。

(2)浪漫主义精神不同。屈原的诗篇中始终充满着奋发向上的入世精神,他的"美政"理想,是他浪漫主义精神的核心。所以屈原的浪漫主义是表达自己节操志向、忧患理想的内心世界,是抒发对理想"九死未悔"的热烈追求和百折不挠的斗争精神。而庄子的文章中始终贯穿的是平民知识分子的强烈愤世精神,是对黑暗现实的声讨檄文。他揭露社会上的丑恶现象,对世俗污浊进行辛辣的讽刺和猛烈的抨击,他彻底怀疑、否定、批判了社会的一切政治状况、俗理和道德规范。同时也歌颂自然,批判人的异化,追求人与自然相和谐的理想境界,这是庄子浪漫主义的突出精神。

(3)浪漫主义表现手法不同。在浪漫主义的艺术表现上,屈原大量地运用比喻、暗示、夸张等手法去启发人们的想象,例如运用"香草美人"等比兴意象作为象征和寄托的载体,借助现成的神话题材,撰成新的情节来表达自己的追求。庄子则更善于运用拟人的手法,赋予自然界的物象以生动的情感,他在运用神话材料时更倾向于加入自己的创造,使得笔下的神话故事具有寓言的性质,从而进一步表达自身的人格理想。而二人语言艺术上更是表现出了各自的特点,屈原善于运用双声、叠韵、对偶句式,创作了参差灵活、结构富于变化的"楚辞体",庄子则是具有奇巧富丽、精彩传神的语言特点。

63. 简述《九歌》的艺术特色。

《九歌》是一组题材特殊、风格独异的美妙奇崛的抒情诗,它在精神实质上与《离骚》一脉相承,而在艺术上却又独具特色。

(1)人格化的神灵形象。诗人以流传于楚国民间的神话故事为背景,主要通过神灵形象的塑造,借其口而抒情。《九歌》包含着先秦文学中少数几篇完全以神话为素材,又经过文学化的改造,以神的生活表现人类生活情感的作品。诗人通过抒写神与神、神与人之间的恋爱故事,刻画出神灵形象因所爱不可得而产生的思念、怨恨、犹疑、伤感等复杂情绪,描绘了这些故事的悲剧结局,寄托了自身君臣难以遇合的悲怨。《九歌》所塑造的集神异与人格特征为一体的众神灵的艺术形象,成为后世许多此类型文学形象的垂范。

(2)清新幽怨的意境。诗人的艺术之笔善于把景物的描绘、环境的烘托、气氛的渲染和作品中人物的思想感情有机地融合起来,从而创造出情景交融的美的意境,产生感人的艺术魅力。如《湘君》《湘夫人》《少司命》《山鬼》等篇,这些作品中所表现的孤寂冷落的哀怨之情和凄迷苍茫的悲凉之景,互相融合,格调清丽,形成了优美而惆怅的意境。较为特殊的是《国殇》,此篇礼赞为国阵亡者之神,描写了悲壮激烈的战斗场面,歌颂了楚国卫国将士们的英雄气概。它刚健雄浑、深沉质朴、激昂扬厉、悲歌慷慨,洋溢着爱国激情和英雄精神,笼罩着浓郁的悲壮气氛,形成了壮美的意境。

(3)浓烈的表演性。《九歌》具有明显的表演性,它是歌、乐、舞三者合一的。首先,

《九歌》中不乏对舞乐的描述,例如《东皇太一》中对歌乐舞同时表演的记录。其次,在很多篇章中既有像《山鬼》中抒情主人公的独唱,也有类似于《湘君》《湘夫人》男女双方互表心迹的对唱和合唱,可以看作是分角色演唱的先声。这些痕迹都具有一定的戏曲因素,成为后世戏曲艺术的萌芽。

(4)风格鲜明的语言。《九歌》的诗句虽以六言为主,但也多有五言、七言之句,长短适意,婉转动听。其押韵亦颇灵活,韵脚变化频繁,或四句一转韵,或六句、八句一转韵,节奏鲜明,音韵和谐,读来如聆金玉之声。特别是"兮"字用于句中,几乎代替了所有虚字的功能,不同于《离骚》之用于句末而专为语助。这种地域风格鲜明、形式统一的语言特点,体现了先秦时期诗歌语言技巧的进步。

64. 简述《九章》的思想内容。

《九章》的思想内容与《离骚》大体相似,除《橘颂》外,各篇均为屈原某一生活片段的反映,表现了诗人在某一特定时期的思想感受。可以说,《离骚》是对屈原生平和心路历程的完整反映,《九章》则是对某一方面的片段抒写。

(1)美政理想。屈原在《九章》中多次表达了自己"存君兴国"、举贤授能、修明法度的美政理想。《惜诵》是《九章》的第一篇,屈原叙述自己在政治上遭受打击的始末和自己对待现实的态度,内容与《离骚》前半篇大致相似。他设想能够召来五方天帝、日月星辰、山川神祇和古代正直的法官组成一个公正的法庭,来听取自己的申诉,做出公正的评判。

(2)爱国感情。屈原对楚国的深深依恋之情,也体现在《九章》的众多篇目中。尤其是《哀郢》一篇,其中所表达的心系故都的情怀感人至深,作者从叙述自己被放逐随流亡百姓离开故国的情况写起,抒写了自己思君、爱国、忧民的哀痛,诗人想起郢都这个楚人生活了几百年的都城即将毁于一旦,便忍不住老泪纵横。而"鸟飞反故乡兮,狐死必首丘"的呐喊,更是语重义深,催人泪下。

(3)批判精神。在《九章》中,屈原以满怀的悲愤,将批判的矛头指向了统治阶级。例如在《涉江》一篇中,诗人从自己本身的经历联系历史上一些忠诚义士的遭遇,表明了自己的政治立场。他意图改变现实,拯救国家,然而事实是邪佞之人掌握权柄,贤能之人却不断遭到迫害,在这样的情况下,他依然决定正道直行,绝不向邪恶势力变节妥协,表达了对统治阶级的腐朽和社会现实的黑暗的深刻批判。

(4)高洁人格。屈原坚贞不屈、洁身自好的品格情操贯穿了《九章》的每一篇。《橘颂》篇就是他峻洁人格的集中体现,楚地是橘树的故乡,只有生长在南土,才能结出甘美的果实,倘若要将它迁徙到北地,就只能得到又苦又涩的枳实了。屈原认为橘树的这种秉性,正可与自己矢志不渝的爱国情志相通。所以在他遭受谗言被疏之时,就以橘树作为砥砺志节的榜样,激励自身凌空而立的意气和梗然坚挺的高风。

65. 简要说明《九章》的艺术特点。

《九章》的艺术风貌也与《离骚》大体相似。不过,《离骚》富有浓厚的浪漫主义特色,《九章》虽也不乏浪漫主义的笔触,却主要体现了鲜明的现实主义特征。《九章》各篇不以飞腾的想象和奇幻的意境取胜,而以具体的写实和直接的抒情见长。

(1) 具体写实和直接抒情。因为《九章》各篇多是"随事感触"的生活片段,所以诗人情感的触发多是针对具体的事件、生活境遇以及与之相关的景物或者环境,即"景随情生",多具体写实之辞,有似"实录"。例如《涉江》开头一段,作者明确点出时令、自己的遭际和所见之景,坦陈内心留恋故土的情怀,直抒胸臆。这些都体现了它的现实主义特征。

(2) 写景寄情的手法。《九章》往往情寓于景,景以寄情,无论写山水、言节候,都能做到情景交融,感人至深。因为这些大量的景物和环境描写,并不仅仅是触发诗人的情感,而是其本身就蕴含着作者的感情,景物随情感而产生变化。例如《涉江》中的渡江南下一段,"容与"和"凝滞"本是指船行缓慢,这里却形象地描摹出了诗人依依不舍的痛苦心情。

(3) 托物言志的手法。《九章》中有一篇比较特殊的作品是《橘颂》篇。此篇移情于物,借颂橘而自颂,实开后世咏物诗之先河,具有很高的艺术造诣。此篇以橘自喻,借颂橘而言志,抒发了美好的理想,歌颂了高尚的情操,名为《橘颂》,实为诗人峻洁人格的自我写照。这不仅是对比兴手法的扩大和突破,而且开拓了后世咏物诗发展的道路。

(4) 抒情的语言艺术。《九章》是一组抒情组诗,这从它各篇的标题中几乎都含有一个明显表达作品情感特征的字就能看出来。在句式上,《九章》的显著特点是回环往复,某些执着的情感和类似的句子在诗中反复出现,加深了读者的印象,同时也是情感的反复申诉。在语言的运用上,少不了双声叠韵的联绵词,以及众多的重叠词,增加了作品的音乐美和节奏感,同时也将诗人起伏不定的心情表现得更为鲜明。

66. 分析《天问》的思想内容和文学价值。

(1) 在思想内容上,《天问》是大胆怀疑、探求真理的对天问难。《天问》是我国文学史上绝无仅有的一篇奇文,全文包括三百七十多句,一千五百余言。这是一篇充满强烈的理性探索精神的诗歌,全诗都由问句组成,表现了诗人对自然、历史、社会的深思熟虑后的见解和质疑,是屈原对宇宙自然、人类社会总体认识的总结与升华的一种艺术再现,在那个时代构建了一座精神和思想的巨峰。《天问》集中反映了屈原的学术思想,可谓切中了屈原那蓬勃涌动的理性思想的脉搏,这不仅显示了作者确实是"博闻强志,明于治乱",而且充分体现了他大胆怀疑,敢于向传统思想挑战,勇于探求真理的进取精神,应该说这种精神是屈原不朽精神的重要组成部分。

(2) 在文学价值上,《天问》是新颖独特、气势磅礴的千古奇文。它构思新颖,形式独特,节奏铿锵,气势磅礴,感情激越,格调高古,是一篇古今独步的奇文。应该指出,《天问》乃近文之赋,它"包括宇宙,总览人物",具有所谓"赋家之心",而且主要以四言为句,四句为节,韵散相间,错落有致,它的产生无疑对赋体的形成和发展有着直接的影响。屈原赋固然以写怀言情为主,而《天问》却已明显有论事说理的倾向,汉初贾谊赋将言情与说理结合起来,正是对这一特点的继承和发展。所以,《天问》不仅在哲学、史学、神话学、民俗学上有特殊的贡献,而且在文学上也有不容否认的价值。

67. 分析《招魂》的艺术特点。

《招魂》是《天问》之外的又一篇奇文,其艺术形式、表现手法和语言艺术均有独到之处。

(1) 改造民间形式,自铸新篇。"招魂"是始于科学不发达的人类古代的一种迷信风俗。有在人死后招其魂者,也有在人生前因病或受惊招其魂者。屈原《招魂》的产生,与当时楚国巫风的盛行有密切关系。它是屈原改造民间流行的巫觋招魂辞的形式而再创作写成的诗篇。屈原曾在楚国民间祭歌的基础上创作《九歌》,他对民间招魂辞的形式当然也是熟悉的。《招魂》前有序言,中为招魂辞,后有乱辞,以招魂辞为全篇主干。这种结构形式和"外陈四方之恶,内崇楚国之美"的写法,以及招魂辞句尾通用极其特殊的"些"字等,都无疑显示了民间巫觋招魂辞形式的特征。《招魂》的创作再一次证明了屈原是善于从现实生活和民间文艺中吸取营养的伟大诗人。

(2) 描写铺陈夸张,新奇细致。在表现手法上,《招魂》不同于《离骚》《九章》之以抒情见长,而是以善于描写著称。它无论"外陈四方之恶",还是"内崇楚国之美",都极尽铺陈夸张之能事。作者广采神话传说,充分发挥想象,描写天堂、幽都之可怖,铺陈东、南、西、北之极危,既怪异,又新奇,充满了浓厚的浪漫主义色彩。而写楚国宫室之美,服食之奢,歌舞之乐,娱酒之欢,又无不是对现实社会中楚王奢靡生活的如实写照和细致刻画,既生动,又逼真,分明显示出现实主义的特征。《招魂》这种铺陈夸张、新奇细致的描写手法,无疑对汉赋"写物图貌,蔚似雕画"特点的形成,有着直接的影响。

(3) 文藻瑰丽富艳,异彩纷呈。与描写的铺陈夸张、新奇细致相适应,《招魂》的语言艺术异彩纷呈。最突出的表现则是文藻瑰丽富艳。特别是铺陈描写"楚国之美"的一大段招魂辞和篇末的乱辞,写得色彩缤纷,声韵铿锵,辞藻华美,文采斐然,体现了作者驱遣文字的功夫已臻炉火纯青之境地。《招魂》描写之铺陈和文藻之富丽实开汉赋之先河。但同时也不无消极的影响,后世赋家专务文辞之巧丽,趋繁竞艳,以致"繁华损枝,膏腴害骨",《招魂》之作,实开其端。

68. 说明屈原对后世的影响有哪些。

(1) 忠君爱国思想的影响。在封建社会中,屈原首先被奉为忠臣的典型,他在大量的诗歌中反复表达的就是他对楚王和楚国的忠爱之情,表达其赤胆忠心永不变色的思想。而他的爱国主义更是后世积极赞美的美好精神,每当国家受到外敌侵略时,中国人民总是能从屈原那里汲取思想营养,激荡起自己浓烈的爱国热情。这种思想在封建社会中的影响力是非常大的,因为它既符合臣子的道德要求,也顺应了封建君王的要求,是维持封建社会秩序的最高道德原则,具有极其深远的影响。

(2)求索精神与高洁人格的影响。屈原是一位同黑暗腐朽势力进行不妥协斗争的封建士大夫,是一位勇于追求真理和光明、勇于探索真知的斗士,他以锐利的目光和深邃的智慧去洞察现实社会的一切丑恶,大胆地怀疑和批判一切不实的传统观念和历史传统,他向大自然的诸如天地万物的形成和变化等无穷的奥妙提出诘问,这种求索精神影响了后世千千万万有理想的读书人。同时,他坚贞不屈、洁身自好的峻洁人格也成为后世文人的修身典范,表现出的精神力量成了安顿历代文人士子痛苦心灵的家园。

(3)艺术成就的影响。屈赋的艺术成就对后世也有着巨大的影响,鲁迅《汉文学史纲要》说屈原的作品"逸响伟辞,卓绝一世"。屈原为后世留下了大量的诗歌作品,开创了"骚体"这种新的诗歌样式,他将自己对理想的热烈追求融入了艺术的想象和神奇意境之中。与《诗经》相比,屈原的诗歌在艺术上达到了一个新的境界,开辟了诗歌的浪漫主义传统,其浪漫主义的创作手法哺育了一代又一代的作家,对中国文学史产生了极其深远而广泛的影响。

69. 屈原对以前的诗歌传统做了哪些发展?

(1)由内敛的抒情转变为热烈的个人抒发。传统的诗歌作品在抒情方面是内敛的,特别是在写及纯属个人的感情时,一般相当克制。与此相对的是屈原作品丰富而热烈的感情表达。尽管屈原的政治理想着眼于社会群体,但他在表示自己的反抗时,又往往只说自身,如"亦余心之所善兮,虽九死其犹未悔",这种对"余心"的强调,发展成了后世文人对自身理想树立和个人价值实现的一种追求。屈原的作品在中国文学史上形成了一种与《诗经》颇有异处的传统,这种传统被李白所继承并推到了新的高度。

(2)进一步发展了诗歌的象征性。屈原继承了《诗经》的比兴传统,充分地运用了比喻、象征、对比等表现手法,尤其在诗歌象征性和想象性方面做出了突破。在《诗经》中偶尔出现的、在小范围内使用的假想,在《离骚》中成了作品绝大部分篇幅所赖以生成的前提,象征手法在屈原作品中也随处可见。同时,传统诗歌在艺术上有待于进一步提高的问题,例如作品的结构、对客观对象的描绘等,在屈原作品中获得了程度不同的进展。

(3)对诗歌的抒情主体进行较为集中的铺叙。《诗经》中已经有了"赋"的叙述手法,屈原则更进一步发展了这种铺叙的描写手法,扩大了描写的对象,包括宫室、音乐、自然景色、美丽的女性等。这在《招魂》中表现得尤为明显,尽管《招魂》写这一切是为了招引魂魄归来,并不是以美的显示为根本目的,但却已开了汉代体物大赋的先声,对文学向审美的方向倾斜起了积极的作用。

(4)在楚地方言基础上开创了"骚体"的诗歌形式。屈原作品的句式虽然源自楚国原已存在的民间歌曲,如"沧浪之水清兮,可以濯我缨"之类,但显然已发展得远为丰富多彩。由此不但形成了"骚体",在后世继续发挥作用(例如,汉代的抒情小赋就明显源自骚体),而且也影响了后来的"楚歌体"作品。项羽《垓下歌》"力拔山兮气盖世,时不利兮骓不逝"，就与《国殇》"操吴戈兮被犀甲,车错毂兮短兵接"之类的句式相一致。

70. 说明《九辩》的内容主旨。

《九辩》是《楚辞》的名篇,王逸定为宋玉作,是一首感情深挚的长篇抒情诗,共有二百五十多句。《九辩》既不纯为王逸所谓"闵师"之作,也不全是宋玉自叙之辞。它是一首师法屈原作品、借悯惜屈原而自抒胸臆的长篇抒情诗,是一首抒写诗人伤时忧国、怀才不遇、老而无成、报国无门的悲怨之曲。这首诗写于诗人遭受排挤,被迫离开宫廷,远走他乡的羁旅之中。其基本思想表达的是"贫士失职而志不平"的感慨,诗中对现实的黑暗也有一定的反映。在离朝之际,他为楚王的不明而怨尤,为群小当道而愤慨,为国运的阽危而忧虑,为自己的怀才不遇而不平,为自己垂暮之年沦落天涯而倍感凄凉。在百感交集之中,写下了这样一篇"凄怨之情,实为独绝"的长诗。《九辩》中有不少蹈袭屈作的痕迹,不仅语多模仿,而且有整段抄入者。这既表现了宋玉对屈原作品的激赏,也说明了他对屈原遭遇的同情。诗中申言事君不合、慨叹生不逢时、忧患国事危败、痛斥谗佞当道等等,不能不说,在一定程度上含有悯惜屈原的意味。不过,此诗以悯惜屈原为表,以自抒胸臆为里,主要还是抒发了宋玉本人的思想感情,并且还多少透露了一点宋玉的身世。表达出了诗人"处浊世而显荣兮,非余心之所乐。与其无义而有名兮,宁处穷而守高"的志向。纵观《九辩》这首长诗,乃以个人抒情为基础,将身世之感、怨刺之情、家国之痛相融而并出,从而构成了它深切而感人的思想内容,同时也是它的思想性之所在。

71. 分析《九辩》的艺术特色。

宋玉是屈原艺术的继承者。从《九辩》这首长诗看,他多袭用屈原作品的辞意、词语及语句,但其在艺术上绝不仅仅停留在模仿屈原上,而是有他的独特创造。

(1)《九辩》作为一首抒情长诗,它在抒情诗的手法上有很大开拓。它的抒情不取直抒胸臆,而是通过对自然景物的描绘,制造一种气氛,创造一种意境,从而抒发自己的感情,展示自己的情愫。全诗以秋景、秋色、秋声、秋容为衬托,把萧瑟冷落的秋气与自己的哀怨之情,以至对君国末世的感受交织在一起写出,从而增强了诗歌的艺术表现力,增强了抒情效果。《九辩》当之无愧地成了后世悲秋之情的滥觞,而这种诗歌意境的创造,对后世诗歌的抒情特征产生了十分重要的影响。

(2)《九辩》还显露出铺叙写物、状物细微的特点。如他在诗中写凄凉的秋景,则依次写归燕、寒蝉、大雁、鹍鸡、蟋蟀,抓住自然界生物的秋季特征,加以铺张敷陈的描写。在后文写秋天的落木景象时,从叶片到枝干,由形态到色彩,既加铺叙又刻画得细致真切。真可谓"极声貌以穷文",这在文学表现手法上也是一种新探索和新发展。

(3)《九辩》在语言上有自己的特色。它继承了屈原开创的楚辞体的艺术特色,如结构巨丽,曼声长吟,文辞秀美,同时还有所发展。如文中往往连用许多近义词,构成排句来刻画景物或抒写心理,皆能曲尽其妙。在句法形式上,它比屈原的《楚辞》表现得更加灵活,有二字、三字、六字、七字、九字,以至十字、十一字,每句不等,随着感情的流动、变化,而疾徐相间,跌宕起伏。

72. 楚辞的影响有哪些?

楚辞对中国文学产生了深远的影响。

(1)楚辞创造了一种新的诗歌样式。屈原所创作的诗歌样式称为"楚辞体"或者"骚体",这种诗歌样式以杂言为主,突破了传统的四言句式,语言描写上善于渲染、形容,词语繁富,很重视外在形式的美感,无论在句式还是结构上,都较《诗经》而言更为自由且富于变化,可以更加有效地塑造艺术形象和抒发复杂、激烈的感情。"楚辞体"对后世古典诗歌的主要形式五言、七言诗的产生起了十分重要的作用,许多诗句去掉虚词换以实词,就符合五言、七言诗的节奏和句式。同时,它也为汉代赋体文学的产生创造了条件。

(2)楚辞开辟了诗歌的浪漫主义传统。屈原以积极浪漫主义的创作方法,为我国文学开辟了继《诗经》后的另一影响深远的传统,从而丰富了我国文学的艺术表现力。这种浪漫主义主要表现为感情的热烈奔放,对理想的追求,以及抒情主人公形象的凸现,通过幻想、神话等,创造了一幅幅雄伟壮丽的图景。其中"香草美人"的象征手法对后世的文学创作有重大影响,它是对《诗经》比兴手法的继承和发展,内涵更加丰富,也更具有艺术魅力。

(3)楚辞文学意识对后世的影响。在屈原的作品中,很多地方表现出批判社会黑暗的精神,值得文学家的学习和提倡,突出地表现在为后世许多史学家所用,如《史记》、两汉的政论文都敢于揭露社会黑暗,批判社会现实。生命意识也是屈原作品中表现出来的重要方面,主要体现在时光飞逝、美人迟暮的时间紧迫感和冷峻的死亡意识,能引发历代文人对生命易逝的抒发。他作品中体现的爱国热情和民族情结,也影响着一代又一代的文人士子。

两汉文学

73. 汉代文学和经学有什么关系?

汉代经学兴盛,文学繁荣,二者呈现出一种相互影响、相互促进的互动关系。这种双向互动的关系,可由以下几点资以说明。

首先,从文学的创作主体来看,很多作家诗人都具有良好的经学素养,有些作家诗人甚至拥有经师的身份,这使得他们在解经时注重文字的表达效果,在文学创作中引经据典,大量征引经学文献以凸显诗文的正统性和权威性。

其次,汉代文学继承了战国时期铺张扬厉的文风,这种文风在散文与辞赋方面表现尤为突出,而这种文风,与汉代经学中烦琐的章句训诂之学颇为一致,二者应有相互影响的可能。

冉次,汉代一些文学家,模仿一些经学典籍进行文学创作,使得其作品介于经学与文学之间,如西汉焦赣模仿《诗经》的方式推演《易》卦而著的《焦氏易林》,既可以被看作四言诗的文学作品,也可以被视为易学著作。与此相类者还有扬雄模仿《论语》而作的《发言》、模仿《易经》而著的《太玄》。

又次,汉代经学重视伦理教化的旨趣影响了汉代的文学观念,如当时四家《诗》对《诗经》的解读,毛《诗》派"发乎情,止乎礼"成为汉代文学创作的基调。

最后,汉代经学重家法、重师法的传统,使得思想观念陈陈相因,此与汉代文学注重模仿之前经典以及同时代人相互模仿的习气,亦有相互习染作用。

74. 汉代文学的基本发展态势是什么?

汉代文学发展,相较于其他时代的文学发展,既有共性特征,也有独特的个性特征。就其整体趋势来说,多元化无疑是其最为显著的态势。

首先,由于社会稳定、经济发展,汉代文人多具有积极进取的精神,立功立名的思想在文人群体中普遍存在。这种立功立名的思想,使得汉代文人多热衷于社会政治生活,同时希望朝廷出现明君圣主,也希望自己成为贤臣能吏,留下不朽之名。文人的这种精神面貌和价值追求,反映在文学之中,就形成一种盛世气象。与之相应的是,汉代文学对历史上残暴之君、残暴之政进行批判,对明君贤臣进行赞颂,并经由对历史的评价转向对社会现实的关注,对盛世赞颂,对不理想社会则进行批判,如东汉以后的文学则批判较多。

其次,受汉代社会稳定、经济繁荣、国力强盛的影响,汉代文人大多胸襟宽阔,加之汉武帝追问天人之际,无论是汉代经学还是文学,都对这一问题进行了探索。反映在文学方面,就是汉代文学家追求贯通古今、天人,要包括宇宙,总览人物。

再次,汉代文人对自身命运与机遇更加关注,如《史记》对个人命运的探究,汉代不遇题材文学作品的增多,均表现出文人对当时社会的感受与体悟。这种对命运、机遇的关注,也使得当时的文人反省自身的地位,他们大致经历了一个从相对独立到依附权贵再到相对独立的过程。

最后,汉代文学还呈现出从西汉的浪漫主义向东汉时期的现实主义过渡的趋势,并且从一开始,民间文学创作与文人创作就处于互动、融合的局面。

75. 汉代文学样式有什么嬗革?

汉代的文学样式以辞赋、散文和诗歌为主,它们都经历了一个发展变化的过程。

辞赋一开始是各有分工的,辞主要是模仿屈原作品的楚辞类作品,内容以抒情咏物为主,情多哀怨抑郁。新体赋主要内容为赞颂或劝谏讽喻。后来,楚辞类作品与新体赋合流,总称辞赋,楚辞类作品即骚体赋。新体赋指的是汉大赋,以枚乘《七发》为形成标志,以司马相如的作品为最高成就,到东汉中期以后,逐渐又出现了抒情小赋。

在散文方面,西汉初期主要是反思、总结秦亡教训,为新政权建言献策的政论文。叙事散文方面,从西汉司马迁《史记》开始,创立纪传体书写人物传记,这种写法被东汉班固《汉书》所继承。《吴越春秋》的出现,说明作家更加注意文学性的叙述和描写,成为历史演义小说的滥觞。

诗歌方面,从民间乐府民歌孕育出了五言诗,《古诗十九首》成为五言诗的杰出代表;从汉代辞赋,发展出了七言诗。

76. 汉代作家群体是如何出现的?

汉代作家群体的出现,是汉代社会综合条件的产物。首先,汉代帝王、诸侯王以及其他权贵大多爱好文学,乐于招纳和豢养文人。上行下效,全社会招纳和豢养文人之风盛行。此风之下,被招纳、豢养的文士们有较为优越的生活条件,可以积极地进行文学创作。这有利于作家群体的培育。其次,汉代的人才选拔制度和某些机构的设立,也有利于作家群体的生成。如州郡荐举的秀才,多有文学才能;西汉的乐府机构和东汉的东观、鸿都门学等机构,也为汉代培养了数量可观的文学创作力量。最后,汉代的文化风气,如西汉的解读楚辞之风、东汉的诵读辞赋之风,以及贯穿汉代的文人游宦之风,都为汉代作家群体的成长助力不少。

77. 赋为什么在汉代特别兴盛？

赋是汉代最具代表性、最能彰显时代精神的一种文学样式。它对《诗经》赋颂传统和《楚辞》兼收并蓄，并吸取战国纵横之文的铺张恣肆之风和先秦诸子作品的相关因素，综合而成了一种新文体。

（1）汉代经济的发展，为赋体文学的兴盛提供了足够的物质条件。汉初统治者采取与民休养生息政策，使经济得以发展。到汉武帝时，汉代恰恰为士子们从事大规模文学创作提供了物质基础。

（2）汉初至武帝时期的政治局面稳定，为汉赋创作出现高峰提供了良好的社会环境，为士子教育、文人创作提供了有力保障，即使武帝即位后发动多次对外战争，最后也没有破坏"公私仓廪俱丰实"的社会储备，反而鼓舞了文人们对"大一统"社会的向往和歌颂。对外交往的扩大和宫廷园林的兴建，开阔了汉人的眼界，更为赋体文学提供了丰富的表现题材。

（3）提倡清静简朴的黄老之风在汉武帝即位之后逐渐告退，为"铺采摛文"的汉大赋提供了发展空间；而统治阶级的提倡，又为赋体文学的兴盛准备了巨大的市场。经学的日益繁缛，也无疑助长了文人铺采摛文、构制鸿篇巨制的风气。

（4）汉朝统治者的提倡，也对汉赋的兴盛起到了推波助澜的作用。仅西汉武帝之前，见于史书的喜好文学的诸侯王，著名的就有吴王刘濞、楚王刘戊、淮南王刘安、梁孝王刘武、河间献王刘德等。由于统治阶级上层的大力提倡和社会时尚的刺激，汉代眼界大开并且"有闲"的文人们，适应社会文化发展的需要，创造出了赋体文学的辉煌，形成了赋体文学创作的高峰。

78. 汉赋演化的三个阶段及其主要特点是什么？

汉赋的演变与发展经历了骚体赋、汉大赋、抒情小赋这三个时期。

（1）骚体赋。

汉初以骚体赋为主，贾谊是其中的代表作家，也是现今有作品传世的第一位汉代赋作家。《汉书·艺文志》载贾谊赋七篇，今见其名下的作品包括残文有四篇，其中以《吊屈原赋》和《鵩鸟赋》最为著名。无论是在精神上还是在体制形式上，贾谊赋都明显对屈原赋有所继承。他们同有不世之才和为国尽忠报效之心，又同有不为所用、遭谗被放的悲愤之情，因而辞情风貌多有相似。在体制上，则表现为沿袭楚骚句式，多用兮字，通篇用韵，形式整齐，富于抒情色彩。不过，汉初骚体赋在形式上也开始趋向散文化，同时又大量使用四字句，句法比较整齐，显示了由骚体向汉大赋的过渡。

（2）大赋与骚体赋相辅相成。

贾谊之后，骚体赋后继有人，即使在汉大赋如日中天的武、宣之时，骚体赋的创作也从未中断过,与汉大赋一明一暗并行不悖。优秀作品如:淮南小山的《招隐士》、董仲舒的《士不遇赋》、司马迁的《悲士不遇赋》、司马相如的《大人赋》《哀秦二世赋》《长门赋》、扬雄的《太玄赋》等。另外,贾谊之后,还出现一系列以悼念屈原为主题的骚体赋,如东方朔的《七谏》、王褒的《九怀》、刘向的《九叹》、王逸的《九思》等。尤其是后三篇,一脉相承,九章成篇,体制固定,主题类似,作为骚体赋的一种体制,虽然规模不大,却具备了独有的格局,与大赋中的"七体"相互辉映,是为"九体"。

汉大赋始兴于景、武之世并成为汉赋的主要样式。枚乘的《七发》是汉大赋的奠基之作,代表作家作品为司马相如《子虚赋》《上林赋》。汉大赋用反复问答的问答体形式,以铺叙渲染帝王、贵族生活为手段,以微刺帝王、贵族淫奢为旨归,内容上改变了骚体那种哀怨愤激的感情的抒发,形式上改变了楚辞多用语气词的特点,成为结构宏大、句式以四言为主、专事铺陈描写的散文。

(3)京都赋的崛起。

自西汉晚期至东汉早期,汉赋的思想内容和审美情趣方面明显出现新的迹象和发展趋势,其鲜明标志之一就是京都赋的崛起。京都赋滥觞于扬雄的《蜀都赋》,其虽未造成巨大影响,但为赋的创作开辟出新的道路。京都赋中,就汉代而论,影响深远,规模宏大,成就突出,可为代表的是班固的《两都赋》和张衡的《二京赋》。这两篇作品均采用主客问答的方式,主客角色的设定包括多方面的意义:主方代表对历史的超越,客方则因循守旧。主方处于中心,代表主流话语,客方则处于边缘,和主流话语相悖。主方象征尊重客观事实,客方则信耳而遗目,陷入虚妄。两篇作品都是采用上述方式抑客扬主。

(4)述行赋和抒情小赋。

从西汉后期开始,相继出现一批纪实性的述行赋。这些赋的作者都有深厚的史学功底,是史学家兼作家,又都有漫游经历,而且他们途经的地点多是前朝故地,有丰富的历史文化积淀。由此而来,汉代纪实性述行赋在融汇古今、抒发历史沧桑感方面有许多新的开拓。按其性质可划分为治世之作、衰世之作和乱世之作。治世叹存没、衰世叹治乱、乱世叹兴亡,它们各有自己的基调和主题。刘歆的《遂初赋》是汉代纪实性述行赋的开山之作,班彪的《北征赋》、班昭的《东征赋》和蔡邕的《述行赋》是其中的优秀代表作品。

抒情小赋产生于东汉中后期。东汉中后期的赋,重在抒情述怀,篇制短小,故称之为抒情小赋。真正宣告抒情小赋的诞生并充分展示其迷人魅力的作品是张衡的《归田赋》。《归田赋》作于作者厌倦仕途之后,其所探寻和营造的理想的生活空间、所追求的精神家园均有与仕途官场决裂、还我本真的味道。语言清新晓畅,挥洒自如,与内容一脉相通、和谐一体,中间虽颇含骈偶成分,但恰到好处,毫无板滞雕饰之感,为后世的骈体赋开创了一个良好的范例。

79. 司马相如有什么文学成就？

汉代最重要的文学样式是赋，而司马相如是公认的汉赋代表作家和赋论大师，也是一位文学大师和美学大家。司马相如的文学成就主要表现在辞赋上，是汉赋创作成就最高的作家。《汉书·艺文志》著录相如赋二十九篇，今存五篇。其中《子虚赋》《上林赋》是其代表作品，也是汉赋中最优秀、影响最深远、具有典范意义的作品。

两千多年来，司马相如在文学史上一直享有声望，产生了深远的影响。《史记》中，专为文学家立传的只有两篇：一是《屈原贾生列传》，另一篇就是《司马相如列传》。从此即可看出司马相如在太史公心目中的重要地位。他所创造的巨丽之美，是充满浪漫色彩的壮阔画面，成为后世赋作家争相效仿却无法企及的楷模。

司马相如是中国文化史和文学史上杰出的代表，是西汉盛世汉武帝时期的文学家、杰出的政治家。他被班固、刘勰称为"辞宗"，被林文轩、王应麟、王世贞等学者称为"赋圣"。他是汉赋的奠基人，扬雄欣赏他的赋作，赞叹说："长卿赋不似从人间来，其神化所至邪！"鲁迅的《汉文学史纲要》中把司马相如和司马迁二人放在一个专节里加以评述，指出："武帝时文人，赋莫若司马相如，文莫若司马迁。"

80. 司马相如的《子虚赋》《上林赋》二赋在汉赋发展史上居于什么地位？

《子虚赋》《上林赋》二赋虽写于不同时期，但内容前后紧相衔接，故司马迁首先将之视为一篇。此赋借假托的子虚、乌有和亡是公三人的对话连缀成篇，形成三个自然段落。首段写楚使子虚出使齐国，夸说楚王在云梦泽游猎的盛况以贬低齐国；第二段写齐人乌有批评子虚"奢言淫乐而显侈靡"，却又夸耀齐国渤海之广大富饶以折服子虚；第三段由亡是公批评齐楚"奢侈荒淫"，并大事铺张天子上林苑的巨丽及天子游猎的壮阔气势，以压倒齐、楚，表明诸侯之不足道；末尾则以抑制奢侈、崇尚节俭收束全文，即所谓"曲终奏雅"。

作者的主观意图是要对帝王贵族的奢侈腐化、挥霍浪费起讽谏作用，然而由于铺写上层社会的享乐生活占篇幅过大，赋末尾简单的正面说理被掩盖了，讽谏作用是很微弱的。但它反映了盛况空前的中央王朝无可比拟的气魄和声威，也多少表现了当时统治者一种发扬蹈厉的精神，有一定的时代意义。事实上，这两篇赋的审美价值和社会意蕴已远远超出讽颂范畴。它在内容和形式上，对汉赋而言，都已具备范式的意义。就是说，以歌颂王朝声威和气魄为主要内容，以铺张扬厉、夸奇炫博为主要特色，而篇末微露讽意的汉大赋体制，到司马相如手中已经定型，后世赋家难以越其藩篱，只能依照其格式模仿因袭，愈来愈失去创造性。

二赋在汉赋发展史上具有极重要的地位，首先它们确立了一个"劝百讽一"的赋颂传统；其次，它们塑造了一个朝气蓬勃的帝国形象；再次，弘扬了大一统的观念；最后，体现了奋发扬厉的时代精神。二赋艺术上的成就，主要体现在以下几个方面：一是按时空顺序和以类相缀兼有的铺陈方式。二是主客问答的结构形式与夸张笔法的融通。三是句法灵活多变,句式长短不一。总之,司马相如这篇作品所创造的是一种巨丽之美,是充满浪漫色彩的壮阔画面,成为后世赋作家争相效仿却无法企及的楷模。

81. 汉大赋的基本特征及风格是什么?

汉大赋的基本特征:用反复问答的形式,以铺叙渲染为手段,以劝百讽一为旨归,内容上改变了骚体那种哀怨愤激的感情的抒发,形式上改变了楚辞多用语气词的特点,成为结构宏大、首尾用散、篇中入韵、句式以四言为主、专事铺陈描写的散文。所有这些,都构成了汉低大赋的基本特征。

汉大赋以前所未有的体制、规模、领域和范围,充分反映了汉代大一统帝国的历史风貌与昂扬奋进的时代气象,表现了当时汉民族以大为美的社会理想和审美风尚。

汉大赋作家的以大为美,首先表现在他们对汉赋宏大体式的追求上。汉赋自枚乘《七发》首开巨制之风,司马相如的《子虚赋》《上林赋》,扬雄的《甘泉赋》,班固的《两都赋》,张衡的《二京赋》,也都是长篇鸿文。由此可见,以长文巨篇为美,是汉大赋作家共同追求的目标。更重要的是,他们的作品中还展示出了内容上的雄实之美。作为有汉一代的文学代表,汉大赋以汉帝国宏伟的山川、万千的生民、繁华的都市、巍峨的宫殿、丰饶的物产、盛大的狩猎、壮观的歌舞等等为描写对象,从而向世人展示了一种数量繁富、体积宏伟、场面广阔、力量巨大的沉厚恢博之美。而这也正是大汉帝国疆域辽阔、人众物丰、魄力宏大的时代气象在文学中的充分反映。

由以上可以看出,汉大赋作家不仅追求大的体制形式,而且追求大的描写对象和内容。他们怀着对自己时代的满腔热情,按照"凡大必美"的美学原则,来创造形象、铺摘文采。大赋作品尽管有些笨重,有些繁复,但它所力图展示的却是一个繁荣富强、充满活力自信和对现实具有浓厚兴趣、关注和爱好的世界图景。它在描写领域、范围、对象的广度上,为后代文学所难以企及。

82. 简述枚乘《七发》的价值。

枚乘生活在汉武帝之前的文、景时代,长期做诸侯国吴国、梁国的文学侍从,曾因上书谏阻吴王叛乱而知名,后来为梁孝王门客时,以善写辞赋著称于世,是梁园文学群体中的杰出代表。《汉书·艺文志》著录其赋九篇,其中最可靠、最具影响力的是《七发》。

《七发》是"七体"的开山之作,假托楚太子有疾、吴客探视,以问答形式构成八段文字。开头一段为序言,由吴客指出太子病根在于腐化享乐、安逸懒惰,非药石可治;正文共六段,通过太子与吴客的反复问答,由吴客分述音乐、饮食、车马、游宴特别是田猎、观涛等六事的乐趣,以驱除太子懒散的恶习,发蒙解惑;结尾一段归于以"要言妙道"转移太子的志趣,使之霍然病除,显示出讽谏劝谕的良好效果。赋中的劝诫之意是十分明显的,其中所体现的逸豫亡身而明理救命的道理,所强调的精神健康重要性的问题,即使放之今日,也是极具价值的。

这篇赋有几个方面需要注意:

一是对先秦文学的借鉴。《七发》在内容、修辞上对先秦文学借鉴良多,但用笔更为巧妙,这说明汉赋确是综合前代诸多文学样式而成,也说明汉赋在继承中有创新。《七发》文字较平易,写景状物不靠堆砌奇词僻字,善于运用形象的比喻,因而不乏精彩的片段,如写音乐之美妙动听,写校猎之威猛雄壮,写观涛之惊心动魄,都很有表现力和创造性。

二是逐步盘升手法的运用。作者在赋中花费大量笔墨去精心描绘的内容,正是作者最终所要超越和否定的东西。这种超越和盘升的手法是汉大赋惯用的技巧。《七发》的篇章结构也层次清晰,脉络贯串,移步换形,不觉呆板。这些,都是后来的大赋所不及的。

三是移步换形和铺夸手法的运用。赋中每写一事都刻意求奇,反复渲染,精刻细化,极尽铺夸之能事。刘勰说它"腴辞云构,夸丽风骇",并非过誉。

四是《七发》在文学史上的地位。首先,它标志着汉大赋体制的形成。其次,枚乘和他的《七发》标志着以地方诸王为中心的汉赋创作时代的终结和以京都为中心的创作时代的到来。

汉赋是以骚体的楚辞作为基础而孕育和发展起来的。汉赋的发展最初是抒情的骚体赋,逐渐演变为散体大赋。《七发》即反映了这一演变的完成。它尽管不以赋名篇,但在形式上采用主客问答的方式;在语言的运用上,虽说还残留少数楚辞式的语句,但通篇是杂有韵文的散文;不着重抒情议论,而着重于铺叙描写,甚至从总体看来,有铺写过繁、刻画有余而生动不足的缺点。这些都是骚体赋的解放,标志着汉大赋这一新赋体的正式形成,在赋的发展史上具有重要地位。

83. 除了司马相如,西汉还有哪些赋家?

有汉一代是赋体文学蓬勃发展的时期。汉代赋作繁富宏伟的体制、铺张扬厉的文风以及其华辞丽藻正与汉王朝繁荣发展的经济、日益强盛的国力以及无限广阔的疆域有着天然的适应关系。因此,囊天括地的汉赋成了文人士子歌功颂德、润色宏业、张扬时代精神的主要载体。西汉是汉赋创作如日中天、光芒万丈的重要时期,这一时期的赋作家们除了司马相如外,还有文、景时的贾谊、枚乘、淮南小山;武帝时的董仲舒、司马迁、东方朔;宣帝时的王褒、刘向;成帝时的扬雄;哀帝时的刘歆等。

贾谊是骚体赋最为杰出的代表作家,其中以《吊屈原赋》和《鵩鸟赋》最为著名。这两篇赋都创作于贾谊被贬长沙期间。前赋在表达对屈原的同情哀悼的同时,亦流露出了对自己无辜遭贬的愤懑不平;而后赋则以齐同万物、委任大化的老庄哲学来自我宽慰和排遣。贾谊之后,骚体赋继有人作,如淮南小山的《招隐士》、董仲舒的《士不遇赋》、司马迁的《悲士不遇赋》等。此外,还出现了以"悼屈"为主题的一系列骚体赋,如王褒的《九怀》、王逸的《九思》、东方朔的《七谏》、刘向的《九叹》等。而一脉相承、九章成篇的《九怀》《九叹》《九思》等作品,因主题相类,体制固定,亦被称为"九体"。

枚乘是汉大赋的代表作家,其《七发》标志着汉大赋体制的形成。作品虚拟了吴客与楚太子之间的对话,笔墨铺夸,辞藻繁复,韵散结合,篇幅巨大。司马相如之后的扬雄是汉大赋的又一位杰出代表,其"四大赋"《甘泉赋》《河东赋》《羽猎赋》和《长杨赋》有意模仿司马相如,主客问答,铺陈夸饰,集中体现了汉大赋的风貌。此外,其《蜀都赋》开启了后世京都题材赋的先河。

西汉时期东方朔的《答客难》以"遇与不遇"这一主题设辞作赋,表达了自己怀才不遇的怨愤之情。而王褒的《洞箫赋》则是咏物赋之代表,亦是汉代独立成篇的乐器赋的奠基之作。

从西汉后期开始,具有史学功底的作家们在见闻了朝代的更迭、沉浮和历史的沧桑巨变之后,有感而发,相继创作了一批具有不同基调和主题的述行赋。刘歆所作的《遂初赋》是汉代这种纪实性述行赋的开山之作,他在历览三晋故地的过程中,以衰世的亲历者之身份触景生情,创作了这篇关乎社会治乱问题的赋作,借古以讽今,指出了社会衰落的病症。此外,还有班彪的《北征赋》等。

84. 东方朔《答客难》是不是赋?

"难"是西汉东方朔首创的一种古文体。据《汉书》本传,东方朔向武帝上书,"陈农战强国之策",遭到冷遇,他便作《答客难》,用来自慰。文中假设有客话难东方朔,讥他官微位卑而务修圣人之道不止,他进行答辩。先说,武帝时与战国时士人处境不同,遭遇自然也不同;进而说,修身是士人本分,不能因时而异;最后说,士人的境遇因时而异自古而然。全篇带有诙谐的特点,发泄了他怀才不遇的牢骚情绪。

《答客难》以主客问答形式,说生在汉武帝大一统时代,"贤与不肖"没有什么区别,虽有才能也无从施展,"用之则为虎,不用则为鼠",揭露了统治者对人才随意抑扬的现实,并流露出为自己鸣不平的情绪。此文语言疏朗,议论酣畅,刘勰称其"托古慰志,疏而有辨"(《文心雕龙·杂文》)。扬雄的《解嘲》、班固的《答宾戏》、张衡的《应间》等,都是模仿它的作品。

东方朔《答客难》,既保持主客答难的赋的结构,又用比较整饬而不拘对偶的古文语言,实质便是文赋。

85. 扬雄有什么文学成就?

扬雄是继司马相如之后西汉最著名的辞赋家,所谓"歇马独来寻故事,文章两汉愧扬雄"。其赋体创作大体可以四十四岁为界分为前后两期。前期有《蜀都赋》《甘泉赋》《河东赋》《羽猎赋》《长杨赋》等作品。后四者史称"四大赋"。扬雄早年极其崇拜司马相如,曾模仿司马相如的《子虚赋》《上林赋》,作《羽猎赋》《长杨赋》,为已处于崩溃前夕的汉王朝粉饰太平、歌功颂德。这两篇赋从形式到内容都与《子虚赋》《上林赋》有着千丝万缕的联系。它们同以天子游猎为题材,极力描写畋猎场面的壮观和天子气象的恢宏、池苑的阔大和物产的富庶。最后均以君王悔悟,戒奢戒侈,勤政爱民作结。手法上极力夸张渲染,铺张扬厉,词采纷披,语言侈丽。但相比之下,扬雄的赋更显理性特征。另外,扬雄的作品还体现了一定的民本思想,非常鲜明地反对扰民、虐民的行为。虽然作者的最终目的是封建统治的长治久安,但能由此产生爱民之心,亦属难能可贵。所有这些都使他的赋有别于司马相如而显示出开创精神,这也是扬雄赋的魅力所在。四大赋中,《甘泉赋》的艺术成就最高,在景物描写方面有新的发展。《甘泉赋》采用骚体,用这种文体来体现汉代盛世和天子的声威,这在历史上是首创,扩大了骚体的选材范围,也使这种文体正式融入主流文化。

扬雄的前期辞赋洋溢着饱满的政治热情,具有较强的现实意义,到了后期,因政治和生活上的不如意,热情渐冷,心态也转向虚静平和,所作辞赋多以关注自身、反思人生为主,对现实的暴露与批判也更为深刻。

扬雄在散文方面也有一定的成就。如《谏不受单于朝书》便是一篇优秀的政论文,笔力劲练,语言朴实,气势流畅,说理透辟。他的《法言》刻意模仿《论语》,在文学技巧上继承了先秦诸子的一些优点,语约义丰,对唐代古文家产生过积极影响,如韩愈所言:"所敬者,司马迁、扬雄"。此外,扬雄也是"连珠体"的创立人,自他之后,继作者甚多。

86. 扬雄前后期对赋的态度有何转变?

扬雄除了是西汉后期著名的文学家之外,还是一位哲学家和语言学家,仿《论语》而作《法言》,仿《易经》而作《太玄》,仿《离骚》而作《反离骚》,并创作了语言学著作《方言》。其文学思想的核心,是倡导文学创作必须合乎儒家之道,以圣人为榜样,以六经为楷模,即所谓原道、征圣、宗经的原则。扬雄自比孟子,要继承孔子,发扬儒家大业,以道、圣、经作为文学创作和文学理论批评的基本原则。这种思想虽然先秦的荀子已经有所涉及,但直到扬雄才将它系统化,这正好反映了封建统治者要求把文学完全纳入其礼教轨道的要求。

扬雄早期以辞赋闻名,其作赋学司马相如,所作《甘泉赋》等四篇大赋都或多或少模仿了司马相如的《子虚赋》《上林赋》。晚年对辞赋的看法却有所转向,倾向于批评和否定。他评论辞赋创作是欲讽反劝,附着在大赋之后的讽谏的尾巴并不能起到应有的作用,而辞赋本身的铺张华丽的描写反倒影响很大。认为作赋乃是"童子雕虫篆刻""壮夫不为"。另外,扬雄还提出"诗人之赋丽以则,辞人之赋丽以淫"的看法,把楚辞和汉赋的优劣得失区别开来。他晚年对赋的批评很尖锐,主要是认为赋背离了儒家传统的以内容为主导、形式为内容服务的原则。扬雄要求内容与形式的统一,事与辞相称,文与质相符,其中质须处于主导地位。扬雄关于赋的评论,对赋的发展和后世刘勰、韩愈等人对赋的评价有一定影响。

87. 抒情赋是怎么兴起的？

汉代没有发展出新的楚辞体作品，许多楚辞类作品都依傍于屈原，和新体赋形成大体明确的分工：新体赋主要用于正面的赞颂讽喻，而楚辞类作品重在咏物抒情，而且抒发的多是抑郁之情，格调和《离骚》相近。

东汉时期，由于政治文化以及其他方面条件的变化，士人处于外戚、宦官争权夺势的夹缝中，志向、才能不得施展，愤懑郁结，便纷纷以赋宣泄其胸中不平。于是，这涓涓细流逐渐汹涌奔腾起来，蔚为大观。班固的《幽通赋》和张衡的《思玄赋》一起，对抒情小赋的最终勃兴起到了很大的推动作用。真正宣告抒情小赋的诞生并充分展示其迷人魅力的作品是张衡的《归田赋》。

和西汉抒情赋稍有不同的是，西汉赋家把"悲士不遇"作为抒情主题，感慨自己未能遭逢历史的机遇。而东汉的抒情赋则以知命为解脱，反映出对人生的理性态度，同时流露出无力把握自己命运的惆怅。东汉抒情赋还不时出现隐逸倾向，与此同时，积极参与现实，关心国家命运的思想情感也在涌动。但东汉抒情赋也由早期的自怨其生转移到为社会伸张正义，如赵壹的《刺世疾邪赋》等，表现出强烈的参与现实的入世精神。

88. 简述张衡在汉赋史上的地位。

张衡，字平子，南阳西鄂（今河南南阳）人。他是我国古代杰出的科学家和著名的文学家，在文学史上占有重要地位，汉赋的转变由他首开其端。

张衡生活在东汉中叶以后，正值东汉帝国由盛转衰之际。自和帝开始，登基的皇帝多年幼无知，外戚、宦官两大集团交叠专权，政治十分腐败。加以帝王贵族奢侈成习，横征暴敛，农村破产，民生凋敝，阶级矛盾和统治阶级内部的矛盾日趋激烈，正直的文人士大夫屡遭排挤和迫害。在这样的时代背景下，张衡创作了《二京赋》《归田赋》。《二京赋》模拟班固《两都赋》，而结构体制更宏伟，被称为京都大赋的"长篇之极轨"。赋的主旨在于讽谏奢侈，劝谕节俭，比之以前的汉大赋较有现实意义和真情实感。赋中规劝统治者要懂得"水所以载舟，亦所以覆舟"的道理，表现了作者对封建统治的危机深感忧虑，富于远见卓识。此外，此赋还写了一些社会风俗人情，如"角抵百戏"等，也都生动细腻。《二京赋》的写作花了十年时间，是张衡的成名之作。但真正值得重视的却是他的抒情小赋《归田赋》。《归田赋》塑造了一个理想中的田园乐土，借以抒发作者"有志不获骋"的怨愤之情。作者首先写了自己离京归田的原因，接着写居住于田园林野的闲情逸趣，最后以"回驾蓬庐""著书立说""纵心物外""荣辱皆忘"的人生态度作结。作品虽存在着一些消极情绪，但更为重要的是反映了作者对黑暗现实的不满，彰显了他不愿同流合污的精神。在写法上，《归田赋》一扫汉大赋那种铺采摛文、虚夸堆砌的手法，在短小的篇幅中,以清丽的文句描写了田园生活中春日景物的美妙,抒发了自己归田后恬淡安逸的心情,情景和谐,语言清新,单行中颇杂有骈偶成分。这样,汉代辞赋就由专为帝王贵族歌功颂德并供其赏玩的体物赋,转变为表现个人胸怀情趣的抒情赋,由长篇巨制变为短篇佳什。所有这些,标志着汉赋的传统体制开始被突破,在赋的发展史上具有创新意义。因此,我们说张衡称得上是一位承前启后的赋家。自张衡伊始,抒情小赋不断出现,对魏晋抒情赋的发展产生了重大影响。

89. 王褒《洞箫赋》的内容及艺术成就是什么?

王褒的《洞箫赋》基本上可以看作是对《七发》中相关片段的扩充。但是,《七发》并不以音乐命名,而且音乐也只是其中一部分。所以,《洞箫赋》应是现存最早的、以音乐为题材的作品,对后来马融《长笛赋》、嵇康《琴赋》诸作均有一定的影响。马融在《长笛赋》序文中阐述其创作动机时说:"追慕王子渊、枚乘、刘伯康、傅武仲等箫、琴、笙颂,唯笛独无,故聊复备数,作《长笛赋》。"由此可见其影响。

《洞箫赋》的结构布局具有相对的完整性,作者详细叙述了箫的制作材料的产地情况,然后写工匠的精工细作与调试,接着写乐师高超的演奏,随后写音乐的效果及其作用。《洞箫赋》开音乐赋固定写作模式的先河,在王褒以后,其他赋家纷纷效仿,从而使这种模式的地位得以确立。

《洞箫赋》还很好地体现了汉代"以悲为美"的社会审美取向。"悲",据蔡仲德先生的论断,汉代所说的悲应该是指"悲乐",而不是说音乐感动人而使人洒泪流涕的表现。首先,取材方面,通过"孤雌寡鹤""秋蜩不食""玄猿悲啸"这些物象以说明箫竹生长环境的悲,从而为箫的制作奠定了悲的基调。然后,又提到盲乐师因为生下来就不见光明,心中郁结了很多忧愁悲愤,只能通过音乐表现出来,所以才会有"寡所舒其思虑兮,专发愤乎音声"的表现。对于乐声的感受和作用,文中提到"故知音者,乐而悲之;不知音者,怪而伟之",即认为只有那些体会到悲乐感情的人,才能称之为"知音者",说明作者以能欣赏悲乐为其音乐审美的标准,这也是汉代音乐审美的一大特色。

作者还比较注重对儒家音乐思想的阐发,以儒家所推崇的君子仁人之德来比拟音声,展现了作者的儒家意识,这是对儒家音乐思想的发挥。

(1)取材方面:在描写这一部分时,作者强调了箫竹所处环境的险峻、凄寒,即"江南丘壑""岖嵚岿崎",同时也写到了选材的要求,在文中则体现为"洞条畅而罕节兮"的描述,这些正与儒家推崇逆境造才、唯才是用的思想相吻合。当然作者也没有忘记"圣主"的作用,体现了阶级观念。

(2)声音的描述方面:在描述不同的声音时,特别是描写巨声和妙声时,用"慈父畜子"和"孝子事父"的仁义道德表现来形象地展现其声音的特点。

(3)制器方面:要求做到"挹抐擫㩶",即中制、符合礼制规格,这与礼乐制度的等级观念不无关系,而且从洞箫的外形来看,它也是非常符合礼制的。

(4)声音作用方面:这一部分集中地体现了儒家音乐思想中所推崇的教化作用。"嚚顽朱均惕复惠兮,桀跖鬻博儡以顿悴"说顽固凶残的丹朱、商均、夏桀、盗跖、夏育、申博听了以后都受到震惊而醒悟过来,改变自己的恶性而陷入自我反省之中。"吹参差而入道德兮,故永御而可贵"则说吹奏洞箫就能把人引入感化之道,所以长久地使用,它的作用就很可贵了。所以说此部分所体现的儒家音乐思想的教化作用还是很明显的。

总的来说,《洞箫赋》开音乐赋固定写作模式的先河,以后其他赋家纷纷效仿,从而使这种模式的地位得以确立,其内化的儒家思想含蓄地影响了数代文人的价值观。文中有很多内容涉及声音的描写,使音乐固有的娱乐性凸现出来,这一点也是《洞箫赋》一个很重要的特点。

90. 汉代骚体赋、汉大赋和抒情小赋各有什么特点?

骚体赋是汉赋中的一类,它是从楚辞中发展而来的,形式上属于骚体,所以被称为骚体赋。这种赋兴盛于汉初,代表作家为贾谊、淮南小山、董仲舒、司马相如等。另外,贾谊之后,还出现一系列以悼念屈原为主题的骚体赋,如东方朔的《七谏》、王褒的《九怀》、刘向的《九叹》、王逸的《九思》等。尤其是后三篇,一脉相承、九章成篇,体制固定,主题类似,作为骚体赋的一种体制,虽然规模不大,却具备了独有的格局,与大赋中的"七体"相互辉映,是为"九体"。在内容上侧重于咏物抒情,且多抒发哀怨之情,近于《离骚》的情调。在形式上也与楚辞接近,常用带有"兮"字的语句。骚体赋主要有以下特征:一是,句式上的突破。屈原创造了一种以六言为主,掺进了五言、七言的大体整齐而又参差灵活的长句句式。这是对四言体的重大突破。二是,章法上的革新。屈原骚体不拘于古诗的章法,放纵自己的思绪,或陈述,或悲吟,或呼告,有发端,有展开,也有回环照应,脉络又是极其分明的。三是,体制上的扩展。屈原以前的诗歌大多只是十多行、数十行的短章,而他的《离骚》则长达三百七十二句、共计二千四百六十九字,奠定了中国古代诗歌的长篇体制。

汉大赋兴起于汉初,衰落于汉末,历时四百多年。汉大赋是汉赋的典型形式。汉大赋用反复问答的问答体形式,以铺叙渲染帝王、贵族生活为手段,以微刺帝王、贵族淫奢为旨归,结构宏大,铺陈渲染了大汉帝国无可比拟的气魄与声威。大赋在形式上篇幅较长,结构宏大,多采用主客问答的结构形式,一般由小序、正文、结尾三部分组成,韵文与散文相间,散文的成分较多;在内容上以写物为主,以"润色鸿业"(班固《两都赋序》)为目的,兼有讽喻劝谏;在艺术上最突出的特点就是采用铺张扬厉的手法和博富绚丽的辞藻,对事物作穷形尽相的描写,显示了绵密细致、富丽堂皇的风格特征。其特点为:一是,铺张扬厉、文绣鞶悦的夸饰;二是,结构宏大,场面雄伟壮观,富有气魄;三是,词汇丰富,文采华茂;四是,多用生字僻字,晦涩难懂;五是,行文结构上多用问答体。

抒情小赋以张衡的《归田赋》为先驱。这之后东汉末年赵壹的《刺世疾邪赋》、祢衡的《鹦鹉赋》，三国西晋时期王粲的《登楼赋》、曹植的《洛神赋》、向秀的《思旧赋》相继问世，把赋从僵死滞重的困境中解救出来，开辟了一块具有生命力的新天地。抒情小赋的特点是篇幅短小，抒情意味浓郁，作者的触角由外在世界转移到内心世界。

91. 蔡邕有什么文学成就？

蔡邕作为汉代乃至中国历史上少有的通才式人物，生活在东汉王朝从衰败走向覆灭的时期。蔡邕才华横溢，学识渊博，举凡碑诔、辞章、史志、音律、天文律历、阴阳谶纬术数等，无不博洽。

在文学上，他的碑诔、辞赋、诗歌等，对建安时期的文人创作产生了直接影响。例如，《霖雨赋》《述行赋》《释诲》《青衣赋》《吊屈原文》《九惟文》《汉津赋》《协初婚赋》《笔赋》《弹棋赋》《圆扇赋》《伤故栗赋》《蝉赋》《玄表赋》《检逸赋》《短人赋》《瞽师赋》《琴赋》等，这些作品篇幅都不算长，但都有建安作家以相同或相似的题目进行创作。蔡邕的碑文在东汉最为著名，他的碑文能写出各人的特征。《郭有道碑》和《陈太丘碑》是蔡邕碑文的代表作。这两篇碑文没有败笔，时见道气，读其文字如见碑主其人，蔡邕是从人物鉴赏的角度来撰写碑文的。

蔡邕是汉代最后一位辞赋大家。其所作的赋绝大多数为小赋，取材多样，切近生活，语言清新，往往直抒胸臆，富于世态人情，很有艺术感染力。其中代表作品为《述行赋》。《述行赋》也是一篇衰世叹治乱的作品。蔡邕基于这种现实，怀着深重的忧患意识，选取相关的历史事件写入作品，用以唤起社会的关注。天下治乱是蔡邕创作《述行赋》时优先考虑的。其感情波动的曲线是由弱到强，时空推移和感情的强化趋势一致，是另一种类型的对应关系。

蔡邕小赋的题材多样，他甚至用以表现男女情爱，风格大胆而直率。《青衣赋》就是相当感人的好作品。如此题材的作品在汉赋中可谓惊世骇俗，绝无仅见，甚至招来卫道士的谴责，如当时的张超就写了一篇《诮青衣赋》，讥其"文则可佳，志卑意微"，因此愈显难能可贵。

蔡邕的五言诗在东汉末年文人五言诗的发展过程中也起到了很大作用。蔡邕的《翠鸟诗》是乱世文人全身远害心态的写照。在这首寓言诗中，蔡邕为翠鸟构想出一个有限然而可以脱身的空间。翠鸟是从猎人追捕下逃脱出来的幸存者，虽暂时找到了栖身之地，但仍然寄人篱下，并且对以往的遭遇心有余悸。这首诗是蔡邕自身经历的形象反映，从中可以看出汉末文人身处衰世的惶恐之情，具有典型的乱世文学的特征。后来建安文学梗概多气、志深笔长的特点，在他的五言诗中已显露端倪。

92.《史记》的体例是什么？

《史记》是我国第一部纪传体通史。纪传体是一种以记载各种人物活动为中心的史书体裁,其特点是以年为纲,以事相从。

《史记》一书有一百三十篇,共五十二万六千五百字,全书分为五体,即本纪、世家、列传、书、表。本纪记载传说中的部落首领、帝王和王朝之事,是全书的纲领,共十二篇。世家记载王侯贵戚及其家族的兴衰历史(有通变破例的做法),共三十篇。列传广泛记述了代表社会各阶层的各色人物事迹及周边民族历史,具有极大的包容性,展现了各个时期的社会风貌。列传又分为专传、类传、合传、民族传,共七十篇。书分门别类地记载了历代典章制度和重要专题,重在详制度,共八篇。表以表格的形式清晰明了地勾勒了各个历史时期王侯将相及相关重要历史事件发生的时间,重在系时事,共十篇。书表的作用在于,既可以使纪传体免于烦冗和遗漏,又可以通过表的方式提要钩玄,使人们对错综复杂的历史事件一览无余。

93.《史记》有哪些著名的注本?

《史记》一书在司马迁去世后,才浮出水面。宣帝时,其外孙杨恽祖述其书,宣之于世。魏晋时,《史记》流传稍广,晋末徐广研核众本,兼作训释,作《史记音义》一书,但已失传。刘宋时期的裴骃在此基础上,采集经传百家及先儒之说,作《史记集解》一书。到了唐代,司马贞作《史记索隐》一书,张守节作《史记正义》一书。这三家对《史记》的注解影响最大,被称作"《史记》三家注"。此外,日本学者泷川资言的《史记会注考证》,汇集了一百多种中日《史记》注本,吸收了一千二百多年来《史记》研究的成果,考证资料翔实,被视为继《史记》三家注之后第二个里程碑式的注本。今人韩兆琦的《史记笺证》广泛收集、引用新的研究成果,吸收了大量的出土资料,利用考古文物对《史记》进行了新的整理注释,是现代《史记》研究所取得的重要成果。

94.为什么说《史记》是"史家之绝唱,无韵之《离骚》"?

鲁迅先生在《汉文学史纲要》中称《史记》为"史家之绝唱,无韵之《离骚》",从史学和文学两方面精当地概括了《史记》的特色,并对《史记》的巨大成就和崇高地位给予了高度的评价。《史记》是我国第一部纪传体通史体裁,在《史记》的五种体例中,本纪、世家、列传三个部分都是以写人物为主来反映历史发展的。以人物传记为中心来反映历史内容,这一新的撰写方法是司马迁的首创,在我国历史学上是一个划时代的标志,前无古人,后启来者。自《史记》之后的历代"正史",一直到辛亥革命后编写的《清史稿》,都基本遵循着《史记》开创的纪传体体例。

(1)史家之绝唱。

鲁迅先生指出,历史不仅是"独夫的家谱",其中也"写着中国的灵魂"。二十四史中当得起这个评价的,首先要推《史记》。司马迁之父司马谈有感于孔子作《春秋》之后再无系统的历史著作出现,因此,他要编写一部历史著作,一方面继承古代史学传统,同时也弘扬有汉一代的辉煌。司马迁在开始修史时,也是出于同样的动机和目的,此时的他之所以修史,为的是给西汉及前代历史作结,颂扬圣主贤臣的德行功绩,是润色鸿业的自觉行动。司马迁在《报任安书》中说,他修史的宗旨是"究天人之际,通古今之变,成一家之言"。为了达到这个目的,他在综合前代史书各种体例的基础上,创立了纪传体通史体裁。全书由十二本纪、十表、八书、三十世家、七十列传组成。其中十二本纪是纲领,统摄上至黄帝、下至西汉武帝时代三千年的兴衰沿革。十表八书作为十二本纪的补充,形成纵横交错的叙事网络。三十世家围绕十二本纪展开。作为一部非官修史书,司马迁以其惊人的知识积累、广阔的社会见闻和手中的如椽巨笔,完成了这部上起黄帝下述汉武、天文地理无所不包、礼乐律令无所不载的皇皇史书,令后世无出其右,"史家之绝唱"当之无愧。

(2) 无韵之《离骚》。

《史记》之所以被称为"无韵之《离骚》",原因在于其最根本的一个特点,也就是指它具有深厚的怨愤之情,具有浓郁的抒情性。司马迁是第一个为屈原立传的史家,一篇屈原本传,饱含着血泪,倾泻着激情,夹叙夹议,极富抒情诗的韵味,其中评《离骚》的几段文字更是声情并茂,真气动人。正是从屈原的政治悲剧中,他看到了自己的影子,找到了抒发怨恨的突破口,于是"发愤著书"成为司马迁创作《史记》的内在驱动力,也使《史记》这部史学著作拥有了抒情的诗性。

《史记》写的是历史,但它不是客观地叙述事实,而是包含着作者的强烈爱憎。它通过对历史人物、历史事件的描述,表现了作者的社会理想和对黑暗现实的愤怒批判。同时,由于作者自身的悲惨遭遇,他的笔端时常流露着一种愤疾之情、一种沉郁之气。有的通篇是借古人行事来抒发自己的愤世之志;有的夹叙夹议,火花四射,喷泻着慷慨之音;有的是没有什么必然联系的飞来之笔,凭空插入一段淋漓尽致的悲悼惋叹。那种对佞儒、酷吏们的尖刻讽讥,那种对刺客、游侠们的倾心赞颂,那种对失路英雄、含愤志士们的无限同情等等,都明显地带着司马迁强烈的主观色彩,从而使整部《史记》成为一首爱的颂歌、恨的组曲,成为一首用整个生命谱写成的饱含着司马迁全部血泪的悲愤诗。就其思想性的深刻进步、艺术感染力的浓厚强烈而言,《史记》与《离骚》有异曲同工之妙。

95.《史记》有什么风格特征?

《史记》被鲁迅先生誉为"无韵之《离骚》",这在某种意义上已经总结概括了《史记》的风格特征。《离骚》具有浓郁的抒情性,且所抒发的感情是较为抑郁悲愤的。因此,《史记》最为突出的风格特征是其浓郁的悲剧情感性。《史记》的这种风格特征,与司马迁自身悲剧遭遇有密切关系,因此,在书写历史人物的悲剧命运时,常常笔端含情,揭示人物悲剧命运的原因,同情传主的不幸遭遇,形成了一种雄深雅健的悲剧之美。

司马迁性格尚奇,喜欢将奇人奇事写入书中,再加上《史记》行文的空灵跌宕、变幻不拘,使《史记》的传奇色彩格外突出,甚至于被视为"奇书"。这些传奇之处,尽管被一些史家诟病,但在文学方面却是非常成功的。

《史记》的创作宗旨是"究天人之际,通古今之变",因此书写的时间跨度较大,且其所涵盖的广度、深度都是空前的。加上司马迁所创设的五种体例,每体各有分工,体系宏大,在呈现历史画面的广度和挖掘历史发展的深度方面,可谓意蕴宏深。

96.《史记》和《汉书》有什么异同？

《史记》与《汉书》的不同主要体现在四个方面：

第一，文字不同。西汉二百年历史,《史记》《汉书》两书重叠部分整整一百年有余,故《汉书》一百篇,有五十五篇与《史记》内容重叠,计有帝纪五篇,表六篇,志四篇,传四十篇。重叠部分,《汉书》基本承袭《史记》旧文而做了增补、删改、移动等工作,造成文字异同,显而易见。两书对照,分析班固是怎样增省《史记》的,这就产生了文字异同的比较。看起来只是一个互校的问题,形式简单,但它却是论马班优劣、是非、得失的基础。从总体上看,《汉书》文字多于《史记》,班固增补了若干诏令、奏议、政论等文章及声、物事迹。平心而论,班固的增补,从治史角度可以有是非得失之分,但不可据繁简论优劣。班固移动《史记》内容大多改得不好,使人物减色。

第二，体例不同。《史记》《汉书》以人物为中心述史,皆为纪传体,这是同;《史记》贯通古今,《汉书》包举一代,这是异。评议马班,尊通史而抑断代者,扬马抑班,尊断代而抑通史者,扬班抑马。前者代表人物为南宋郑樵,后者代表人物为唐代刘知几。纪传体,司马迁首创,班固因循,当然不能同日而语。但班固改纪传通史为断代史,也称得上是伟大的创造。首先,《汉书》断代的成功,提高了《史记》的学术地位。其次,《汉书》十志扩大了《史记》八书的内容,载史更为完备。最后,后世实践证明,纪传体更适于写断代史,而不适于写通史。原因是纪传五体分别贯通,就会把同一时代的人和事分割悬隔。所以司马光用编年体写通史又获得了成功,创新了司马迁的会通精神。由此看来,通史和断代史,两种形式可以互为补充,并驾齐驱,谁也代替不了谁。因此,《史记》《汉书》体例的异同,只可对照,不应扬此抑彼。

第三，风格不同。班固好用古文奇字,司马迁好用俚语俗谚,将古文转译成汉代通语。班固改动《史记》字句,尽量删减虚字、语气词,使《汉书》文章有"典诰之风"。《史记》行文变化入神,《汉书》行文平铺直叙。司马迁好用重复语,用以增强文势和韵味,班固务求简严,一味删削。司马迁写人物对话,声口毕肖,个性鲜明,班固往往删节或简化为书面语。司马迁讥诮汉代帝王及汉儒,讲求讽刺艺术,班固为尊者讳,常常删去讽刺语言和细节描写。相对说来,《史记》文笔豪放、自然,用字大方、活泼,文章富于变化,不拘一格,所以信笔写来,绘形绘色,非常生动,较为准确;《汉书》文笔规整、朴质,用字节约、简雅,文章工致而少变化,讲究形式,所以写人稍欠生动,写事有点古板。就历史散文来说,《汉书》比《史记》稍逊一筹。

第四,思想不同。司马迁和班固都是汉朝史官,《史记》和《汉书》都以尊汉为主旨,宣扬汉家一统的威德,他们都是封建历史家,这是相同点。但司马迁有异端思想,敢于突破愚忠思想的束缚,同情人民的苦难,鞭挞暴君污吏的丑恶,使《史记》融入了人民性的成分。班固则是较为保守的正统史学家,思想境界和史识不能与司马迁相提并论。

《史记》与《汉书》在史传文学上都有很高成就。《史记》开创了中国史传文学的先河,成为中国史传文学的千古典范。《汉书》在描写手法上继承了《史记》的一些传统,又呈现出不同的风格。它不像《史记》那样奇崛多姿,但文章组织严密,语言受到汉辞赋散文影响,繁富绮丽,凝练整饬,具有一种雍容典雅之美。

97.《史记》取得了哪些文学成就?

《史记》所取得的文学成就无疑是杰出的。其文学成就主要包括纪传体的确立、历史事件的叙述、历史人物的刻画和独特的语言风格。

《史记》继承了《战国策》中将某个人物的经历事件集中叙述的手法,创造性地发展出了纪传体,即打破先秦史书编年体和国别体的框架,以人物为中心,将历史事件贯穿起来,揭示历史发展演变的规律以及个人在历史演变中的作用。这种纪传体又分为单传、合传和类传三种,视历史人物的不同属性来确定其传记形式。

在叙事方面,司马迁善于驾驭宏大的历史叙事,同时又能用细节展现历史人物的丰富性,取材详略得当,重在揭示历史事件背后的深层逻辑关联,颇有艺术感染力。

在写人方面,《史记》描写人物众多,遍布社会各个阶层。作者调动语言、动作、细节等描写手法,使所写人物多个性鲜明,栩栩如生。更为难能可贵的是,司马迁在历史人物身上,寄寓了深深的同情和理解,使人物血肉丰满,饱含一种历史的温度。

《史记》的语言空灵雅致,句式变化跳跃,不拘一格,与内容相得益彰。

尤其值得一提的是,《史记》独创互见法,将历史人物和历史事件分散于各篇之中,参差互见,相互补充,既节省了篇幅,又暗寓褒贬。

98.《史记》的叙事艺术有哪些特点?

《史记》作为史传散文,在叙事艺术方面成就突出。其叙事艺术有如下特点:

首先,《史记》充分运用五种体例的分工与联系,展示了空前深广的社会生活画面,其所叙事,不仅时间跨度长,社会阶层广,且从不同体例的安排可以看出司马迁对不同人物的历史定位,体现出历史事实与司马迁历史叙述逻辑的统一。

其次,《史记》叙事详略得当,与其宗旨相关,司马迁要探究历史发展背后的根源和规律,揭示人物命运起伏的深层原因,故于叙事之中,详细交代溯源、溯因性的事件,对事件结果反倒叙述简略。

最后,《史记》叙事,体现出对复杂叙事和宏观叙事的高超驾驭技巧。面对风云变幻的历史,司马迁总能理出较为清晰的线索进行叙述,在呈现宏观历史发展的同时,还穿插一些生活细节,点面结合,衔接自然。

99.《史记》是如何刻画人物形象的？

《史记》记载人物众多，不仅有王侯将相，还有很多闾巷之人。如此众多的人物，《史记》多能写得栩栩如生，显示出高超的人物形象刻画艺术。

《史记》刻画人物，非常重视其个性特征，即使是同一类型的人物，也要写出同中之异。一个人的一生有许多事迹，司马迁不是记流水账，而是选择典型的事例表现人物的个性，同时，尽量用人物自己的语言表现其个性，在相互比较中显出人物个性。另外，司马迁还运用细节描写呈现人物个性，从而做到了人物形象的典型化。

《史记》刻画人物，又非常重视人物形象的完整丰满。人性是复杂的，司马迁采用多种视角，展示某一历史人物特征的完整性。完整性是指《史记》刻画的人物不是单一的某一方面的性格，而是具有多种性格的完整的人物形象，人物性格具有流动性和复杂性，这样的人物更具有真实性。为了保证人物形象的完整性，《史记》还运用互见法，通过不同篇目、不同事例，展现人物的不同侧面。

100.《史记》在文学史上有什么样的地位和影响？

《史记》是我国史传文学的高峰。在《史记》之前，我国的史传文学一般为编年体和国别体，以人物为中心的纪传体尚未正式形成。编年体和国别体尽管在叙事方面有很多优势，但在人物描写和塑造方面有很多不足。司马迁创造出《史记》纪传体的体例，成为我国传记文学的开端，为后世史书所沿袭。其高超的叙事写人艺术，在史传文学中无出其右者，对后世文学产生了深远的影响。

首先，《史记》对我国后世散文创作产生了深远的影响。唐宋以后的散文家，如韩愈、柳宗元、归有光等，很多都将《史记》作为散文创作的典范，对它的风格、技巧进行模仿学习，以此来反对过于追求形式主义的文风。

其次，《史记》对中国古典小说产生很大的影响。《史记》的人物塑造、材料组织、情节安排、行文叙述、细节描写、肖像描写、场面铺垫、人物对话等技巧，都为后世小说的发展提供了可资借鉴的艺术经验。《史记》的一些故事和人物，成为后世小说取材的对象，如《东周列国志》等。

再次，《史记》的许多故事，情节生动曲折，人物性格鲜明，富于戏剧性，成为后世戏剧的取材对象，如《鸿门宴》《浣纱记》《追韩信》等。

最后，司马迁创作《史记》的"究天人之际，通古今之变，成一家之言"的宗旨以及《史记》所呈现出的作家责任感和人文精神，对后世作家和诗人都产生了深远影响。

101.《项羽本纪》是如何塑造人物形象的？

《项羽本纪》是《史记》中最为精彩的人物传记之一。司马迁依据真实的历史材料，以极其饱满的热情和生动的笔触，成功地刻画了反秦起义中的项羽这一传奇性英雄人物，展现了秦末政治舞台上的风云变幻。《项羽本纪》代表了《史记》中人物传记的高度艺术成就和主要艺术特色。

(1)善于对历史材料进行恰当选择、剪裁和集中。项羽在骤起骤灭的八年之间,"身经七十余战",所作所为极其丰富。但他一生的功业,主要是兴盛于巨鹿之战,失败于垓下之围,作为中间转折的是鸿门之宴。这也是秦汉之际斗争最激烈、影响全局的关键事件。作者选取出这三个重大事件详加描绘,不但概括了项羽一生的主要经历和功业成败的内在外在诸因素,生动地揭示了项羽的主要性格特征,而且把秦汉之际的历史转机告诉了读者。

(2)故事结构完整,情节曲折跌宕,场面惊险紧张。司马迁通过历历如绘地描述这场尖锐复杂的政治斗争,将项羽的坦率磊落、轻敌莽撞、不谙计谋和刘邦的机智权变、老练精细的思想性格,浮雕式地呈现在读者眼前。项羽在政治斗争中是一个失败的人物,作者却敢于对他充满同情和热情,写其兴盛写得壮烈,使人奋发;写其败亡写得悲壮,令人慨叹。虽然作者在《项羽本纪》中对项羽的许多缺点有意回避,但也写出他坑杀降卒、截杀义帝的残忍,以及自恃勇武、缺乏政治远见的弱点,从而使人物形象有血有肉,丰满生动。

总之,《史记》在坚持历史真实的原则下叙事写人,塑造了鲜明的人物形象,表现了人物思想性格的重要特征,达到了真实性和倾向性的统一、个性和典型性的统一,具有极强的艺术感染力量。

102. 什么是《史记》互见法?

互见法是司马迁首创的一种与纪传体相适应的编撰历史的方法。这种方法是把一个人的生平事迹,一件历史事件的来龙去脉,分散在数篇之中,参错互见,彼此补充。

《史记》的五种体例彼此配合,融为一体,克服了编年体"不能即一人而各见其本末"的缺陷,而具有"显隐必该,洪纤靡失"从而包罗万象的优点。但是,在具体运用过程中,又必然会遇到另一个问题,就是《史记》记载的时间长、事件多、人物众、场面大。有时,一个场面就会牵涉众多的人物,联系到各个方面,这些都不是一纪一传所能全部概括的。

凡是历史人物,都有他的长处和短处。作为人物传记,应该如实地写出人物的长处和短处,这是人所共知的常识。如果只写好的,舍弃坏的,势必影响历史的真实,但是,如果好的坏的不分轻重主次地一股脑儿拉杂写来,也会妨碍对人物形象的塑造。司马迁的做法是,充分发挥互见法的效用,每篇作品都先确定一个主题,然后根据这一主题去选择和组织材料。对于那些不利于表现主题或有损于人物形象完整性的其他史实,则放到与之有关的人物传记中去加以叙述。

在《史记》中,运用互见法写人写得最成功、最出色的是《项羽本纪》。该篇通过巨鹿之战、鸿门宴、垓下之围三个典型事件,描写了项羽由兴起到失败的全过程,歌颂了项羽在推翻暴秦斗争中的巨大历史功勋,塑造了一个顶天立地的盖世英雄形象,给人留下了极其深刻的印象。但是,项羽并非一个完美无缺的人,他有许多缺点,为了保持项羽形象在本传中的统一完整,对项羽的种种缺点,司马迁在他的本纪中或是轻描淡写,一笔带过,或是略而不载。而在《高祖本纪》《陈丞相世家》《淮阴侯列传》《黥布列传》等篇中,却做了许多补叙。比如,项羽刚愎自用、不善用人的短处,就是通过韩信的口说出来的。这样,既保持了项羽在其本纪中英雄形象的完整,同时又为表现韩信的远见卓识留下了余地,在描写人物上起到了一举两得的作用。

103. 汉乐府民歌的艺术成就有哪些?

汉乐府民歌在艺术表现方面的成就,主要有以下几个方面:

(1)叙事成分相对增多,许多民歌都有情节,有的还描写了人物形象。乐府民歌或写生活中小小的片段,或写有头有尾的故事,这些情节对诗歌思想感情的表达起到了很好的作用。有的民歌还着意于人物的描写,发展了诸如铺陈、侧面烘托等描写人物的表现手法。叙事诗篇是汉乐府民歌中精华之所在,标志着中国文学史上叙事诗歌的一大发展。

(2)汉乐府民歌表现出一种现实主义风格,而这种对社会的批判和控诉表现为浓郁的抒情。如《有所思》《东门行》《孤儿行》等诗篇都是直抒胸臆的作品。也有通过比兴的手法来进行抒情,表现了生动活泼的想象力,例如《乌生》就是一首禽言诗,通篇写乌鸦的经历和所见,实际处处都在写人间的情事,还有《江南》《枯鱼过河泣》等诗,都是通篇使用比兴手法的诗作,有"异想天开"之妙。

(3)在形式和语言方面也都有了很大的突破。汉乐府民歌在句式上突破了《诗经》四言为主的格局,变为以五言和杂言为主,形式自由多样。杂言长短不拘,表现灵活;五言虽只比四言增加了一个字,但音节单双配合,节奏韵律富于变化,增加了表现的容量,对五言诗最后的定型也产生了重要的作用。汉乐府民歌的语言质朴浅白,往往使用口语,看起来似有些笨拙,似顺口溜,实则富于表现力,是对现实的精准描绘。

104. 汉乐府民歌在中国文学史上有什么意义?

(1)继承并发展了现实主义传统。汉乐府民歌是继《诗经》以后的又一批现实主义力作,对后代文学产生了深远影响。汉乐府民歌具有浓厚的生活气息,尤其是深入到了社会下层民众日常生活的艰难痛苦中去,显示了中国文学一个极大的进步,同时为后代诗歌提供了一种重要的、内容极其广泛的题材。由于很多诗人继承了汉乐府民歌的传统,反映民生疾苦渐渐成为中国诗歌的一种显著特色。

(2)奠定了中国古代叙事诗的基础。中国诗歌一开始,抒情诗就占有压倒性的优势,到了汉乐府民歌出现,虽不足以改变抒情诗占主流的局面,但却能够宣告叙事诗的正式成立。现存的汉乐府民歌,约有三分之一为叙事性的作品,中国古代的叙事诗,可以说完全是在汉乐府民歌的基础上发展起来的。后代的许多叙事诗名篇,都直接以"歌""行"

为名,在分类上一般都归属于乐府体,表现了对乐府民歌传统的继承。

(3) 反映了同时代人们的思想情感。汉乐府民歌表现了激烈而直露的感情,它既接受了楚文化的熏陶,同时又在更广泛的生活方面和更强烈的程度上表现这一点。无论是表现战争、表现爱情乃至于表现乡愁都尽可能地释放感情,不少作品更是表现了生命短促、人生无常的悲哀。这种情感的抒发,以其强烈的生命力逐渐影响了同时代文人的创作,促使了诗歌的蓬勃兴起,在文学史上也是值得重视的现象。

(4) 孕育了成熟的五言诗体。汉乐府民歌使用了新的诗型,即杂言体和五言体,其整个趋势则是五言体越来越占优势。尤其到了东汉以后,乐府民歌中整齐的五言诗越来越多,艺术水平也越来越高,这个过程是与汉代文人诗相互影响、相互作用而形成的。在汉代乐府民歌中和文人创作中孕育成熟的五言诗体,此后成为魏晋南北朝以及后世诗歌中最主要的诗歌创作形式之一。

105. 乐府、乐府诗、乐府民歌有什么区别与联系?

乐府是古代音乐机构的名称,乐指音乐,府指官署,乐府的原始意义指司乐之官署,是官设的音乐机构。乐府一名,据出土文物证明,在秦代即已出现。但秦代乐府情况未见文字记载,不得而知。西汉初,惠帝时的乐府虽已设令(乐府长官),且见于载籍,但其掌管的只是郊庙朝会之乐章,规模不大。到了汉武帝时,乐府才扩充为大规模的音乐专署。

所谓乐府诗,就是由乐府机关编制、搜集、保存起来的"歌诗",后来在诗体分类上则成为一种专门的诗体。这种诗体的特点是入乐,可以配之管弦。

汉代乐府"歌诗",后人也简称为"汉乐府"。它虽然包括贵族文人制作的歌辞和采集来的民间歌辞两类作品,但贵族文人作品,如司马相如的《郊祀歌》,是典型的庙堂文学,其形式典雅华丽,内容歌功颂德,思想艺术均不足取;而只有从民间采集的歌谣,大都为劳动人民和下层文人所作,具有强烈的现实主义精神和崭新的形式,才是汉乐府诗的精华所在。因此,我们常说的汉乐府,多是指汉乐府民歌。

此外,乐府的含义随着时代的推移而演变。乐府在两汉是指音乐机构,但魏晋六朝从音乐着眼,将乐府所唱的诗(歌诗)也称"乐府"。于是,所谓"乐府"便由机构的名称一变而为一种带有音乐性的诗体的名称。到了唐代,又撇开乐府诗的音乐性质,而注重其社会内容,将虽未入乐而其体制意味直接或间接仿效汉乐府的诗歌,亦名之为乐府,如白居易的《新乐府》便是。于是,所谓"乐府"又一变而为一种批判现实的讽刺诗。宋元以后,也有单从入乐这一点出发,称词、曲为乐府的,如苏轼的词集称《东坡乐府》,马致远的散曲称《东篱乐府》。

106. 汉乐府民歌是如何被采集和保存的?

秦和汉初已设有乐府机构,其职能大约只是掌管郊庙朝会的乐章,规模不大,特别是和民间歌辞尚未发生什么联系。

汉代朝廷设立乐府机关、大规模搜集民间歌辞,是从汉武帝开始的。武帝时国内政治稳定,经济繁荣,统治者有条件建立一些文化设施。扩大乐府的规模、职能,即是其中重要的一项。汉乐府机关的任务,除了将文人制作的歌功颂德的诗赋制音度曲进行演奏之外,又派出专人采集各地的民间歌谣。统治者采诗的目的,虽然是为了点缀升平和声色娱乐,但也有考察民情以便作为统治之借鉴的政治意图,这就是《汉书·艺文志》所说的"亦可以观风俗,知厚薄"。这种做法在客观上起到了搜集和保存民歌的作用,使民歌得以集中、记录和流传。这可说是汉乐府机关一项最有意义的工作。

据《汉书·艺文志》记载,汉代采诗的范围遍及黄河、长江两大流域,差不多占了大半个中国,比周代采诗要广泛得多;其采诗篇目仅西汉一代就有民歌一百三十八篇,这数字已接近《诗经》的"国风",东汉的尚不在内。然而可惜的是,西汉所采集的乐府民歌大多数已经亡佚了。现存的两汉乐府民歌多数是东汉所产,总共只有四十首左右。

最早收录乐府歌辞的是南朝齐梁时沈约的《宋书·乐志》,而南宋郭茂倩所编《乐府诗集》是收罗乐府歌辞最为完备的一部总集。郭茂倩将自汉至唐的全部乐府诗分为十二类,其中,汉乐府民歌主要保存在"相和歌辞""鼓吹曲辞"和"杂曲歌辞"三类中,相和歌中尤多。"相和歌"是汉代流行在各地民间的俗乐,本是"汉世街陌谣讴"(《宋书·乐志》);"鼓吹曲"是武帝时吸收的北方少数民族乐曲,当时主要用作军乐;"杂曲"是一种声调失传的杂牌曲辞。此外,《乐府诗集》还列有"杂歌谣辞"一类,其中收有许多不入乐的民谣,其性质和乐府民歌相近。

107. 汉乐府民歌对后世诗歌创作有什么影响?

汉乐府民歌的出现不但丰富了文学宝库,而且成了文学的新血液,在我国诗歌史上占有很高的地位,对后代诗歌创作产生了巨大而积极的影响。

(1)在内容上,汉乐府民歌直接继承发扬了由《诗经》开创的现实主义优良传统,承上启下,引导着后世诗人们走向反映生活真实的道路。建安时期是接受汉乐府民歌现实主义精神影响最早的时期,采用乐府古题反映社会现实成为一种风气,形成了以现实主义为核心的"建安风骨"。此后,西晋的左思、东晋的陶渊明、刘宋时的鲍照,无不受到汉乐府民歌的影响,而取得了各自的成就。唐代伟大诗人杜甫依乐府写出许多闪耀着现实主义光辉杰作,在学习乐府民歌上较之以往大进一步。中唐时期的大诗人白居易,效法杜甫,写出许多"因事立题"的新乐府诗,并且提出"歌诗合为事而作"的鲜明口号,更与元稹等诗人掀起新乐府运动,使得汉乐府现实主义传统得到空前自觉的发扬。这种传统在唐以后也并未断绝,直到晚清,诗人黄遵宪还写了《台湾行》等乐府体的诗歌。

(2)在形式上,汉乐府民歌为后代诗歌创作确立了五言、杂言这两种主要诗体。在汉乐府民歌的影响下,东汉出现了文人五言诗创作,此后建安文人又掀起了创作五言诗的高潮。鲍照的五言与杂言,又是在继承汉乐府民歌基础上的进一步发展。至于盛唐大诗人李白的乐府歌行体,更是在艺术上取得了空前成就。可以说,后代诗歌在艺术形式上受汉乐府的影响很大。

(3)在艺术手法上,特别是在叙事诗的写作技巧上,汉乐府民歌也对后世有显著影响。诸如人物对话或独白的运用,人物心理描写和细节刻画,语言的朴素生动等,也都成为后世一切反映社会现实的诗人学习的榜样。至于运用汉乐府诗的人物故事作题材,以创作其他形式的文艺作品,那更是历代不绝。

108. 汉乐府民歌的现实主义精神表现在哪些方面?

"感于哀乐,缘事而发"的汉乐府民歌是汉代社会的一面镜子,具有丰富的社会内容和高度的思想性,感情真挚浓郁,风格平实朴直。它们广泛地反映了两汉人民的痛苦生活,深刻地表达了两汉人民的思想感情和愿望,是对《诗经》以来民间文学中所固有的现实主义传统的继承和发扬。具体说来,有以下几个方面:

(1)对于阶级压迫的反抗和控诉。汉代土地兼并剧烈,阶级剥削和阶级压迫又极惨重,劳动人民处于水深火热之中。其中有许多倾诉生活艰难困顿和漂泊流浪的诗,如《妇病行》便描述了在残酷剥削下妻子死亡、父子不能相保的悲剧;《东门行》写一个贫民因生活无着打算铤而走险,揭示了民众被迫无奈,走上反抗道路的情状。还有《孤儿行》《艳歌行》《悲歌》等诗,都从不同角度反映了下层平民生存状况的艰难。

(2)揭露不义战争和徭役带给人民的灾难和痛苦。汉代自武帝后,连绵不断的对外战争和日益繁重的徭役给人民带来了深重的灾难。《战城南》描绘了士卒战死沙场暴骨不葬、乌鸦啄食的凄惨景象,揭露了统治阶级穷兵黩武的罪恶,表现了人民对战争的厌恨和诅咒;《十五从军征》从一个老兵的视角,揭露了战争的惨无人道和残酷无情;《古歌》写戍边将士深切的思乡之情,以萧瑟凄凉的景物和他人的悲愁,烘托出诗人沉重的忧思。

(3)歌唱爱情、反抗封建礼教、揭露豪门贵族欺压民间妇女的恶行。汉代自武帝罢黜百家独尊儒术后,封建礼教的压迫日益加重,妇女的命运也就更加悲惨,因而争取婚姻恋爱自由的呼声及对封建婚姻制度的反抗也更加强烈。《有所思》和《上邪》是汉乐府中少见的情歌,表现了用火一般的热情和大胆的行动冲破封建礼教束缚的精神;弃妇诗《白头吟》表现出对夫权和金钱婚姻的抗议,提出了"愿得一心人"的爱情理想;《孔雀东南飞》通过刘兰芝、焦仲卿的爱情悲剧,有力地揭露了封建礼教、封建家长制的罪恶,反映了广大人民反封建礼教、争取婚姻自由的思想感情和愿望。

109. 为什么说汉乐府民歌标志着我国古代叙事诗的成熟?

汉乐府民歌不仅具有广泛深刻的思想内容,而且也具有新颖独特的艺术特色。其最大最基本的艺术特色是它的叙事性,这一特色是由它"缘事而发"的内容所决定的。作者生活在人民中间,深切地感受着人民群众脉搏的跃动。他们善于通过典型事件,反映当

时的社会矛盾,取得了高度的艺术成就。汉乐府民歌高度的艺术成就,标志着我国古代叙事诗的成熟,具体表现在:

(1)从诗歌体裁上说,汉乐府民歌大部分是叙事诗,而名篇也几乎都是叙事诗。此前,《诗经》已有某些具有叙事成分的作品,但是没有完全摆脱抒情形式。而在汉乐府民歌中,则已出现了由第三者叙述故事的作品,出现了有一定性格的人物形象和比较完整的情节,像《东门行》《妇病行》《孤儿行》,尤其是《陌上桑》《孔雀东南飞》更塑造出个性突出而又有典型意义的多种人物形象,标志着我国文学史上叙事诗的一大发展。

(2)汉乐府民歌的叙事诗在表现手法上,常常通过人物的语言和行动来表现人物性格。特别是人物对话的大量运用,使作品叙事精练、人物性格鲜明,如《上山采蘼芜》通篇以问答成章,写出了妇女被遗弃的悲惨命运,表现出她善良温顺的性格;《陌上桑》的大段对话,对人物性格的发展更起了重要作用。除对话外,也有采用独白的形式,往往用第一人称直接向读者倾诉,《白头吟》即以此方式对夫权和金钱婚姻提出了抗议。汉乐府民歌还能注意人物行动和细节的刻画,如《孤儿行》用一连串的生活细节突出了孤儿所受的痛苦,《孔雀东南飞》通过刘兰芝离开焦家时"严妆"的大段铺陈描写,表现了她坚忍刚毅、从容不迫的性格和内心的矛盾、痛苦。

(3)汉乐府民歌叙事诗的语言精练生动、朴素自然,具有口语化、性格化的特点,而且叙事与抒情相结合,饱含着人民的爱憎,因而具有强烈的感染力。汉乐府民歌叙事诗的形式是自由而多样的,它打破了《诗经》以来的四言格式,以杂言为主并逐渐趋向五言。因此,汉乐府民歌标志着我国叙事诗进入一个新的、更趋向成熟的发展阶段,并对后世文学产生了深远的影响。

110.《陌上桑》的思想和艺术成就是什么?

(1)《陌上桑》是中国汉乐府民歌的名篇,是富有喜剧色彩的汉族民间叙事诗。它通过封建官吏妄想霸占农家采桑女罗敷的故事,一方面反映了封建社会的阶级矛盾,揭露了酷吏的罪恶行径。汉时太守照例要在春天循行属县,说是"观览民俗""劝人农桑",实际上是"重为烦忧",这首诗揭露的正是当时太守行县的真相,有其特定的时代背景。另一方面则是歌颂了劳动人民不畏强暴,勇于斗争的精神和聪明才智,罗敷这样一个美丽勇敢的女子,同时有着保护自己的智慧和端正的行为操守,正是人民美好愿望的寄托。

(2)《陌上桑》在艺术上的成就表现为:

一是这首诗以叙事为主,把抒情、描写、叙述融为一体。在人物形象的刻画上,或浓墨重彩,富丽有加,或水墨轻扫,微妙传神。在塑造罗敷的形象时,也依循人们识辨人物的一般顺序,在写法上表现为由容貌而及品性。《陌上桑》在写作手法方面,最受人们称赞的是侧面映衬和烘托。先写罗敷采桑的用具和她装束打扮的鲜艳夺目,渲染她的外表之美,后又通过大篇幅的夸夫,来表明只有丈夫才可以与自己相配,渲染其心灵之美。这一手法对后世诗歌描写手法的影响非常大。

二是这首诗通篇五言,气韵流畅,语言质朴。《陌上桑》有着完整的结构,叙述首尾相接且详略得当,人物语言和故事情节在五言的节奏中一气呵成。《陌上桑》是一首民歌,所以体现出语言质朴浅白的特点,有时还往往使用一些口语,使得诗歌极富有表现力。

三是这首诗富有一定的浪漫性和诙谐性。《陌上桑》的浪漫性主要表现在诗歌前半部分对罗敷美丽的描写方面,但后半部分却又用伦理的爱否定了浪漫的邂逅,同时又避免了枯燥无趣的道德说教,以一种诙谐性的喜剧来结尾,得到了人们的普遍欣赏。

111.《孔雀东南飞》的思想内容和艺术成就是什么?

(1)《孔雀东南飞》叙述了刘兰芝和焦仲卿这对夫妇的爱情悲剧,其主题体现为三个方面:

①揭露了封建礼教的罪恶。封建礼教、家长统治和门阀观念,是造成焦刘悲剧的主要原因。从诗中可以看出,封建礼教的种种规定维护的是封建家长的权威和利益,牺牲的是青年人的爱情和自由,焦母是如此,刘兄也是如此。

②控诉了旧社会的男权统治思想。刘兰芝被休的下场就是家里人不能够接纳她,她的内心充满了对男权制构成的强大社会力量的忧虑,她虽然被驱遣回家,但实际已经无家可归了,而母亲和哥哥逼迫她再嫁,也是造成她最后悲剧的重要原因之一。

③歌颂了焦刘忠贞不渝的爱情和对压迫的反抗精神。焦仲卿虽然由于种种局限不能激烈反抗,但他对爱情的态度是明朗和忠贞不渝的,为了爱情不惜牺牲生命,而兰芝对封建势力所做的不妥协的斗争,使她成为文学史上极富反抗色彩的妇女形象。所以,这一爱情悲剧实质反映了人民群众对被迫害者的无限同情和追求婚姻自由、珍惜爱情生活的强烈愿望。

(2)《孔雀东南飞》在艺术上标志着中国古代叙事诗已臻成熟,其主要表现有三:

①成功地塑造了刘兰芝、焦仲卿等艺术形象。刘兰芝敢爱敢恨,敢说敢为,具有强烈的反抗性格,于悲怆之中又充满了温厚的深情。与兰芝相较,仲卿形象更为复杂。他忍让求母,委曲求全,显得软弱,但这是当时一般人所无法超越的时代局限。他表面上驱遣兰芝,私下却密约重娶,表明他倔强不驯、刚强不露。在幻想破灭之后,并不因此屈从其母而终于以死殉情,充分显示了焦仲卿的反叛性格。

②故事情节完整,矛盾冲突不断。《孔雀东南飞》以人物为中心铺叙故事,情节曲折,首尾完整。故事带有传奇的色彩:一个被休弃的妇女,竟然受到县令、太守相继登门为子求婚的奇遇,显然,这是极其偶然而富有戏剧性的情节。但作者并不单纯地追求离奇的故事,而是借助于情节,描写人与人之间的关系。

③语言通俗化、个性化,明白如话而又神情毕肖。这首诗描摹情态,铺叙事物,全都通俗易懂。尤其是人物的对话,真实而又贴切地反映出人物的性格与心理活动。刘兰芝

与焦仲卿之间的对话,显现了他们之间的恩爱和为了共同理想而进行抗争的性格;仲卿母子的对话,既写出了焦母对儿子的爱,又写出了她对新妇的恨;兰芝母女、兄妹的对话,令人看到母亲对女儿所特有的感情和刘兄的刻薄势利之心。这些对话体现出了《孔雀东南飞》的语言艺术所达到的高水平。

112. 李延年的《佳人曲》有何特色?

《佳人曲》在内容上发展了《诗经》《楚辞》中"咏美诗"这一传统,以别具一格的新声塑造了中国文学史上典型的超凡脱俗的美人形象,在艺术上具有三点独特之处:

(1) 欲扬故抑的表达方式。诗人将所咏美女赞为冠绝当代而独此一人,其美貌的程度竟至看她一眼城邦就会倾覆,再看她一眼国家就会沦亡。"倾城""倾国"是绝色美女的代名词,但具有某种贬义色彩。在《佳人曲》里,诗人极尽夸张之能事,危言耸听,但绝不是以此来昭示君王,求鉴前史,而是反其意而用之,以其具有倾城倾国的巨大魅力来极言佳人之美。最后一句"佳人难再得"更是巧妙抓住了读者难而愈求的心理,进一步称赞其绝世独立、举世无双的姿容,达到引起君王思美之心的目的。

(2) 以虚生实的表现手法。《佳人曲》只是咏叹了佳人的无双而不对佳人的绝世容貌作具体描绘,这就势必使佳人的形象成为神秘诱人的空白,从而激发起赏诗者对她的神往、想象和渴念之情。此歌在运用惊人的夸张、反衬时,以简白的语言紧紧抓住了人们爱美之心的微妙之处,产生出不同寻常的审美效果。后世的读者,可以根据自己的审美理想、历史知识及其特有的心理素质,想象出各自心中的绝色佳人来。歌咏美女的中国古诗中,从不乏以侧描虚写取胜的佳篇,《佳人曲》显然也是以这种以虚生实的艺术手法取胜的。

(3) 《佳人曲》对五言诗起着开端的作用。将第五句的"宁不知"三字删除,整首诗便是大体整齐的五言体式。这种体式在西汉时期尚未完全开始流行,只是在民间的"俚歌俗曲"中流传。李延年将其引入上层宫廷,配以美妙动人的"新声变曲"。这对汉代五言诗的萌芽和生长,无疑起到了某种催化作用,可谓五言先声。

113. 班婕妤的《怨歌行》有何特色?

《怨歌行》在内容上发展了诗骚中"咏物""弃妇"等传统主题,通过描述秋扇见弃的过程,反映了中国古代妇女遭受玩弄、最终被遗弃的悲惨地位和不幸命运,在艺术上具有三点独特之处:

(1) 欲抑先扬的表达方式。诗歌的前六句写纨扇之盛,是何等的光彩旖旎;后四句写团扇之衰,又是何等哀感顽艳。在两相映照之下,女主人公美好的人生价值和价值的毁灭,产生了十分鲜明的对比,令人顿生感慨。短短十句,却写出盛衰变化的一生,而怨情又写得如此抑扬顿挫,跌宕多姿,蔚为大观。所以钟嵘评价《怨歌行》曰:"《团扇》短章,辞旨清捷,怨深文绮,得匹妇之致。"这绝不是过甚其词。

（2）借物抒情，借扇喻人。以秋扇见捐喻女子似玩物遭弃，尤为新奇而警策，是前无古人的创造。用扇来比喻女子，在被人需要的时候就"出入怀袖"，不需要的时候就"弃捐箧笥"。旧时代有许多女子处于被玩弄的地位，她们的命运取决于男子的好恶，随时可被抛弃，正和扇子差不多。因此，其形象就超越了宫怨范围而具有更典型更普遍的意义，这正是本诗最突出的艺术成就。在后代诗词中，团扇几乎成为红颜薄命、佳人失时的象征，就是明证。

（3）绮丽清简的语言特征。《怨歌行》相传为班婕妤所作，诗人本身就是宫廷中的失宠女子，所以诗歌的语言特色也十分明显，不同于一般汉乐府民歌的古朴浅白，而是显得清新秀美、绮丽多姿，再加上巧妙的构思与层层隐喻，更使得整首诗歌呈现出含义隽永、耐人寻味的风格。在形式上，诗歌是整齐的五言体，这对于西汉五言诗语言特征和艺术境界的进一步丰富无疑具有十分重要的意义。

114. 东汉有哪些文人诗？

在东汉文人中，班固所作的《咏史》是现存最早的完整五言诗，其内容是写西汉太仓令获罪下狱，其女缇萦为救父而上书文帝，文帝被其舍身赎父的至诚孝心打动，下诏废除肉刑的事。这首诗以时间为序，叙事为主，质朴的语言中流露出真情，令人感动。在东汉文人中，班固是较早尝试用五言、七言进行诗歌创作的，对这两种新兴诗体做了有益的探索，在诗歌领域具有开创之功。作为一个具有深厚史学功底的文人，史学家的素养使得他在很大程度上以史家笔法来进行五言、七言诗的创作，其显著特点是以叙事为主。因而即便是像《咏史》这样适合抒情言理的作品，他依然重在陈述史实。

在班固之后，张衡是又一个继续进行五言、七言新体诗创作的著名文人，成就显著。其《同声歌》在东汉文人五言诗中颇有特色，别具一格。他借鉴了民歌的表现手法，既有对新婚女子心理活动的刻画，又有精彩的情景烘托。感情真挚，婉转附物，兴寄高远；语言不假雕琢，浅近自然，而又异常精练。其《四愁诗》是对骚体的改造，是将骚体的语言句式做整齐化处理后而形成的七言诗，作品寄托了政治上的失意，有《离骚》之神韵。此外，张衡在《思玄赋》结尾处所附的也是一首七言诗。这篇作品抒发的是人生短暂、生不逢时的苦闷。诗人想超绝世俗，却无径可走，只能无可奈何地回到现实世界，继续求索。相比而言，张衡的五言、七言诗在艺术技巧上较之班固有明显提高，并且以抒情为主，从而在东汉文人中，开启了五言、七言诗以抒情为主的传统。

在东汉文人中，秦嘉作有五言《赠妇诗三首》，标志着东汉文人五言抒情诗的成熟。这三首《赠妇诗》在时间上是相承接的。第一首写秦嘉奉旨即将赴京，因而派车去接在娘家的妻子，以叙别情。可不巧妻子正因生病不能返回来与其面别，这使得秦嘉临饭难食，孤夜难眠。第二首写秦嘉想要奔往妻子处道别，终因舟车难及，无法成行。第三首写在启程出发时，秦嘉以礼物赠送妻子，以表深情。三首诗衔接有序，过渡自然，处处流露出作者难以排遣的离愁别绪。人生短暂的无奈、忧多乐少的苦闷都在这夫妇离别之际自然地表达了出来。

秦嘉的这一组抒情诗,用平易和缓的笔调道出了夫妇之间的离别之情,虽不事雕琢,却处处表现出纯熟的技巧,代表了汉代文人五言抒情诗的较高水平,是汉代文人五言抒情诗的成熟之作。从班固到秦嘉,经过百年左右的探索历程,东汉文人五言诗的创作终于进入了繁荣期。

115. 张衡《四愁诗》有何艺术特色?

(1)"美人香草"的比兴手法。诗歌以美人比君子,以珍宝比仁义,以"水深"等比小人,钟情美人之意既明,则爱君之深亦自可推知,这正是《离骚》比兴传统的发展。诗歌一共分为四章,分别列举东、西、南、北四个方位的一个远处地名,意在表达诗人四处寻找美人而不可得的惆怅忧伤心情,虽然每次都求而不得、受阻而止,但诗人始终不倦、矢志不移。随着诗歌的逐章咏叹,诗人的忧思也逐渐加深。而这四章的地名也都包含着作者对君王有德功成、安守国土的深切寄托。

(2)开七言歌行体先声。《四愁诗》初步具备了七言的形式,产生年代较早,又广为传诵,所以对七言诗的发展有着极大的影响。除了每章首句以外,其余句子与后世七言诗已全无二致,句中已几乎不用"兮"字作语助,显得整饬一新。这种句式在抒情上的优势,即节奏上的前长后短,使听觉上有先长声曼吟而复悄然低语的感受,而节奏短的三字节落在句后,听来又有渐趋深沉之感,如此一句循环往复,全诗遂有思绪纷错起伏、情致缠绵跌宕之趣。

(3)回环往复的艺术手法。除了诗体上的特点之外,《四愁诗》的句式排列也极引人注目,它继承并发展了《诗经》民歌中回环重叠、反复咏叹的艺术手法。即四章意思相同,结构相同,句式相同,形式上非常整齐,但每章又换词押韵,在整齐中显出变化。全诗节奏反复而不觉单调,流转却毫不突兀,形成了深婉缠绵的艺术风格。

116.《古诗十九首》的思想主题、艺术特色及其意义是什么?

(1)《古诗十九首》是东汉后期无名氏文人集体创作的一组抒情短诗。东汉中后期处于一个统治思想崩溃,社会动荡不宁的时代,文人士子所面临的巨大的痛苦和困惑,都投射在了他们的创作之中。从汉初以来即被反复咏唱着的对于生命短促、人生无常的感伤,在他们心中显得更为强烈,成了"古诗"的中心主题。从这个主题出发,以悲哀的基调,"古诗"展开了闺怨、友情、相思、怀乡、游宦、行役等各种内容,并衍生出"及时行乐"的解脱之道,这种人生悲情的表达,后来成为整个魏晋南北朝文学的基调。

(2)《古诗十九首》的艺术特色主要有如下几点:

①感情真切动人。尽管诗歌所表达的对于人生的看法颇有些颓丧,但那种对人生的迷惘与痛苦的感受,那种强烈的生命艺术与个体意识,却是当时社会的真实产物。诗人

们毫不矫饰地表现着内心世界,使作品产生了很强的感染力。

②侧面抒发感情。"古诗"特别善于借助写景来衬托和抒发感情,很多诗歌只是写景,但诗人的愁思心绪却流溢其中。"古诗"同时擅长以事传情,通过某些生活情节抒写作者的内心活动,使抒情中带有叙事意味。如《西北有高楼》通过高楼听曲这一具体事情的描述,抒写了一个怀才不遇、失路徘徊的下层文士的苦闷。

③善于运用比兴。"古诗"继承了诗骚的比兴传统,通过象征与环境的描绘,能达到一种虽着墨不多却语短情长的艺术效果。如《冉冉孤生竹》写新婚女子对丈夫别后深长的思念,即以孤竹结根泰山喻女子托身君子,为后面抒写久别之苦做了很好的铺垫。

④民歌特点的文人创作。"古诗"是建立在民歌基础上的,它的语言既朴素自然又高度洗练而富于概括力。很多诗篇无一奇僻之思、惊险之句,只是平平道来,却能够充分表达诗歌中所蕴含的一往深情,确实可谓"语短情长"。

(3)《古诗十九首》代表了东汉文人五言诗的最高成就。钟嵘《诗品》称之为"惊心动魄,可谓几乎一字千金"。它在平易流畅中见清丽,极大地提高了诗歌的表现力和抒情性,它所流露出的生命悲情,强烈地表现出特定时代里的生命意识和个体意识。可以说是从形式、题材、语言风格、表现技巧等诸多方面对后来的中国文学产生了深远的影响。在魏晋时代重要诗人的作品中,我们都可以看到模拟"古诗"的痕迹,在以后漫长的历史时期,也仍然不断有人从中汲取营养,在五言诗的发展史上,《古诗十九首》占据了非常关键的地位。

117. 五言诗是怎样起源发展的?

五言诗是我国古典诗歌的重要形式,它的形成经过了长时期的酝酿。

(1)萌芽时期。在《诗经》的少数诗章中已经出现了半章或者全章五言的诗句,如《召南·行露》:"谁谓雀无角,何以穿我屋?谁谓女无家,何以速我狱。"再如春秋末到战国期间的民歌中也偶见五言形式,如楚国民歌《孺子歌》。但这些只是杂言诗中偶尔出现的五言片段,可以看成是五言诗的萌芽,但不能说是五言诗的起源。

(2)酝酿时期。西汉时期的一些歌谣和乐府诗歌,五言的成分很大。例如李延年的《佳人曲》《汉书·五行志》载成帝时民谣等,这些诗歌严格说还不是完整的五言诗,但五言的比重增加了,成为全章的主体句式。这标志着五言这种诗歌形式正在西汉酝酿。旧传西汉枚乘、李陵、苏武、班婕妤等人的五言作品,实际上不可靠,当为东汉时期作品。

(3)形成时期。根据现存资料,有作者可考且信实的五言诗,最早是东汉前期的一些作品。例如班固的《咏史》,歌咏缇萦救父的故事。从体制来看已经是完整的五言诗了,但它的艺术表现,实则平实呆板,质木无文,远远没有成熟。

(4)成熟时期。东汉时五言歌谣继续产生,并被采入乐府,其中如《陌上桑》《江南可采莲》等,已是比较成熟的五言作品。班固之后,文人五言诗渐渐增多,如张衡、秦嘉等人的作品,标志着文人五言诗已经逐渐成熟。还有一些不能确知作者的作品,包括《古诗十九首》和其他一些古诗。这些作品艺术表现更加圆熟,代表着汉代五言诗的最高成就。

(5)繁荣时期。至建安和魏晋南北朝时期,五言诗已"居文词之要",成为当时文坛最为盛行的诗体,涌现出了一大批名作。从此五言诗歌作为最重要的诗歌形式之一,直到近体诗出现,长久占据着中国古代诗歌创作的半壁江山。

118. 什么是"苏李诗"?

"苏李"指西汉时期的苏武和李陵。南朝萧统《文选》卷二十九收录李陵《与苏武诗三首》、苏武《诗四首》,皆为五言诗。近代以来,研究者大都认为,这些诗产生时间约在东汉末年,所谓"苏李诗"实际是后人伪托,作者不可考。西汉时期是五言诗的酝酿时期,不可能产生完整而且成熟的五言诗。但这些诗歌抒写离别之情,艺术成就较高,清人沈德潜《古诗源》评价为"一唱三叹,感悟具存,无急言竭论,而意自长,言自远也"。

119. 汉代散文发展的脉络是什么?

(1)西汉初期:自高祖至景帝,是汉代文学的初创期。汉初,统治者一心治理国家,巩固政权,反映在文学创作中主要是总结秦亡教训、以利长治久安的政论文。汉初政论文受战国说辞和辞赋的影响,大多气势磅礴,感情激切。先是陆贾的《新语》,接着是贾谊的《过秦论》等专题政论文。贾谊把汉代散文的创作推向一个新的高度。

(2)西汉中期:即汉武帝至宣帝在位时期,是两汉文学的全盛时期。代表汉代文学最高成就的新体赋在此期间定型、成熟,出现了以司马相如为首的一大批辞赋作家,代表作有司马相如的《子虚赋》《上林赋》和扬雄的"四大赋"。枚乘的《七发》标志着汉大赋体制的形成,标志着以地方诸王为中心的汉赋创作时代的终结和以京都为中心的创作时代的到来。

(3)西汉后期:汉元帝即位后开始抨击"王霸杂用"的儒学,采用所谓的"纯儒"。至此,武帝时董仲舒"罢黜百家,独尊儒术"的思想得到了真正的尊重。反映在散文创作上,其文章彻底改变了受战国影响而表现出来的驰骋文风,形成了普遍的引经据典、大谈天人感应之风,导致散文创作思想沉闷,缺乏文采,几乎没有什么文学成就。

东汉散文在西汉基础上又有新的发展。政论散文相继出现了以王充《论衡》、王符《潜夫论》为代表的一批积极参与现实的作品。在《史记》的影响下,东汉产生了不少史传著作,班固的《汉书》和赵晔的《吴越春秋》便是其中的杰出代表。另外,游记、碑文等新的散文样式也崭露头角,东汉散文向着骈俪化的方向发展,同时,不少散体文大家也着意追求通俗易懂、浅显明快的文章风格,在一定程度上对浮华文风有所校正。

总之,在我国漫长的文学发展过程中,两汉散文的发展、演变,在众多的优秀散文作家手中"述理于心,著言于翰",且"杂用为文绮"锻炼成为语言运用的艺术,将直接的实用性和艺术的审美价值结合起来,成为我国文学史上成就斐然、影响巨大的文学现象。

120. 汉初政论散文有何特点？

汉代散文家由于处在大一统的新政治格局下，如何巩固新兴政权和建立新时代的意识形态就成为他们所关心的问题，这使他们的文章比先秦诸子散文缺少了思想表达的自由度，但显得严谨质实。汉朝初年在思想文化等方面尚有先秦余绪，他们的散文代表了西汉政论散文的最高成就。随着帝国政权的稳固和定儒家思想于一尊，武帝以后的政论散文向着深广宏富、醇厚典重方面发展，由越世高谈转为本经立义。而那些以剖白个人思想心迹为主的书信体散文叙事抒情均富有感染力，成为汉代散文史上一枝旁逸斜出的奇葩，其中以贾谊、董仲舒、晁错等人为代表作家。大体而言，汉初政论散文的主要特点有：

(1)继承了战国诸子散文的传统，能关心国家和社会的重大问题。这时的政论文大多探求社会改革方面的问题，写得言辞激切，感情深厚，能够打动人心，如贾谊《过秦论》和晁错的《论贵粟疏》。

(2)注重辞章，多用排偶和形象的比喻，辞采富丽，文章华美，有辞赋化的倾向。

121. 贾谊和晁错政论文有何异同？

贾谊是西汉初期一位杰出的政治家和文学家。贾谊的代表作有《过秦论》《陈政事疏》(或称《治安策》)。其文章特点是感情充沛，好用夸张的语气与形象的比喻，有战国纵横家的遗风。

晁错也是西汉前期著名的政治家和文章大家。晁错的代表作是《论贵粟疏》。其文章善于从历史事实、现实状况等方面作具体分析，立论精辟而切于实际。

总体而言，贾谊的文章富于情感与文采，但沉实稍逊于晁错；而晁错的文章质实透辟，颇切实用，但文采不如贾谊。尽管有这样的风格差异，但两人都是西汉初期的文章大家，他们的思想与文风对后世有重要影响。

122. 贾谊《过秦论》的艺术特色有哪些？

贾谊带着浓厚的战国策士遗风，善于把秦王朝大起大落的历史情势，内化为作品的气势，其具体做法就是通过鲜明的对比，造成巨大的情感落差，这以《过秦论》最为典型。《过秦论》叙史的特点是在观点统率下，对史实作出高度概括。如秦"取西河之外"，是商鞅计骗魏将公子卬而袭破其军的结果，文中以"拱手"二字做了概括。作者为了阐明自己的观点，在叙史时所看重的是历史过程的本质，而不讲细节的准确。此文最突出的写作手法就是对比的运用。为了使文章主旨鲜明显豁，具有无可辩驳的说服力，作者无论在叙述还是议论时，都采用了带有夸张意味的对比手法，使矛盾更为突出，观点更见鲜明，从而突出文章的中心论点。

一是把秦朝兴盛期的天下无敌和灭亡时的不堪一击相对照。秦国强盛时有雷霆万钩之势,摧枯拉朽之功;而它的灭亡却似土崩瓦解,风吹叶落。顺应这种历史情势,贾谊的笔调始则如大鹏展翅,扶摇直上,终则似飞雕遇箭,顿坠云霄。

二是把秦始皇子孙万代为天子的愿望和秦朝三主而亡的历史事实相对照。

三是把陈胜的起义军和六国诸侯进行对比。贾谊把他们之间在各方面的巨大差异揭示得非常充分,对于强者为秦所亡而弱者亡秦的历史结局反复加以强调,从而不但启发人思索,还造成作品大起大落的气势。

贾谊在总结秦朝灭亡的历史教训时,不是单纯地发思古之幽情,而是以古鉴今,密切联系现实政治,表现出强烈的忧患意识和对现实的积极参与精神。

贾谊针对现实所写的政论文,其浩荡气势主要来自两个方面:一是以数量取胜,二是以感情相驱动。以数量取胜,主要是将素材逐一罗列、详加陈述,文字量很大,整篇文章所包含的信息既丰富又密集,形成一条水量丰沛的语言符号的长河。再看由情感驱动所造成的气势。贾谊有深重的忧患意识和积极参与现实的精神,二者相结合就形成作品情深意切的特点,使作品具有很强的内在张力,使文字数量的长河汹涌澎湃、奔腾不息。

文章在末尾议论中,将陈涉的起义与诸侯国合纵抗秦做了多层次、多角度的对比。"陈涉之位,非尊于齐、楚、燕、赵、韩、魏、宋、卫、中山之君也",一比地位;"锄耰棘矜,非铦于钩戟长铩",二比武器。这正好从侧面反映出秦朝灭亡,问题不在对手,而在于本身。

《过秦论》兼及辞赋的文采辉耀、语势腾纵和政论的见解精辟、雄辩有力,以汪洋恣肆之文表拯世救民之意,成为一篇别具一格的政论文。其题为过秦,但开篇不言秦过而列举秦之功,尽书秦之盛,直至篇末才点出秦过之所在。它的骈偶非常灵活,有时字数不尽相等,有些骈语甚至包含在散句之中,如"然后践华为城,因河为池,据亿丈之城,临不测之渊,以为固"。句式变化多端,不显单调。

贾谊政论文的艺术价值,恰恰来自他迸发出的政治热情和诗人的浪漫想象。

123. 王充的文学观点有哪些?

王充是东汉一位杰出的思想家,所著《论衡》是我国思想史上的一部重要论著。在这部论著中,王充以其"疾虚妄"的学术理性对谶纬灾异之学、俗儒抱残守缺的人格,以及"华而不实,伪而不真"的世风、文风予以全面的批判。总结起来,其文学观有以下四点:

(1)注重实用。王充注重文学对现实的积极参与,主张文学应当有益于社会人生,如"仓颉之书,世以纪事;奚仲之车,世以自载"(《对作》篇),起到补救时弊、警觉世俗的作用和抑恶扬善、匡正道德的教化作用。

(2)求真尚实,反对虚妄浮夸。王充以自己的著作为例,言:"《论衡》九虚、三增,所以使俗务实诚也。"他极力推崇《春秋》《左传》《史记》等"世儒之实书",而极力排斥失真离实的夸张、荒诞离奇的邪说和超现实的神话传说。王充的这一观点是对汉代虚诞浮夸、华而不实的文学风气的指斥和打击,对后世文学理论的发展有一定的作用,但是他因

"疾虚妄"而将神话、野史杂记等经过艺术化处理的、具有虚构、想象特征的作品也一并排斥,忽略了"文学的真实是艺术的真实"这一本质特征,有狭隘偏颇之处。

(3) 反对贵古贱今,主张文学写当下现实。王充在《案书》篇中谈道:"俗好珍古不贵今,谓今之文不如古书。"认为这纯粹是世俗的偏见,并且提出:"才有浅深,无有古今;文有伪真,无有故新"的观点,认为应当以文的真实与否作为判断是非、确定文之高下、才能深浅的标准。以此为基点,王充主张文学反映现实而不是一味地复古颂古。

(4) 内容决定形式,形式要与内容相统一。王充以自己的《论衡》一书为例,说:"吾书所以不得省也。夫宅舍多,土地不得小;户口众,簿籍不得少。"(《自纪》篇)即以恰当的比喻说明了文章的篇幅形式要服从于内容的需要。在《正说》篇中,他讲到:"意异则文殊,事改则篇更。"又一次强调了文章内容对形式的规约。同时,他也并不忽视形式的作用,指出要重视文章的表达方式和辞采,做到"外内表里,自相副称",这样才能准确地表情达意。

124. 汉初政论散文发达的原因是什么？有哪些代表作家？

汉高祖刘邦建立西汉王朝统一全国后,慑于农民起义的威力,汲取秦帝国短期覆灭的教训,"约法省禁,轻田租",实行与民休养生息的政策,社会经济有所恢复和发展。但是,社会矛盾并没有解决,诸如中央王朝与各诸侯王国的矛盾,豪强地主、富商大贾与广大农民的矛盾,以及边防问题等依然存在。

在文化上,汉王朝废除秦"挟书律"(禁书令),"广开献书之路",思想文化较为自由。适应当时的政治状况,统治者对战国时代几个重要的思想流派都曾有过提倡;国家的统一,社会经济的初步恢复,给汉初的作家带来了希望;而统治者实行的较为开放的思想文化政策,又使他们在表达思想上少了顾虑,因而敢于探讨和议论当时政治上的重大问题。这是汉初政论散文发达的原因之一。

原因之二是,汉初尚距战国不远,战国时代百家争鸣的余波还在,战国诸子与谋臣策士议论时政建言献策的风气未息,这些都直接影响到汉初的作家。

强秦的速亡使他们触目惊心,现实矛盾又使他们忧心忡忡,因而他们上承战国遗风,针对现实社会中的各种问题,探讨秦王朝灭亡的原因,以便引为鉴戒,为汉王朝找到一条长治久安之计。于是他们或上书,或著文,各抒己见,提出许多建议和主张,由之政论散文发达起来,并取得了较高的成就。

汉初政论散文的代表作家主要是贾谊、晁错。贾谊的文章注意总结秦王朝覆亡的教训,对于如何巩固汉朝政权提出了一系列建议,如重农抑商,削弱诸侯等。贾文逻辑严密,气势奔放,感情激越,具有辞赋的特点。晁错提出了削藩、贵粟、农战结合、屯垦戍边的主张,在维护国家的统一与抵抗匈奴方面,都比贾谊前进了一步。晁文立论精辟,说理透彻,文字洗练,风格质朴,其不足之处是略乏文采。贾、晁的政论散文代表了汉代政论散文的最高成就,而且一直被后世奉为政论文的楷模。鲁迅先生就盛赞他们的文章"皆为西汉鸿文,沾溉后人,其泽甚远"。

125.《汉书》的体例及文学艺术价值是什么?

《汉书》有十二本纪、八表、十志、七十列传,共一百篇,记载西汉自高祖至王莽二百余年的断代历史。它在体制上全袭《史记》,只改"书"为"志",取消"世家"并入"列传";在内容上,汉武帝以前的历史事实大都引用《史记》原文,没有大的改动和补充,汉武帝以后的部分才纯为班固的著作。

作为传记文学,《汉书》的艺术成就虽然总的说来远远不如《史记》,但也有不可忽视的文学价值。

它在描写手法上对《史记》有所继承,而又有自己的特点。它虽然不像《史记》那样生动活泼,富于变化,但文章组织严密,注意细节描绘,语言受汉代辞赋和散文的影响,繁富工丽而又凝练简净。《汉书·李广苏建传》最为人们所传颂,其中《苏武传》塑造了苏武这样一个坚贞不屈、大义凛然的爱国英雄形象。苏武出使匈奴被留十九年,历尽千辛万苦,其事迹可歌可泣,千古传扬,文章也写得有声有色,扣人心弦。它在正面描写苏武之外,还借民族败类卫律和降将李陵做衬托,来突出苏武的崇高气节,因而更增强了动人的艺术力量。

《汉书》是我国历史上第一部以写人物为中心的纪传体断代史,在我国史学史和文学史上都占有重要的地位。《汉书》是人物传记的成功之作,同《史记》优秀的人物传记一样,也成为后代传记文学的典范。旧时学者往往"班马并称,《史》《汉》连举",认为"两家之文,并千古绝调",虽对《汉书》不无过誉,却也是有一定道理的。

126.《汉书》的价值有哪些?

班固编撰的《汉书》是我国第一部纪传体断代史,在叙事写人方面取得很大成就,其精华在于对西汉盛世各类人物的生动记叙,全面地展现了西汉盛世的繁荣景象和那个时代的精神风貌。《汉书》所写的西汉盛世人物是在西汉已经平定,天下一统的环境中成长起来的,更多的是法律之士和经师儒生。

《汉书》记叙了许多世袭官僚家族的历史,通过描述这些家族的兴衰史,对西汉社会的变迁做了多方面的展示。

《史记》具有浓郁的悲剧色彩,有大量悲剧人物的传记。《汉书》中悲剧的人物数量不如《史记》那样众多,但《李广苏建传》中李陵和苏武的传记,却和《史记》的许多名篇一样,写得酣畅淋漓,悲剧气氛很重。

和《史记》的疏荡往复的笔法不同,《汉书》重视规矩绳墨,行文严谨有法。

首先,《汉书》笔法精密,在平铺直叙过程中寓含褒贬、预示吉凶,分寸掌握得十分准确。

其次,《汉书》不但对于事件的来龙去脉能够清晰地加以叙述,而且对于那些带有起始性质的事件都要加以强调,以引起读者的注意。

最后,《汉书》的严谨有法还在于它对某些材料的位置安排有自己的特殊规定,并且在全书一以贯之。如《汉书》对于凡属传闻类的生活小故事几乎全部置于篇末,很少有例外。

在叙事上,《汉书》的特点是注重史事的系统、完备,凡事力求有始有终,记述明白。这为我们了解、研究西汉历史,提供了很大的方便。至今,凡是研究西汉历史,无不以《汉书》为基本史料。

在体裁方面,《汉书》与《史记》同为纪传体史书。不同的是,《史记》起于传说的三皇五帝,止于汉武帝时代,是一部通史;而《汉书》却是专一记述西汉一朝史事的断代史。这种纪传体的断代史体裁,是班固的创造,以后历代的正史都采用这种体裁。这是班固对于我国史学的重大贡献。

除此之外,《汉书》亦记载少数民族历史。《汉书》继承《史记》为少数民族专门立传的优良传统,运用新史料将《史记·大宛列传》扩写为《西域传》,叙述了西域几十个地区和邻国的历史并补充、增补了大量汉武帝以后的史实,这些记载均是研究亚洲有关各国历史的珍贵资料。

127.《吴越春秋》有什么文学特色?

《吴越春秋》是成书于东汉的一部历史散文,赵晔撰。主要叙述吴越争霸的故事,前五卷以吴为主,后五卷以越为主。

(1)体例与情节。《吴越春秋》在体例上兼有编年体和纪传体史书的特点,是历史演义小说的雏形。全书叙述完整,以吴越争霸为主线,具体到各章又都有自己的重点,保持相对独立性;各章之间前后贯通,一脉相承,讲述的故事具有连续性。《吴越春秋》的故事情节曲折多变,引人入胜。书中许多故事在正史中有记载,但作者把它们写入本书不是原封不动地袭用,而是依据传说或发挥想象,增加许多生动的细节。比如,对于伍子胥奔亡过程中的渡江、乞食二事,《史记·伍子胥列传》总共用了一百余字加以叙述,其中乞食一事尤为简略。到了《吴越春秋》中,这两件事所占篇幅甚多,长达六七百字。其中,渡江一节增加了躲避侦探、渔父唱歌、芦中待餐的情节,乞食一节出现击绵女形象,并对她的身世节操加以详细交代。其中许多情节是通过移植连缀而把原本互不相干的故事糅合在一起,但仍给人以真实感,产生震撼人心的力量。

(2)浪漫色彩。《吴越春秋》的许多故事荒幻离奇,具有浓郁的浪漫色彩。《吴越春秋》在正史的基础上演绎而成,其中许多人物和事件在历史上确实存在,有其现实基础;另一方面,《吴越春秋》又吸收许多神话传说和民间故事,它的荒幻离奇主要源于此。在追溯吴越两国祖先时,分别讲述了姜嫄履大人迹生后稷和夏禹娶涂山氏的传说。类似的超越时空、出入生死的情节在《吴越春秋》中是大量存在的,开志怪小说之先河。

(3)人物塑造。《吴越春秋》注重人物形象的刻画,书中的几位主要人物如伍子胥、范蠡、勾践等人,都写得很成功,个性非常突出,尤以伍子胥的形象最为丰满。他奔亡吴国之后,前期小心谨慎,后期成了托孤老臣之后,则直言强谏,出语激切,写出了人物性格的发展。《吴越春秋》特别注重对于人物形象的外貌描写,以此突出人物的个性特征。伍子胥"身长一丈,腰十围,眉间一尺",是位伟岸的男子汉大丈夫。刺杀吴王僚的专诸"碓颡而深目,虎膺而熊背",是不怕艰险的勇士模样。白喜"鹰视虎步",以此突出他的专功擅杀之性。类似的外貌描写在此之前尚不多见,它对后代小说的人物形象刻画有很大影响。

128. 刘向的《说苑》是怎样一部书?

刘向是西汉后期一位重要的经学家、目录学家,也是一位很有成就的散文家。《新序》十卷和《说苑》二十卷是刘向说理散文的代表作,二书都是采集群书中的逸闻轶事按照以类相从的原则编纂而成,寓含劝诫训教之意。它上承《韩非子》的《内储说》《外储说》《说林》之体,下开六朝《世说新语》类小说的先河。这两部书都把各种传说故事置于政论框架之中,看似政论文体,实则以叙事为主,其中很多篇章类似后来的志人小说,在刘向的散文中最具文学价值。

《说苑》,又名《新苑》,古代杂史小说集,刘向编,成书于鸿泰四年。原二十卷,七百八十四章。分类记述春秋战国至汉代的奇闻异事,每类之前列总说,事后加按语。其中以记述诸子言行为主,不少篇章中有关于治国安民、家国兴亡的哲理格言。主要体现了儒家的哲学思想、政治理想以及伦理观念。原二十卷,后仅存五卷,大部分已经散佚,后经宋代曾巩搜辑,复为二十卷,每卷各有标目。

二十卷的标目依次为:君道、臣术、建本、立节、贵德、复恩、政理、尊贤、正谏、敬慎、善说、奉使、权谋、至公、指武、谈丛、杂言、辨物、修文、反质。

一方面,由于书中取材广泛,采获了大量的历史资料,所以给人们探讨历史提供了许多便利之处。另一方面,《说苑》是一部富有文学意味的重要文献,内容多哲理深刻的格言警句,叙事意蕴深厚,故事性颇强,又以对话体为主,《说苑》除卷十六《谈丛》外,各卷的多数篇目都是独立成篇的小故事,有故事情节,有人物对话,文字简洁生动,清新隽永,有较高的文学欣赏价值,对魏晋乃至明清的笔记小说也有一定的影响。

魏晋南北朝文学

129. 魏晋南北朝被称为"文学的自觉时代",这一时期文学的自觉主要表现在哪些方面?

在文学史上,"文学的自觉时代"往往被认为始于魏晋南北朝时期。所谓自觉是指文学从学术中独立,文学自身价值的发现与重视。这一时期文学的自觉主要体现在以下几个方面:

(1)文学创作的个性化。魏晋之前,文人的作品很少有个性的创作,自魏晋开始,越来越多的文人注重个性的发挥,出现了"文以气为主"的主张。学术思想的多元化以及以老庄为主体的玄学的风行,带来了文人思想观念的解放和个体人格精神的自觉,使文学从经学的附庸地位中挣脱了出来,开始趋向于创作的个性化和风格的多样化。所以这一时期的文学,无论是题材内容还是风格形式都显示了多姿多彩的特点。

(2)对文学的审美特性的追求。文学创作在这一时期淡化了政治倾向和社会功利性目的,强化了文学的本体性和审美趋向。"诗赋欲丽"的"丽","诗缘情而绮靡"的"绮靡",便已经是审美的追求了。到了南朝,四声的发现及其在诗歌中的运用,再加上对用事和对偶的讲究,证明他们对语言的形式美有了更自觉的追求,这对中国文学包括诗歌、骈文、词和曲的发展具有极其重要的影响。而《文心雕龙》以大量篇幅论述文学作品的艺术特征,涉及情采、声律、丽辞、比兴、夸饰、炼字等许多方面,更是文学自觉的标志。

(3)文学体裁的分类细致化。魏晋南北朝时期,对各种体裁的体制和风格特点有了比较明确的认识。陆机《文赋》将文体分为十类,充分联系文体风格来论述文体。《文心雕龙》分三十三体,追溯起源、叙述演变、加以评论,对文体的区分很系统,对文体的讨论也很深入。萧统的《文选》是现存最早的文学总集,选录了从先秦到梁代共一百三十人的七百余篇作品,将文体分为赋、诗、骚、七、诏、册、令、教、文等三十七大类。

(4)文学理论的自觉。文学自觉最为显著的标志是文学理论的自觉,而理论的自觉又是在人的自觉和创作繁荣的基础上产生的,这一时期涌现出的众多文学理论和文学批评著作,就是这种理论自觉的产物。文学批评的自觉还表现在自身的独立成科,理论批评不再依附于非文学的思想、学术论著而存在。对文学批评这一学科的认识也开始形成,刘勰、钟嵘都曾有意识地研究了其他人的理论批评,甚至在自己的著作中专章探讨了文学批评的法则,提出了自己的批评规范。

130. 三曹、七子分别指谁？他们的代表作品有哪些？

三曹:指建安文学的代表作家曹操与其子曹丕、曹植,他们的创作对当时的文坛有很大影响,故后人合称其为"三曹"。曹操是建安时期杰出的文学家和建安文学新局面的开创者,诗文俱佳,其现存二十余首诗均是乐府诗,且以四言为主,如著名的《观沧海》《短歌行》《龟虽寿》等。五言诗的代表作是《蒿里行》。曹操以乐府旧题写时事,既反映现实又富有真情实感,得汉人乐府本色。其诏令也写得甚具异彩,如《求贤令》《让县自明本志令》等,颇有一股率真之气和个人色彩。曹丕擅长诗、文及辞赋,其名作有《燕歌行》《与吴质书》等,其中《燕歌行》全诗均用七言,句句押韵,在中国七言诗的发展史上占有重要地位。曹植是第一个大力写作五言诗的作家,他把文人五言诗的发展推向了前所未有的高峰,标志着文人五言诗的完全成熟,钟嵘称他"骨气奇高,辞采华茂,情兼雅怨,体被文质",代表作有《白马篇》《七哀诗》《杂诗》等。他的散文和辞赋也表现出很高的思想性和艺术性,著名的《洛神赋》美不胜收,《与吴季重书》和《与杨德祖书》是两篇有名的散文书札。

七子:是东汉建安年间的孔融、陈琳、王粲、徐幹、阮瑀、应玚、刘桢七位文学家的并称,因曹丕在《典论·论文》中曾以七人并举,故称"建安七子"。除三曹和蔡琰外,七子是建安文坛最具代表性的人物。七子的文学成就并不完全一致,每个人在不同文体方面的优长也不尽相同,而且各有自己的特点。其中以王粲、刘桢的成就最高。孔融的成就主要在于散文,代表作为《论盛孝章书》。王粲诗赋俱佳,诗歌的代表作是《七哀诗三首》,辞赋最具代表性的是《登楼赋》。刘桢的诗歌成就最高,《赠从弟三首》是其代表作。陈琳、阮瑀在章表书记方面的成就比其诗歌创作要高,代表作分别为《为袁绍檄豫州文》和《为曹公作书与孙权》。徐幹今存诗四首,以《室思诗》最为著名。应玚今存诗六首,代表作为《侍五官中郎将建章台集诗》。

131. 三曹在文学史上的主要贡献有哪些？他们的诗风有什么差异？

(1)三曹对建安文学的繁荣都起到了巨大的作用。

①曹操以相王之尊,爱好文学,延揽文士,为建安文学的兴盛奠定了基础。他开学习乐府的风气,以乐府旧题写时事,富于创新精神;继承了汉乐府的传统,既反映现实,又有很深的感慨,语言古朴率真,所以胡应麟说曹操《短歌行》等诗是"汉人乐府本色尚存";他多以四言诗写汉末动乱,抒发理想和壮志,就艺术形式而言,曹操的四言诗也为已经板滞僵化了的四言诗体注入了活力,使四言诗重放光辉,开创了"建安风骨"新诗风。

②曹丕是建安文学的组织者与倡导者,他留守邺城时,常与文士们相聚宴游,诗酒竞豪。曹丕与这些文人诗酒唱和,开创了文人雅集的先河,邺下文人群体也已具备了文人集团的性质;其次,他的《典论·论文》开文学批评和文学理论自觉的先声,是在文艺思想和文学理论批评方面具有重大转折意义的一篇纲领性文献;此外,他对古代七言诗的发展做出了贡献,其《燕歌行》是我国现存第一首成熟的七言诗,对后代歌行体诗的发展产生了重大的影响。

③曹植能兼父兄之长,达到风骨和文采的完美结合,成为当时诗坛最杰出的代表。首先,他继承汉乐府缘事而发的精神,推动了建安风骨的形成;其次,他是第一个大力写五言诗的诗人,在五言诗的创作上,形成了自己的风格,完成了乐府民歌向文人诗的转变;最后,他注意诗的辞采美和气韵美,钟嵘在《诗品》中评价他的诗说:"骨气奇高,辞采华茂,情兼雅怨,体被文质。"曹植同样也是建安文学的积极推动者。

(2)然而,他们三人的诗风存在很大的差异。曹操的诗歌富有抒情化、个性化特色,充满积极进取的精神,语言古朴苍劲,风格悲凉慷慨、雄健沉郁。曹丕的诗多写游子思妇题材,兼有年命之悲和行乐之情,充满乱离时代的哀怨之音,诗风清丽哀婉。曹植既不同于曹操的古直悲凉,又不同于曹丕的便娟婉约,他是第一个大力写作五言诗的作家,其诗歌加强了抒情化色彩;描写细致,善用比喻,增强了形象性和生动性;辞藻丰富华美,讲究对偶、炼字,语言绮丽而自然,韵律、色调和谐;讲究谋篇布局。

132. 什么是建安风骨?代表作家有哪些?

"建安"是汉献帝移都许昌后的年号,建安年代及其后若干年的创作,习惯上被称为"建安文学"。"建安风骨"是对汉末魏初时期优秀诗歌创作特色的概括。

(1)建安文学以曹魏集团为主,在北方形成了一个文学中心,主要成就在诗歌。建安诗人上承汉乐府民歌的现实主义精神,真实而广泛地反映了动乱的社会现实和人民的苦难,展示了广阔的时代生活画面。这些文学家同时也是注重实际的政治家,他们有着力挽狂澜的雄心和自信,并且把建立不朽的功业作为短暂生命的延续。他们将所见所感所思所为,用清峻通脱的语言书写出来,内容充实,刚健有力,鲜明爽朗。后人把建安诗歌的独特风格称为"悲凉慷慨""志深而笔长,梗概而多气也"。"建安风骨"被后世的诗人们追慕,并成为反对浮靡柔弱诗风的一面旗帜。

(2)最能代表建安文学时代特色的为三曹(曹操、曹丕和曹植)以及建安七子(孔融、王粲、陈琳、阮瑀、应玚、徐幹、刘桢等人)。

133. 建安诗歌创作的时代特征是什么?

建安时代诗歌创作的主要特征,曾被后人概括为"建安风骨"。其主要特征有如下几点:

第一,建安诗人处于易代之际,目睹百姓疾苦,深感世乱时衰,有感而发,吟咏为诗,内容充实,感情饱满,多悲情之辞,慷慨多气。

第二,建安时期社会动乱不安,瘟疫流行,时人多年寿不永,故建安诗人在作品中常表现政治理想的匡扶之志以及对生命短暂的忧叹。

第三,建安时期的诗歌,虽然均具有明朗刚健的风格,但每个诗人的创作却又个性鲜明,如曹操古直,曹丕婉丽,曹植兼具骨气与辞采。

134. 曹丕诗歌的主要内容是什么?有何创新之处?

魏文帝曹丕"以副君之重,妙善辞赋"。据史书说,他"好文学,以著述为务"。今存诗约四十首,可分为三类:

(1)宴游诗。这类诗多写寄游山水、宴饮玩赏之乐,表现的是贵族公子的生活情趣,辞藻华美,注重对偶。这些山水盛景的描写,对我国山水诗的发展有一定的影响,《芙蓉池作诗》《于玄武陂作诗》为这类诗的代表。

(2)抒写情感、表达志向之作。这类诗歌反映了乱离时代生灵涂炭的社会现实及自己随曹军南征途中的种种艰苦,表达了靖乱救民的志向,《黎阳作诗三首》是其代表作。

(3)写游子思妇间的别离相思之情,这类诗体现了曹丕诗的特色和水平,最具代表性的是《燕歌行》,此诗描写的是一女子在寒凉的秋夜,思念身在外乡的丈夫,情思委婉,深切动人。《燕歌行》均为七言,句句押韵,是我国现存第一首成熟的七言诗,对歌行体诗的发展有重要影响。

曹丕诗歌的创新之处表现在三个方面:

(1)抒发个人的情感。曹操胸怀天下,充满了积极进取的精神,所抒发的多是与历史走向和平定天下有关的志向抱负,而曹丕则更多地转向个人情感的抒发。他长期跟随曹操四处征战,又处于和其弟曹植的政治博弈中,因而敏感而多情。在喧哗热闹的宴会上,他能体会到"乐极哀情来,寥亮摧肝心"的愁绪;面对花开烂漫、日照溪流的美好光景,他却能产生"月盈则冲,华不再繁"的忧虑。人生浮沉、繁华逆转的辩证哲学在他的诗歌中得到了真切的体现。

(2)使用文人化的艺术表现手法并形成了属于自己的艺术风格。这集中体现在创造工丽绮练的语言和对诗歌形式美感的自觉追求上。曹丕擅长使用清丽的词句,和谐的音韵,以表达自我纤丽的情思。此外,曹丕在艺术形式上也大胆创新。他的诗歌在数量上虽不多,却是从三言到七言乃至杂言诸体皆备。如《大墙上蒿行》,长达七十五句,从三字句到九字句都有,极尽变化之能事。

(3)曹丕诗体现了民歌与文人诗的交流与融合。在诗歌创造中,他一方面努力摆脱民歌的束缚,另一方面又自觉借鉴民歌的长处,因而既朝着文人诗的方向迈进,又保留有民歌的诸多特征,清丽自然,代表作如《上留田行》等。

135. 曹丕的《典论·论文》是一篇什么样的文章？主要提出了哪些见解？

曹丕的《典论·论文》是中国文学批评史上第一部文学专论，主要探究了以下几个方面的问题：

(1)论"文人相轻"。曹丕对自古以来的"文人相轻"之习表示反对，认为作品的长短一是因为文体各具特点，一是因为作家才性不一。文章不是只有一种体裁，很少有人各种体裁都擅长，因此各人总是以自己所擅长的轻视别人所不擅长的。所以他主张以"审己度人"的态度对待文学批评，为文人之间的相处指明了正确道路。

(2)论"文气"即才性。从曹丕开始，把"气"引入文论中，提出"文以气为主"。"气"是指表现在文学作品中的作家的自然禀赋、个性气质，可以分为清、浊这两大类。曹丕非常强调创作个性的独特性和不可改变性，突出了作家个人对于作品风格的决定意义，这种观点体现了魏晋时期"人的自觉"和"文的自觉"的时代精神，也符合当时人们崇尚自然的风气。

(3)论文体的区分。曹丕第一次正式提出了文体分类及其各自特点的思想，即四科八体说的文体论。根据文的体裁和性质以及不同的要求，将文体四科相互区别。四科分别具有雅、理、实、丽的特点。同时他认为无论哪一种文体，都是用语言文字来表达思想感情，其"本"是相同的，不同的是语言形式、表现形态、体貌风格等。

(4)论文学作品的功用。曹丕认为，文章的社会地位与事业同样重要，因而将文章提到经国大业、不朽盛事的高度。这是他关于文章价值的观点，曹丕对文章的价值给予了前所未有的崇高评价，这种文章价值观是对传统"立言"处于"立德、立功"之下观念的突破，指出了文学的重要地位，也是文学自觉的一种表现。

(5)论文学批评者的态度。曹丕在文章中指出，文学批评者"贵远贱近，向声背实"是错误态度，对盲目崇拜古人创作的尊古卑今观点进行了指斥，指出了文学批评应当有正确的态度，在前人基础上针对文学做了进一步申说，具有一定新意。

总的来说，曹丕的《典论·论文》是我国古代文学批评史上的一个新时代标志，对后世文论的发展产生了深远影响。

136. 曹植在诗歌上取得了哪些成就？怎样评价他在文学史上的地位？

曹植是我国第一个大力创作五言诗的诗人。他的五言诗在文学史上有很高的地位和成就，他也因此成为建安时期最为杰出的诗人。他今存九十余首诗，居建安诗人之冠。曹植的创作以建安二十五年为界，分为前后两期。曹植前期诗歌主要是歌唱他的理想和抱负，洋溢着乐观、浪漫的情调，对前途充满信心，如《白马篇》。此时期与邺下文人酬赠之诗如《赠丁仪》《赠王粲》等也值得重视，主要写友情。曹植后期诗歌，主要是表达理想与现实的矛盾所激起的悲愤。其内容可分为四类：第一类是对自己和朋友遭遇迫害的愤懑，这方面的代表作是《赠白马王彪》，是文学史上有名的长篇抒情诗。第二类用思妇弃妇托寓身世,表白心迹。如《美女篇》《浮萍篇》等,其主旨在于抒发自己的失意。第三类是述志诗。曹植用世之心,在黄初以后屡屡诉诸诗赋。《杂诗》就是这方面的代表作。第四类是游仙诗。诗中所描绘的神仙境界,皆明净、高洁,实际上是诗人理想世界的象征。如《远游篇》。其文学成就主要表现在以下几个方面:

(1)"骨气奇高,辞采华茂"。

曹植的诗歌既不同于曹操的古直悲凉,又不同于曹丕的便娟婉约,而能兼有父兄之长,达到风骨与文采的完美结合,成为当时诗坛最杰出的代表。他的作品描绘了广阔的社会人生,表达了自己丰富的思想和情感,诗中开始出现自然景物的描写,在艺术上取得了突出的成就。钟嵘在其《诗品》中将曹植列为上品,称他的诗"骨气奇高,辞采华茂",即是称颂其诗内容丰富,多慷慨悲愤之气。

艺术表现上生动形象、辞采华美、对仗工整、音韵流畅。善用比喻、象征、烘托的手法,讲究谋篇布局,结构精致,很少平铺直叙,常以警句开头,代替客观事物的描写,形成了既华丽绮焕又浑厚雄健的独特艺术风格,达到了建安诗歌的高峰。诗歌语言华美,这主要表现为浓烈的感情色彩和鲜明的声色。如其《盘石篇》生动再现了大海的宏阔气象,大异于两汉乐府诗的天然古质,在文人有意为诗方面产生了质的飞跃。

(2)大力创作五言诗。

曹植是第一位大力写作五言诗的文人,他的诗歌既体现了《诗经》"哀而不伤"的庄雅,又蕴含着楚辞窈窕深邃的奇谲;既继承了汉乐府反映现实的笔力,又保留了《古诗十九首》温丽悲远的情调。曹植的诗有自己鲜明独特的风格,完成了乐府民歌向文人诗的转变。

(3)后世认同。

曹植的诗歌艺术对后世产生了很大影响,从古体诗到近体诗,从民歌到文人诗,推动了文人诗的发展,成为乐府诗文人化的标志。这是一个时代的事业,却通过曹植才完成。曹植的诗歌受到后人的推崇,主要原因有以下三点:一是由于文采富艳,二是因为他对五言诗的发展具有重大影响,三是他的不幸身世引起后世文人的认同。作为失意文人的典型,其坎坷命运,使无数文人深表同情。所谓"才高八斗""卓尔不群""建安之杰"等,曹植都当之无愧。

137.曹植诗歌前后期有什么变化?产生这种变化的原因是什么?

以延康元年曹丕称帝为界,曹植的诗歌创作明显分为前后期。曹植前期也是在相对安定的环境中过着贵公子生活,但颇有功名事业心。他一生所热烈追求的是"戮力上国,流惠下民,建永世之业,流金石之功"。他的诗歌的主要内容之一,就是表现这种雄心壮志。因此在他的创作前期多抒发远大理想和宏伟抱负之作,如《白马篇》,便是通过对一个武艺高强的爱国勇士英勇卫国精神的描写,来表现自己对壮烈事业和战斗生活的渴望,寄托了诗人建功立业的豪情壮志。全诗迸发着慷慨激昂的炽烈热情,洋溢着高迈不凡的蓬勃朝气。

曹丕父子相继为帝之后,对曹植深怀猜忌,横加压制与指责,他虽不失王侯的地位,却"抑郁不得志",终于在愤懑与苦闷中死去,这种生活遭遇对他的诗歌创作有着深刻影响。而曹植后期的作品多是表现自己壮志难酬、备受压抑的郁愤心情,代表作为《杂诗》等。作于黄初四年的《赠白马王彪》是曹植后期一篇重要的作品,全诗充满了悲苦之词和愤慨之音,笼罩着悲愤抑郁的气氛:"鸱枭鸣衡轭,豺狼当路衢。苍蝇间白黑,谗巧令亲疏。"其《野田黄雀行》《吁嗟篇》均是这种沉重压抑下的慷慨悲歌。

138.《赠白马王彪》的创作背景、主要内容和艺术特色是什么?

《赠白马王彪》是曹植创作后期的代表作,写于黄初四年七月。此诗前有自序曰:"黄初四年五月,白马王、任城王与余俱朝京师,会节气。到洛阳,任城王薨。至七月,与白马王还国。后有司以二王归藩,道路宜异宿止,意毒恨之。盖以大别在数日,是用自剖,与王辞焉,愤而成篇。"从中可以清楚地看出曹植作此诗的前因,感受到其中充溢着深沉的悲哀与愤恨。此次入京曹植精神上接连遭受沉重打击,先有曹丕拒见,后有胞兄曹彰暴薨,据《世说新语》记载,曹彰是被曹丕毒害的。诸侯王返回各自的封地之时,曹植心里异常难过。朝廷还派了监国使者沿途监视诸王归藩,并规定诸侯王在路上要分开走,限制他们互相接触,这样就使得曹植越发难堪和愤怒。面对曹丕的无情,曹植百感交集,怒火中烧,于是写出这首传诵千古的名诗《赠白马王彪》。

本诗写曹植与白马王曹彪在回封地的途中被迫分离时的复杂心情,感情沉痛凄婉。全诗分七章,第一、二章写离京之后旅途困顿,其实是表明对京城的留恋之情,若归心似箭意气风发,就不会将旅途艰辛放在心上。第三章紧接着便印证了这一点,"亲爱在离居",骨肉分离,依依不舍。"鸱枭""豺狼""苍蝇"比喻朝中小人,而"衡轭"则代指皇权,矛头直指曹丕不辨忠奸,因疏远亲。最后"欲还绝无蹊,揽辔止踟蹰"两句,再次表明了自己对京城的眷恋和对未来政治前途的担忧。第四章用微凉的秋风,悲鸣的寒蝉,萧条的原野,落山的白日,以及"归鸟"和"孤兽"来映衬自己凄苦的心境,伤感凄惶之情比前三章有所递进,并在第五章中达到了一个高潮。一母同胞的曹彰暴死京城且死因未明,对曹植来说无疑是一个巨大的打击,在这场人伦惨变中,曹植认识到人生短促、世事危艰的现实,预感到了当权势力对自己即将进行的摧折,"自顾非金石,咄唶令心悲"是对曹丕打压兄弟、同根相煎的愤慨和心痛。第六章,曹植在这种心痛悲愤而又无可奈何的心情中故作豪言壮语,既是对曹彪的勉励也是对自己的安慰,表明大丈夫应志在四海,不可英雄气短、儿女情长。当然,这样虚无空洞的话语连他自己都说服不了,于是最后只得又绕回到骨肉分离的苦辛之情中。在诗的终章,曹植似乎从之前极度的悲愤中清醒了过来,开始怀疑天命、否定神仙,这是他在人生的逆境中不得不发出的对现实的抗议。因为他很清楚,造成自己这种悲惨境遇的罪魁祸首不是命运也不是上帝,而正是自己的同胞兄长。但他终究是不敢也无力反抗的,他能做的只有"收泪即长路,援笔从此辞"。这是作为诗人的曹植的最大悲哀。

全诗气魄宏伟,结构严谨,极具艺术特色。主要表现在全诗结构浑然一体,运用了顶真的修辞手法,使全诗结构紧凑、段落分明而又便于人们记忆和传诵。同时,此诗抒情的方式也时有变化,有时直抒胸臆,有时将抒情和叙事、写景结合起来。"伊洛广且深,欲济川无梁"和"霖雨泥我途,流潦浩纵横",看起来是叙事,实际是抒情。第四章借景抒情,情景相生,发人深思,耐人寻味。诗中的寒蝉、归鸟、孤兽都是诗人自身的写照。冷落空旷的秋季原野,也是当时诗人所处政治环境的形象再现。此外,恰当的比喻也是此诗的特色之一。作者把监国使者比之为"鸱枭""豺狼"和"苍蝇",惟妙惟肖,入木三分,这些比喻不仅可以产生强烈的艺术效果,而且免于授人以柄。

139. 蔡琰《悲愤诗》的艺术特色是什么?

《悲愤诗》是我国诗史上文人创作的第一首自传体的五言长篇叙事诗,是女诗人在亲身经历基础上创作的,它真实而生动地描绘了诗人在汉末大动乱中的悲惨遭遇,其感情描写和心理活动刻画真实细腻、复杂微妙。通观全诗,《悲愤诗》在艺术上有几点突出的成就:

(1)叙事与抒情相结合。全诗叙事与抒情融为一体,真实而生动,有史诗般的效果。诗人善于在叙述和议论中挖掘自己的感情,将事与情紧密地结合在一起。虽为叙事诗,但情系乎辞,情事相称,叙事不板不枯、不碎不乱;在表现悲愤的感情上,则纵横交错、多层多面。例如"别子"一段,别子之前,从略述边地之苦,引出感时念父母,为念子作铺垫。在正面描写别子的场面时,写得声泪俱下。同辈送别的哀痛,又为别子的哀痛做了衬托。

(2)细节和心理描写相交织。当详之处极力铺写,如俘虏营中的生活和别子的场面,描写细腻,如同电影中的特写镜头;当略之处一笔带过,如"边荒与华异,人俗少义理"两句,就是高度的艺术概括。作者在表达悲愤的感情时,运用了大量的心理描写,她的伤心事太多了,被掠、杖骂、受侮辱、念父母、别子、丧亲、重嫁等种种都使作者痛心,但最使她哀痛的是别子。诗中采用第一人称将别子时进退两难的复杂矛盾心情表现得淋漓尽致,对烘托主题起到了良好的作用。详尽的细节描写和细腻的心理描写,使得整首诗歌真实感极强。

(3)具有高度表现力的语言。《悲愤诗》语言浑朴,真情穷切,自然成文,有着明白晓畅的特点,无雕琢斧凿之迹。某些人物的语言,逼真传神,具有个性化的特点。如贼兵骂俘虏的几句恶言恶语,与人物身份吻合,如闻其声,如见其人,形象鲜明生动。文姬别子时,儿子说的几句话,酷似儿童的语气,使得儿童的形象跃然纸上。在形式上,整首诗结构严谨、裁剪精当,足以代表当时五言诗的发展水平。

140. 正始政治时局对诗歌创作有哪些影响?

(1) 现实的忧嗟。司马氏政权与曹魏势力的斗争形成了极端黑暗的政治恐怖气氛,司马氏在逐步巩固政权的过程中,对外诛灭敌对势力,对内大杀名士。在这种压抑的政治气氛下,士人建功立业的理想归于破灭,人人自危,建安诗歌中昂扬的气概没有了,抒写个人忧愤的诗歌增多了,出现了颇多感慨之词和忧生之嗟。

(2) 隐晦的风格。政治斗争使得诗人们十分鄙薄当道,但又对统治者的残暴感到十分恐惧,所以采取了不积极合作又不坚决斗争的态度,他们在政治上谨言慎行,不臧否人物,在生活上则纵酒佯狂,任性而行。这样不敢直言的状态体现在诗歌创作中,就形成了沉痛委屈、隐蔽曲折的风格,完全失去了建安诗歌鲜活明快的特色。如阮籍的诗歌特征就是隐约曲折,"言在耳目之内,情寄八荒之表"。

(3) 避世的理想。司马政权一方面用残酷的手段大肆杀戮,一方面却又标榜名教,维护自己劫夺到手的权力,更显现出其虚伪卑鄙。因此,正始士人心中更加鄙弃名教,充满了对黑暗现实的不满和对现实社会的失望,又由于玄风的影响,在诗歌创作中常常表现出老庄人生理想的倾向。同时也造成了诗歌创作中的哲理化倾向,表现出对人生短促无常的感慨和对理想中人生境界的追求,具有深沉的思想意蕴。

141. 阮籍《咏怀诗》的主要思想内容与艺术特色是什么?

(1) 阮籍的《咏怀诗》共八十二首,非一时一地所作。这些诗反映了他的政治思想、生活态度,尤其是对于人生问题的反复思考。阮籍在诗中抒发感慨,发表议论,书写理想,开创了中国文学史上政治抒情组诗的先河,对后世产生了重大影响。《咏怀诗》的核心内容是对人生问题的哲理性思考,并且集中于个人的内在意志与外部力量的冲突,生命从根本上无法获得自由这样一个命题。首先,他的诗歌着力表现社会矛盾以及时政的丑恶腐败,并揭露了这种矛盾对人的压迫,具有一种广阔历史意义的悲哀;其次,阮籍也探讨了死亡对人的毁灭和压迫,从而提出了一种忧生的孤独感,一种难以名状的愁绪。这种忧愁在现实中无法逃避,促使他的诗中表现出更多追求饮酒、求仙生活的内容。

(2) 《咏怀诗》的艺术特色具体表现在以下几个方面:

①首先,《咏怀诗》有意蕴深沉之美。在艺术表现方式上,阮籍用典颇多,多用比兴、象征烘托意象、渲染气氛。将象征手法与寓意的不确定性结合起来,再加上典故的多义性,来表达自己的深切情思,所以也显得意蕴深沉,所谓"言在耳目之内,情寄八荒之表"。

②其次,它还有清逸玄远之美,被人称为"玄远"。阮籍在理想中向往一个自由之乡,那是诗人精神自由驰骋,摆脱世俗束缚的一片辽阔天地、一种玄远明澈的境界。由于玄学思潮的影响,富于神话色彩的瑰丽想象,出之以清丽流畅的语言,形成清逸玄远之美。

142. 阮籍和嵇康在诗歌创作风貌上有什么不同？形成差异的原因是什么？

（1）不同的人生经历和思想歧异，使得嵇阮二人的诗歌创作呈现出不同风貌：

①在诗歌内容上，阮籍诗歌多表现社会现实政治及生命死亡对人生自由的逼压限制和自己对人生意义的思考，以及对现实世界的超越、对理想人格的向往。嵇康的诗歌与阮籍不同，他诗歌的意义在于把庄子理想的人格境界从哲学境界变为诗化了的具体的人生理想境界。他诗中描绘的理想人生悠游容与、怡然自得，摆脱了世俗的系累和礼法的约束，在这种生活中，嵇康才能够得到精神上的自由；除此之外，嵇康的部分诗歌中还有一种峻切之语，对险恶的世道人心发出一种愤激的批判，锋芒犀利。

②在艺术表现上，阮籍往往借比兴、象征的手法来表达感情，寄托怀抱。他或借古讽今，或借游仙讽刺世俗，或借助美人香草寓写怀抱。他的比兴是将象征手法和寓意的不确定性结合，从而形成了"厥旨渊放，归趣难求"的特点和隐约曲折的风格。嵇康则由于其个性刚烈，诗风以峻切为特征，他描绘的自然景物和自然中的生命主体都清新明丽，再加之他诗歌语言十分隽秀，形成了一种清远的意境。刘勰《文心雕龙》评价他为"嵇志清峻"。此外，在体裁上，阮籍以五言诗的创作成果最为卓越，嵇康以四言诗的成就最为突出。

（2）形成阮籍、嵇康诗风差异的原因主要有以下几点：

①个性经历不同。阮籍的一生从思想上说是苦闷的一生，他始终徘徊于高洁与世俗之间，在矛盾中度日，在苦闷中寻求解脱。嵇康的性格则是"轻肆直言，遇事便发"，他的是非之心十分明确，对丑恶现象往往加以愤激的斥责。所以阮籍能在现实的冲突中虚与周旋，嵇康则使自己完全与世俗社会对立起来，这在很大程度上导致了他们诗歌面貌的不同。

②思想动机不同。阮籍主要是借诗抒情，为了宣泄长期压抑的感情，所以诗歌内容上抒情的成分比较多，在抒发痛苦之情的过程中完成自我的提升，寻找人生的出路。嵇康主要是以诗明志，为了塑造自己卓尔不群的形象，所以在诗歌内容上言志的成分比较多。二人不同的创作动机展现出不同的精神气质和创作风貌。

③审美视角不同。嵇康和阮籍都对景物进行了自己的加工，他们对景物都采取整体把握的态度，不关注自然外物的具象特征。然而嵇康关注的是对自然本质的体悟，承认自然本身的审美价值；阮籍则关注的是自然外物与现实的相似之处，突出表现景物中体现的人生理念。不同的审美角度影响了自然外物在诗中的地位，形成了诗歌不同的意境。

143. 什么是太康诗风？其特征表现在哪些方面？

所谓"太康诗风"，就是指以陆机、潘岳为代表的西晋诗风。晋武帝时期时局比较稳定,经济发展,士人们生活在比较安稳舒适的环境中。这时他们的普遍心态是求实逐利,表现为奢侈之风,同时求名自适,表现为清谈与纵欲,他们的内心实质是世俗平庸的,缺乏理想色彩。这种心态发之于诗,便抛弃了建安诗歌的梗概多气和正始诗歌的深邃哲思,转而向流韵绮靡的形式技巧方面发展,形成了"繁缛"的太康诗风。它"繁缛"的特征表现在以下几个方面:

(1)"太康诗风"在内容上表现为"儿女情多,风云气少"。没有胸怀天下的巨大抱负,转而在儿女之情中表现绮丽情思。晋初傅玄的乐府诗《明月篇》、张华的《情诗》,就直接表现男女之情,真切细腻。到了太康诗人潘岳,则把它推向了顶峰,他的《悼亡诗》写得婉转凄凉,悲不自胜,在感情深度和艺术魅力上都远超傅、张。

(2)在内容上还表现为拟古模仿。因为缺乏现实内容,缺乏理想和直面人生的激情,所以在诗歌上只能求助于古人,这是太康诗风的又一特点。《诗经》《古诗十九首》都是他们拟古的对象,以求在以旧翻新的模拟中,驰骋文采,逞示才华。

(3)在诗歌形式方面追求华丽的辞藻和排偶的句式,描绘性的句子越来越繁复。

144. 何谓"陆海潘江"?

本语出自南朝钟嵘《诗品》卷上:"陆才如海,潘才如江",指的是西晋诗人陆机和潘岳二人。陆机的文才如大海,潘岳的文才如长江。比喻两人的学识渊博,才华横溢,同时,也以"海"和"江"的大小道出了钟嵘对两人文学才能高下的评定。在钟嵘看来,陆机要比潘岳更为优秀,贡献更大,所以用"海"来称其才华。而陆机作为西晋最具代表性的文人,历来就受到追捧,陆机"少有奇才,文章冠世",诗重藻绘排偶,骈文亦佳,被誉为"太康之英"。潘岳亦以诗文辞赋著称,和陆机一起引领了太康文坛,为太康诗歌"繁缛"风格的形成做出了卓越贡献。

145. 左思对咏史诗的创新之处表现在哪里?

东汉班固的《咏史》诗,首创"咏史"这一诗题,他以史学家的理性精神来进行诗歌的创作,注重对史实的叙述,因而诗歌显得质木无文。此后的文人也相继作有咏史之诗,如"建安七子"中的阮瑀、王粲作有《咏史诗》,曹植有《三良诗》,张协是与左思同时期的文人,也有《咏史诗》。但左思以前的咏史诗,多平述史实,不加藻饰,缺乏艺术的美感和自我情感的表达。而左思却不同,他在借鉴前人咏史诗的基础上,大胆创新。具体表现在:

(1)借咏史以抒怀,表达基于自我生命体验的真实情感,从而开启了咏史诗创作的新道路,为后人所广泛效仿。陈祚明以"创成一体,垂式千秋"来评价左思对中国诗歌发展所做出的独特贡献。左思生活在门阀士族垄断官爵、把持政权的西晋,"上品无寒门,下品无势族"。而左思出身贫贱,虽满腹才情,却不得重用。在这样的现实处境下,他的咏史诗主要抒发寒士的愤懑不平之气以及对门阀士族的蔑视与抗争。如《咏史八首》其二,写门阀制度对下层寒士的排挤与压制,流露出作者强烈的不平之气。又如《咏史八首》其六,写贫贱者荆轲、高渐离等的慷慨高歌、超尘拔俗,表达了对权贵的蔑视。最能体现左思气概的是《咏史八首》其五,作者在对王宫贵宅的描写中,表达了其对功名富贵的不屑一顾,极度彰显了卑贱者的尊严与品节。他的诗多引史实,借古讽今,同时又见解深刻,引证恰当,起到了讽喻现实的作用,故钟嵘《诗品》置左思于上品,评其诗:"文典以怨,颇为精切,得讽谕之致。"

(2)左思的咏史诗,注重对语言的修饰,辞藻壮丽,体现了太康诗风的某些特征,迥然不同于之前咏史诗的质木无文。

总之,左思的《咏史八首》情调高昂,辞采壮丽,形成了独有的豪壮风格,在内容与风格上都是对"建安风骨"的继承和发扬,为咏史诗的发展开辟了新的道路。

146. 什么是"左思风力"?

"左思风力"是对西晋太康时期的诗人左思诗歌风貌的形象概括,语出钟嵘《诗品》。

左思志高才雄,胸怀豪迈,是西晋最杰出的诗人,其诗情调高昂,辞采壮丽,形成了独有的豪壮风格,钟嵘《诗品》称之为"左思风力"。他的代表作《咏史八首》虽云咏史,实则借咏史来抒写怀抱,抨击现实,多不平之音,风格刚健,感情深沉,在内容与风格上都是对"建安风骨"的继承和发扬,和当时流行的华丽诗风迥然不同。

147. 什么是"文章二十四友"?

"文章二十四友"是西晋时期的一个多数成员以文才而屈节的文学团体,亦称"金谷二十四友",成员有潘岳、陆机、陆云、石崇、欧阳建、刘琨、左思等二十四人。他们多热衷于富贵功名,甚至不惜降节辱志来攀附权贵,以追求政治上的发达,突出表现是:争事外戚贵宠贾谧,阿谀逢迎,著文称颂。"二十四友"成分复杂,文学成就和社会影响也不相同。潘岳是"二十四友"中的典型代表,他努力驰骋文思,用华辞丽藻来争名求富,卑躬屈膝,逢迎贾谧。陆机也以才华自负,追名逐利,身陷政治的角逐中而不知返。他们严重折损了"文章二十四友"的人格魅力,最终被西晋的掌权者所利用,成了政治斗争的牺牲品。同时,他们也是西晋文坛的一个缩影,典型地体现了西晋文学的风尚。抛开政治因素,从文学角度来说,"文章二十四友"是个精力充沛、著作丰硕的文学社团,存诗数量占了西晋文士诗歌总量的一半,其文学活动"金谷雅集"亦体现了西晋文学的繁盛。

148. 游仙诗渊源是什么?怎样看待郭璞的《游仙诗》?

诗歌以"游仙"名篇起源于曹植,而以游仙为题材的诗歌,可追溯到先秦,屈原在《离骚》中,就以大胆神奇的想象御龙结凤,巡游天界。而明确以游仙为诗名的,则始于曹植的《游仙诗》。游仙诗在题旨上基本有两种不同的倾向:一种是单纯表达求仙访药,梦求长生不老的思想;另一种则是有所寄托,借以表达对现实的失望,人生的不得志等愤懑情感。在后一类游仙诗中,诗人写游仙只不过是书写其愤世嫉俗之情。屈原就是其中的典型代表,在《远游》中,他"悲时俗之迫厄兮,将轻举而远游"。他巡游仙界是为了追寻古代圣贤的足迹,借以超脱现实中的苦闷、失意。在曹植的现存诗歌中,也有多篇关于游仙抒愤的作品,如《远游篇》《仙人篇》等。

郭璞的游仙诗今存完整的有十首。他的游仙诗是仕途偃蹇、志不获骋的精神寄托,是抒发其内心苦闷的一种特殊方式。与盛行于当时文坛的淡乎寡味的玄言诗相比,郭璞的《游仙诗》则以文采富丽著称,故钟嵘评其曰:"始变永嘉平淡之体,故称中兴第一。"郭璞借游仙诗来表达其困顿不得志的情感,是对《诗经》《离骚》比兴寄托传统的继承,为玄言占据的东晋诗坛注入了一股新鲜的空气。

149. 什么是兰亭诗?

东晋时,王羲之与谢安、孙绰等人做兰亭之会,这些身居社会上层的文士,其聚会的目的主要是欣赏山水,饮酒赋诗,共成诗三十七首,编为《兰亭集》。这场盛会久负盛名的原因是,在这次集会之后,王羲之写下了流传千古的《兰亭集序》。单就诗歌而言,兰亭诗的内容,或表现游山玩水的乐趣,抒写游赏山川流水的情趣;或在山水欣赏中体悟玄理。从文学欣赏的角度来说,无论是就对山水的描写而言,还是就对玄理的体认而言,兰亭诗的艺术水平都不高,但表明诗人已开始留意山水,力图使之成为诗歌题材中的独立审美对象,这种探索昭示了山水诗将要兴起。此外,兰亭雅集在很大程度上影响了中国文人的生活情趣和他们的文学活动。同时,也推动了诗歌流派的形成。

150. 玄言诗的特点和代表诗人有哪些?

在晋室南渡之初,士人普遍持以求安的心态,加之佛老玄思的影响、山水之美的浸染,遂至玄言诗大兴。玄言诗在东晋百年间占据着诗坛的主导地位,其特点是:以老庄哲学入诗,以阐发玄理为旨归。在诗歌形式上,轻视文采和形象,不事雕琢,缺乏必要的润色和艺术的美感,语言枯燥且一味说理,内容玄虚,强调"得意忘象""得象忘言",显得"理过其辞"。此外,玄言诗"淡乎寡味",缺乏基于个人生命体验的真挚情感和对待生活的热情,把一切都看得平淡似水,因而无法在审美欣赏中引起读者的共鸣。玄言诗本身的艺术价值虽不高,但就其影响来说,谢灵运的山水诗,白居易诸人的说理诗,都或多或少受其熏染。玄言诗是中国诗歌嬗变过程中不可忽视的一环,其在诗歌说理方面所积累的经验,尤其值得注意。

玄言诗最主要的代表是孙绰和许询,文学成就皆不高。

151. 陶渊明田园诗的艺术成就有哪些?

(1)安静悠闲的田园意境。陶渊明笔下的田园生活不同于以往诗人对景物的单纯描绘,而是与自己的观赏对象融为一体,他不再是田园的旁观者,而是乐在其中地生活。如《归园田居》:"暧暧远人村,依依墟里烟。狗吠深巷中,鸡鸣桑树颠",诗人对草屋茅舍、鸡鸣狗吠的白描,都流露出对田园风物的由衷赞美和深切依恋,描绘出一种简朴恬静的田园意境,令读者也不禁产生安静悠闲之感。

(2)平静淡远的艺术风格。陶渊明的诗歌创造了情味极浓的冲淡之美。境界高远、平和淡泊、心与自然融合为一的人生境界,自然流露于诗。如《饮酒二十首》其五:"采菊东篱下,悠然见南山。山气日夕佳,飞鸟相与还",描绘了一个宁静恬淡、高远舒展的境界。诗歌平淡,然淡而有味,其味隽永,在自然之中又充满了情趣和理趣。他笔下的农夫、山川、空气、飞鸟,构筑了一个和谐的世界,物我泯一,意在言外。

(3)平易质朴的语言。由于在创作中情绪平和,没有大的感情起伏,因而陶诗中多写田家生活中日常之景物,而非矫饰的感情世界,所以他选择的是去尽华饰的语言。而这种语言却又不是随口而道,毫无加工,而是高度精练,洗净了一切芜杂的成分,呈现出明净的单纯。总之,陶诗语言不露斧凿却高度艺术化,朴素而准确,语俗而意雅。

152.陶渊明的诗歌以平淡自然见长,但是也有"金刚怒目"式的豪放之作,怎样看待陶诗中这些"金刚怒目"式的作品?

平淡自然是陶渊明诗歌尤其是田园诗的总体艺术特征,但也往往于平淡中见警策,朴素中见绮丽。所谓"金刚怒目"式的作品,主要是指陶渊明在归隐后期所作的《咏贫士》《咏荆轲》《读山海经》等作品,大多为咏史或咏怀以讽今之作。通过这些作品可以看到陶渊明隐藏在平淡背后的激愤,以及慷慨不屈精神下内心的忧郁无奈,在艺术风格上体现出豪放悲壮、孤独郁愤的风格。这些诗歌的思想内容反映了陶渊明创作的几个特点:

(1)嫉恶抗暴精神的生动表现。随着时间的推移和年龄的增长,陶渊明的生活境况愈加艰难,他对现实的认识更加清醒,人生体味更加深刻,他归隐田园、醉酒忘世也不能完全消除壮志未遂的苦闷和改变矛盾不安的心境。许多讽刺朝政的咏怀诗与豪放悲壮的咏史诗正是对刘宋王朝以暴易暴的愤慨,表达了他对抗黑暗现实的坚定意志。

(2)高尚不屈品格的完整体现。陶渊明的思想内容是复杂的,所以相应的艺术风格也是多样的,"金刚怒目"是诗人性格和创作中不可分割的一个重要方面。正因如此,诗人遂借咏史或借神话传说中失败的英雄人物,婉曲地表达自己不为五斗米折腰,不向污浊现实屈服的心志,正是所谓的"其人虽已没,千载有余情"。

(3)济世之志至老不衰的证明。诗人少时"猛志逸四海",思有作为;中年归隐,"有志不获骋";晚年决意仕进,"猛志固常在"。虽然诗人身在草泽,但是一腔热血始终未能冷却,他的诗歌从来都没有脱离现实,而是无时无刻不在反映着广阔的生活。其匡时济世的热情灌注于诗篇中,形成了"金刚怒目"式的作品,能让人触摸到诗人崇高而痛苦的心。

"金刚怒目"式的诗虽豪放有力,但又"豪放得来不觉",与田园诗的平淡自然仍有相通之处,它们只是各自凸显陶渊明性格中的两面,同时也显示着诗人心态成长的过程,是他人生不同阶段的心理印记。

153. 陶渊明在我国文学史上有何地位和影响？

陶渊明的地位是随着历史发展不断提高的，在我国文学史上产生了深远影响。在其生活的时代，他作为隐士而被人们关注，他淡泊的田园诗被人所忽略，文学创作没有得到高度的评价；到了齐梁时代，萧统是第一位发现他文学价值的人，并且重视他的人格和创作；自唐以后，他越来越受到人们的重视；到了宋朝，经过苏轼、朱熹的弘扬，他才真正确立了在文学史上的崇高地位。陶渊明在文学史上的地位和影响，具体表现在以下几个方面：

(1) 开创了"田园诗"这一新的审美领域。就诗歌艺术而言，陶渊明打破了玄言诗统治诗坛的局面，回归到古朴自然的汉魏诗歌的传统，开创了田园诗创作的道路。在陶渊明之前，还没有文人写过如此多的诗歌来吟咏田园生活，他将自己的人格和田园生活相结合，将淳朴的乡村生活作为他社会理想的寄托，为诗歌的发展开辟了新的领域。

(2) 开辟了"冲淡之美"的创作境界。陶渊明的创作中有一种平淡自然而又意味隽永的风格。诗人超越了世俗的功利计较，拥有平和散淡的心境，流露到诗中自会产生自然平淡的格调。陶渊明写诗从不用夸张的铺排和绮丽的色彩，不用刻意雕琢的对仗和深僻的典故，他诗句的魅力，在于全是他性情中自然流露出的质朴言语。这种艺术风格对于后世诗歌产生了重要的影响，为后世文人所不断模仿，出现了不少"拟陶""和陶"的作品。

(3) 树立了"不为五斗米折腰"的高尚人格典范。就人格而言，陶渊明蔑视富贵，不与黑暗同流合污，他对政治斗争有清醒的认识，能够时刻保持自己高尚的人格，"不戚戚于贫贱，不汲汲于富贵"，这样的精神力量对后世的文人志士产生了积极影响。同时，在强敌压境或是社会变革之时，他的"金刚怒目"式的作品，也带给文人士子极大的鼓励。

(4) 创造了中国士大夫的精神家园。陶渊明化之于老庄的"自然"哲学和人生境界，是面对人生苦患、实现精神解脱的一种思想力量，可以说，陶渊明是中国士大夫精神上的一个归宿，当他们仕途失意或是厌倦官场之时，往往回归到陶渊明，从他身上找到新的人生价值。此外，他的桃花源理想也作为田园理想社会的典范，对后世的文学不断产生积极的影响。

154. 南北朝乐府民歌的差异体现在哪些方面？

由于产生的时代环境和地域不同，加之民族风尚的影响，故南北朝乐府民歌形成了各自不同的艺术风貌。

(1) 从内容上来说，由于南朝民歌多产生于商业发达的都市，主要反映的是城市中下层居民的生活和思想感情，而且统治者采录民歌多是为了声色娱乐，在收集时按照他们的趣味进行选择。因此，现存南朝乐府民歌的内容比较狭窄，绝大多数是情歌，且多是女性口吻，感情细腻，如《西洲曲》写一个女子怀人，情思缠绵。此外，某些情歌还有较重的色情成分和胭脂气，很少泥土气息。而北朝乐府民歌由于产生于长期混战的北方，又出于多个民族,因而题材广泛,所反映的现实生活远比南朝民歌深广。如《敕勒歌》,既再现了北国草原风光的辽阔壮美,又反映了北方游牧民族的生活及风俗习惯;再如《琅琊王歌辞》和《折杨柳歌辞》,反映了北方民族豪迈粗犷的个性和豪侠尚武的精神;而《陇上歌》《隔谷歌二首》及《慕容垂歌辞三首》则反映了北方频繁的战争以及广大百姓在战争中所遭受的苦难。此外,还有许多反映羁旅行役以及流亡怀归的作品,如《紫骝马歌辞》《陇头歌辞》等。当然,爱情和婚姻题材的诗歌在北朝民歌中也占有很大的比例,如《地驱歌乐辞》《折杨柳歌辞》等。

(2)表现手法及艺术风格的不同。南朝乐府民歌体制小巧,以五言四句为主要的形式,且重在抒情。每首诗描写集中,不拖沓繁缛,节奏明快,语短情长。以比兴、象征为主要的表情手段,大量采用谐音双关的修辞手法。如"莲"双关"怜","篱"双关"离"等。北朝民歌以叙事为主,形式多样,除五言外,四言、七言、杂言等均有,远比南朝民歌丰富。此外,不同于北方民歌粗犷豪放、坦率直接的表情方式,南朝民歌在情感表达上显得细腻缠绵、含蓄委婉。语言上,北方民歌浅近质朴、简单疏朗、绝少雕饰,无造作的痕迹。粗疏质朴的语言带给北朝民歌凌厉的气势和浑朴的意境,如《敕勒歌》等,就典型体现了北方民歌的这一特点。而南朝民歌在以朴素活泼的方言入诗的同时,也注重运用语言技巧,因而诗歌既有自然清新的一面,也有艳丽柔婉的一面,如《春歌》既呈现出了江南水乡清新秀丽的自然风光,又表现了南方女子的浪漫情怀。

155. 南朝民歌《西洲曲》的内容和艺术特色是什么?

《西洲曲》是南朝乐府民歌中艺术性最高的抒情长诗,最早著录于徐陵所编的《玉台新咏》。诗中描写的是一位住在江南的青年女子对远方情人深切的思念之情。诗歌首先以回忆开端,从而抽绎出一年来的往事,描写了自己在季节流转中对情郎日益强烈的思念之情。由初春时节的单衫等待,到深秋时刻的登高望归;由采莲怀人的一往情深,到托梦传情的哀怨缠绵,全诗在过去与现在,梦境与现实的时空交替中,表达了那割舍不开的揪心之思。全诗三十二句,用一种情思,一种语气来贯穿始终,故虽跳跃频繁,意象更迭不断,依然显得不蔓不枝,给人以气韵生动的艺术享受。

这首诗的艺术特色主要表现在:

(1)利用语言文字上的勾连来标志景物的变化、时间的推移,从而带动情节的发展,显示诗歌的内容层次。如"出门采红莲"属于夏季的景物层次,因为红莲是江南六月"映日荷花别样红"的真实写照,标志着女子候郎的结束;而接下来的一句"采莲南塘秋"即采莲蓬、莲子,属于秋季景物的层次,标志着女子忆郎活动的开始。女主人公由伯劳纷飞的门前等待到出门采莲的南塘回忆,标志着季节从夏进入了秋。这种接字连句的勾连法如辘轳转动,自然流转,气韵生动地展现了季节交替中主人公动作、心理的变化,细致入微,真情感人。

(2)运用重字和顶真的修辞格来表达那种无所不在的相思之情。例如,由"树下即门前"到"开门郎不至"四句中,连用四个"门"字,正恰当地表现了女主人公因急切盼望情郎到来,而不时从门中张望的情景。在"出门采莲"这一场景中,诗人连用了七个"莲"字,着意凸显女子那种含蓄而又热烈的思恋之情。叠字、顶真修辞格的运用,既使诗中所表达的情感更加真挚深厚,又使句子显得灵活生动,读起来朗朗上口。

(3)巧用双关隐语。双关隐语在南朝乐府民歌中频繁出现,是南方民歌在表情达意上的特色。在这首诗中,"莲"与"怜"谐音双关,而"怜"是"爱"之意,含蓄地表达了女子对情人的爱恋。再如"梅"与"媒"谐音双关,暗含了女子渴望与情郎成婚的心理。运用这些双关隐语使诗歌显得含蓄缠绵,委婉多情。

(4)在句式节奏上,此诗以四句为一节,基本上也是四句一换韵,节与节之间用民歌惯用的"接字"法相勾连,读来音调和美,声情摇曳。

156.《木兰诗》的主题思想和艺术特色是什么?

保存在《乐府诗集·横吹曲辞·梁鼓角横吹曲》中的长篇叙事诗《木兰诗》是北朝乐府民歌中最为杰出的作品。诗歌讲述的是:女子木兰在祖国需要的时候,假扮男儿身,代父从军,奋战沙场十多年,立下了累累战功。然而在凯旋后,谢绝封赏,返回家乡奉养父母的故事。作品成功塑造了木兰这一集勤劳、机智、善良、刚毅、勇敢和淳朴为一体的艺术形象,高度赞扬了她爱国、孝亲的情怀。木兰集中体现了中华民族的优秀品质,是古代人民理想的化身。

艺术特色:

(1)将现实与浪漫结合,富有传奇色彩。本诗所反映的战争情景,是北朝社会的真实写照,但木兰扮成男儿,代父从军又是经过艺术化处理的。此外,木兰的人生经历也富有传奇性和浪漫色彩,从而使诗歌显得精彩有趣,富有艺术魅力。

(2)出色运用了民歌中常见的叠字、复沓、排比、铺陈等艺术技巧及夸张、比喻、顶真、对偶、反衬等修辞,将叙事与抒情完美结合,使作品显得生动活泼,富有情韵。

(3)剪裁精当,繁简得宜,结构严谨。本诗描写繁简有序,有时运墨如泼,如对奔赴战场前的准备活动和从战途中情景的描写,都是大量铺排,不厌其详,从而成功表现了木兰的种种优秀品质;而十年征战却只用"朔气传金柝,寒光照铁衣。将军百战死,壮士十年归"二十字一笔带过,给人呈现了一幅紧张激烈的战争场面。这种繁简恰到好处的描写使诗歌显得张弛有度,气韵生动。

157. 南朝文学的主要特点是什么?

南朝文学是指宋、齐、梁、陈四代的文学。这个时代文学的主要特点是:创作活动受到空前的重视,文人集团创作活跃,作家、作品的数量远远超越前代,作品内容单薄空虚,但题材有所开拓,形式技巧趋于成熟,文学理论也得到进一步发展,相对于文人创作来

说,民歌的成就更加令人惊叹。具体说来,主要表现在以下几个方面:

(1)以宫廷为中心的诗人集团创作活跃。南朝帝王多喜欢文学,他们常招纳文士,进行唱和,在皇帝和太子周围聚集了一批文人,形成了三个文学集团,分别以南齐竟陵王萧子良,梁代萧衍、萧统,以及萧纲为中心。创作活动的群体参与,容易导致取材和风格的趋同性,也可以在互相切磋中提高艺术技巧,同时产生了"竟陵八友"等重要的文人集团,对形成吟咏之盛的文学创作局面产生了很大的影响。帝王的倡导,也有助于社会上文学风气的形成。南朝时期,家族、父子、兄弟以文学见长者很多,也可以说与这种风气有一定的关系。

(2)文学创作上求新求变的倾向比较突出,新题材、新风格不断出现。齐梁两代,诗体发生了重大变革,沈约将四声的知识运用到诗歌的声律上,并与谢朓、王融共同创立了"永明体"。"永明体"从而成为诗歌从古体诗向近体诗过渡的一种重要形式。刘宋时期山水诗出现,"俪采百句之偶,争价一字之奇"。梁陈两代,浮靡轻艳的宫体诗成为诗歌创作的主流,它主要是以妍丽的词句表现宫廷生活,多咏物题材,女性也像宫廷的其他器物一样成为吟咏的对象。这种创作风气一直延续到初唐,到"四杰"和陈子昂手中才有了根本的改变。散文创作上则进一步骈化,骈体文成为这一时期最有代表性的文体。

(3)文学观念上,由重"言志"转向重"缘情",文学理论进一步发展。作家在创作上普遍重视"缘情",强调吟咏性情。"缘情"的主张成为这一时期的主导倾向,特别是萧纲提出"文章且须放荡"的观点。在这些主张下,作家更注重辞采之美与抒情色彩,更重视作品的审美价值。

这一时期的南朝文学也有一些不足,主要表现为作品的格局比较狭小,作品中强烈的进取精神和慷慨有力的情感力量相对较为薄弱,造成了气格卑弱的弊病。

158. 什么是"元嘉体"?它的特点及影响有哪些?

"元嘉体"之名始见于南宋严羽的《沧浪诗话》,用来指称南朝宋文帝元嘉年间,活跃于诗坛的谢灵运、颜延之和鲍照诸人在诗歌创作中所体现出的,代表了这一时期诗歌创作倾向的共同特点。"元嘉体"的特点是:

(1)题材选择上,以山川景物为主。三大家中,谢灵运山水诗的成就最为突出,他把自然的美景引入诗中,使山水成为独立的审美对象,开启了山水诗创作的兴盛局面。

(2)表现手法上,以铺排、对举来状写山水景物,力求达到穷形尽相的目的。景物描写上的移步换景,寓目辄书,以求尽到,不仅是谢灵运山水诗的显著特点,而且也是颜、鲍等人山水诗的共同之处,这是对赋体文学"前后左右广言之"的创作手法的借鉴。但不同于汉赋静态想象式的景物描写,颜、谢、鲍等人进行的是实地考察式的景物描写,以真实的自然和存在为观照对象,从而奠定了我国山水诗写实的雏形。

(3)艺术形式上,追求华丽的辞藻和工整的对仗,创作中大量隶事用典,审美上呈现出工整、厚重乃至富艳的特征。颜、谢、鲍等人在诗歌创作上都力求新变,崇尚声色,追求形式上的美感。同时又注重隶事用典,以求内容的典雅。"元嘉体"在艺术上的这些特征体现了刘宋之际诗坛审美趋向的变化,代表了诗歌发展过程中的新变。

影响:"元嘉体"在表现题材和艺术形式上的探索和创新,增强了诗歌的审美表现力,不仅改变了东晋以来淡乎寡味的玄言诗统治诗坛的局面,开创了山水诗发展的新局面,也为齐梁诗歌的发展提供了语言和艺术技巧上的借鉴。此外,其在隶事用典上的讲究和追求,对唐宋诗人杜甫、韩愈直至江西诗派,影响甚大。

159. 何谓"元嘉三大家"?

"元嘉"是南朝宋文帝刘义隆的年号,三大家指谢灵运、颜延之和鲍照。谢灵运改变了山水诗在中国诗歌中的地位,认真创作了一大批以山水为审美对象的诗歌,奠定了中国山水诗写实的雏形。其诗呈现出富丽精工、自然清新之美。颜延之在当时诗坛有很高的声望,颜诗铺锦列绣、错彩镂金。颜诗比谢诗更注重雕琢,且喜欢搬弄典故、堆砌辞藻,因而缺乏情致,艺术成就也远不及谢灵运。鲍照是一位出身寒微而具有浓烈情感的诗人。他的社会经历和地位,使其诗较少宫廷色彩,而更多地带有慷慨悲凉的气质。鲍照的诗歌呈现出俊逸豪放、奇矫凌厉的风格,在南朝诗人中成就可谓最高。

在赋与文方面,三人也各有特点:谢灵运尚巧似,状物写景细腻生动,选字修辞清丽脱俗,与其诗相呼应,代表作为《山居赋》《岭表赋》;颜延之以典丽缜密的骈文著称,其文用典繁博,修辞巧丽,代表作为《赭白马赋》;鲍照以妍丽之词、奇峭之风,别开一面,代表作为《登大雷岸与妹书》《芜城赋》。

160. 谢灵运山水诗的特点是什么?

谢灵运的山水诗,大部分是他任永嘉太守以后所写。这些诗以富丽精工的语言,生动细致地描绘了永嘉、会稽等地的自然景色。其主要特点是鲜丽清新。一方面,与颜延之诗的"铺锦列绣"相比,谢诗显得"自然";另一方面,当人们读厌了那些"淡乎寡味"的玄言诗,而一接触到谢诗中那些山姿水态与丽典新声时,自然会感到鲜丽清新、自然可爱。

唐皎然在《诗式》中说,谢灵运的"自然"是"为文真于情性,尚于作用,不顾词彩而自然风流"。所谓"作用"就是经营安排、琢磨锻炼。以此而能达于自然,这正是谢诗胜人之处,也是他开启新诗风的关键所在。谢灵运山水诗的特点具体表现为:

(1)精工富艳的风格。谢灵运诗歌给人印象最深的是意象密集,对偶句多,语言深奥典雅,从而在整体上形成富丽精工的风格。谢灵运习惯运用移步换形之法,将其所见收入诗中,对景物做全景式的铺陈,从而形成了繁富的特点。

(2)结构上具有程式化的特点。谢灵运诗歌从整体结构而言,一般是先叙登游缘起或路线,接着是具体描写局部景物,最后是议论或感慨。至于形成这种程式化结构的原因,可以说与谢灵运山水审美意识的局限有关。谢灵运一生都不能忘怀政治权势,当他政治失意进而游山玩水时,只是把山水作为一种感官上的刺激,以此掩饰他对权位的热衷。故而他在写景时,并不能真正做到情、景、理三者的完美融合,也无法形成一种完整浑然的意境。

(3)生动细腻的景物刻画。谢灵运山水诗的特点是在局部景物描写中表现情思韵味,朝着情景交融的方向发展,开后世山水诗意境创造之端倪。同时,谢灵运山水诗对山水景物的声、光、色都有生动的描绘,能注意到诗中画面的色彩和谐与明暗对比。汤惠休评曰:"谢诗如出水芙蓉。"

同时,谢诗也存在着明显的不足之处,很多诗篇有佳句而无完篇,存在运用典故过多、节奏冗缓等缺憾。

161. 从陶渊明到谢灵运,诗歌艺术的转变主要表现在哪些方面?

从陶渊明到谢灵运的诗歌艺术转变,其实就是沈德潜说的"诗运转关"问题。沈德潜说:"诗至于宋,性情渐隐,声色大开,诗运一转关也。"(《说诗晬语》)即认为诗歌在刘宋之际,发生了一种新变化,诗歌的性情因素逐渐隐藏淡化,诗人们转而追求诗歌形式的声色之美。黄侃也认为,晋宋之际的诗风与前代不同,其不同者,"一曰繁,二曰浮,三曰晦。繁者,多征事类,义在铺张;浮者,缘文生情,不关实义;晦者,窜易故训,文理迂回。"(《文心雕龙札记》)这种显著的变化,在从陶渊明到谢灵运的创作中可见一斑。大致说来,有如下转变:

第一,诗歌风格形式从古朴自然到繁华雕琢。陶渊明的诗歌语言平淡自然,古朴醇茂,而谢灵运的诗歌则描写繁复,辞藻华丽,呈现出雕琢之功。

第二,陶渊明的诗歌,注重言外之意,启发性强,但却晓畅易懂,是作者性情的体现;谢灵运的诗歌注重语言的写实性,尽管刻画细致,但掩饰了性情,甚至有些晦涩。

第三,陶渊明对田园自然的描写,皆为性情过滤渗透之物,为写意式表现;谢灵运对自然山水的描写,多摹画其象,细致工巧,类似客观呈现。

162. 鲍照诗歌的艺术风格有哪些?

鲍照是南北朝时期有影响的诗人之一,其诗作主要为五言古诗和乐府诗。鲍照的诗歌艺术风格,大致说来有如下两点:

其一,由于鲍照出身卑微,故诗歌常抒发寒士的怀才不遇,内容多与社会现实有关,情感丰沛,多愤懑之情和对现实的不满,因此就形成俊逸豪放、奇矫凌厉的风格,读来音节错综,奔放流畅。

其二,由于鲍照诗歌多汲取乐府民歌的艺术营养,故其诗一反当时注重雕饰、追求典雅繁密的诗风,句式或参差或整齐,跳荡雄肆,格调高昂,浅显自然,甚至被时人视为"险俗""险急"。

总之,鲍照诗歌艺术风格是由其内在思想和所借鉴的艺术形式综合影响而成。

163. 鲍照对七言诗发展的贡献表现在哪些方面?

鲍照对七言诗的贡献,主要表现在七言歌行方面。在鲍照之前,七言诗一直处于零星的萌芽状态,如张衡的《四愁诗》,还没有摆脱楚辞的影响,曹丕的《燕歌行》,虽然也汲取了乐府诗的艺术营养,但是句句押韵,形式较为呆板。入晋以后,七言诗的创作依然不为人重视,如傅玄认为七言诗"体小而俗",颜延之认为是"委巷中歌谣"。当此之际,鲍照大力创作七言诗,其创造精神可谓卓异。

鲍照创作的七言诗,在形式方面令人耳目一新,他完全摆脱了楚辞的影响,变曹丕的句句押韵为隔句押韵,而且中间还自由换韵,句式以七言为主,间有杂言,音节错综变化,感情雄恣奔放,以其《拟行路难》为杰出代表,可谓唐代之前七言歌行的最高成就。鲍照的这种创造行为,直接影响了唐代七言歌行的创作,为七言体诗歌的发展拓宽了道路。

164. 鲍照《芜城赋》的思想内容和艺术成就是什么?

《芜城赋》是南朝文学家鲍照的赋作,为南朝抒情小赋中的名篇。芜城即广陵(今江苏扬州)。此赋将广陵山川胜势和昔日歌吹沸天、热闹繁华的景象与眼前荒草离离、河梁圮毁的破败景象进行对比,在对历史的回顾和思索中,通过气氛的渲染和夸张的描绘,表现了作者对屠城暴行的谴责和对统治者的警告,寓有今昔兴亡之感。广陵城在宋文帝元嘉二十七年、孝武帝大明三年,曾经两次遭受战祸,后一次灾祸是竟陵王刘诞割据叛乱所引起的。鲍照在赋里借用西汉时曾在广陵建都的吴王刘濞叛乱失败的故事,讽刺竟陵王叛乱所带来的灾祸。这篇抒情小赋,通过对广陵城昔日繁盛、今日荒芜的渲染夸张和铺叙对比,抒发了作者对历史变迁、王朝兴亡的感慨,真实地反映了当时严酷的社会现实。其中描写乱后荒凉景象,尤为动人。

作者立足于时空的高度,从自己对人生的体验出发,在五百年历史长河的潮起潮落中,描绘了一幅广陵兴盛图和一幅广陵衰败图,在两幅图画的兴衰对比中,解构了生命个体对世界的无奈,即变幻是永恒的,美好必然会被毁灭。本文语言清新遒丽,形象鲜明,风格沉郁,具有强烈的艺术感染力,代表了南朝骈体赋的较高水平,姚鼐评其为"驱迈苍凉之气,惊心动魄之辞"。

165. 什么是新体诗? 新体诗有哪些代表作家?

齐、梁、陈三代是新体诗形成和发展的时期。所谓"新体诗",是与古体诗相对而言,其主要特征是讲究声律和对偶,因为这种新体诗最初产生于南朝永明年间,所以又叫永明体,它是古诗发展到近体的过渡形式。发现四声,并将它运用到诗歌创作之中而成为一种人为规定的声韵,这就是永明体产生的过程。四声是根据汉字发声的高低、长短而定的。音乐中按宫商角徵羽的组合变化,可以演奏出各种优美动听的乐曲;而诗歌则可以根据字词声调的组合变化,使声调按照一定的规则排列起来,以达到铿锵、和谐、富有音乐美的效果。在永明体产生的过程中,沈约所起的作用是不可忽视的。新体诗的代表作家除沈约、谢朓外,还有王融、何逊、阴铿等。

166. 如何评价永明体诗歌?

"永明"是南朝齐武帝的年号,"永明体"就是在永明时期形成的新诗体,其理论基础是永明声律说,代表诗人有沈约、谢朓等人。对"永明体"的评价,有积极和消极两个层面。

从积极的层面来说,"永明体"注重声律,较以前的诗歌更具声韵节奏之美,在形式方面更加工巧华美,严整精练。"永明体"所遵循的理论以及"永明体"自身,对近体诗的理论及近体诗的产生,具有重要意义,它是古体诗向近体诗过渡的一种特殊形态,标志着古典诗歌的一种进步。

从消极层面来看,"永明体"的有些理论过于苛刻,导致诗人过于追求诗歌的外在形式,束缚了诗歌内在的本质性因素,如诗歌的性情内容等。但是,其消极的一面是次要的,贡献是主要的。

167. "沈诗任笔"指的是什么?

南朝梁沈约以诗著称,任昉以表、奏、书、启诸体散文擅名,时人称为"沈诗任笔"。笔,谓无韵之文。南朝梁钟嵘《诗品》卷中云:"彦升少年为诗不工,故世称沈诗任笔,昉深恨之。"沈约诗文兼备,在齐梁间的文坛上负有重望,尤其以诗歌著称当世,在永明体诗人中,沈约占有重要地位,推动了诗歌声律和对偶的发展。钟嵘以"长于清怨"概括沈约诗歌的风格,特别是他的山水诗和离别诗最能体现这种风格,也代表了他诗歌的最高成就。而任昉写文章时擅长表、奏、书、启等文体,文格壮丽,"起草即成,不加点窜",在南朝文士中独树一帜,因而后人将二人合称为"沈诗任笔"。

168. 什么是"江郎才尽"?

江郎指江淹,字文通,南朝著名文学家、散文家,历仕三朝。钟嵘《诗品》:"初,淹罢宣城郡,遂宿冶亭,梦一美丈夫,自称郭璞,谓淹曰:'吾有笔在卿处多年矣,可以见还。'淹探怀中,得五色笔授之。尔后为诗,不复成语,故世传江淹才尽。"《南史·江淹传》:"淹乃探怀中得五色笔一以授之。尔后为诗绝无美句,时人谓之才尽。"江淹年轻的时候,就已经成为一个鼎鼎有名的文学家,他的诗和文章在当时获得极高的评价。可是,当他年纪渐长,进入仕途之后,他的文章不但没有长进,还退步不少。他的诗写出来平淡无奇,而且提笔吟哦很久,依旧写不出一个字来,偶尔所作诗文也是文句枯涩,内容一无可取,因而人们用"江郎才尽"来形容他。其实,并非江淹的才华已经用完了,而是他进入官场之后,一方面由于政务繁忙,另一方面也由于仕途得意,无须自己动笔,劳心费力,就不再动笔了。久而久之,文章自然会逐渐逊色,缺乏才气。自此以后,"江郎才尽"之说就广为流传,直到今天,人们依然用这个成语表示年轻时很有才气,到晚年文思渐渐衰退,才思减退。

169. 谢朓诗歌的艺术成就有哪些？

谢朓诗歌艺术，可谓冠绝当时。根据其创作先后的不同，可将其诗分为新体诗和山水诗两大类。

谢朓前期主要创作新体诗，即"永明体"。谢朓的这类诗作，充分体现了他所说的"好诗圆美流转如弹丸"的审美理念，即运用永明声律说的理论，充分调动音节、声韵的配合调节作用，使诗歌的音调铿锵婉转，朗朗上口。

谢朓后期主要创作的山水诗，继承了谢灵运山水诗清新细致的特点，却能避免谢灵运山水诗描摹繁复、情景割裂以及模式化的弊端，而且基本摆脱了玄言诗的影响，清新流畅，宛若天成。

另外，不管是新体诗还是山水诗，谢朓均极注意炼字炼句，做到平中见奇，对仗工整，体现出新体诗的特点。其短诗一样清新流畅，颇有民歌色彩。

170. 大小谢诗歌的异同表现在哪些方面？

南朝诗人谢灵运和谢朓都来自世家大族谢氏家族，两人又都在山水诗创作方面成就卓绝，故而文学史上常将两人放在一起，史称"大小谢"。谢朓诗歌大体继承了谢灵运的优秀之处，在某些方面二者均有不同之处。

（1）谢灵运与谢朓同为中国山水诗的代表诗人。谢灵运是中国文学史上大量创作山水诗的第一人。他以对自然景物纯客观的工笔精细描绘、繁复典重的风格开创在前，奠定了中国山水诗写实的雏形，为永明新体诗和后世山水诗的发展奠定了坚实的基础。而谢朓继之于后，以其白描写意、情景交融的景物描写和清新明丽的风格，发展和丰富了山水诗艺术。他们的诗歌存在着许多相同之处：一是，他们的诗歌具有共同的结构特点，重景物描写而情景交融，词语工丽；二是，两人的诗歌都有有句无篇的特点，即多名句少名篇。

（2）两人具有不同的特点，主要表现在两个方面：一是，大谢通晓玄、禅二理，在他的诗歌中，追求在山水中体悟玄理，没有彻底摆脱玄言诗的痕迹，并且哲理往往游离于景物之外；而小谢诗歌中玄谈基本消失，但往往有结尾滞涩的毛病。谢灵运大抵遵循以景入理模式，谢朓则往往以情观景，由景入情，景物甚至成为诗人生活的一个部分。二是，在诗歌风格上，大谢精工绮丽，深涩厚重；而小谢则追求一种清新明丽之美，诗风格调明净潇洒，意象清新明丽，语言明白流畅，声韵流丽和谐，形成了一种清新明丽的风格。

171. "竟陵八友"指的是哪几个人？他们的主要贡献是什么？

南朝齐永明年间，有一大群文士集合于竟陵王萧子良左右，形成了一个文学群体，文学史上称为"竟陵八友"。《梁书·武帝本纪》："竟陵王子良开西邸，招文学，高祖（萧衍）与沈约、谢朓、王融、萧琛、范云、任昉、陆倕等并游焉，号曰'八友'。"这些人中，沈约、谢朓、范云都是一代文人。他们在萧子良的组织下进行各种与文学相关的活动,或组织文士雅集,或组织学术讲论,或组织人员抄撰各类著作。特别是组织诗歌创作,他们彼此唱和,互相推波助澜,形成了一股文学潮流。《南齐书·陆厥传》:"永明末,盛为文章。吴兴沈约、陈郡谢朓、琅邪王融,以气类相推毂;汝南周颙,善识声韵。约等文皆用宫商,以平上去入为四声,以此制韵,不可增减,世呼为'永明体'。"这些人主动把声律和对偶方面的知识运用到诗歌创作上,所作诗平仄协调,音韵铿锵,辞采华丽,对仗工整,体裁短小,为格律诗的产生奠定了基础,是从古体诗到格律严谨的近体诗的过渡,故又称新体诗。可见,竟陵八友之间的文学交往有效地促进了南朝文学的发展繁荣。

172.《文选》是一部怎样的书?其历史价值体现在哪里?

《文选》又称《昭明文选》,是我国现存最早的一部诗文总集,由南朝梁武帝萧衍的长子萧统组织文人共同编选。萧统未即位而卒,谥"昭明",所以他主编的这部文选被称作《昭明文选》,共六十卷,分为赋、诗、骚、七、诏、册、令、教、文、表、上书、启、弹事、笺、奏记、书、檄、对问、设论、辞、序、颂、赞、符命、史论、史述赞、论、连珠、箴、铭、诔、哀、碑文、墓志、行状、吊文、祭文等三十七个类别。作品选录了从先秦到梁代共一百三十人的作品,另有古乐府诗和《古诗十九首》,共计七百余篇。《文选》所选作家上起先秦,下至梁初,选录作品则以"事出于沉思,义归乎翰藻"为原则,即主张典丽结合,内容与形式兼顾,但在实际选文时,又称赏"综辑辞采""错比文华"的"飞文染翰"之作,对翰藻文采情有独钟,选录了那些为时人所看中的"文",而没有收入经、子及史部中非文或少文,不合于其尚文右藻倾向的作品。萧统对"文"的重视脱胎于时代,但也并不像时人那样一味竞求文学的新变,甚至滑落为宫体。

《文选》大体上包罗了先秦至梁代初叶的重要作品,反映了各种文体发展的轮廓。它的编纂,使得许多早期的文学作品得以保存并流传至今。萧统对于"文"的重视及其为文学所划定的范畴,也直接影响了同时代及其后的作家创作,有力地促进了文学的独立发展。此外,在推崇被忽视的优秀诗人方面,萧统也功不可没。例如,陶诗入选了八首,鲍照诗入选了十八首,这些在当时不被多数文人所重视的诗歌被收入其中,足见他是一位别具慧眼、不同凡俗的选家。《文选》自唐代以来就受到文人的广泛关注和重视,并逐渐形成"文选学",它在文学史和文献学上的地位是值得重视的。《文选》也使得中国文学编辑史上出现了一个新的编辑类别——选编,从《文选》开始,中国历史上出现了众多备受人们欢迎的文学选本。

173.《文心雕龙》的贡献与影响是什么?

《文心雕龙》是一部体大思精的文艺理论著作,也是中国文学批评史上最早、最重要的系统文学理论作品,它的创作目的是反对当时文风的"浮诡""讹滥",纠正过去文论的狭隘偏颇。全书共十卷,五十篇(原分上、下部,各二十五篇),以孔子美学思想为基础,兼采道家,认为道是文学的本源,圣人是文人学习的楷模,"经书"是文章的典范。把作家创作个性的形成归结为"才""气""学""习"四个方面。《文心雕龙》还系统论述了文学的形式和内容、继承和革新的关系,又在探索研究文学创作构思的过程中,指出了艺术思维活动的具体形象性这一基本特征,并初步提出了艺术创作中的形象思维问题;对文学的艺术本质及其特征有较自觉的认识,开研究文学形象思维的先河;全面总结了齐梁时代以前的美学成果,细致地探索和论述了语言文学的审美本质及其创造、鉴赏的美学规律。它在文学批评史上的突出贡献是:

(1)初步建立了文学史的观念。刘勰认为,文学的发展变化,终归要受到时代及社会政治生活的影响。他在《时序》篇中说:"文变染乎世情,兴废系乎时序",并在《时序》《通变》《才略》诸篇里,从上古至两晋,结合历代政治风尚的变化和时代特点来探索文学盛衰的原因,品评作家作品。比如,他说建安文学"梗概而多气"的风貌,是由于"世积乱离,风衰俗怨"而形成;东晋玄言诗泛滥,是由于当时"贵玄"的社会风尚所决定。他注意到了社会政治对文学发展的决定影响。不仅如此,他还注意到了文学演变的继承关系,并由此出发,反对当时"竞今疏古"的不良倾向。这些都是十分可贵的。

(2)分析论述了文学创作内容和表现形式的关系,主张文质并重。在《风骨》篇里,他主张"风清骨峻";在《情采》篇里,他强调情文并茂。但在二者之间,他更强调"风""情"的重要,他主张"为情而造文",反对"为文而造情",坚决反对片面追求形式的倾向。

(3)从创作的各个环节上总结了经验,提出了应该避免的问题。他指出了创作上作家"神与物游"的重要性,强调了情与景的相互影响和相互转化。他还指出,不同风格是由于作家先天的才情、气质与后天的学识、习染存在着差异的结果。针对当时"近附而远疏""驰骛新作"的风气,他提出了继承文学传统的必要,论述了文学创作中"新""故"的关系。此外,他对创作中诸如韵律、对偶、用典、比兴、夸张等手法的运用,也提出了许多精辟的见解。

(4)初步建立了文学批评的方法论。在《知音》篇里,他批评了"贵古贱今""崇己抑人""信伪迷真""各执一隅之解"的不良风尚,要求批评家"无私于轻重,不偏于憎爱"。与此同时,他还提出了"六观"的批评方法:一观位体,看其内容与风格是否一致;二观置辞,看其文辞在表达情理上是否确切;三观通变,看其有否继承与变化;四观奇正,看其布局是否严谨妥当;五观事义,看其用典是否贴切;六观宫商,看其音韵声律是否完美。这在当时是最为全面和公允的品评标准。

《文心雕龙》的出现,标志着中国文学理论和文学批评建立了完整的体系,具有跨时代的意义。

174.《诗品》的主要贡献是什么?

《诗品》,南朝梁钟嵘著,是我国现存最早的一部诗歌批评专著。它系统评论了汉魏到南朝的一百二十多位五言诗作者,指出其特色和优缺点。在评价作品方面,钟嵘有他自己的标准,将诗人分为上、中、下三品,然后一一品定这一百二十二人的高下,开创了一种诗歌批评的模式,对后世的批评著作产生了深远影响。

《诗品》是汉代《毛诗序》之后第一部侧重探讨诗的审美特征的重要著作。它的美学思想,集中见于该书的序文。汉代论诗主张言"志",强调诗与政治教化相关的讽喻、美刺作用;《诗品》则着重于言"情",强调抒写吟咏自然风物和人世悲欢离合所引起的各种"感荡心灵"的情思,重视诗"群"与"怨"的作用。这种作用主要是表达对人生感怀眷恋的情意,极少带有儒学传统诗论的政治意味。《诗品》的理论显然同陆机在《文赋》中所说的"诗缘情而绮靡"的看法基本一致。不同之处在于,《诗品》不取雕饰的华丽之美,而强调"多非补假,皆由直寻"的"真美",即天然之美,反对典故的堆砌和刻板地讲求声律,并且认为诗要具有含蓄不尽的"滋味",做到"使味之者无极,闻之者动心"。

《诗品》还对汉代提出的"赋""比""兴"分别做了具体解释,并且提出了处理"兴""比""赋"相互关系的方法。它用"文已尽而意有余"来解释"兴",认为"专用比兴,患在意深","但用赋体,患在意浮",要求诗所寄寓的思想感情与"赋"所表达的形象性达到和谐统一。这些都是前人未曾有过的独到见解。

《诗品》最大的贡献在于,肯定了五言诗的历史地位,具体可以概括为以下两个方面:

一是对五言诗诗体形式有超越前人的认识。他在《诗品序》里说:"夫四言,文约易广,取效《风》《骚》,便可多得。每苦文繁而意少,故世罕习焉。五言居文辞之要,是众作之有滋味者也,故云会于流俗。岂不以指事造形,穷情写物,最为详切者耶!"这里明确地肯定五言诗的形式具有四言诗所不能比拟的优越性。这实际上是看到了由于时代和社会生活的发展,四言的形式已经不能满足需要。因此,他肯定诗人普遍采用五言形式,认为五言诗"指事造形,穷情写物,最为详切""是众作之有滋味者",这个看法显然更符合文学发展的实际。因此,对五言诗的发展也起到了积极的作用。

二是钟嵘能从历史发展的角度总结五言诗的发展过程,在《诗品序》的开头就比较详细地论述了五言诗的发展史。钟嵘认为,古诗年代久远,其写作时间很难确切地考察出来,从其诗体和风格来辨识,大体上可推断是汉代作品。

175."北地三才"指的是谁?

北魏末至北齐时期,北朝出现了几位比较正统的诗文作家。其中,声名较著者有温子昇、邢邵和魏收,史称"北地三才"。他们自觉学习南朝文化,效仿沈约、任昉等南方名家来进行诗文创作,不仅为北朝文学的发展做出了贡献,而且推动了南北文学的交流与融合。三人从总体上来说,都是南朝文风的模仿者。温子昇一部分诗讲对偶、重藻饰,风格清婉,近似南朝;一部分诗,如其所作的几篇短小的乐府,受到北方民歌的影响,文辞都很简朴,但不免粗糙。邢劭多模仿魏晋和南朝作家来进行诗文创作,故有风格类似于齐梁的《思公子》等诗歌,也有刚健质朴,类似于魏晋风调的《冬日伤志篇》等作品。魏收所长在史传文,著有《魏书》。他的诗多效仿南朝风格,如《挟琴歌》等,节奏轻快,色泽明丽,放在齐梁诗中也毫不逊色。

176. 宫体诗的内涵及其对文学史的意义是什么?

(1)宫体诗追求辞藻靡丽,以写宫廷生活与闺阁情怀为主要内容。宫体诗孕育于永明时期,发端于齐梁之际,到梁简文帝萧纲及其周围文人时达到全盛,以李后主及其身边文人的创作为尾声。宫体诗的创作表现为题材处理上的娱乐性,具体不外乎描写女性与咏物,其对女性的审美观照,同对器物的审美观照的心理相同,多关注她们的容貌、体态、服饰、心理及器物等方面;此外,咏物之作多缺乏寄托,只讲究辞藻与对偶。

(2)宫体诗的创作意义体现在以下几个方面:

①抒情、非功利的文学倾向。宫体诗尚娱乐、重写实的创作特点是魏晋以来重抒情、非功利文学思潮的延续,是文学觉醒过程中的一种极端的表现。由于宫体诗人特定的生活环境与生活内容,他们便把这种抒情局限于狭小的天地之内。但就它的写实倾向与艺术成就言之,是文学史上重艺术特质、非功利文学思想发展中一个不可分割的环节。

②声律之美的艺术积累。宫体诗发展了南朝民歌的艺术形式,承继永明体的艺术探索而更趋格律化,为唐诗的定型提供了艺术经验。

177. 《玉台新咏》是一部怎样的作品?

《玉台新咏》是继《昭明文选》之后,于公元六世纪编成的一部上继《诗经》《楚辞》下至南朝梁代的诗歌总集,历来认为是南朝徐陵在梁中叶时所编。收诗七百六十九篇,计有五言诗八卷,歌行一卷,五言四句诗一卷,共为十卷。内容中多收录男女感情的记述表达,以及日常生活的方方面面,刻画出古代女子丰富的感情世界,也展示出深刻的社会背景和汉族文化内涵。

《玉台新咏》编纂的宗旨是"选录艳歌",即主要收男女闺情之作。入选各篇,皆取语言明白,而弃深奥典重者,所录汉时童谣、晋惠帝时童谣等,都属这一类。又比较重视民间文学,如中国古代长篇叙事诗《孔雀东南飞》就首见此书。它重视南朝时兴起的五言四句的短歌句,收录达一卷之多,对于唐代五言绝句这一诗体的发展有一定推动作用。它不像《文选》那样不录在世人物之作,选录了梁中叶以后不少诗人的作品。这些诗作比永明体更讲究声律和对仗,可以较清楚地看出近体诗的成熟过程。书中收录了沈约《八咏诗》一类杂言诗,也可以据此了解南朝末年诗和赋的融合,以及隋唐歌行体的形成。《玉台新咏》所选诗篇又有可资考证、补阙佚的,如所收曹植的《弃妇诗》、庾信的《七夕诗》,为他们的集子所阙,又如班婕妤、鲍令晖、刘令娴等女作家的作品,也赖此书得以保存和流传。

此书最大的特点,是徐陵在文学史上的标新立异。《玉台新咏》以不同的色调和情感勾勒出纷然不同的画面,其内容虽全涉女性,但并非全是靡靡之音,"未可概以淫艳斥之"(《四库全书总目》)。

178. 庾信前后期创作有何不同？他在文学史上有怎样的地位？

庾信的一生,以四十二岁出使西魏并从此流寓北方为标志,可分为前后两期。对他的创作,杜甫曾评价说:"庾信文章老更成,凌云健笔意纵横",由此可见,庾信创作的诗文前后期是迥然不同的。

庾信早年仕于梁朝,完全是一个宫廷的文学侍臣,与徐陵并称,为文并重绮丽,影响甚大,形成了一派新的诗风,世称"徐庾体"。这一时期,庾信的诗文主要是奉和、应制之作,题材基本上不出花鸟风月、醇酒美人、歌声舞影、闺房器物的范围,有供君王消遣娱乐的性质,思想内容轻浅单薄。又由于萧纲等人力主新变,影响所及,促使当时创作争奇斗巧,打破常规,开启了唐诗、律赋发展的道路。庾信前期的创作,在这方面颇有贡献。他在梁朝积累起来的文学经验,除了美感形式上的经营,还包括美感内容上的体认。他在此时已具有"流连哀思"的审美趣味,而后期的生活经历,是这种美学追求得到充分实现的土壤。

梁亡之后,庾信历仕西魏、北周。以乡关之思发为哀怨之辞,蕴含丰富的思想内容,充满深切的感情,笔调劲健苍凉,艺术上也更为成熟。其乡关之思主要表现在两个方面:一是感伤时变、魂牵故国。因此他在抒发个人的亡国之痛时,也能以悲悯的笔触,反映人民的苦难,并归咎于当权者内部的倾轧与荒嬉。如《拟连珠四十四首》其十九、《望渭水》《忽见槟榔》等。二是叹恨羁旅、忧嗟身世。这两者常常是交织在一起的。其中《拟咏怀二十七首》,以五言组诗的体制,从多种角度抒发凄怨之情,直承阮籍《咏怀》组诗的抒情传统,尤称杰作。

庾信是南北朝时期一位集大成的作家,他的作品代表了当时同类创作的最高成就。在体裁方面,他诗、赋、文皆工。在风格和技巧方面,他融南北文学之长,至后期而臻于老成,在艺术造诣上达到了"穷南北之胜"的高度,这在中国文学史上具有典型的意义。同时,他把南方的文学技巧带到北方,其作品深受北方文人喜爱,人们竞相学习。这样,就促进了南北文风的融合,推动了北方的文学创作。可以说,庾信汲取了齐梁文学声律、对偶等修辞技巧,并接受了北朝文学的浑雄劲健之风,从而开拓和丰富了审美意境,为唐代新诗风的形成做了必要的准备,也受到唐代作家的推崇与模仿。

179. 齐梁时期文学的"新变"意识主要表现在哪些方面？

齐梁时期的文学"新变"意识,对当时文学的形式影响很大,甚至影响了后来文学的发展。其主要表现如下:

其一,文和笔观念的辨析。颜延之将笔理解为"言之文",即语言的修饰性、文学性,以区别于经典中的论述性语言。刘勰则将有韵之言称为文,无韵之言称为笔。萧绎则突破了有韵、无韵的形式，认为文就是有文采、讲藻饰、合声律、抒性情的文字,将对文的追求本质化,促进了文学的自觉意识的发展。

其二,对文学体式新变的倡导。萧子显在《南齐书·文学传论》中说:"若无新变,不能代雄。"这就将"新变"的要求明确提出。故此,齐梁文学在题材和形式方面都非常重视创新,如将诗与赋融合,创造出了诗体赋。

其三,永明声律说的提出。齐永明年间产生的"永明体"诗歌,遵循一定的声律理论,追求声韵、对仗之美,对当时的文章创作也产生了一定的影响,当时的文章也讲究韵律之美。

180. 七言诗是怎样产生和发展的？

先秦时期除《诗经》《楚辞》已有七言句式外,《荀子》的《成相》篇就是模仿民间歌谣写成的以七言为主的杂言体韵文。西汉时期除《汉书》所载的《楼护歌》《上郡歌》外,还有司马相如的《凡将篇》、史游的《急就篇》等七言通俗韵文。东汉七言、杂言民谣为数更多,如东汉末年的《小麦谣》《城上乌》《桓灵时童谣》都是生动、通俗的七言和杂言民间作品。相传,汉武帝曾会聚群臣作柏梁台七言联句,但据后人考证,实系伪托,并不可靠。汉代的乐府民歌中,经常出现完整的七言诗句,而文人七言诗,一般认为张衡的《四愁诗》为最早,魏曹丕的《燕歌行》是现存的第一首文人创作的完整七言诗。以后汤惠休、鲍照都有七言作品。鲍照的七言诗歌不仅在诗歌内容上有很大扩展,同时,还把原来七言诗的句句用韵变为隔句用韵和换韵,为七言体的发展开出了新路。从梁至隋七言体诗歌逐渐增多,至唐代,七言诗才真正发达起来。七言诗的出现,为诗歌提供了一个新的、有更大容量的形式,丰富了中国古典诗歌的艺术表现力。

181. 陆机《文赋》的主要内容是什么？

《文赋》是晋代文学家陆机的文艺理论作品,开始探讨文学创作的内在规律,是中国文学批评史上第一篇研究创作全过程的论文。

(1)物感说。《文赋》在序言中说明了创作的缘由和意图,指出"意不称物,文不逮意"的困惑,认为对写作的认识,虽然可以借鉴前人的经验,但主要靠个人在实践中摸索。"意""物""文"与"知""能"的各自关系,是写作应处理的难题。

(2)创作构思说。接着《文赋》叙述了创作前的准备,作者认为在创作前,必须要有较高的文学艺术修养和观察社会、自然的能力。在进入写作过程后,要保持精神意念的高度集中,排除任何杂扰,全心投入构思,充分运用想象和联想。然后论述创作立意,并从思想、语词两方面,说明写作的乐趣。

(3)文体论。之后《文赋》论述了文体多样性的成因,从艺术特征上把文体分为十种,并加以分析。作者提出文体不同,会导致文章内容风格的不同,特别提出了"诗缘情而绮靡"说,肯定了文学作品抒发感情和形象塑造的重要性,反映了文学自觉时代的风气。

(4) 艺术技巧论。《文赋》最后论述作文时注意处理的问题,说明创作的艰难。作者主张立意要巧,置词须妍,声律要美。意、辞和声律的安排要善于抓住时机,注意次序的顺畅。还提到了诸如美言佳句对文章的增饰作用,提倡文章雅正,反对俚俗,反对文章过分简约平淡,要求雅艳并美等。在总结全文时,还谈论到了文章的功用和奥妙。

《文赋》首次把创作过程、写作方法、修辞技巧等问题提上文学批评的议程,从审美的观点、技巧上的要求,承袭了曹丕的文体分类,并且影响了刘勰的《文心雕龙》这本批评专书。就这一点来看,《文赋》实在是具有承先启后的地位,对文学理论的发展做出了巨大贡献。

182. 刘勰《文心雕龙》的系统性表现在哪些方面？

魏晋南北朝时期大部分批评文章都是仅就某一理论命题而谈,缺乏整体性理论观照,例外的是产生于齐梁之交的文章学巨著《文心雕龙》。这是我国文学批评史上一部最杰出的理论著作,它以庞大的理论体系,全面的理论探讨,深厚的理论内涵屹立于古代文学批评之林。作者刘勰有意识地将全书纳入一个有机的整体之中,形成了一个完整的系统,它的系统性主要表现在以下几个方面：

(1) 本论纲目明确。《文心雕龙》全书共五十篇,分三部分,从《原道》至《辨骚》的首五篇为第一部分,刘勰称之为"文之枢纽",是统领全书的总纲。他提出文章的一切要本之于道,宗之于经,这是对文章内容提出的总体要求,要求学习经书写出内容充实的文章。这五篇是刘勰文学理论的根本所在,即依照儒家的经书配合《离骚》来建立起一个文论的体系。

(2) 文体涵盖广泛。从《明诗》到《书记》的二十篇,刘勰以"论文序笔"为中心,分论各种文章体裁。他对各种文体源流及作家、作品逐一进行研究和评价,其分类之细致堪称同时期之最。在以有韵文为对象的"论文"部分中,以《明诗》《乐府》《诠赋》等篇较重要；在以无韵文为对象的"序笔"部分中,则以《史传》《诸子》《论说》等篇意义较大。

(3) 理论论述无所不包。从《神思》到《物色》的二十篇(《时序》不计在内),以"剖情析采"为中心,重点研究有关创作过程中各个方面的问题,是创作论。《时序》等四篇,则主要是文学史论和批评鉴赏论。这两个部分是全书最主要的精华所在,作者在分清文体的基础上,概括出了比较符合实际的创作理论,总结出了创作的原理和方法。再加上最后叙述作者写作此书的动机、态度、原则的《序志》,共同组成了一部五十篇的鸿篇巨制。

总而言之,从本论枢纽到文体论,再到创作论、鉴赏论、作家论、文学史的全面理论系统的建立,使得《文心雕龙》当之无愧地被称为我国古代最有系统性的文学批评著作。

183.《颜氏家训》是一本什么样的书？有何影响？

《颜氏家训》是汉民族历史上第一部内容丰富、体系宏大的家训著作，也是一部学术著作。作者颜之推，是南北朝时期著名的文学家和教育家。

《颜氏家训》成书于隋文帝灭陈以后，隋炀帝即位之前，作者将自己的人生经历、处世哲学、思想学识记录于纸张，以教育子孙。全书七卷，二十篇，内容包括教子之方、处世之道、治学之法、治家之则、名实之辩以及求贤、劝学、娶妻、养生、修身、职业、音韵、训诂、名物考据、文艺品第等各个方面，既体现了作者广博的学识，又体现了他修身、立家、治国的理念以及教育子孙后代的思想，堪称一部集中国古代教育理论、经验和方法为一体的百科全书。

《颜氏家训》被陈振孙誉为"古今家训之祖"，它是我国古代垂训子孙、家庭教育的典范教材。在《颜氏家训》问世之前，我国虽不乏家训之书，但多以单篇文字出现，如刘向的《诫子歆书》、司马谈的《遗训》等，而《颜氏家训》的问世，象征着我国家训著作形成了完整的体例，标志着中国家训的成熟，为我国家庭伦理、道德教育、人格教育以及职业教育树立了榜样。即使在今天，《颜氏家训》也依然有着重要的现实教育意义。该书所包含的关于读书、治学的方法和理念，如"学以致用""尽信书不如无书""知其然更要知其所以然"等，不仅对当时的教学具有普遍适用性，而且对于今天的学习教育也有重要的借鉴作用。此外，该书在字画音训、名物考据、文艺品第等方面的著录，为我国古代社会留下了宝贵的知识文化财富，对于我们研究南北朝历史、文化以及古文献学研究都有着重要的学术参考价值。

184.简述"文笔说"的内容及其在文学批评史上的地位。

"文笔"在先秦两汉时期是并称的，用来泛指诗、赋、散文及各种应用文体。将"文""笔"对举进行区分是六朝文学发展史上的重要现象。它是在文体辨析过程中产生的，是文学觉醒与独立的结果。现存文献中明确记载将著作区分为文、笔两类，始于南朝刘宋的颜延之。在《南史·颜延之传》中载宋文帝问延之诸子才能，颜延之回答说："竣得臣笔，测得臣文。"在这里，颜延之将"文""笔"对称，但并没有进行详细的阐释说明。而《文心雕龙·总述》引述了颜延之对文和笔的区分："笔之为体，言之为文也；经典则言而非笔，传记则笔而非言。"范文澜所作注对此诠释说："此'言'字与'笔'字对举，意谓直言事理，不加彩饰者为言，如《礼经》《尚书》之类是；言之有文饰者为笔，如《左传》《礼记》之类是；其有文饰而又有韵者为文。"由此可以看出，颜延之将"文饰"视为"文"的必备条件，而将直说事理、不加艺术化修饰的作品看作是"笔"。而文与笔究竟该如何区分，刘勰在《文心雕龙·总述》曰："今之常言，有文有笔，以为无韵者笔也，有韵者文也。夫文以足言，理兼诗书，别目两名，自近代耳。"在这里，刘勰将诗、书分属"文""笔"。"文"主指诗；而"笔"者，书记之谓也。可见，有韵与否是当时区别文与笔的一个重要参考标准。文笔论最引人注目的是梁时萧绎在《金楼子·立言》中所说："然而古人之学者有二,今人之学者有四……屈原、宋玉、枚乘、长卿之徒,止于辞赋,则谓之文。……至如不便为诗如阎纂,善为章奏如伯松,若此之流,泛谓之笔。吟咏风谣,流连哀思,谓之文。……至如文者,惟须绮縠纷披,宫徵靡曼,唇吻遒会,情灵摇荡。"在这里,萧绎指出了"文"的要求不只是有韵,还要有美丽的辞藻、动听的音律和激越的情感。而"笔"则是指章奏之类的应用文。他对"文"的认识超越了单纯的艺术形式标准,强调了情感的抒发,体现了他对文学本质属性认识的深入。以这种观点来区分"文"与"笔",无疑更符合文学艺术的特质。

地位："文笔说"的提出与探讨,是时代发展过程中作家们个体审美意识觉醒的表现,透露出南朝文论家们从纯文学的角度来看待、研究文学的信息。文笔之辨的发展变化,显示出在时代审美风尚影响下的南朝文论家对文学形式美的追求与重视,体现了他们对文学艺术规律的探索和对文学本质特征认识的逐渐深入,为文学独立地位的确定、文学内容和艺术形式的发展完善以及二者的融合互补、相互促进,都起到了至关重要的作用。"文笔说"不仅为作家们从"文"的角度进行创作提供了一定的理论指导,也为后代文论家对文学本质的进一步探索提供了重要的借鉴。

185. 魏晋时期辞赋的特点是什么？

魏晋时期是人觉醒的时代,也是中国文学的自觉时代。文学不再是经学的附庸,凸显出更多的个性色彩。在时代氛围和审美风尚的影响下,魏晋辞赋创作也表现出新的特点：

(1) 辞赋朝着个性化、抒情化、小品化的方向发展,涌现出一批情文并茂的抒情小赋。魏晋时期的作家们沿着东汉以来情理赋的发展方向,开拓情感表现领域,凸显个性色彩,从而增强了辞赋的表现力,丰富了辞赋的表现风格。同时,这一时期的赋作家们又往往是诗人,如曹植、王粲、阮籍、陶渊明等,这体现了诗赋的交融互渗及其相互影响的深化。如王粲所作的《登楼赋》,作者借景抒情,融情于景,营造了一种情景交融的诗歌氛围,表达了壮志难酬的苦闷和悲愤,触动人心。又如曹植的《洛神赋》,这是一篇体物写志的佳作,作者通过描绘对洛神的追求与幻灭过程,来抒写自己政治上的失意和人生的不得志,情思绵邈,令人感动和振奋。

(2) 汉大赋的体式功能得到进一步调动,并且已不再局限于国家政治生活这一个方面,而是更多地表现个人生活中的大事,如潘岳的《西征赋》以及颜之推的《观我生赋》等。同时,作家们还有意识地在赋作的主体结构中汲取诗意,来命名全篇,如庾信的《哀江南赋》、潘岳的《秋兴赋》等。此外,创作题材也丰富多样,广泛地反映了当时的社会风貌,举凡自然界的寒暑阴晴、飞禽走兽乃至人生的悲欢离合、征战行役等,作家们都有涉猎。

186. 魏晋抒情小赋的代表作家和作品有哪些？

抒情小赋多为抒情言志之作，篇幅较短，以抒泄感情为主。魏晋时期的抒情小赋在时代氛围的影响下，更是朝着个体化、情感化的方向发展。作家们基于个体的人生际遇，或体物写志，或即景抒情，或针砭现实政治。代表性的作家作品有：三国两晋时期王粲的《登楼赋》、曹植的《洛神赋》、向秀的《思旧赋》、陶渊明的《感士不遇赋》，以及具有同样特点的嵇康的《与山巨源绝交书》、刘伶的《酒德颂》、阮籍的《大人先生传》等。这些作品在艺术上继承了大赋的铺排手法，但多是有感而发，或因景表情，营造出情景交融的诗意氛围，来抒写内心的真实感受；抑或托物来言志，手法精巧灵活，情文并茂，风格多样，有的清丽自然，有的感情激切。这些赋作的相继问世，把赋从僵死滞重的境地解救了出来，使赋体文学散发出新的生命力。

187. 什么是骈文？南朝骈文发展过程是怎样的？

骈文是一种具有均衡对称之美的文体，实际上是广义散文的一部分。经过南朝文人的努力，骈文在对偶、用事、辞采、声韵四个方面已臻极致。骈文要求全篇以双句（俪句、偶句）为主，讲究对仗的工整和声律的铿锵。

骈文的发展经历了三个阶段。刘宋时期可视为南朝骈文正式形成时期，此时骈文四特征（对偶、用事、辞藻、声律）均已具备。代表作家有鲍照、范晔等。代表作有《登大雷岸与妹书》等。

齐梁以后是骈文成熟期。此时声律说已发明，骈文进入排偶精工、声律严整阶段。沈约、江淹等人皆是个中高手。代表作有孔稚珪的《北山移文》、丘迟的《与陈伯之书》等。

骈文至徐陵、庾信达到高峰，此时属对更工整，几乎全篇骈偶，在艺术上为骈文的巅峰。代表作有庾信的《哀江南赋》。

188. 南朝骈赋的形式与内容有什么特点？

骈赋是南朝美文的标志，是赋体文学朝着抒情化、美文化方向发展过程中的一种形式。"骈"的本义为两马并驾齐驱，在这里即为对偶的意思。南朝骈赋在形式上整体表现为：饰辞绘藻华美妍丽，隶事用典博赡绵密，声调音韵和谐悦耳，造句用字偶对精当。南朝骈赋在篇幅上较为短小，这与连篇累牍的散体大赋不同。

从内容上来说，南朝骈赋描写范围比较狭窄，多体物抒情的小赋。或描写宫苑深闱，或为应制之作。当然也有一些基于个体人生遭际的骈赋佳作，如鲍照的《芜城赋》、庾信的《哀江南赋》、江淹的《恨赋》《别赋》等，均是有感而发，即景抒情，感情深厚，行文流畅，技巧出新。

189. 北朝散文的代表作及内容形式特点是什么？

北朝散文优秀的代表作首推郦道元的《水经注》和杨衒之的《洛阳伽蓝记》。

（1）北朝散文在内容上有以下三个特点：

①政治功利的实用。北朝文人对政治盛衰十分关心,因为在经济上较为落后,文士很少创作不切实际、不关现实的文章,而是多创作笔札之文,重视经史之文以及许多涉及军国之事的实用性文体。《水经注》就是对《水经》的注解,它是一部地理著作,也是一部系统完整的学术著作。而《洛阳伽蓝记》则在内容上描述了洛阳城内外四十座佛寺建筑的盛衰,以寺庙为纲维,涉及北魏都城四十年间的政治经济变化,属于历史笔记,它们都不是纯文学的作品。

②文学加工的志异。伴随着南北朝时期佛教的传播,志怪、志人笔记小说的兴起,一种志异的文学创作渐渐繁荣了起来,上古的神话传说、史传文学中的寓言故事等为这种创作提供了非常丰富的素材,北朝散文也体现着这样的特点。《水经注》中记述神话历史、传说故事和历史传闻,《洛阳伽蓝记》富有传奇色彩的人物故事都体现了这样的特点。

③景物描写的擅长。北朝人在重实用的同时也重视文学作品的审美,随着散文的发展,到了魏晋南北朝,其审美性在不断增强,最突出地体现在对景物的描写上。《水经注》也是描绘山水风光的优秀散文著作,这种山水散文兼有叙事文和山水文的综合特点,记叙真实、语言准确;《洛阳伽蓝记》也是写景状物的散文,书中的写景之笔往往不做精雕细琢,而于简略之中得朗润高妙之趣。

(2)北朝散文在形式上有以下两个特点:

①质朴刚健的艺术风格。北朝文学具有"词义贞刚,重乎气质"的特征,这也适用于北朝散文。因其求实、尚质,所以往往表现出刚健清新的风格特色和质朴浑厚的气韵。例如《水经注》中的山水描写,总是突出山水的雄奇壮美;《洛阳伽蓝记》也记录下了北方民族昂扬向上、积极进取的精神和崇尚朴素的生活风尚。

②结构严谨,语言整齐。北朝散文在形式上,往往结构十分严谨,不像一般笔记那样琐碎松散;其语言多整齐句法,时有四六骈句,骈散兼用。其语言艺术水平不亚于同时期南朝的创作,例如《水经注》文笔清丽、富有情趣;《洛阳伽蓝记》则典丽清拔、不加雕饰。

190.《洛阳伽蓝记》是一部什么样的书?

《洛阳伽蓝记》,北魏杨衒之著,是现存文史典籍中寺塔记的典范之作,堪称北朝文坛的旷世杰作。该书以记述北魏都城洛阳佛寺从繁华走向荒废的历史为线索,追叙了昔日京都洛阳的繁盛,兼及政治事件、经济文化、风俗人情和神怪传闻,字里行间流露出浓郁的盛衰之叹和黍离之悲。该书内容博杂,既有史书真实和批判的特质,又有地书的精确,最终又以秾丽秀逸的文学语言将诸多元素凝聚为一个有机的整体,可谓兼具地学之真、史学之善和文学之美。故该书的身份归属,历来众说纷纭,有将其归入史部地理类的,也有将其划为佛教典籍的,亦有认同其为游记的,也有列其为小说的,还有的笼统称其为散文,莫衷一是。

该书在结构上采用正文与子注相配合的形式,把博洽的内容组织得条理分明。全书共五卷,作者按照从洛阳城内到城东、城南、城西、城北的方位顺序依次写来,主要描写洛阳佛寺,兼及市里、道路、官署、河池、桥梁、时人宅第、名胜古迹。作品记述了自迁都洛阳后,北魏四十年间的历史和人物言行逸事,怪异、风俗交织其中,并展现了中外交流的一些情况,还著录了一些文学作品,如诗赋、书表等,内容丰富,结构严谨。在叙述上,将顺叙、倒叙、插叙相结合,时而直言不讳,时而委曲含蓄,主笔写政治、历史,侧笔写怪异传闻、民俗世情,实笔与虚笔相结合,辅之以对比、衬托的手法,使该书显得曲折有致,富有趣味。语言上,全书多四言句式,且整散相杂,运用了对偶、典故、夸张等艺术手法,有夸饰的色彩,语言兼具朴实晓畅和秾丽秀逸的特点,从而形成了典丽清拔的风格。

该书是研究北魏一代的政治史、宗教史以及中外关系史的重要资料。此外,其在地理学、建筑史、建筑美学、词源学、辑佚学上也具有不容忽视的作用。

191.《水经注》是本什么样的书?

《水经注》,北魏郦道元所著,约成书于北魏延昌、正光年间(512—525),乃为地理书《水经》所作之注。郦道元虽然生活于北朝,但却不为南北所限,大量引用南方地志,共引图书四百多种,可谓"集六朝地志之大成"。《水经注》虽然是为《水经》作注解,但却文字优美,记录了大量的神话传说、风俗习惯,其中有关山水的描写,文学意味浓郁,成为当时山水散文的佳品,对后世山水游记产生了很大的影响。另外,《水经注》记载了一千多条河流,在地理学方面也是一部了不起的巨著。由于当时南北政权尚未统一,并且受到其他条件的限制,《水经注》中出现一些知识性的错误在所难免,但瑕不掩瑜。

192.什么是志怪小说和志人小说?

鲁迅最早将魏晋南北朝小说分为"志怪小说"和"志人小说"。

志怪是记神鬼怪异之事的小说,是在当时盛行的神仙方术之说以及侈谈鬼神、称道灵异的社会风气的影响下形成的。志怪小说的内容很庞杂,大致可分为三类:炫耀地理博物的琐闻,如《神异经》;讲说鬼神怪异的故事,如《搜神记》;记述佛法灵异的传说,如《冥祥记》。

志人小说是指魏晋南北朝时期流行的专记人物言行或记载历史人物传闻逸事的一种杂录体小说,又称"清谈小说""逸事小说"。志人小说的兴盛与士族文人之间流行的品评人物和崇尚清谈的风气有很大关系。按其内容可分为三类:一为笑话,如《笑林》;二为野史,如《西京杂记》;三为逸闻轶事,如《世说新语》。

193.中国小说的起源是什么?

"小说"一词最早见于《庄子》杂篇《外物》:"饰小说以干县令,其于大达亦远矣。"以"小说"与"大达"对举,是指那些琐屑的言谈、无关政教的小道理,与作为一种文学体裁的小说不完全相同。东汉班固据《七略》撰《汉书·艺文志》,把小说家列于诸子十家的最后,这是小说见于史家著录的开始。此外,班固据《七略·辑略》说:"小说家者流,盖出于稗官。街谈巷语,道听途说者之所造也。孔子曰:"虽小道,必有可观者焉,致远恐泥,是以君子弗为也。"这是史家和目录学家对小说所做的具有权威性的解释和评价。他们认为:小说本是街谈巷语,由小说家采集记录,成为一家之言,这虽是小道,尚有可取之处。班固则明确指出,小说起自民间传说,这对认识我国小说的起源有重要的意义。

追溯中国小说的起源,有以下几个方面:

首先是神话传说。尽管古文献对神话传说的记载十分简略,但仍然可以从中看到故事情节和人物性格这两个重要的小说因素。神话传说原先在口头流传,一旦被记录下来,就成为具有浓厚小说意味的逸史。从神话传说到小说这根链条中,逸史是关键的一环。甚至可以说逸史是中国小说直接的源头,逸史中最接近小说或者可以视为早期小说的,莫过于《穆天子传》和《燕丹子》。

其次是寓言故事。如《庄子》《孟子》《韩非子》《战国策》等书中都有不少人物性格鲜明的寓言故事,它们已带有小说的意味。

最后是史传。如《左传》《战国策》《史记》《三国志》等,描写人物性格,叙述故事情节,或为小说提供了素材,或为小说积累了叙事经验。唐代传奇小说多取人物传记的形式,《三国志演义》径直标明是史传的演义,在传统的目录学著作中,子部小说家类和史部杂传类缺少严格的区别,都证明了史传是小说的源头之一。

194. 魏晋南北朝志怪小说兴盛的原因是什么?

魏晋南北朝时期志怪小说兴盛的原因,大致有如下三个方面:

其一,中国自古以来的巫术文化及方士活动和神仙信仰,为志怪小说的兴盛提供了文化土壤。志怪小说中的鬼神怪异之事和对殊方地理的描写,都可从上古以来的巫术文化以及方士活动、神仙信仰中找到一些蛛丝马迹,这些自古以来的文化传统,在魏晋南北朝时期就为志怪小说提供了文化支撑。

其二,道教和佛教的流行为志怪小说提供了宗教需求和思想素材。东汉末年产生的道教以及汉代传入的佛教,在魏晋南北朝时期得到进一步发展,志怪小说中的佛法神异和神仙方术之类,均为这两种宗教思想及其教义的表现。

其三,社会现实使人们只能用志怪小说曲折表达自己的理想和愿望。魏晋南北朝之际,是我国社会的混乱融合时期,生活于离乱之中的人们用志怪小说寄托自己的精神向往,迂回地表达内心的希望,在某种意义上也促使了志怪小说的兴盛。

195. 魏晋南北朝志怪小说的主要内容是什么? 对后世产生了什么影响?

魏晋南北朝志怪小说按内容可分为三类:一是地理博物,如托名东方朔的《神异经》、张华的《博物志》;二是鬼神怪异,如曹丕的《列异传》、干宝的《搜神记》等;三是佛法灵异,如颜之推的《冤魂志》。

志怪小说对后世文学有深远的影响。志怪小说简约的文笔及一些艺术表现手法为后世作家借鉴,而且在整个文学史上,志怪小说始终没有消失。其中,最有价值的乃是有意识地利用志怪形式,在奇幻的故事中表现社会生活和人生情感的作品,蒲松龄的《聊斋志异》可以作为代表。至于六朝志怪中的故事,为后代小说、戏剧所吸收,加以创变,推陈出新,更是不胜枚举。

196. 志怪小说的思想艺术特点是什么?

志怪小说中表达的思想内容极为丰富,主要包括四个方面。一是反抗强暴势力,揭露官吏欺压百姓的罪行;二是反映战乱动荡年代的灾难事件和人民的不幸遭遇;三是反映了封建制度对爱情和自由婚姻的摧残,以及人民对美好爱情的追求;四是赞扬了不怕妖魔鬼怪而勇敢斗争的精神。

志怪小说的内容,曲折地反映了社会现实和矛盾,表达了鲜明的爱憎、美好的情怀、浪漫的幻想。志怪小说多为短小故事,记事纯朴,文笔简约,但一些篇章在技巧上已较为成熟。如《搜神记》中的许多故事就具有完整的结构、离奇的故事、浪漫的想象,注意人物性格的刻画,注意细节描写,以及对话的生动。

197. 《世说新语》是一部什么样的书?

《世说新语》又称《世说》,作者刘义庆。全书分为上、中、下三卷,共三十六门,主要记述汉末至东晋士族阶层的奇闻逸事,特别着重士族人物的玄虚清谈,集中反映了士族阶层的精神面貌和当时的社会现实,其中记录东晋士族之间的相互关系、地位变化等情况的内容,具有史料价值。

(1)在思想内容上,《世说新语》反映了士族阶层的精神面貌、生活方式和文化趣味。思想情趣方面则崇尚老庄自然,许多篇章描述了魏晋风度和名士风流,包括士族文人放荡的言行、名士奇特的举动和玄妙的清谈。同时,部分篇目也反映了魏晋时期社会黑暗、政治腐败和统治集团的残暴与荒淫,对魏晋时期的社会风尚、人际关系和文学艺术成就也有所反映。

(2)在艺术成就上,《世说新语》最大的特点是语言精练,简约含蓄,隽永传神,既有典雅的词句,又有生动的口语,善于将语言写得逼真,符合人物身份,而又富于哲理性,往往用一言一行就表现出人物的肖像和精神面貌。

《世说新语》在魏晋南北朝志人小说中的成就最高,是记录传说逸闻的笔记小说和小品文的先驱,后世的文人争相模仿,产生了深远的影响。

198. 《世说新语》的艺术成就有哪些?对后世有什么影响?

(1)《世说新语》在艺术上有较高的成就,鲁迅先生曾把它的写人艺术概括为"记言则玄远冷隽,记行则高简瑰奇"。具体表现在以下两个方面:

①生动地表现人物的性格特征。《世说新语》善于采用多种表现手法来刻画人物形象。以短小的文字突出事件的中心,以特征性的细节描写表现人物性格和精神面

貌。有的篇章通过同一环境中几个人的不同表现而形成对比,有的篇章则抓住人物性格的主要特征做漫画式的夸张,有的篇章运用富于个性的口语来表现人物的神态。为后世小说刻画人物形象提供了广泛的借鉴,许多几经塑造的典型人物的原型就是出自《世说新语》。

②传神地刻画人物的语言特征。《世说新语》的语言精练,简约含蓄,隽永传神,透出种种机智幽默。既有典雅的词句,又有生动的口语,善于将语言写得逼似人物身份,以简短的语言来表现其精神风貌,使人如闻其声,而且又常常富于哲理性,读来十分有韵味。对后世小说传奇描绘人物语言的艺术表现方式产生了深远的影响。

（2）《世说新语》是记叙奇闻逸事和隽语的笔记小说和小品文的先驱,对后世文学产生了深远影响。历代模仿者不绝,有北宋孔平仲的《续世说》、明代何良俊的《何氏语林》等。《世说新语》的许多故事成为古代诗文中的典故或小说、戏曲的创作素材,如元关汉卿的《玉镜台》、秦简夫的《剪发待宾》等,都是从《世说新语》的故事发展而来的。《三国演义》中曹植七步成诗等情节,也来自《世说新语》。此外,拾人牙慧、一往情深、难兄难弟等成语,也出自《世说新语》。

199.《乐府诗集》是一部什么样的书？

《乐府诗集》编者为郭茂倩,是北宋时期人。这是一部收录上古至唐五代乐章和歌谣的总集。所收作品以汉魏至隋唐的乐府诗为主,全书一百卷,作品五千多首,是现存收集乐府歌辞最完备的一部著作。

《乐府诗集》把乐府诗分为郊庙歌辞、燕射歌辞、鼓吹曲辞、横吹曲辞、相和歌辞、清商曲辞、舞曲歌辞、琴曲歌辞、杂曲歌辞、近代曲辞、杂歌谣辞和新乐府辞等十二大类,其中又分若干小类。各类有总序,每曲有题解,对各类乐曲的起源、性质及演唱时所使用的乐器等,都做了较详的介绍和说明。《四库全书总目提要》评价说:"征引浩博,援据精审,宋以来考乐府者无能出其范围。"作品的编排,是把每一种曲调的"古辞"放在前面,文人的拟作列于后面,便于了解各类作品的源流和发展。它所收录的诗歌,多数是优秀的民歌和文人用乐府旧题所作的诗歌。

《乐府诗集》把历代歌曲按其曲调分类收集,使许多作品得以汇编保存,特别是古代一些民间谣谚,散见于各种典籍,甚至多为前人所忽视。书中征引了许多已散佚的著作,使这些珍贵的史料得以保存。总之,《乐府诗集》对文学史和音乐史的研究都有极重要的价值。

200.《全上古三代秦汉三国六朝文》是一部什么样的书？

《全上古三代秦汉三国六朝文》为清代严可均所辑。严可均,字景文,浙江乌程人,嘉庆举人。嘉庆年间清朝开馆编辑《全唐文》,许多有名的文人受邀参与此事,严氏未被邀请,遂发愤独自编纂唐前文,毕二十七年之功始成。此书收录作品起于上古,迄于隋朝,是迄今为止收录唐以前文章最全的一部总集,共分十五集:《全上古三代文》《全秦文》《全汉文》《全后汉文》《全三国文》《全晋文》《全宋文》《全齐文》《全梁文》《全陈文》《全后魏文》《全北齐文》《全后周文》《全隋文》《先唐文》,收录唐以前作者三千四百九十七人,分七百四十六卷,每人附有小传。同一朝代的作者,以帝后、宗室、贵族、百官、士庶、列女、释道、阙名等次序排列。严氏在《总序》中说,本书的特点是收罗广泛:"广搜三分书,与夫收藏家秘笈,金石文字,远而九译,旁及释道鬼神。起上古迄隋,鸿裁巨制,片语单辞,罔弗综录,省并复叠,联类畸零。"当然,其中也存在重复、不辨真伪等不足。但瑕不掩瑜,此书对研究唐以前历史、文学具有重要的学术价值。

201.《先秦汉魏晋南北朝诗》一书有何价值?

《先秦汉魏晋南北朝诗》,是先秦至隋的诗歌总集,今人逯钦立编,共一百三十五卷。逯钦立,字卓亭,山东巨野人。逯先生对于汉魏六朝文学造诣颇深。关于唐前诗歌的汇编,明人冯惟讷《诗纪》、近人丁福保《全汉三国晋南北朝诗》,均有开创之功,但仍存在不少缺失。逯先生遂在前书基础上重新编校上古迄隋末的歌谣,爬梳剔抉,广采博引,终成《先秦汉魏晋南北朝诗》这部百卷巨著。隋代以前的作品,除《诗经》《楚辞》外,凡歌诗谣谚,悉数编入。编排时依据作者生卒先后分卷编次,且每诗均注明出处,各书的异文或一书不同版本的异文等,也予以记录。全书囊括千余年诗歌篇什,引用数百种子史文集,考订精审,编次合理,为研究唐前诗歌提供了丰富的资料。该书1983年由中华书局排印出版,是研究唐前诗歌的必读书。

隋唐五代文学

202. 隋代诗歌创作有何特点？

隋代诗人主要有两类：一是北朝旧臣，如薛道衡、卢思道、杨素等人；二是南朝入隋的诗人，如许善心、江总、虞世基、王胄、庚自直等。前者代表北朝诗风，后者代表南朝诗风。南朝文学比北朝兴盛，为北方诗人在诗歌样式和表现形式上提供了范例。如卢思道的《从军行》，采用南朝歌行体，以"思妇"与"征夫"为视角反映军旅生活，与南朝文人把重点经常放在"思妇"上不同，此诗将表现对象转移到了"征夫"身上，以边塞苦寒的环境和艰苦的生活为背景，抒情真实，风格苍劲，多贞刚之气，表现了北方诗人更加重视气质的特点，历来被人欣赏。

在学习南朝文学的表现手法的同时，北方诗人的诗歌风格也发生了变化。如卢思道的《美女篇》《夜闻邻妓》《棹歌行》《后园宴诗》等，着重描写女性的姿态与服饰；薛道衡的《昔昔盐》，描写了闺怨之情，细腻委婉，清新明丽，趣味和情调偏向齐梁之风。

隋文帝时，南、北两种诗风并存，甚至会体现在同一作家的创作中。隋炀帝时，一群南朝文士聚集在皇帝周围，文学开始明显向南朝诗风重文采的方向发展了。而隋炀帝的一些作品，尚有可观之处，如"寒鸦飞数点，流水绕孤村。斜阳欲落处，一望黯销魂"。

总的说来，隋诗是从南北朝诗歌向唐诗过渡的最初阶段，卢思道、杨素、薛道衡等人的作品已经或多或少显示出南北文学开始合流的一点新气象。在形式格律上，隋诗也有进一步的发展，其中，七言诗形式的发展尤为显著。

203. 唐代文学繁荣的原因及表现是什么？

(1) 唐代文学繁荣的原因，主要有内外两大因素：

第一，从客观方面来看，唐代国力强大、社会繁荣、文化多元，给文学提供了广阔的发展空间。唐代是中国历史上的鼎盛时期，繁荣的社会经济，兼容并包的思想，中外融合的文化，给文学发展创造了非常有利的环境，为文人提供了丰富的创作题材，扩大了他们的视野，而且在很大程度上激发了他们的自信心与创造力，使文学的精神风貌变得昂扬，创造了让后人无限向往的盛唐气象。

第二，从文学自身的发展来看，唐代文学的繁荣也是在继承前代文学遗产的基础上发展起来的。魏晋南北朝文学的持续发展，为唐代文学的繁荣奠定了基础。魏晋南北朝时期，是"人的觉醒"与"文的自觉"的时代，各种文体快速发展，散文的形式美因骈文而走向极致，诗歌的声律形式已具雏形，为唐诗的繁荣打下了基础。原来存在的多种文体的写作规范和写作目的正在变化，出现了许多新文体。这一切都表明，魏晋南北朝文学已经做好了各方面的准备。在此基础上，唐代文人创造出了全面繁荣的文学盛世。

（2）唐代文学的繁荣主要表现在两个方面：

第一，表现在诗歌、散文、小说和词等文体的全面发展上。诗歌发展最早，成就也最高，唐诗代表着中国古典诗歌的巅峰。诗歌在达到高峰时，散文便开始了文体文风改革，其规模和影响是空前的。唐传奇的出现，标志着小说开始走向繁荣，也是文言小说成熟的标志。而当这三种文体相继走进低谷时，诗歌的另一种体式——词，开始登上文坛，展露生命力。在整个唐代，几乎找不到文学的沉寂时期。

第二，还表现在作者数量众多，且大家云集。《全唐文》收录三千余人的作品，《全唐诗》收了两千二百余人的作品。唐代的传奇小说，李剑国先生辑校的《唐五代传奇集》收有六百九十一种。就诗歌而言，唐代的杰出诗人数量之多与成就之高，为中国诗歌史上所仅见。

204. 唐诗发展的轨迹是什么样的？

唐代是诗歌发展的黄金时代，唐诗的成就标志着中国古典诗歌的高峰。诗歌的发展在唐代经历了不同的阶段。

（1）唐朝建立至开元十五年前后，大约九十年的时间，是唐诗走向繁荣的准备阶段。表现领域从宫廷台阁逐渐走向关山大漠，作者从宫廷官吏扩大到一般士人；情思格调方面，融合了北朝文学的清刚劲健和南朝文学的清新明丽，二者开始融为一体；诗歌形式方面，在永明体的基础上，将四声二元化，创立粘对规则，从一句到一联，再到构成全篇，摆脱了永明诗人关于多种病犯说的束缚，创造出来一种既自由灵活而又受规则约束的新体诗——律诗。到了开元十五年左右，诗歌的情思格调、意境形象和声律形式都已经发展成熟，为唐诗繁荣的到来做了充分的准备。

（2）开元盛世至天宝初年这段时间，是唐诗全面繁荣的阶段。此时，山水田园诗人王维、孟浩然，把山水田园的静谧明秀表现得让人向往。边塞诗人高适、岑参，把边塞生活和自然风光写得瑰奇壮伟、豪情慷慨，这类名家还有王昌龄、李颀、崔颢、王之涣等。还有最重要的诗仙李白，他用自己的绝世才华和豪放飘逸的气质，把诗写得行云流水而又变幻莫测，风格多样而又美到极致。这个时期的诗歌，体现了盛唐气象，兴象玲珑，含蕴深厚，韵味无穷。

（3）天宝后期至贞元年间，安史之乱使唐代社会由盛而衰，也相应地使文学发生了变化。唐诗发展到高峰之时，社会从盛世的繁荣顶峰走向衰败与动乱。诗歌中的那种兴象玲珑、骨气端翔的境界开始淡化,浪漫情调、理想色彩也开始逐步消退,这一时期的代表是伟大的诗圣杜甫。杜甫亲身经历安史之乱,以动地的歌吟表现战乱中的灾难和血泪,他在叙事中融入强烈而深沉的感情,用叙事手法写时事。之后大历诗人群体出现,他们因为看到社会衰败而彷徨,于是诗歌中气骨顿衰,出现了寂寞情思。

(4)贞元至元和年间,诗歌创作出现了又一个高潮,这是因为广大士人渴望中兴,于是政治改革的同时,诗坛上也出现了革新。韩愈、孟郊、李贺等人,接受了杜甫诗歌中奇崛、散文化和注重炼字的影响,向怪变的方向发展,甚至以丑为美,就这样形成了韩孟诗派。除此之外,还有白居易、元稹、张籍、王建等人走向另一条路,从乐府民歌中吸取养料,尽量把诗写得通俗易懂,从而形成了元白诗派。中唐的这些诗人在盛唐盛极难继的局面中,以他们的革新精神和不懈努力,给诗歌开辟出新的发展空间。

(5)长庆年间以后,唐人发现中兴不会实现,只是一场梦幻,于是士人生活开始走向平庸,心态也与盛唐明显不同,变得内敛,感情也趋向细腻,因此,诗歌创作进入了一个新阶段。题材狭窄,写法以苦吟为主。在诗坛普遍衰退的情形下,杜牧、李商隐突显光芒。尤其是李商隐,以其细腻丰富的感情和敏感灵悟,采用象征、暗示、非逻辑结构的手法,来表现诗歌中独特的朦胧情思与朦胧境界,把诗歌可以用来表现心灵深处世界的能力推向了最高峰,从而创造了唐诗最后的辉煌。

205. 唐诗一般怎么分期?

唐诗经历了一个曲折的发展过程,才最终形成了兴盛的局面。通常情况下,唐诗的流变可以划分为"初、盛、中、晚"四个阶段,正是为了显示这一发展演变的过程。

初唐,指唐高祖武德元年至睿宗延和元年(618—712),是唐诗的开创时期,也就是唐初诗人从承袭齐梁余风,到开始变革,走出新路子的时期。期间,号称"初唐四杰"的王勃、杨炯、卢照邻、骆宾王和稍后的陈子昂,在扭转诗风的过程中起着重要作用;另一方面,沈佺期、宋之问、杜审言等人完成了律体的建设,他们从这两方面为盛唐诗歌走向高潮做了必要的准备。

盛唐,指唐玄宗开元元年至代宗永泰元年(713—765),这是唐朝发展到极盛的时期,是唐诗繁荣兴盛的高峰。诗坛上百花吐艳,名家如林。以高适、岑参为代表的边塞诗人群体和以王维、孟浩然为代表的山水田园诗人群体,都在这个时期出现。唐代最伟大的诗人——李白和杜甫,也都主要活动在这个时期。

中唐,指代宗大历元年至穆宗长庆四年(766—824)。这个时期大致可以分为两段:前三十年,唐王朝处于社会大动乱之后的萧条时期,诗坛上也很暗淡。大历十才子的创作,注重文辞的修饰,内容显得贫弱。到九世纪初,适应顺宗、宪宗朝的政治改革和军事方面的努力,诗人又充满信心,诗歌创作开始变得活跃。白居易、元稹、张籍、王建等诗人,自觉发扬杜甫写实精神,韩愈、孟郊、贾岛、卢仝、李贺诸人,着重发展了杜甫的创新技巧,各自创造了平易、奇险、幽僻、冷艳等各种风格,再加上柳宗元的峻峭和刘禹锡的真率,共同构成了色彩斑斓的元和诗坛,从而形成了诗歌发展史上的又一个高峰。

敬宗宝历元年以后至唐结束(825—907)为晚唐。日益加深的社会危机导致唐王朝的最终灭亡,诗歌领域当然受到社会变动的影响,感伤、颓废的气息增浓,雕琢辞句的风气重出。即便是杰出的作家,如李商隐、杜牧,也多多少少沾染上了这样的习气。这种现象显示了唐诗走向衰颓的基本趋势。不过,感慨时事、心系民生的优良传统没有断绝,唐朝末年的皮日休、聂夷中、杜荀鹤、罗隐等的诗篇里,还不时迸发出唐诗全盛时期的这一余响。

以上分期大致反映出唐诗发展过程中的盛衰变化,当然,分期并非机械地一刀切开,学术界关于唐诗分期的具体年限尚有不同意见。

206. 贞观年间的诗坛概貌如何?

唐初,唐太宗及其重臣如魏徵、虞世南等人,从观念上提倡文学应有益于政教。唐太宗的文学思想,为他的重臣们进一步地阐述和发挥,尤其是魏徵,在中国文学思想史上,第一次明确地提出了融合南北文学之两长的观点。他在《隋书·文学传序》中认为:若能取江左之清绮与河朔之贞刚,各去所短,合其两长,则"文质彬彬,尽善尽美"矣。这些主张,为唐代文学的繁荣奠定了一定的基础。

然而,唐初的文化制度基本上还是承袭陈、隋旧业,当政的文臣也大都是前朝遗老,他们还不能一下子摆脱齐梁文风的影响。所以,当时诗坛除魏徵的作品表现出一些不同的情调外,在创作实践上还是为齐、梁诗风所笼罩,诗歌的发展表现为徘徊中的前进。

207. 王绩对初唐诗坛有何贡献?

(1)从诗歌题材方面来看,王绩诗歌多描写山水田园的诗情画意,表现其隐居生活的乐趣。这与宫廷诗人多描写宫廷淫靡生活,写景咏物,题材狭窄不同。代表作是《野望》:"东皋薄暮望,徙倚欲何依。树树皆秋色,山山唯落晖。牧人驱犊返,猎马带禽归。相顾无相识,长歌怀采薇。"整首诗如同在描绘一幅优美闲静的山村秋晚图,秋色与霞光映衬,动景与静景搭配,远景和近景结合,恰到好处。反映出自己归隐山村的悠闲自在,表达了旷达闲适的情怀。

(2)从艺术表现方面来看,王绩诗歌则多抒写个人的性情,使诗歌回到言志抒情的传统道路上来。与宫廷诗缺乏丰富真实的思想和感情不同。王绩长时间生活在山村,因此没有受到宫廷诗的濡染,他提出了"会意",这是指要在诗歌创作中抒情言志,张扬自我与个性。

(3)王绩的诗歌风格质朴率真、平淡自然,与宫廷诗的雕琢藻饰、绮艳柔靡截然不同。王绩的诗歌在宫廷诗盛行的时候出现,是特别珍贵的,这一点是王绩对唐代诗坛做出的最重要的贡献之一。

208. 虞世南的诗歌特色和艺术风格如何?

虞世南作为"五绝"名臣,不但为贞观之治做出重大贡献,为中国书法史增添了华彩一笔,他在诗歌创作方面也获得了可观的成就。

虞诗现存三十三首,大体可分三类。其中,应制诗十五首,拟古诗十首,其他咏物叙事类诗八首。虞世南是唐代较早的诗人,留下了一定数量的有影响力的诗作。他写诗时,王勃等"初唐四杰"均未出世。同时,他倡导清新自然、豪迈奔放的诗风,对唐诗的健康发展做出了积极的贡献。虞世南的拟古诗取得了很高的艺术成就,《从军行》和《出塞》风格沉郁苍劲,气势磅礴雄健,描述了剑凝寒霜、冰冻河源、飞蓬蔽日、大雪漫天的奇绝景色,抒发了戍边将士不畏艰险、立功塞外、昂扬乐观的壮烈情怀,首次将交河、武威、楼兰、金微、蒲海、陇头、都护等词语融入唐诗语汇中。他是齐、梁绮靡婉缛诗风的终结者,又是大唐清新雄健诗风的开启者。但作者并不刻意成为诗人,所以,他的诗作虽然精致,却只能是轻量级的小品,大部头的力作则有待于以后盛唐、中唐时期真正意义上的大诗人李白、杜甫和白居易等后贤来完成。

209. 何谓"上官体"?

上官体,指的是初唐时期,以宫廷诗人上官仪为代表的一种诗体。上官仪的诗大多是为奉和应制而作,风格绮艳柔靡,承袭了齐梁宫体诗。《旧唐书·上官仪传》载,上官仪"工五言,好以绮错婉媚为本,仪既贵显,故当时颇有学其体者,时人谓之上官体"。这种诗体代表了初唐士人过于追求声辞之美和形式技巧的倾向,但同时又有一种天然媚美之致,体现了雍容典雅的气度和比较健康开朗的创作心态,成为当时宫廷诗最高水平的典范。并且,"上官体"追求形式和声律美,也在一定程度上对律诗形式的发展起到了促进作用。

210. 陈子昂对唐诗的发展做了什么贡献?

陈子昂作为初唐著名诗人,对唐诗的发展与繁荣有不可磨灭的贡献。盛唐时期诗歌风格雄浑朴实、刚健清新,这种巨大成功和陈子昂的率先倡导是紧密相关的。陈子昂是初唐时期第一个自觉提倡恢复汉魏风骨,反对齐梁余风的诗人。他的进步的文学观,使他能够对诗歌发展的进程有比较清醒、正确而深刻的见解。他在《与东方左史虬修竹篇序》中说:"文章道弊五百年矣。汉魏风骨,晋宋莫传,然而文献有可征者。仆尝暇时观齐梁间诗,采丽竞繁,而兴寄都绝,每以永叹。思古人,常恐逶迤颓靡,风雅不作,以耿耿也。一昨于解三处,见明公《咏孤桐篇》,骨气端翔,音情顿挫,光英朗练,有金石声。遂用洗心饰视,发挥幽郁。不图正始之音,复睹于兹,可使建安作者相视而笑。"

这篇序文虽短,但见解很精辟,可看作是诗界革新的宣言,对于当时沉闷的诗坛,犹如吹起响亮的号角,起到振聋发聩的作用。它高举复古旗帜,要求恢复《诗经》"风雅"的优秀传统,倡导"骨气端翔,音情顿挫"的汉魏风骨,反对"采丽竞繁,而兴寄都绝"的齐梁诗体,集中反映了陈子昂对诗歌创作的革命性主张,为唐代诗歌沿着健康的方向发展鸣锣开道。很显然,在这之后,李白的"复古"主张,以及后来韩、柳倡导的古文运动和元、白倡导的新乐府运动,都受到了陈子昂的影响,与他的这些革新主张一脉相承,并在此基础上发扬光大。因此,陈子昂被誉为唐代文学革新运动的先驱。

陈子昂不仅在理论上做出了巨大贡献,而且以跟随理论脚步的诗歌创作,去努力实践自己的主张,改变了一代文风。可以这样说,陈子昂的诗歌创作是诗歌从初唐发展到盛唐的一个分水岭,在他手里结束了统治诗坛五百年的齐梁诗风,为诗歌走向盛唐的高潮拉开了序幕。

211. "初唐四杰"对唐代文学的贡献有哪些?

"四杰"敢于冲破上官体的束缚,把诗歌的表现范围从狭窄的宫廷转移到广大的市井与社会,从束缚的台阁移向了辽阔的江山和关塞,这就在很大程度上开拓了诗歌的题材,使诗歌的内容变得丰富,给诗歌赋予了新的内涵和价值,展现了刚健而有生命力的诗风,推动诗歌向着健康的方向发展。具体表现在以下几个方面:

(1)抒发与友人送别的感慨。如王勃的《送杜少府之任蜀川》,乃千古名篇。骆宾王的《于易水送人》,表现了悲壮激烈的感情。

(2)歌唱征人远戍,描写征夫思妇,是"四杰"普遍咏叹的题材。如"宁为百夫长,胜作一书生"是杨炯《从军行》中的名句,表达了出塞立功、积极进取的思想感情。卢照邻的《上之回》《战城南》,骆宾王的《晚度天山有怀京邑》,都是写行军作战的佳作。王勃的《秋夜长》,杨炯的《折杨柳》,卢照邻的《关山月》,吐露了对征人思妇的同情。

(3)"四杰"官卑职小,境遇不佳,使他们更加接近现实社会,因此,他们在诗歌里对一些黑暗的社会现象进行揭露。如卢照邻的《长安古意》,可算是揭露达官贵人们骄奢淫逸生活的代表作品。贤才得不到重用,也是"四杰"诗歌的题材之一。

(4)描写山水风物。他们在写景诗中注入了强烈的悲喜之情。王勃的《滕王阁诗》,惆怅之情极深。杨炯的《巫峡》诗,写景抒情能很好地结合。"四杰"用他们的创作来扭转浮艳柔靡的齐梁诗风,取得了很好的成绩。

"四杰"对唐诗发展的另一重大贡献是:为五言律诗的形成奠定了基础,并且使七言古诗发展成熟。他们以优秀的诗篇为稍后的沈佺期、宋之问的律诗创作打下了良好的基础。

212. 杜甫为什么很推崇"初唐四杰"?

"初唐四杰"在唐诗发展史上承先启后、继往开来,是开创性的人物,是勇于革新的闯将,在当时"以文辞齐名",四海称焉。但还是有人在背后议论他们,甚至讥笑他们。如裴行俭说:"勃等虽有文才,而浮躁浅露……"(《旧唐书·文苑上》)大诗人杜甫很不满意这类议论,他《戏为六绝句》首创了以诗论诗的形式,其中发表了对继承文化遗产的意见,由衷地表示了对"四杰"的推崇。对那些贵古贱今、哂笑不休之徒给予了严肃的批评。"尔曹身与名俱灭,不废江河万古流",就是杜甫对"四杰"的称颂和对诋毁者的讥嘲。

"别裁伪体亲风雅,转益多师是汝师。"这是杜甫提出的对待文化遗产的原则。从这一原则出发,杜甫对文化遗产持批判继承的态度,学习别人则采取博采众长、具体分析、区别对待的方法。杜甫对被时人嗤点的庾信、哂笑不休的"四杰",都做了客观公允的评价,对他们的历史地位给予了充分肯定。杜甫对"四杰"的纵横才气也十分推崇。"才力应难跨数公,凡今谁是出群雄","龙文虎脊皆君驭,历块过都见尔曹。"杜甫以为"四杰"的作品虽不如汉魏作家接近"国风"和"楚骚",但毕竟是一座高峰,他们认识生活的深度和驾驭语言文字的能力,以及创作出的杰出诗篇,是一般人所望尘莫及的。

213. 何谓"吴中四士"?

"吴中四士"指贺知章、张若虚、包融和张旭。他们都是江浙人,在初、盛唐之际,四人又齐名,而吴中四士则是以地域相同来称谓同一时期的四位诗人的。张若虚,扬州(今江苏扬州)人;贺知章,会稽永兴(今浙江萧山)人;张旭,苏州吴(今江苏苏州)人;包融,润州延陵(今江苏丹阳)人。他们的诗歌都写得清新、婉转、流丽,自成一家。四人中除包融外,都有传世名作。贺知章、张若虚是当时著名的诗人,张旭既是诗人,也是书法大家,包融流传下来的诗不多。四人的诗歌以张若虚的《春江花月夜》最为著名。"吴中四士"的诗歌大多含有浪漫主义色彩,透露出一些新的气息和情趣,体现了诗歌从初唐到盛唐过渡的特色。

214. 沈、宋诗歌有何特点?

在沈佺期、宋之问以前,诗人所作多为五律,且前后失粘的情况还很常见。沈、宋等人在"永明体"基础上,由讲究四声到只讲平仄,从"四声八病"说中探索出积极的平仄规律,又从只讲求单句单联的音律和谐发展到全篇平仄的粘对,"约句准篇,如锦绣成文",形成在平仄上有严密规则可循的完整的律诗。他们不仅使五律的体制完成了定型,又使七律的体制开始走向规范化,同时,通过他们精雕细琢、辞采精丽的创作实践,使五律、七律的规范逐渐为广大诗人所接受,其功绩是无法抹灭的。沈、宋的诗歌虽然力求新变,在当时的影响甚大,但他们都曾经做过宫廷诗人,因此所作的诗歌多为应制奉和之作,在内容方面并不可取。即使是那些较有真情实感的贬谪途中所作的诗歌,也无非是叹老嗟贫,思想内容也比较贫乏。在艺术上,除了声律的精切、属对之工巧外,他们也只以辞藻文采的富艳精丽见长,不足以开一代新风。故晚唐诗人李商隐《漫成》诗云:"沈宋裁辞矜变律,王杨落笔得良朋。当时自谓宗师妙,今日惟观对属能。"此诗既不抹杀初唐四杰及沈、宋等人在当时诗坛上的地位和影响,但也不讳言他们在成就上的局限,立论是比较公允的。

当然,在沈、宋数量很多的诗歌创作中,也有一些独辟胜境的优秀作品。如沈佺期写思妇哀怨的《杂诗三首》《古意呈补阙乔知之》等,宋之问写流放途中感伤情绪的《题大庾岭北驿》《渡汉江》等,语言精练含蓄,气势充沛流畅,感情也较真切,与齐梁浮艳之作迥然不同,自有其长久流存的价值。这些作品在格律形式上的完整,更是为历代文学批评家推崇备至。

215. "文章四友"指谁?其中谁的诗歌成就最高?

在初唐诗坛上,与四杰、沈宋、陈子昂约同时,对于诗风转变起过积极影响的,还有被称为"文章四友"的四位作家:崔融、李峤、苏味道、杜审言。四人的诗歌以近体诗为主,风格比较相似,从高宗后期开始,诗文创作影响较大,因此被当时人称为"文章四友",又合称为"崔李苏杜",其中,苏味道、李峤又以苏李齐名。

崔融的诗,《全唐诗》录存一卷,仅十八首,另宋代陈舜俞《庐山记》尚存其佚诗一首。其中多半为近体诗。代表作如《留别杜审言并呈洛中旧游》《咏宝剑》等,格律都很严整。写边塞生活的几首乐府古诗,是初唐时期较有特色的作品。李峤的诗,《全唐诗》录其诗达五卷之多,凡二百多首,其中五分之四为近体诗,在四人中存诗最多。其中《杂咏诗》一百二十首。皆是咏物,吟咏之物大到自然界的日月风云、山石原野,小到生活中的章服器用、飞禽走兽,均刻意描摹,以求工致贴切,但缺乏托物寄兴。他流传最广的作品,乃七言的《汾阴行》,诗咏汉武帝祀汾阴后土并歌《秋风辞》事,抒发了古今盛衰兴亡之感。苏味道诗亦仅存十余首,全为近体,以应制咏物诗为多,其中以《正月十五夜》最著名:"火树银花合,星桥铁锁开。暗尘随马去,明月逐人来。游伎皆秾李,行歌尽落梅。金吾不禁夜,玉漏莫相催。"此诗当时推为绝唱,前四句尤为其得意之笔。

在"文章四友"中,当属杜审言的成就最高。其诗仅存四十三首,应制诗只有几首,而以写景、咏怀、记游等内容为多,风格清新自然、刚劲浑厚,虽重辞采,很少雕琢。最著名的五律如《和晋陵陆丞早春游望》:"独有宦游人,偏惊物候新。云霞出海曙,梅柳渡江春。淑气催黄鸟,晴光转绿苹。忽闻歌古调,归思欲沾巾。"描写的江南春景清丽如画,明胡应麟许为初唐五言律第一。

216. 杜审言对后代有何影响?

杜审言所存诗以近体诗为多,在格律形式上十分严整。以各体诗歌论,他的五律较多,平仄粘对均极为严谨。初唐近体诗中第一长篇,即五言排律《和李大夫嗣真奉使存抚河东》,长达四十韵。杜甫曾用"钟律俨高悬,鲲鲸喷迢递"形容其格律的精整和气势的充沛。他的七律在声律上亦已接近成熟,如《春日京中有怀》。晚年时他与沈、宋互有唱和,在他们的共同努力下,近体诗的格律形式最终完成。

杜审言的诗歌对杜甫影响很大。杜甫在诗中说:"诗是吾家事"(《宗武生日》),"吾祖诗冠古"(《赠蜀僧闾丘师兄》),以诗书传家为自豪。有祖父的杰出作品作为典范,杜甫从幼年起即以诗歌为生命,沿着祖父的道路最终成为伟大的诗人。杜甫的成就当然远远高于他的祖父,但在他的诗中,始终留存着杜审言的影响。北宋王得臣《麈史》、南宋杨万里《杜必简诗集序》、明胡应麟《诗薮》中,曾列举了众多杜甫诗句受杜审言影响的例子,以揭示"少陵家法"渊源有自,大致可信。总的来说,杜甫一生努力的方向——近体诗,追求气象雄浑,格律严谨和谐,音节浏亮,与其祖父努力的方向是一致的。为元稹极力推崇的"铺陈终始,排比声韵"的长篇排律,则比乃祖所作有了更大的发展。

217. 律诗体式是如何定型的?

"律诗"最初的定名,是在元稹的《唐故工部员外郎杜君墓系铭并序》中:"唐兴,官学大振,历世之文,能者互出。而又沈、宋之流,研练精切,稳顺声势,谓之为律诗。"因此沈、宋并称,标志着律诗的定型,五律是在沈佺期和宋之问手里最后完成定型的。沈宋多创作应制酬唱和咏物送别的诗歌,内容比较贫乏。但他们留下了更多的时间去研究诗歌的艺术技巧,在声律方面能够精益求精,回忌声病,约句准篇,形成了一套律诗的声律技巧。具体来说,除了一句一联之中平仄相对,还要求两联之间平仄相粘,并且将这种粘对规律贯穿全篇,从而使一首诗通篇声律和谐。

五言律诗的定型,在近体诗的演变过程中具有关键性的意义。它不仅是由永明体的四声律到唐诗平仄律的过渡,使人们能比较容易识记和掌握运用,而且具有推导和由此及彼的作用,是一套能够推而广之的声律规则。比如,五言近体诗中,可以由五言律诗推导出五言绝句和五言排律的体式,更可以在五言律的基础上,推导出近体七言诗的声律法则,如七绝、七律等。因此,在五律定型后,杜审言、李峤、沈佺期、宋之问等人,就把这种律诗的声律法则成功地应用在七言诗歌中,在景龙年间完成了七言律诗体式的定型。五律和七律体式的定型,给诗歌艺术技巧的发展创造了极为有利的条件。尽管沈、宋等人所写的五律或七律的应制诗很少有杰作,但是却总结出来一套律诗的声律技巧。当他们因遭到贬谪,有了必须一吐为快的真情实感之后,就很容易写出情感和声律俱佳的优秀作品。比如沈佺期的《遥同杜员外审言过岭》,是初唐时期七言律的成熟之作,因此被后人称之为初唐七律的样板。宋之问的《渡汉江》,声情并茂,意在言外,感人至深,与盛唐诗人的优秀作品已经很接近了。总的来说,经过杜审言、李峤、沈佺期和宋之问等人的不懈努力,从武后时期到中宗景龙年间,已经使近体诗的各种声律体式定型,并且创作出一批比较成功的作品。

218. 何谓"盛唐气象"?

盛唐时期指唐玄宗开元、天宝年间。这个时期国家统一,政治开明,经济发达,文化繁荣,对外交流十分频繁,是整个唐王朝的高峰以及中国古典社会的鼎盛期。这个时期的诗人已经能很好地将初唐以来讲究声律辞藻的近体,与抒写慷慨情怀的古体汇而为一,诗人创作时韵律与抒情相辅相成,情因韵而显,气协律而出,就像殷璠所说的"神来、气来、情来",达到了风骨和声律兼备的完美境界,标志着盛唐诗风的形成。而所谓的"盛唐气象",就是盛唐诗歌给人的总体印象,这个时期诗歌题材多样,内容丰富,基调高亢,感情饱满,"文质半取,风骚两挟",达到了体裁皆备、形式完美、技巧精纯的高峰。诗歌中洋溢着一种昂扬振奋、积极进取的时代气息,并且乐观明快、热烈奔放,这些是盛唐诗歌与其他时期的诗歌相区别的独特之处。一些盛唐诗人的诗歌,比如高适《别董大》中的"莫愁前路无知己,天下谁人不识君",孟浩然《临洞庭湖赠张丞相》中的"气蒸云梦泽,波撼岳阳城",李白《宣州谢朓楼饯别校书叔云》中的"俱怀逸兴壮思飞,欲上青天揽明月",杜甫《望岳》中的"会当凌绝顶,一览众山小",都充满了涵天盖地的雄浑之气。盛唐诗歌可以根据内容分为前、后两期。前期,盛唐气象主要表现为诗人参与政治和投身社会的热情,高度的自尊和自信;而在后期,盛唐气象则主要表现为对国家的责任感、暴露社会矛盾的勇气、敏锐的洞察力以及对社会危机即将到来的忧虑。比如,李白在《答王十二寒夜独酌有怀》中暴露了腐败的政治;杜甫在《自京赴奉先县咏怀五百字》中揭示了"朱门酒肉臭,路有冻死骨"这样尖锐的问题,在《兵车行》里讽刺了唐玄宗发动的不义战争给人民带来的苦难,而《丽人行》则揭露和讽刺了杨国忠兄妹的骄奢淫逸。盛唐时代,充满了蓬勃向上精神的浪漫主义诗风是这一时期诗坛的主流,唐诗发展到了繁荣的顶峰。并且出现了一大批以李白、杜甫、王维、孟浩然、高适、岑参为代表的杰出诗人,他们共同在诗歌领域开辟了一个气象恢宏的黄金时代。

219. 王维、孟浩然山水田园诗有什么不同?

王维、孟浩然都是盛唐山水田园诗的代表作家,崔兴宗称王维为"当代诗匠",王士源说孟浩然的五言诗"天下称其尽美",他们在当时诗坛享有盛誉,影响很大。但由于他们性格气质和生活环境的不同,在诗歌的表现手法和艺术风格方面有所区别,具体如下:

(1)王维受禅宗思想影响很大,习惯把宁静的自然作为凝神观照而息心静虑的对象,进入到搜求于象、心入于境的意境创造,使自然之美和心境之美融为一体,进入物我冥合的忘我境界,显示出诗人心境的空明、寂静,因此他的山水田园诗具有空明的境界和宁静之美。孟浩然的诗歌没有王维诗那样的超凡脱俗,而更贴近生活,主观意识较浓,处处有"余""我"等字眼出现在诗里。诗中景物常为自己生活环境的一部分,带有即兴而发、不假雕饰的特点,与王维"物我冥合"的忘我境界大有区别。

(2)王维诗大都有着"诗中有画,画中有诗"的明秀诗境,善于在动态中捕捉自然事物的静美,表现出极丰富的层次感和色彩感,创作出纯美的诗境。孟浩然对景物的描写语言自然纯净,比王维诗更淳朴,接近陶渊明诗"豪华落尽见真淳"的境界。而且孟浩然在融景入诗时,常将清淡的情思与随意点染的景物相融合,不事雕琢,从而形成冲淡自然、醇厚的诗风。

(3)王维的山水田园诗善于表现空山的宁静之美,比如《山居秋暝》;而孟浩然多有乘舟行吟之作,表现了山水结合的淡泊之美,比如《宿建德江》。

220. 盛唐时期为什么边塞诗盛行?

唐玄宗开元、天宝年间的"盛唐时期",边塞诗创作臻于极盛,成为文学史上的特殊现象。盛唐时许多著名诗人都写过杰出的边塞诗歌,广为流传。具体分析边塞诗在盛唐盛行的原因,有以下几个方面:

(1)边境战争的深刻影响。盛唐时期边境战争十分频繁。当时,唐王朝与北方的突厥、东北边境的契丹和奚、西方的吐蕃,以及南方的南诏和西域方面的一些势力,都发生过大规模战争。特别是从开元中到安史之乱爆发(755年)的近三十年内,边境上没有一年不发生军事冲突,数条战线同时作战的情况也很常见。其中,唐王朝与吐蕃之战最为激烈,时间也最长。频繁的战争本来就是多民族国家形成过程中几乎不可避免的情况,同时也是边塞诗创作繁荣的客观条件。

(2)盛唐边塞诗创作的繁荣,与较多诗人具有边塞生活的亲身体验有很大关系。玄宗锐意用武,竭力激发将士的勇气,对于边将的赏赐宠任达到空前的程度。因为主将拥有替属下请功署官的权力,主将的得宠也就意味着其部曲幕僚有更多立功受赏和授官升迁的机会。玄宗时边境普遍设立节度使,且有的久任不调,因而与属下的关系较为稳定,属下也就有较多机会获取主将的赏识恩遇。处于军队底层的士兵未必真能得到好处,但不少士人却因此而热衷于从军入幕,担任军中的文职官员,寻求立功机会。这个时期比较杰出的边塞诗作者,很大一部分有过随军入幕或在边塞游历的经历,如王维、崔颢、高适、岑参、祖咏、李颀、王翰、王之涣等,均是如此。

(3)对于前代优秀文学遗产的继承,也是盛唐边塞诗繁荣的一个重要原因。南朝、初唐时已开始逐渐形成写作边塞诗的传统,吴均、鲍照、骆宾王、陈子昂等,便是其中的代表,盛唐边塞诗的盛行正是在继承和发展这个传统。与此同时,盛唐诗人还广泛受陈子昂革新诗歌的影响,在关注现实的同时也自觉学习建安风骨,追求刚健明朗、意气激荡的风格,这种审美趣味非常适合表现边塞题材。

221. 盛唐边塞诗有什么内容?

(1)歌颂英雄豪气,抒发立功壮志。如崔颢《古游侠呈军中诸将》《赠王威古》等,应该是以开元时期唐与契丹的战争为背景,表现了将士们豪气俊爽的形象,描写了他们立功受赏的喜悦,热情歌颂他们报国捐躯的英勇气概。高适《塞下曲》《送李侍御赴安西》也唱出了期望立功沙场的豪迈心声。岑参《轮台歌奉送封大夫出师西征》《走马川行奉送封大夫出师西征》描写军情紧张、行军艰苦和唐军一往无前的英勇气概,笔力雄健,节奏跳荡,具有鼓舞人心的力量。王维七律《出塞》歌颂河西节度使崔希逸破吐蕃的功绩,《从军行》《燕支行》讴歌了将士们奋勇杀敌的精神。

(2)表现征戍的艰辛与战争的苦难,批评穷兵黩武,揭露军中隐藏的矛盾。王昌龄五言《塞下曲四首》其一、其二虽写到征战者的豪情,却衬托出塞外荒凉的景象,流露出悲悯、感伤的讽刺意味。《从军行》(青海长云暗雪山)也隐含黄沙百战、渺无归期的厌战情绪。《出塞》(秦时明月汉时关)体现了诗人对安边良将的期待,而对于边将无能的讽刺之意见于言外。高适《燕歌行》描写了东北形势的紧张、征战生活的艰苦和战士的献身精神,而其主题则是为英勇的战士遭受艰辛和不公平待遇而感叹。

(3)抒发守边将士(包括诗人自身)的思乡愁绪。表现这类内容的作品以岑参和王昌龄所作最具特色。王昌龄的《从军行》(烽火城西百尺楼和琵琶起舞换新声)意境深远,情致绵远。岑参所作如《安西馆中思长安》《宿铁关西馆》《题苜蓿峰寄家人》等,以构思新颖、情感强烈见长。

(4)描绘边塞壮丽的风光和百姓的生活习俗。诗人在边塞诗中描写人物活动和抒发感情时,常用厚重的色彩、粗犷的笔触绘出雄浑苍茫的自然风光。在这方面,岑参颇具代表性,他的一些诗以写景为主,如《天山雪歌送萧治归京》《白雪歌送武判官归京》《热海行送崔侍御还京》《火山云歌送别》等,设色瑰丽,想象大胆,气势雄壮,充分表现了边地艰苦的生存条件,但没有使人畏缩,反而表达了作者昂扬乐观的心态,激发了读者对边塞奇特壮丽景色的向往,审美价值很高。

222. 高适与岑参的诗风有何异同?

高适、岑参是盛唐时期在边塞诗的写作中成就最高的诗人,并称"高岑"。他们的诗歌,经常以边塞风物为写作内容,描写边疆辽阔、壮丽和离奇的景象,反映了边疆战场生活,增强了诗歌的现实色彩,为诗歌在内容上开拓了新领域,在艺术技巧上也进行创新,境界开阔,形象鲜明,章法多变,以雄放风格和乐府歌行著称。他们的诗歌产生在开元时期国势强盛、政治开明和扩边政策的背景下,两人都曾奔赴边塞,投身戎幕,因此有很多相似点。然而由于各人遭际不同,艺术手法上也具有不同的特色,因而他们的边塞诗各具风貌。

高适的边塞诗在内容上主要有两方面:一方面,反映普通战士生活的艰苦,揭露将领的骄奢淫逸,表示他对士卒疾苦的同情和关怀,真实描写了边塞战争和边塞生活,充满了现实主义色彩。另一方面,歌颂将士们戍守边疆、保卫国家的英勇斗志,反映盛唐积极进取的时代风尚,这方面的代表作是《燕歌行》。同时,高适早年生活潦倒,比较接近下层民众。总体来说,高适的诗歌中更多的是现实主义,多慷慨悲壮之音,语言爽朗质朴,风格独特。殷璠《河岳英灵集》说他的诗"多胸臆语,兼有气骨,故朝野通赏其文",评论是很切合的。

岑参到过轮台、天山、交河、雪海,看过边疆的大风、大雪、大漠和激烈的战争,也欣赏过异域的音乐。他以奔腾浪漫的热情,把人所罕见的边疆景色写入诗里,呈现出一幅幅壮伟而奇异的塞外图景,诗歌的境界因此而变得阔大。岑参喜欢用形式自由的七言歌行去表现塞外变幻奇特的风光和激烈的战争,开创了雄放奇丽的诗风,诗歌中更多的是浪漫主义的色彩。如《白雪歌送武判官归京》《轮台歌奉送封大夫出师西征》《走马川行奉送封大夫出西征》三首代表作,都运用七言歌行的体裁,都写的是送别,都写得"语奇体峻,意亦造奇"(殷璠《河岳英灵集》),各有特色,又都富有雄奇瑰丽的浪漫色彩,这是他边塞诗的主要风格。岑参的诗歌"奇才奇气,风发泉涌",所谓的"奇",即说他的诗歌在边塞诗中出类拔萃。因为他的诗"奇而确实""奇而入理",即便是想象,读起来也十分真实动人。这是因为诗人有长期生活在边塞的经历,所以这类题材也十分广泛。

比较高、岑诗风,同中有异。相同的是,他们的诗歌都有边塞立功、慷慨报国的浩然英气,也都有悲壮的一面,他们擅长歌行,杰出作品几乎全是七言,诗歌都能显示出异域边疆奇情异彩的艺术魅力。但是在题材内容、艺术风格和创作方法上又有不同,高适侧重描写现实,以现实主义为主要倾向,在对于战争的认识和反映百姓疾苦的方面更为深刻。在创作方法上直抒胸臆,夹叙夹议,较为朴素,摆脱了初唐浮艳柔靡的诗风,将苍凉悲壮包含在豪迈奔放的感情中。相反,岑参的诗歌有奇气,想象丰富,急促高亢,热情奔放,笔法多变,倾向于浪漫主义。同时,他又善于运用比喻夸张,描写景物色彩绚烂,雄奇瑰丽,反映了更为广阔的生活面。高适和岑参都是盛唐边塞诗人中的卓越代表。

223. 王昌龄绝句的成就是什么?

王昌龄有"诗家天子"的美称,他擅长绝句,存诗一百八十多首,其中七绝七十五首,五绝十四首,绝句的比重是很大的。古往今来,王昌龄的绝句,尤其是七绝,享有极高的声誉,明代王世贞认为:"七言绝句,王江宁与太白争胜毫厘,俱是神品。"(《艺苑卮言》)清代叶燮《原诗》认为:"七言绝句,古今推李白、王昌龄"。王昌龄和李白共同代表了盛唐时期七言绝句的最高成就。王昌龄绝句描写的内容很广泛,最负盛名的无疑是边塞从军之作。这些诗作热情讴歌将士们的爱国豪情和昂扬斗志。在更多的篇章里,王昌龄满怀着对远戍战士的深切同情,写出了他们思念故乡的忧愁和痛苦。

宫怨、闺情诗也是王昌龄绝句中成就较高的一类,代表作如《闺怨》,将闺中少妇的心理变化刻画得自然妥帖。此外,其《采莲曲》写江南秀丽风光和少女的天真活泼,《龙标野宴》抒发谪居期间哀愁又聊作旷达的心绪,亦各具特色。王昌龄绝句的艺术造诣主要表现在善于抓住典型画面,表现刹那间的感情变化,启发读者的无穷联想。另外,王昌龄在创作时善于层层深入,为突出主题而反复渲染环境气氛。绝句篇幅短小,结构上很难做到律诗的"起承转合",一般情况下,写作时只能采用"聚焦式"结构,集中描写一个画面。但王昌龄的一些绝句,却能够在第三句另辟新境,将一首七绝分为两个画面,两层境界,可谓匠心独运。

224. 为什么说王维"诗中有画"? 表现在哪些地方?

王维的诗歌富有诗情画意,在天宝年间,殷璠就对此有"在泉为珠,着壁成绘"的赞誉,宋代时苏轼在《书摩诘蓝田烟雨图》说:"味摩诘之诗,诗中有画;观摩诘之画,画中有诗。"从此,"诗中有画"便成了王维诗的定评,这个特点突出地表现在王维作诗经常采用绘画技巧上。如《渭川田家》中,作者在前八句描写乡村生活中的常见景物,乍一看好像比较散乱,但他在第九句用"闲逸"二字,便将这些迹象贯穿起来,构成一幅生动和谐的画面。带有绘画特色的结构,不仅体现在一首诗的创作中,也体现在组诗的创作中。比如《辋川集二十首》,总体构思是通过描绘山水风光,反映作者的隐居情趣和生活。王维的诗还运用了我国古代绘画讲究大小、虚实、远近的处理等技巧。《汉江临眺》中间两联:"江流天地外,山色有无中。郡邑浮前浦,波澜动远空。"实写眼前流入长江的汉水,虚写江汉之水在天地外奔流。后两句在道出远近关系的同时,还运用虚实相间的手法和浪漫的想象,写出了水波山光的磅礴气势和凌空飞动的宏伟境界。

王维往往采用多种色彩,生动地表现大自然的形形色色,又以统一的情感基调组合成完整的画面。如《田园乐七首》其六:"桃红复含宿雨,柳绿更带朝烟。"又如《辋川别业》:"雨中草色绿堪染,水上桃花红欲燃。"《积雨辋川庄作》:"漠漠水田飞白鹭,阴阴夏木啭黄鹂。"都绚烂多彩,色泽是很丰润的。"诗中有画"主要体现在王维的山水田园作品中,同时,在他一些描写人物形象的作品中,也同样运用了画理。《少年行四首》其三:"一身能擘两雕弧,虏骑千重只似无。偏坐金鞍调白羽,纷纷射杀五单于。"王维抓住少年"偏坐"的特殊神态,渲染他华美的服饰,从而凸显出少年的英姿飒爽。总之,苏轼对王维"诗中有画,画中有诗"的赞语,只有将其放入形与神的对立统一中进行理解,才能真正感受到王维诗歌,尤其是他山水田园诗的高度艺术境界。

225. 王维诗中的禅意有何具体表现?

王维诗中的禅意主要表现在以下三个方面:

(1)诗歌中极力营造一种空、寂、闲的氛围,表现诗人清静虚空的心境。比如《鸟鸣涧》:"人闲桂花落,夜静春山空。月出惊山鸟,时鸣春涧中。"《鹿柴》:"空山不见人,但闻人语响。返景入深林,复照青苔上。"《辛夷坞》:"木末芙蓉花,山中发红萼。涧户寂无人,纷纷开且落。"王维在这些诗中,由空寂表现出了浓郁的禅趣。在《鸟鸣涧》中,作者营造出幽静的氛围:这是一个远离尘世的春山,万籁进入了夜所搭建的帐幕之中沉沉睡去,显得一片寂静。静到月亮出来,一片月的清辉竟然惊醒了睡梦中的鸟儿,鸟儿不时地在空旷的山谷鸣叫,这叫声更加衬托了静夜的空旷寂静。这春山的寂静其实是诗人心之静,佛教空寂而禅悦之意在其中体现了出来。

(2)王维在诗中极力表达对田园生活的赞赏,对隐居生活的向往。在田园之中,诗人悟出了隐居山林的禅寂之乐。如《辋川闲居赠裴秀才迪》:"寒山转苍翠,秋水日潺湲。倚杖柴门外,临风听暮蝉。渡头余落日,墟里上孤烟。复值接舆醉,狂歌五柳前。"诗人以陶令自比,把自己生活的环境描绘得极其闲适、恬静、美好,苍翠的寒山,潺湲的秋水,落日在渡头,孤烟于墟里,这一切都如同在画里。

(3)王维在诗中写出自己"闲居静坐"的禅趣。《旧唐书·王维传》中载"退朝以后,焚香独坐,以禅诵为事",这在《秋夜独坐》诗中有所体现:"独坐悲双鬓,空堂欲二更。雨中山果落,灯下草虫鸣。白发终难变,黄金不可成。欲知除老病,唯有学无生。"王维的静坐一般是为了禅定禅观,但他在静坐时又并非息念枯寂,而是眼有所见、耳有所闻、心有所感、思有所悟。他将禅的静默观照与山水的审美体验糅合在一起,在对自然山水的描绘中折射出清幽的禅趣。

226. 为什么称李白为"谪仙"?

天宝元年,李白应诏到长安。八十高龄的太子宾客贺知章见到李白,"既奇其姿",见到李白《蜀道难》后,"读未竟,称叹者数四,号为'谪仙'"(见孟棨《本事诗》)。对此,李白也颇以为荣,在《对酒忆贺监二首》中写道:"四明有狂客,风流贺季真。长安一相见,呼我谪仙人。"李白被贺知章称为"谪仙",与他生平行事、才情、性格等都密切相关。李白的思想比较复杂,他兼收并蓄,对诸家思想都有涉猎,称"五岁诵六甲,十岁观百家,轩辕以来,颇得闻矣"(《上安州裴长史书》),又称"十五观奇书,作赋凌相如"(《赠张相镐二首》其二)。然而对李白影响最大的则是道家和道教思想。李白的性格是浪漫的,具有任侠精神,他曾在诗中写道:"忆昔作少年,结交赵与燕。金羁络骏马,锦带横龙泉。寸心无疑事,所向非徒然。"(《留别广陵诸公》)他不仅仗剑走马,出入通都大邑,而且轻财乐施,举止豪放,挥金如土。离开四川不久,游历吴越时,"不逾一年,散金三十余万"(《上安州裴长史书》)。李白嗜酒,与贺知章等人并称为"饮中八仙",杜甫曾在《饮中八仙歌》描绘他们豪饮狂放的情态,"李白一斗诗百篇,长安市上酒家眠。天子呼来不上船,自称臣是酒中仙",描绘了洒脱豪放、无拘无束的形象。"黄金白璧买歌笑,一醉累月轻王侯"的快意生涯,豪荡纵恣、傲岸不群的浪漫气质,又与李白的道教思想密切相关,他不仅是郦食其式的高阳酒徒,也不仅是朱家式的豪士,他是具有道家思想和道教信仰、作风的酒徒兼豪侠之士。这种种因素互为融合,共同形成了一个立体的李白形象,因此"谪仙"之号成为千古定评。

称李白为"谪仙",也与他的诗歌创作有关。殷璠在《河岳英灵集》中称李白的诗:"率皆纵逸,至如《蜀道难》等篇,可谓奇之又奇。然自骚人以还,鲜有此体调也。"李白的族叔李阳冰在《草堂集序》中指出:"其言多似天仙之辞。"他们都看到了李白诗歌中飘逸若仙的特征,李白诗的这种特色,使人们更觉得"谪仙"名副其实。

227. 李白诗歌的特色是什么?

李白诗歌的特色,具体表现在以下几个方面:

(1)李白的诗歌极富艺术个性,表现出强烈的主观色彩和飘逸诗风,他将个人的强烈情感倾注到表现对象之中。例如《蜀道难》中"蜀道之难,难于上青天"出现了三次,就像音乐中的主旋律,回环往复,激荡人心。"问君西游何时还,畏途巉岩不可攀""锦城虽云乐,不如早还家",又像是亲切的叮嘱,深情款款。诗歌中充满了对蜀道奇丽惊险的描绘,也充满了作者惊叹的心情,我们似乎可以透过这些惊心动魄、色彩斑斓的画面,看到李白"兴酣落笔摇五岳,诗成笑傲凌沧洲"的高大形象。李白在《梦游天姥吟留别》中描绘了一连串变幻万千、瑰丽奇特的梦境,已令人神往不已,但诗人并未停止,而是进一步引出一个"青冥浩荡不见底,日月照耀金银台"的神仙世界,这样的神仙世界寄托了诗人的追求和向往,同时也反映了他非凡的想象力。这类意象在李白诗中数不胜数。

(2)李白的诗歌中常有大胆的夸张。例如《北风行》中用"燕山雪花大如席"形容北方的大雪,《秋浦歌十七首》其十五用"白发三千丈"比喻无尽的愁思,《横江词六首》其一用"一风三日吹倒山"来表现狂风呼啸、洪涛翻涌的雄奇景象,《望庐山瀑布》里用"飞流直下三千尺,疑是银河落九天"描绘激荡而下的飞瀑。李白很善于将极普通常见的事物,艺术化为令人惊叹的形象,手法高妙,化腐朽为神奇。

(3)李白的诗歌语言也很具有个人特色。李白信奉道家的自然观,认为"万物兴歇皆自然",这种观点反映到诗歌创作上,就表现为主张率真自然,反对雕饰。他在称赞韦良宰的诗时,说"清水出芙蓉,天然去雕饰",其实也正是自己诗歌语言的夫子自道。他的诗歌语言清新自然,甚至就像口语,明白如话,比如《静夜思》。与此同时,他的语言又是奔放和充满激情的,比如《行路难》中"行路难,行路难!多歧路,今安在?长风破浪会有时,直挂云帆济沧海",《将进酒》中"君不见黄河之水天上来,奔流到海不复回。君不见高堂明镜悲白发,朝为青丝暮成雪",都给人一气直下、奔涌而来的感受。

228. 李白乐府诗的特点及其创新之处有哪些?

李白继承汉魏乐府"感于哀乐、缘事而发"的优良传统和风骨,这也是他振起诗道的革新手段。他有感于"大雅久不作,吾衰竟谁陈",对"自从建安来,绮丽不足珍"的诗坛现状非常不满,从而大量拟作古乐府并予以革新。李白在创作乐府诗时大量沿用乐府旧题,或直接用其本意,或另有新意。他的创新主要表现在两个方面:一方面,是借旧题写时事,具有鲜明的时代精神和现实主义色彩。如《侠客行》《出自蓟北门行》等,都是缘事而发,表达了李白对现实生活的真实感受,具有深刻的寓意。另一方面,是用旧题抒己怀,由于旧题乐府中包含的主题和曲名本事,在某一个层面引起了李白的感触和联想,因此便以此来抒发自己的情怀。

李白在创作以旧题写己怀的乐府诗时,由于更加重视主观抒情,更能体现李白诗歌气势壮大、发兴无端的个性特色,其妙处常在可解与不可解之间,思落天外,奇特至极。李白这类乐府诗很多,虽然是拟古,却处处有"我"在,因此就具有别人无法模拟的个性特色。如《行路难》,从用语、声调到气势,都是专属于李白的,他用第一人称来抒情和议论,表达自己的个人感受,完全打破了乐府用赋体叙事的传统写法。李白将自己的浪漫气质带进乐府,从而使古题乐府获得了新的生命,把乐府诗创作推向了无与伦比的高峰。又如《蜀道难》古辞本就含有功业难成之意,这触发了李白在初入长安追求功业而未成的悲愤之感,因此他用这一古题抒发自己的感受,再三感叹"蜀道难,难于上青天"。李白在选择乐府旧题来抒写己怀时,常根据这个题目在古辞中的寓意和情感倾向,运用大胆的夸张和巧妙的比喻突出主观感受,进行创造性的想象和联想,以纵横雄肆的文笔形成磅礴的气势,同时又把自己的个性气质融入乐府诗的创作中,便形成了行云流水、一气呵成的抒情方式,有一种奔腾回旋的动感。这种动感在杂言体的乐府中尤为明显,具体表现为句式的参差错落和韵律的跌宕舒展。李白乐府的代表作,如《将进酒》《蜀道难》《梁甫吟》等,都是以五言、七言为主的杂言体。这类乐府诗在格调和体制方面,代表了唐代盛行的歌行体的最高成就。李白的乐府诗创作,实际上已经完成了乐府诗从汉魏古体到唐体的根本性转变。

229. 李白歌行诗有什么艺术特点?

李白歌行可以说是盛唐艺术追求浪漫个性的典型代表,历来人们把李白古体诗中以行、吟、歌、谣等为题的长篇,作为其歌行体的代表作,诸如《少年行》《梁园吟》《江上吟》《襄阳歌》《梦游天姥吟留别》等。这些歌行体抒情的意味很浓,李白以主观意向和情感为中心展开篇章,虚实相间,想象飞腾,笔势大开大合,或顺流直下,或大跨度跳跃,随心所欲。如《梦游天姥吟留别》中的"且放白鹿青崖间,须行即骑访名山。安能摧眉折腰事权贵,使我不得开心颜"。又比如《玉壶吟》"烈士击玉壶,壮心惜暮年。三杯拂剑舞秋月,忽然高咏涕泗涟"。这种李白式的抒情,如行云流水,一泻千里,暴风骤雨般忽起忽落。其歌行体诗,完全打破了传统诗歌创作的一切固有格式,笔法多变,空无依傍,达到了随心而行的变幻莫测的神奇境界。除此之外,这类诗歌还以音节的错落和句式的长短变化,来表现其振荡回旋的节奏旋律,加强了诗歌的力度与气势,呈现出豪迈飘逸的诗歌风格。李白的生命激情、非凡的气魄和独特的艺术个性,在他的歌行中全都展露出来,充分体现了盛唐诗歌气来、神来、情来和昂扬向上的时代精神,具有奇伟壮丽的阳刚之美。

230. 李白浪漫飘逸诗风形成的原因是什么?

李白浪漫飘逸诗风的形成原因主要有两方面:

(1)社会因素。盛唐时期政治开明,经济、文化等方面呈现出空前繁荣的景象,因此李白形成了炽热的情感、豪迈的性格和敏锐的政治追求,从而奠定了李白创作中浪漫主义的思想基础;同时,在昂扬进取的时代精神的感召下,李白以"济苍生""安黎元"为己任,一生不懈地追求报效祖国的机会。从当时整个社会来看,庶族出身的知识分子,大都无视世族门阀的宗族礼法规矩,狂傲豁达,放浪不羁,再加之李白受道家思想的影响,最终形成了傲岸不屈的性格和浪漫飘逸的诗风。

(2)个人因素。一方面,李白强烈自我表现的精神和豪放的性格,使他诗情喷涌、一气呵成,在许多诗篇里都表现出他独特的个性色彩。比如他要入京求官,就宣称"仰天大笑出门去,我辈岂是蓬蒿人";政治失意了就大呼"大道如青天,我独不得出";当他要宣泄喷涌的诗情时,就用大胆的夸张,如用"白发三千丈"比喻"缘愁似个长",用"抽刀断水水更流"比喻"举杯消愁愁更愁"。当现实生活不足以形容他的思想愿望时,他就借用非现实的神话和奇特的幻想来表现。另一方面,他的思想极其错综复杂。他既接受了儒家"兼济天下"的思想,又接受了道教和道家的思想。他顺应自然、求仙访道,追求绝对自由,当他在现实生活中失望时,他就把思想寄托在山川河流、仙界神灵上。他和神仙为伴——"仙人抚我顶,结发受长生",以山为朋——"相看两不厌,只有敬亭山",以月为友——"举杯邀明月,对影成三人",他深受庄子影响,"投汨笑古人,临濠得天和",蔑视世间的一切。同时,还受游侠思想的影响,"十步杀一人,千里不留行"。儒家、道家和游侠本不相容,但李白却是被这样复杂的思想支配一生。

231. 为什么称杜甫的诗为"诗史"?

在中国古代诗歌史上,杜甫被公认为具有承先启后和集大成作用,杜诗最广泛深刻地反映了他所处的时代社会,因而,他的诗被称为"诗史"。晚唐的孟棨在其《本事诗·高逸》中就有这样的记述:"杜(甫)逢禄山之难,流离陇蜀,毕陈于诗,推见至隐,殆无遗事,故当时号为诗史。"可见,早在唐代,人们就开始用"诗史"来称呼杜诗了。之后北宋所修《新唐书·杜甫传》中载:"甫又善陈时事,律切精深,至千言不少衰,世号'诗史'。"由此可见,杜诗被称为"诗史",由来已久。杜诗不仅叙述历史真实,并且还有进一步从本质上深入分析历史事件的洞察力和预见力。安史之乱前夕的杜诗,如前后《出塞》《同诸公登慈恩寺塔》《丽人行》《自京赴奉先县咏怀五百字》等等,对世变的即将到来,都有所预见和暗示。安史之乱发生以后,许多重大的历史事件都能在杜诗中及时得到反映,有些作品还可以补史之不足。如《三绝句》中的"前年渝州杀刺史,今年开州杀刺史",写广德年间川中大乱,这在史书上没有记载,而杜诗却为后人留下了记录与见证。除了这类反映史实的作品外,杜甫还为同时人写作诗歌体的传记,如著名的《八哀诗》,这类传记式作品对人物的叙述和评价,无愧于诗坛上的一代史笔。

杜诗"诗史"的价值,不仅在于反映时代社会,还在于他描写空间的广泛。杜甫一生经历过大半个中国,他去过的地方在诗作中都有生动翔实的描写。如《秦州杂诗二十首》写他初到秦州,以及由秦州至成都的纪行诗一共二十四首,描写一路经行的山川风物,赢得了"杜陵诗卷是图经"的赞誉。晚年在夔州、荆湘一带漂泊,作《负薪行》《最能行》《岁晏行》等,对当地风土人情与生活习俗也有许多记载和描写,这些都使他无愧于"诗史"的美称。

232. 为什么称杜甫为"诗圣"?

"诗史"是从杜诗的历史价值角度来评价,而"诗圣"则是对杜甫其人其诗比较全面的评价,并且这个评价几乎是至高无上的。明末王嗣奭在《梦少陵作》中称"青莲号诗仙,我翁号诗圣",可见那个时候,杜甫"诗圣"的称号已经是公认的了。如果要进一步探求把杜甫看作"诗圣"的起点,则宋代甚至唐代就开始了。最早对杜诗进行全面评价并认为其地位高超的是元稹。宋代的秦观在《韩愈论》中把杜甫和孔子相比:"杜子美之于诗,实积众流之长,适当其时而已……孔子,圣之时者也。孔子之所谓集大成。呜呼!子美亦集诗之大成者欤?""集大成"是古代评价孔子对先秦文化总结整理的功绩的赞语。秦观尽管没有称杜甫为诗圣,但已经将杜甫赞为集大成者了。秦观在这里说的"圣之时者",即是指适当其时而集众善之大成的意思。杜甫取得的"集大成"的成就,除了他的天才和努力以外,也和这个时期中国文学发展阶段的机遇有关。唐代是诗歌的黄金时代,各种体制的诗歌到唐代达到了完全成熟,不同风格和流派的诗人层出不穷,这时,正需要有一位天才人物承前启后,杜甫适时出现了。他博采众长,转益多师,各种体式的诗歌都突破前人的束缚而达到新的高度,晚年格律诗的技巧更是臻至圆熟,《敬赠郑谏议十韵》中的"思飘云物外,律中鬼神惊。毫发无遗憾,波澜独老成"正是在形容自己超凡入圣的诗歌艺术技巧。秦观所说的"适当其时",亦即此意。他把杜甫比成诗坛上的孔子,也是有根据的。宋代人这种把杜甫比拟孔子,把杜诗比拟儒经的提法,无疑是与当时盛行的理学风气有关,客观上也为后人尊称杜甫为"诗圣"打好了理论基础,做好了舆论准备。

233. 为什么历来以"沉郁顿挫"概括杜诗的艺术风格?

沉郁是指文学作品情调浑厚、意境深远,顿挫本来是舞蹈动作的一种,在诗歌创作上则是指有节奏的思想感情的震荡。在诗歌创作中,沉郁一般与主题内容有关,而顿挫则与作品的结构、谋篇、琢磨字句的技巧有关。清代吴瞻泰在《杜诗提要》中说:"沉郁者,意也,顿挫者,法也",也正是此意。但技巧或内容,都是和作品的风格密切相关。这可以从三个方面阐述:

(1)在思想内容方面,有人称杜诗一多半在言愁,分析发现,杜诗中确实很少有纯然欢乐的存在,这是与杜甫所处的时代环境,以及他个人的身世遭遇密切相关。杜甫一些感人至深、广为流传的作品,都是具有悲剧色彩的。在这些作品中,忧国伤时的情思和深沉的感慨,都最能表现出杜诗的沉郁顿挫。

(2)在情感抒发方面,杜诗中那种深厚的感情,宽广的胸襟,也有助于表现沉郁顿挫的风格。杜甫处于乱世,漂泊不定,贫病交加,但他在诗歌中却并非只表现个人的苦难,而是更多地想到人民和国家,想到社会世界的过去和未来。其《茅屋为秋风所破歌》最能代表他悲天悯人的怀抱和胸襟,代表他作品中思想的高度与深度,这就使得他的诗歌表现出一种深厚有力的感情。昔人称之为温柔敦厚的诗教,体现在杜诗中则是特有的沉郁顿挫的风格。

(3)在诗歌体制方面,杜诗风格的沉郁顿挫也体现在它宏大巨丽的体制之中。杜甫在诗歌创作上虽能兼众体之长而各极其妙,但元稹在《唐故工部员外郎杜君墓系铭并序》中称之为"铺陈终始,排比声韵,大或千言,次犹数百"的规模宏大的排律、古体诗和大型的组诗,则是杜甫首创和擅长的。在这些巨作中,作者绵绵不断的宏大的诗思,以变化无端、波澜迭起的方式驰骋震荡,产生了深远的感情效应。

234. 杜甫叙事诗有什么特点?

杜甫以前的文人很少写作叙事诗,而杜甫则大量运用叙述手法,即事名篇,以古体诗写时事。可以说,杜甫使诗歌叙事技巧达到了高度成熟,具体而言有四个方面:

(1)杜甫善于对现实生活进行典型的艺术概括。他很善于通过个别反映一般,选择和概括有典型意义的人物;还善于把巨大的社会内容集中在一两句诗里。比如《兵车行》里"行人"的话,道出了无数征夫戍卒的相似遭遇,而"三吏""三别"最能代表这个特点。再比如"朱门酒肉臭,路有冻死骨",今天读来仍觉惊心动魄,就因为它高度概括了当时社会的尖锐矛盾。

(2)杜甫将客观真实的叙述与主观强烈的抒情融为一体。他常把许多叙事诗当成抒情诗来写,因此有些诗很难分出是叙事还是抒情。有时将叙事、抒情、议论于一体,长篇、短篇均如此,有散文的句法、赋的铺排,也有意境的创造。杜诗将记述时事、反映历史与抒发情怀融为一体,这是诗歌表现方法的一种转变,是杜诗异于一般盛唐诗的地方。

(3)杜诗中常运用对话,人物语言也极具个性化色彩。杜甫吸收汉乐府的创作经验,经常运用独白或对话和个性化的人物语言,因此刻画人物十分生动。比如《新婚别》写一位新婚女子的独白,读者会有一种如在眼前的感觉。

(4)杜诗语言的一大特色是在诗歌中大量采用俗语。杜甫在抒情的近体诗和叙事的古体诗中均大量用俗语,在古体诗中则更为丰富。叙事诗大多写人民生活,运用俗语,有助于突出人物性格和语言的个性化,增加诗的亲切感和真实性。比如,同是一个呼唤妻子的动作,在《遭田父泥饮美严中丞》中,用的是"叫妇开大瓶","叫妇"这一俗语,便显示了田父的本色,而在《病后遇王倚饮赠歌》一诗中,杜甫用的却是"唤妇出房亲自馔"。

(5)杜诗叙事,既讲事件具体经过,又着力于细部描写。或人或物或心情,杜甫无不精心刻画,以小见大,把人引入某种氛围之中。比如《北征》,讲述从凤翔往鄜州省亲时一路所见,杜甫通过一些具体的细节描写,从个人的视角出发,展现了当时广阔的历史画面。这些细部描写使杜诗在叙事方式上很特别,从传统的概括描写走向具体事件的某个片段的描写,因此增加了真实感,极大丰富了生活色彩。

235. 杜甫律诗创作所取得的主要成就是什么?

杜甫在律诗创作中取得的主要成就有以下几个方面:

(1)扩大了律诗的表现范围,他用律诗写应酬、宴游、咏怀、山水、羁旅以及时事。用律诗写时事,具有很大的难度,但杜甫运用自如,这类写时事的律诗,较多抒情与议论,叙述较少,代表作有《王命》《秋笛》《征夫》等。

(2)以律诗写组诗,拓宽了律诗的表现手法。杜甫以组诗的形式,来表现一些比较宽泛、难以表现的内容,五言和七言中都有组诗,最为成功的是七言,而《秋兴八首》可说是其中的巅峰之作。这组诗写于杜甫滞留夔州时期,要用一首诗来表达复杂的、低徊不尽的,交错着感慨、回忆、思念的感情与对于时局的看法,不容易做到,也不容易表现得淋漓尽致,但是用组诗却可以做到。这种方法极大地扩充了律诗的表现力,这是杜甫在律诗发展史上的贡献。

(3)境界浑融。杜甫将律诗写得纵横变化,对仗工整,音律和谐,毫无雕琢痕迹。比如《闻官军收河南河北》,把狂喜的心情表现得淋漓尽致,用一系列的动词,加强了随意性和突然性的色彩。用一系列连接词,连接四个地名,造成顺流而下的气势。连贯性、整体感极强,感情流畅,丝毫不受律体的束缚。

(4)技巧出神入化。杜甫自称"晚节渐于诗律细",这正是他的诗歌追求。不仅体现在声律的精心安排,也要求在规矩中变化万千。有时,杜甫在表达感情时为了某种需要而写拗体,晚年时七律中拗体更多,这种拗体是七律成熟之后的通变。

(5)炼字炼句。杜甫精于用字、刻画细微,对诗歌语言千锤百炼,在其律诗中表现最为精彩。他的用字,常常达到别人难以更改的地步。炼字时,用力点在于表现神情韵味。刘熙载说"少陵炼神",即指此。

236. 如何评述杜甫诗歌的地位和影响?

杜甫是盛唐向中唐过渡时期的伟大诗人,他忧国忧民,善于把民生的苦难、时代的灾难、个人的不幸结合起来,用典型事例反映社会现实,他的诗歌被称作"诗史"。又由于他善于转益多师,"尽得古今之体势,而兼人人之所独专",在集大成的同时,为后人开无数法门。

从广义方面来说,杜甫的集大成,首先是他身上集中了传统知识分子最重要的品质,即忧国忧民、仁民爱物。其次是杜甫集六朝、初盛唐诗歌之大成,形成多种多样的风格。就诗歌传统而言,杜诗中多见的叙事与议论,受到《诗经》的影响;其慷慨悲歌的格调,是受《离骚》的影响;缘事而发,是汉乐府的传统;而其抒情浓烈、感情细腻的特点,与建安诗歌有关。在诗歌表现形式上,他广泛吸收前人成果。其五言古诗广泛受到魏晋南北朝诗人的影响;五言、七言律诗则吸收了这两种诗歌体式在发展过程中的一切有益经验;五律则主要学习祖父杜审言。而最重要的是,他充分吸收盛唐诗人创造意象和意境的经验,把它融入叙事的技巧里,叙事而又有着意境的美。叙述夹议论,有"小雅"的因素,有乐府的影响,有赋的铺排技巧,也有史笔的痕迹。他主张转益多师,也因此他能成为集大成者。

杜诗众体兼备,自铸伟辞,艺术经验十分丰富,为后来者的进一步发展提供了各种可能,可谓是承前启后。杜甫之后,白居易、元稹受到杜甫缘事而发、写生民疾苦的写实精神和五言排律夹叙夹议的影响;韩愈、孟郊则受到杜诗散文化、炼字和奇崛的影响,这一类在晚唐更是发展成苦吟一派;李商隐在七律方面学习杜甫,体现出杜诗组织严密而跳跃性极大的特点。积极学习杜甫,使中晚唐出现了许多杰出的诗人。宋代以后,杜甫的地位变得更高,他在中国诗歌史上的影响,历千年而不衰。更重要的是,杜甫心念国家安危、关怀生民疾苦,这一点在后代士人人格的形成上有很大的影响。

237. 困守长安的经历对杜甫诗歌创作有何影响?

杜甫在长安期间写作了一系列反映社会现状的诗篇,标志着他在困守长安后对朝廷政治、社会现实的认识达到了新的高度,成就了他在中国文学史上的不朽地位。

安史之乱前杜甫在长安困守十年,作诗一百一十余首。这段时间里,杜甫先是应试落第,后来向玄宗献赋,向达官贵人投赠诗歌,生活陷入困顿之中,如其诗所写:"朝扣富儿门,暮随肥马尘。残杯与冷炙,到处潜悲辛。"直至长安十年的末期,才被授以右卫率府胄曹参军的小官。这期间他写了《丽人行》《兵车行》等讽刺权贵、批评时政的诗篇,最著名的是《自京赴奉先县咏怀五百字》。

杜甫在长安时期的诗歌,风格沉郁,内容深刻,叙事严谨,语言精练,真实地反映了唐代都城各阶层的社会现实,奠定了杜甫在中国诗歌史上的崇高地位。

238. 何谓"三吏""三别"?

"三吏""三别"是对杜甫在安史之乱中所作的《石壕吏》《新安吏》《潼关吏》《新婚别》《无家别》《垂老别》的简称,这六首诗是杜甫通过亲身见闻写成的。安史之乱中,相州一役后,统治者实行了惨无人道、毫无章法的拉夫政策,杜甫目睹了这些惨象,心中充满了痛苦和矛盾,写下这两组诗。这六首诗中,杜甫不仅揭露了统治阶级的严苛凶残,还以无限同情和感激的心情歌颂了广大底层人民。两组诗也有不同的地方,首先表现手法不大相同,"三吏"兼有问答叙事,而"三别"通篇都是人物独白。其次,从文学源流上看,"三吏""三别"上承《诗经》、汉乐府的叙事风格,下启白居易等人的新乐府,标志着杜甫的现实主义创作达到了顶峰。

239. 南宋严羽《沧浪诗话·诗评》云:"李杜二公,正不当优劣。太白有一二妙处,子美不能道;子美有一二妙处,太白不能作。子美不能为太白之飘逸,太白不能为子美之沉郁。"对此如何理解?

韩愈称誉说:"李杜文章在,光焰万丈长",在唐诗的浩瀚海洋中,最为夺目的莫过于李白和杜甫,二人分别代表了中国古代诗歌中浪漫主义和现实主义的最伟大成就,共同把唐诗艺术推向了最高峰。这可以从三个方面理解:

(1)从诗歌的内容上看,他们一个重在自我,一个重在社会;一个是幻境的描绘,一个是历史的记录。李白的诗,带有强烈的主观色彩,更多的是自我的书写,抒发自我的感情,张扬自我的个性。"杜甫的诗,带有鲜明的客观色彩,注重刻画社会现实,抒发忧国忧民的思想感情。"

(2)从诗歌的艺术特色上看,他们一个豪放飘逸,是飞仙,遗世而独立;一个沉郁顿挫,是老儒,忧国与忧民。李白的诗歌,达到了浪漫主义的巅峰,豪放飘逸,充满了变幻莫测的神奇想象和澎湃激情,以及"清水出芙蓉"的自然秀美。他的诗感情骤起骤落,像狂风暴雨,直抒胸臆。而杜诗顿挫,意境雄浑开阔,语言刚健有力,音调和谐铿锵,章法曲折有致,积淀着深沉苍凉的情感,蕴含着一种厚积的感情力量,每欲喷薄而出时,他坚守的儒家中和处世的心态,又将那份喷薄欲出的悲怆抑制住,从而显得缓慢、深沉,可说是集中国古典诗歌之大成。

(3)从诗歌的思想看李白和杜甫,一个是集道儒侠于一身的多元文化的集成者,一个是儒家思想虔诚的信徒。

240. 李白、杜甫的诗歌理论各有何特点?

李白提倡以复古来革新的诗歌主张,鲜明地表现在《古风五十九首》其一里。在这首诗中,李白评述了历代诗歌的发展,他竭力推崇《诗经》的"风雅"为"正声",肯定它所开创的现实主义传统是诗歌创作的正确道路,鄙薄建安以后的创作"绮丽不足珍"。他以诗歌改革作为己任,"我志在删述,垂辉映千春"。李白标举"风雅",主要在于"风雅"中很多诗篇有美刺比兴,关心国事民生,故其意在倡导《诗经》的现实主义精神,是把《诗经》的"风雅"作为与建安以后脱离现实的形式主义诗风斗争的旗帜,正是借复古以革新的体现。

李白强调《诗经》的风雅比兴传统,反对六朝诗歌缺乏现实内容、片面追求华美形式的不良倾向,但对建安以后的历代诗歌并非一笔抹杀。他的名篇《宣州谢朓楼饯别校书叔云》诗中有"蓬莱文章建安骨,中间小谢又清发"之句,在提倡建安风骨的同时,对谢朓诗歌的"清发"表示了赞颂。他还把鲍照比作"凤与麟",评价是极高的。李白对建安以后的诗人如阮籍、左思、谢灵运、谢朓、鲍照,都直接或间接地表示赞赏,可见他对六朝诗赋并不完全鄙薄,他所反对的只是六朝时代绮靡柔弱的文风。李白是屈原以后我国古代杰出的浪漫主义诗人,他在文学上的主张,不只推崇《诗经》和建安风骨,而且受到屈原辞赋的深刻启发和影响。李白在《江上吟》中说:"屈平词赋悬日月",在《泽畔吟序》中说友人崔成甫因为学习屈原的诗歌,而能"逸气顿挫,英风激扬,横波遗流,腾薄万古"。这既反映了李白对屈原的仰慕,也表明了他在艺术上所追求的境界。李白在《经乱离后天恩流夜郎忆旧游书怀赠江夏韦太守良宰》中的"清水出芙蓉,天然去雕饰",表明了他对诗歌风格的美学追求,在《古风五十九首》其三十五中的"安得郢中质,一挥成斧斤"的意思也是如此,说诗歌的美好意象也应像郢匠那样功到自然成,才能达到运斤成风、得心应手的成熟境地,而无雕饰斧凿之痕。李白的诗论数量虽然不多,但其识见卓异,他伟大的浪漫主义诗篇,正是诗人创作主张的最好艺术实践。

杜甫在诗歌创作上的主张,与李白的着眼点不同。杜甫是唐代反齐梁、复汉魏的诗歌运动的有力建设者,不像李白那样重在冲决藩篱,故力崇古调,兼取新声,但旨归也在"亲风雅""近风骚",从终极目的上看是一致的。只是杜甫因为重在立,故理论更为全面。杜甫是我国诗歌史上最伟大的现实主义诗人,要求诗歌创作以反映国事民生为首要任务。在名作"三吏""三别"以及《兵车行》《悲陈陶》《悲青坂》《自京赴奉先县咏怀五百字》等众多诗篇中,诗人更是以自己的创作实践了这一进步主张,因而他的诗篇像精金美玉,永远焕发着耀眼的光彩。杜甫也非常重视艺术形式在诗歌表现上的作用,以使诗的思想内容能表现得更有力、更充分。元稹说,杜甫由于对诗歌表现艺术的重视,能广泛学习历代诗人的长处,"尽得古今之体势,而兼人人之所独专",所以成为诗歌艺术的集大成者。杜诗积极进步的思想内容之所以得以有力表达,就是借助于这种深厚的艺术功力。

杜甫的艺术主张是卓越而全面的。他对待古代遗产和近代作家的态度是:"不薄今人爱古人,清词丽句必为邻"。他认为要进行多方面的学习,不论古今,即使对于六朝时的作品,虽然从总体趋势上看,文风柔靡,但对其中的"清词丽句",也"必为邻",要吸收其长处。杜甫的这种态度最为全面。在杜甫看来,继承和创造的关系是辩证的。"转益多师是汝师",是指无所不师,而无定师,故能兼取众长;又因能"别裁伪体",故能"转益",不妨碍自己的创造。杜甫既重视学习,又不是全盘接受论者。所以他能"读书破万卷",做到"下笔如有神",既吸收前人长处,更有自己的"神"。杜甫对于艺术风格的看法,也是比较全面的。他赞赏"鲸鱼碧海"的恢宏气度,又颂扬孟浩然的"清诗"和王维的"秀句"。杜甫重视诗歌技巧,要求创作态度严肃。他曾说"为人性僻耽佳句,语不惊人死不休""陶冶性灵存底物,新诗改罢自长吟。孰知二谢将能事,颇学阴何苦用心""晚节渐于诗律细",他要求在创作上做到"毫发无遗憾",可他却不是艺术至上论者,而是具备最严肃的创作态度。唯其如此,才能达到"思飘云物外,律中鬼神惊"的艺术效果,准确而生动地反映现实。

杜甫创作上的主张,是内容和形式的高度统一,他的诗论很全面。《戏为六绝句》不只是他诗论的论纲,也在中国文学批评史上开创了一种新的表达形式,影响久远。

241. 中唐诗歌创作的概况如何?

面对盛唐诗歌的艺术高峰,中唐诗人努力拓展新的诗歌表现领域,从而使中唐成为诗歌的又一繁荣时期。中唐诗歌流派繁多,诗人和诗作的数量远超盛唐。诗歌从盛唐发展到中唐,经历了巨大的转变。杜甫是其中的转折点。自大历年间到贞元中,唐诗处于一种过渡状况,代表人物是刘长卿、韦应物、李益及"大历十才子",他们经历了安史之乱,诗歌中大多反映了民生凋敝、社会疮痍,但是缺乏盛唐诗人强烈浓厚的感情和震撼人心的艺术感染力,更多的是经历苦难之后客观冷静的描写、感伤低沉的哀叹。与此同时,还有顾况、元结等,用乐府古体揭露时弊,描写百姓疾苦,风格古朴,成为除了杜甫与白居易、元稹之外的又一个现实主义流派。

唐诗发展的又一高潮是贞元后期至长庆年间。与盛唐相比,诗歌的变化主要有三个方面。其一,内容上,题材增加,现实主义倾向加强,总结历史教训的题材增多。其二,形式上,诗歌流派众多,风格各有不同。一派由白居易、元稹、王建、张籍等人倡导和参与新乐府运动,主张发挥诗歌的美刺作用,干预现实,对杜甫的现实主义有所继承和发展,有一套较明确系统的理论。另一派以韩愈、孟郊为代表,继承了杜甫"语不惊人死不休"的精神,以怪奇为美,注重炼字炼句,追求惊世骇俗的审美情趣,风格奇崛险峭。此外,刘禹锡和柳宗元标新立异,自成一家,是中唐时期优秀的诗人。其三,表现手法上,更加丰富,如以文为诗,以律调入歌行,以议论为诗,用传奇的手法叙述等。

242. 元结的文学主张是什么?

元结是中唐初期唐代文学史上最重要的两次革新运动——新乐府运动和古文运动的先导者,也是以复古革新为主要目标的现实主义的代表作家。元结文学上的复古理论属于现实主义范畴,其《箧中集序》《刘侍御月夜宴会诗序》与陈子昂《修竹篇序》的理论是一脉相承的。陈子昂《修竹篇序》高举"风雅兴寄"和"汉魏风骨"的复古旗帜,从理论上开了唐诗一代新风。元结在乾元三年所作的《箧中集序》中也感慨地说:"风雅不兴,几及千岁……近世作者,更相沿袭,拘限声病,喜尚形似,且以流易为辞,不知丧于雅正。然哉!彼则指咏时物,会谐丝竹,与歌儿舞女,生污惑之声于私室可矣;若令方直之士、大雅君子,听而诵之,则未见其可矣。"至永泰元年作《刘侍御月夜宴会诗序》时又说:"于戏!文章道丧盖久矣。时之作者,繁杂过多,歌儿舞女,且相喜爱,系之风雅,谁道是邪?"可见,他和陈子昂一样慨叹风雅之道的丧亡,反对没有深刻内容徒具浮艳辞藻的形式主义作品。他们都主张复古——回复到"风雅"这个现实主义的传统上来。他主张:第一,诗歌应具有美刺的功能,"极帝王理乱之道,系古人规讽之流"(《二风诗论》)。第二,诗歌应具有质朴自然的风格,不必"拘限声病",但求"道达情性"。第三,诗歌应发挥积极的社会作用,做到"上感于上,下化于下"(《系乐府十二首序》)。

243. 大历十才子包括哪些人?他们的作品有何特色?

据唐代姚合的《极玄集》记载,大历十才子是李端、卢纶、吉中孚、韩翃、钱起、苗发、崔峒、耿湋、司空曙、夏侯审。《新唐书·卢纶传》亦作此说,但在其他记载中,如宋人计有功的《唐诗纪事》、严羽的《沧浪诗话》、江邻几的《嘉佑杂志》、清代管世铭的《读雪山房唐诗钞》等,都略有不同,除以上十人外,被认作十才子的还有李益、郎士元、皇甫曾、皇甫冉、李嘉祐、刘长卿、吉顼、冷朝阳等人。可谓众说纷纭,当以《新唐书》为是。"十才子"中有的诗人流传下来的作品很少,但在当时却是颇有声誉。十才子诗歌的特色主要表现在以下几方面:

(1)寄情山水,咏颂自然。十才子大多步王维的后尘,以田园风光为主要题材。如钱起《暮春归故山草堂》:"谷口春残黄鸟稀,辛夷花尽杏花飞。始怜幽竹山窗下,不改清阴待我归。"时序更进,物我相亲,寓静于动,表现了作者的闲适之情。

(2)格律规整,字句精工,是十才子作品最显著的特色。他们作诗都很认真,态度严肃,作品体裁多用音律和谐的近体格律,很少见到乐府歌行。如韩翃的《酬程近秋夜即事见赠》:"长簟迎风早,空城澹月华。星河秋一雁,砧杵夜千家。节候看应晚,心期卧亦赊。向来吟秀句,不觉已鸣鸦",有声有色,顺势贯连,章法非常紧密。

(3)轻酬浅唱,情思绵远,是他们诗歌的又一个重要特点。晚唐时诗风绮丽,而中唐时期十才子的作品也有很多体现这个特点的,只是没有过甚。如李端的《听筝》:"鸣筝金粟柱,素手玉房前。欲得周郎顾,时时误拂弦。"《拜新月》:"开帘见新月,便即下阶拜。细语人不闻,北风吹罗带。"感情细腻,形象生动而传神,惟妙惟肖地刻画出了少女的情思。

244. 刘长卿的诗对后世有何影响?

刘长卿主要在天宝末到大历年间进行创作活动,此时正处于唐王朝由盛而衰的转折点。诗坛上也发生了巨大的变化,奇伟壮丽的盛唐诗歌,已经不能真实地体现乱世的时代精神,士人身上昂扬进取的豪气也荡然无存,而代之以消沉与麻木。至德和大历年间,正是盛唐与中唐的过渡点。

刘长卿与大历十才子一样,都是以描写山水景物为主的。但是,由于大历十才子存在着一个通病,那就是"皆不能自远权势",所以,他们的山水诗经常用来点缀贵族生活,杂有许多阿谀奉迎之作。但是刘长卿与十才子的为人有着明显不同,唐代的高仲武说过:"长卿员外有吏干,刚而犯上。两遭迁谪,皆自取之。"(《中兴间气集》)正由于此,刘长卿在景物描写中就往往寄托着某种属于自己的情感。如"日暮苍山远,天寒白屋贫。柴门闻犬吠,风雪夜归人"(《逢雪宿芙蓉山主人》),这里的感情都不是无病呻吟。与大历十才子一样,刘长卿也以王维为宗,擅长五律。但是,刘长卿的成就更为突出,有独到之处。他能够在写景抒情时用严格的律诗来写,而无雕琢修饰,达到了造意清新、凝练自然的艺术境界。其中的一些名篇佳作,的确能够独步中唐。从这个意义上说,"五言长城"是当之无愧的。但是,他和大历十才子一样,也摆脱不了时代的束缚,其诗歌有着致命的弱点,在内容方面,反映社会生活面过窄,从而影响了发挥。高仲武这句"十首以上,语意稍同,于落句尤甚"的评价,当是笃论。

245. 为什么说韩愈"以文为诗"?

韩愈"一代文宗"的地位,是世所公认的。对于他的诗,历来毁誉参半。贬之者曰:"退之诗,押韵之文耳,虽健美富赡,而格不近诗。"(《冷斋夜话》引沈括语)也有人断言:"韩退之于诗本无所解。"(王世贞《艺苑卮言》)誉之者则云:"诗正当如是,我谓诗人以来,未有如退之者"(《冷斋夜话》引吕惠卿语)。有的史家从更广阔的意义上认为,韩诗"不仅空前,恐亦绝后"(陈寅恪《论韩愈》)。

韩诗多"赋",文的成分较重。韩愈心之所思,目之所睹,信笔写来,动辄数十百韵。他的五言、七言长篇叙事古诗,多达五十余首,描摹刻画,也无不委曲详尽。律诗和小诗,偏重于写景记事。

韩诗好发议论,也是散文化的体现。《山石》在篇末发议论:"人生如此自可乐,岂必局束为人鞿。嗟哉吾党二三子,安得至老不更归。"倘佯于大自然的无限快意,沉浮于宦海的难言苦衷,在诗人心中激烈撞击,迸发出思想火花。

韩愈善于把古文起承转合的气脉和古文谋篇、布局、结构的方法贯彻到诗歌创作里,也就是以古文的章法写诗。韩愈以文为诗,革新了诗歌传统的表现手法,有效地纠正了中唐以来柔弱浮荡的诗风,为诗坛增加了新的活力。当然,这样的大胆革新和尝试,也会有不足。以文为诗,运用不当的时候,会削弱诗歌语言的形象性和精练性。

246. 韩诗对宋诗散文化有何影响?

韩愈的以文为诗,在李商隐、杜牧等人的古诗中,可以看出影响,李商隐的七古《韩碑》,称得上得韩诗神髓,"生硬中饶有古意,甚似昌黎而清新过之"(屈复《玉溪生诗意》)。然而韩诗真正受到重视,还是在宋代。叶燮曾对此做了概括:"唐诗为八代以来一大变,韩愈为唐诗之一大变。其力大,其思雄,崛起特为鼻祖,宋之苏(舜钦)、梅(尧臣)、欧(阳修)、苏(轼)、王(安石)、黄(庭坚),皆愈为之发其端,可谓极盛。"(《原诗·内篇》)唐人在诗坛上建立了前所未有的丰功伟绩,这样"宋人欲求树立,不得不自出机杼,变唐人之所已能,而发唐人之所未尽"(缪钺《论宋诗》)。

韩愈以文为诗,扩大了诗歌的题材,开拓了诗体,促进了诗歌语言的解放,丰富了诗歌创作的艺术手段。这种做法正符合有志于变革创新的宋代诗人们的需要,为他们扫除宋初西昆派浮艳诗风提供了有力武器,为他们确立一代诗风(即后人所谓的"散文化")提供了借鉴和依据。当然,"散文化"三字不能完全概括宋代诗风,但是,经过反西昆体之后,"散文化"成为宋诗的主流确是事实。苏轼是宋诗一大家,也是宋诗人中学韩最成功、最有创造性的一位,正如清代学者赵翼所指出的:"以文为诗,自昌黎始,至东坡益大放厥词,别开生面,成一代之大观。"(《瓯北诗话》)苏诗各体皆工,尤擅长篇古诗。散文常用直叙和铺陈排比手法,苏诗《李氏园》即"以记序体行之,朴老无敌,而波澜又极壮阔"。与苏轼齐名的黄庭坚,是宋诗最大流派——江西诗派的宗主,"庭坚之学韩愈,实自庶(庭坚之父黄庶)倡之"(《四库全书提要》),他"于公(韩愈)师其六七,学杜者二三"(李详《韩诗萃精序》)。严羽在《沧浪诗话·诗辨》中曾批评黄庭坚以及江西诗派:"以文字为诗,以议论为诗,以才学为诗。"但这正是宋代诗歌区别于唐代诗歌的一大特点。

247. 韩愈的文学理论有哪些?

韩愈是中唐的文坛领袖,不仅在诗文创作上提出了新的理论观点,而且在诗文创作实践中取得了重要成就,其文学理论主要有以下几个方面:

(1)在散文创作上提倡古文。韩愈说的古文是指与当时文坛上的骈体文相对的散体文,他号召写秦汉时代的散文,故称古文。他主张写作以古文为主的语体散文,内容要充实,要言之有物,注重实用功能,强调文以明道。"道"指儒家的社会政治思想和伦理道德,体现在作家身上,就是要求作家加强道德修养;同时反对内容空洞、雕琢华丽的骈体文。

(2)提出"气盛言宜"说,同时提倡要注重语言上的创新。"气盛"是指作家的仁义道德修养造诣很高而自然体现出来的精神气质和人格境界,与孟子的"浩然之气"含义相同。在《答李翊书》中,韩愈提出了"气盛言宜",即"气盛则言之短长与声之高下者皆宜也"。气盛了,就能创造出言宜,即优秀的文章,如此就把养气与作文完美地统一起来了。

(3)提出"不平则鸣"论。《送孟东野序》中,韩愈提出了"不平则鸣"论:"大凡物不得其平则鸣","人之于言也亦然"。从文学理论批评上看,"不平则鸣"即指作家在不得志时,就会用创作来抒发思想情感,表达自己内心的志向。这与司马迁的"发愤著书"说是一脉相承的。但他更指出,"欢愉之辞难工,愁苦之言易巧",只有那些胸有丘壑而不得志的文人爱"鸣",也善"鸣"。

(4)诗歌风格上追求雄健怪奇。在《调张籍》诗里,韩愈说:"精诚忽交通,百怪入我肠",意象怪奇,他还曾在评价孟郊的诗歌时说:"横空盘硬语,妥帖力排奡"。这些都说明他提倡矫健怪奇的诗歌风格。这对宋诗的以议论、才学入诗都产生过影响。

248. 简述唐代散文的发展轨迹。

唐代文学的繁荣,与散文的成就分不开,其发展轨迹如下:

(1)唐初近百年间,文坛上占主要地位的仍是骈体文,但奏疏表章已经多用散体。

(2)天宝后期,独孤及、梁肃、柳冕、李华、萧颖士提倡古文,明确提出以五经为源泉、本乎道、重政教之用的主张,但他们的主张带着空言明道的性质,并未与当时的政治现实结合起来。

(3)中唐时期,韩愈、柳宗元把散文的文体文风改革与政治革新联系在一起,提出文以明道,成为儒学复兴思潮的一部分,形成巨大的声势,因此,散体文开始取代骈文,从此占据文坛。这就是"古文运动"。韩愈、柳宗元的文学改革之所以能够成功,一是文以致用,参与政治,参与现实生活,开拓了散文的表现领域,与六朝骈文区别开来。二是虽言复古而实为创新。他们广泛吸收秦汉散体文的长处,还充分吸收骈文的精华部分。"韩、柳文实乃寓骈于散,寓散于骈;方散方骈,方骈方散;即骈即散,即散即骈",这就使散文的艺术表现技巧变得十分丰富,把散文的创作推到了一个全新的阶段。

(4)中唐之后,散文的创作走向低谷。晚唐虽仍有陆龟蒙、皮日休、罗隐等人犀利的杂文,但因文体改革与政治改革联系过于紧密,当政治改革失败时,古文的创作热情也开始消退;同时又由于韩门弟子过于追求险怪,创作道路变得狭窄,阻碍了它的发展。因此,散文一度衰落,骈文的创作又重新抬头。

249. 唐代古文运动兴起的背景是什么?

唐代古文的发展演变,大致可以分为四个阶段:陈子昂为古文先驱,古文创作兴起于武则天统治时期;发展于安史之乱前后,李华、独孤及、萧颖士、元结等为此做出了重要努力;在贞元、元和年间走向繁荣,韩愈、柳宗元为其领袖;在晚唐趋于衰微,杜牧、孙樵、罗隐等为其余响。古文运动兴起的背景有以下四个方面:

(1)安史之乱平定以后,唐代社会曾出现了"中兴"局面,但社会矛盾依然存在。一部分中下层的知识分子,有强烈的社会责任感和忧患意识,迫切要求社会政治的改革,并要求文学要为政治改革服务。

(2)儒家复古思潮成为古文运动的指导思想和推动力量,韩愈为其代表。韩愈提倡"古文",他以先秦两汉的古代散文为号召,倡导的是与当时流行的骈文相对的散体文,故称"古文"。他还倡导文以明道,这里的"道"就是儒家的伦理道德和社会政治,要求作家加强仁义道德修养。

(3)从古文自身的发展来看,文体方面的古今之争从齐、梁时代开始,后来经陈子昂和"初唐四杰",他们力主恢复风雅比兴传统和汉魏风骨。天宝后期,出现了一大批倡导创作古文的作家,在更高级的层次上和更广阔的范围里推动了古文的发展。

(4)形成了完整的道统文学理论和教化中心。元结等人特别强调文学在讽时刺世方面的功能,而柳冕、萧颖士等强调文章的教化作用,这些主张都直接影响了古文运动。

250. 韩柳古文运动的宗旨和理论是什么?

在古文运动中,韩柳等古文家坚决提倡古文,反对骈文,推行文体改革,具体表现在两方面:一是变六朝骈文末流内容贫乏、思想空虚的作品为思想内容充实的作品;二是变骈文堆砌辞藻、专事涂泽、对偶使事、讲究声律的文风为不拘一格的直言散体。表面上,韩柳倡导的古文运动是以复兴儒学为号召,但实际是一场以复古为革新的文学革命,韩愈与柳宗元是唐代古文运动的领袖。他们不仅有成功的创作经验,而且有明确的宗旨和理论。唐代古文运动的胜利,与韩柳的理论建树密切相关,总的精神是在继承古代优良传统的基础上大胆革新,主要体现在:一是针对骈文脱离现实的不良倾向,响亮地提出了"文以明道"的理论。二是加强道德修养,提倡"文气"锻炼。三是十分重视文学语言的创造性。

251. 韩愈、柳宗元在散体文创作上有何开拓?

韩愈、柳宗元在散体文创作上的开拓主要表现在两个方面:

(1)勇于创新,为散文建立新的美学规范。他们把散文引入了杂文学的发展路途,在文学观念上否定了六朝的"文笔"之分,然而在创作中却依然重视语言、技巧和辞采,突破了文体的一切界限和规矩,大量地把应用文写成了颇具艺术性的文学散文。首先,从语言来看,韩愈力倡"去陈言",又强调"文从字顺",在雕琢词语、匠心独运方面的努力丝毫不亚于骈文作家。韩愈的散文语言准确、生动、独创、凝练,从前人的语言和时下流行语中吸取营养,熔炼得别具一格、精警独到。柳宗元则对文势的营造和遣词造句极为重视。其次,从辞采方面来说,韩愈、柳宗元一致反对骈文,却又在自己的创作中尽量吸收骈文的精华,在散体文句之间夹杂着许多整齐的四字句,造成音调铿锵、长短错落的声情效果。最后,从技巧来看,韩愈组织文章时的构思变化多端,善于通过排比、比喻和细节描写等来丰富文章的形象性和感染力,韩文中抑扬起伏开阖照应的规律很容易被找到,创立了一种新的散文规范和秩序。

(2)韩柳散文抒情性很强,使作品具有鲜活的灵魂和生命力,把古文提高到了真正的文学境地。韩愈的古文澎湃流转,如长江大河,其滔滔雄辩中饱含作者横绝奔放的气魄。柳文则简古峭拔,如崇山峻岭,立意精警。他的游记,渗透了人与自然的亲和之情;他的书信,充溢着椎心泣血的身世之悲;他的论说文,则有"笔笔锋刃,无坚不摧"的特点。

252. 柳宗元对文学散文的贡献有哪些?

柳宗元散文总的风格是冷峻峭拔,沉郁凝敛,色彩凄幽,情感愤激,以及明显的象征性、讽喻性。他对文学散文的贡献主要有:

(1)在山水散文方面,柳宗元创造出天人合一的意境,人与山水密不可分,蕴含理趣,风格冷峭,创作了表现自然山水美的游记散文。其散文精品是山水游记,在承接了郦道元《水经注》成就的基础上,有突破性的提高。柳文不再是纯客观地描写山水,而是在创作中融入了浓烈的寂寥心境,且借此来表现一种永恒的宇宙情怀。并且极富诗情画意,表现了对自然美的新鲜感受,开拓了散文反映现实与人生的新领域,丰富了描绘自然山水的艺术技巧,从而确立了这种体裁在文学史上的独立地位。

(2)在传记散文方面,柳宗元为许多普通百姓立传,以非凡的胆识和深邃的笔触,从小人物身上挖掘出普通人所具有的善良天性、聪明才智和高尚品质,突破了以往传记作品不为普通人物立传的传统,为传记文学的画廊增添了小人物的光辉。这类作品大多以真人真事为基础,如种树的老人和不愿承担赋税的捕蛇者等,但有的作品也带有一些虚构、寓言的成分,进行了一定的夸张,并且在细节和情节方面明显地受唐代传奇小说的影响,如《捕蛇者说》着重描写的是人物的奇特之处,并且在塑造具有鲜明个性的人物形象时,还善于通过人物奇特的举动,塑造典型形象,如《种树郭橐驼传》。

253. 以王梵志和寒山为代表的唐代僧人创作的诗歌有何特点?

唐代有许多诗僧,比较有代表性的是王梵志和寒山。王梵志诗今存三百九十首,其中表现佛教思想的,大体劝人向善;写世俗生活的,多表现下层人民的贫困与不幸。王梵志诗语言通俗,在当时民间广泛流传。寒山诗的内容有关于世俗生活的,还有佛教内容和求仙访道的,其中有广泛而深远影响的,是他表现禅趣禅机的部分。

254. 韦应物、柳宗元在诗史上的地位应如何评价?

苏东坡评云:"李杜之后,诗人继作,虽间有远韵,而才不逮意。独韦应物、柳宗元,发纤秾于简古,寄至味于淡泊,非余子所及也。"(《书黄子思诗集后》)以苏氏所说概括李杜后唐代诗史,自然不无偏颇,若以指清远一派诗人,可称为的论。所以,诗史上论这一派传承,必以陶(潜)、王(维)、韦、柳并称;而论中唐时期,以清远而卓然名家的,又必举韦、柳。要之,韦诗之可贵,在于能在大历清淡而失于孱弱之后,专从陶潜"冲和"一路发展,清淡而不失浑成;柳诗之可贵,则在元和雄深而每涉险怪之际,撷其精髓,而专从陶潜"峻洁"一面发展,并兼容谢灵运、杜甫,笔法刻炼中更见清淡之致。韦、柳并称,是就二人为中唐之世陶潜、王孟一派诗风最杰出的继起者而言。区分韦、柳风格之不同,则是就此派诗人的流变而言。可以说,在清淡一派中,韦应物是正格的最后一个高峰,柳宗元则是变调的第一个代表。

255. 唐代新乐府运动是怎样形成的?

贞元、元和年间,白居易、元稹、王建、张籍、李绅等诗人,受到杜诗现实主义文学传统的影响,自觉地从生活源泉中觅取诗材,敢于面向现实生活,写下大量表现新题材、标以新诗题、运用新语言的乐府诗,这就是文学史上著名的新乐府运动。新乐府又名"新题乐府",与古题乐府相对而言,而乐府诗从古题到新题是有一个发展演变的过程。

新乐府运动的兴起又与当时社会矛盾激化、诗坛萧条冷落的现状有密切关系。安史之乱后,唐王朝由盛而衰,一蹶不振。在朝廷,宦官、朝官、朋党之间矛盾尖锐,统治力大为削弱;在地方,藩镇叛乱,边患频仍,战祸不已。腐败的政治风气也影响了文坛风气,大历、贞元几十年间,不少诗人浮沉宦海,谄媚权贵,作品多脱离现实,粉饰太平,出现了继盛唐诗歌繁荣后的中衰局面。可以说,社会政治经济的日益衰退和诗歌创作热情消减的现实,是促使以白居易为首的一批诗人,立志以拯救时弊、改革诗风为己任的直接动因,新乐府运动作为唐诗发展中的又一次现实主义运动,正是在这种错综复杂的历史背景下掀起的。

结合现实需要,新乐府诗派的诗歌创作理论继承乐府诗歌反映现实主义的优良传统,阐明了新乐府运动的目的、创作纲领和要求。其代表人物白居易,可谓新乐府运动的旗手。首先,白居易提出的"文章合为时而著,歌诗合为事而作"的著名论断,是新乐府运动的创作纲领。这就指出诗歌必须真实积极地反映现实,揭露时政弊端,为民生疾苦而呼吁。其次,他认为诗歌应以发挥劝惩讽喻的社会功能为主,因此强调形式必须为内容服务,要重视内容和形式的统一。白居易认为诗歌具有"根情,苗言,华声,实义"的特点,反对诗歌创作时过于注重形式而忽视内容。在《新乐府序》中,白居易对新乐府诗的语言形式做了明确规定:"其辞质而径,欲见之者易谕也;其言直而切,欲闻之者深诫也……其体顺而肆,可以播于乐章歌曲也。"这就要求新乐府诗语言质朴无华,音律和谐,能合乐以迅速、广泛地传播。

256. 如何评价白居易《新乐府》创作？

白居易创作了五十首《新乐府》,经过严密组织构建,有着明确的政治目的,内容十分广泛,涉及王化、礼乐、边事、治乱、宫女等许多方面。其中,反映民生疾苦和下层情事、揭露弊政和权贵丑恶的诗篇,是最优秀和最有价值的。与元稹的"新题乐府"相比,则其成就显然高出许多。其艺术成就主要表现在：

(1)一篇专咏一事,篇题即所咏之事,篇下小序即该篇主旨。这种安排使得意旨明确,中心突出,避免了端绪繁杂、一题数意。如《红线毯》,"忧蚕桑之费也";《上阳白发人》,"愍怨旷也";《卖炭翁》,"苦宫市也"等等。

(2)许多篇章形式很灵活,采用以七言为主的杂言体,富有民歌咏叹情调;力避典雅的书面语,而多用口头语或俗语,浅显流利,读来朗朗上口,如《秦吉了》："秦吉了,出南中,彩毛青黑花颈红。耳聪心慧舌端巧,鸟语人言无不通。"

(3)还有一些作品感情浓烈,善于生动地描绘人物。如《上阳白发人》中写白头宫女因被妒而潜配上阳宫后的生活："宿空房,秋夜长,夜长无寐天不明。"

白居易的《新乐府》在取得成功的同时,也有一些缺憾：

(1)创作《新乐府》时为了做到"首句标其目,卒章显其志",白居易经常不惜以丧失艺术性为代价,给诗歌末尾增加议论的语句,有时候是不必要的重复,画蛇添足。

(2)在诗歌语言上,因白居易一意追求浅显直白而伤于直露,还反复诉说一件简单的事,伤于繁复,丧失了诗歌应有的韵味。

(3)由于过于注重诗的现实功利目的,作者的真情实感相对不足,常用理念去结构诗篇,比起杜甫那些深切体察民瘼而且意蕴丰厚、情感自然流露的乐府来,《新乐府》中不少作品确有不逮。同时,白居易为了凑足五十篇,对一些无感的事件也要陈述,显得枯燥乏味,通篇是议论和说教的堆积,如《法曲歌》《七德舞》《采诗官》等。

257. 为什么元、白并称？

在唐代诗歌发展史上,元稹和白居易齐名并称,成为唐代自杜甫以后最杰出的现实主义诗人。元、白并称,主要在于他们之间亲密的友谊和共同的创作倾向。贞元十九年,元、白同中拔萃甲科,同授秘书省校书郎职。从此,两人订交,往还日密,"诗章赠答""爱等弟兄"。《唐才子传》称："微之与白乐天最密,虽骨肉未至,爱慕之情,可欺金石,千里神交,若合符契,唱和之多,毋逾二公者。"

当然,元、白的友谊是建立在相同的抱负和文学倾向上的。正如白居易所说:"不为同登科,不为同署官。所合在方寸,心源无异端。"(《赠元稹》)因此,当元稹遭贬时,时为左拾遗的白居易上疏论救,为元稹鸣不平。同样,当白居易遭贬时,时在贬所的元稹也十分悲伤,写下了感人至深的诗篇:"残灯无焰影幢幢,此夕闻君谪九江。垂死病中惊坐起,暗风吹雨入寒窗。"(《闻乐天授江州司马》)元、白一生都保持着这种亲密无间的友谊。在文学倾向上,元、白都高度推崇杜甫诗歌巨大的现实主义成就,主张诗歌揭露讽刺黑暗现象,反映现实,反映人民的生活疾苦和愿望。如白居易所言:"文章合为时而著,歌诗合为事而作",使诗歌起到"上以补察时政,下以泄导民情"的作用。在这种思想指导下,元、白共同倡导了在当时产生重大影响的新乐府运动。元、白的《新乐府》诗"篇篇无空文,句句必尽规。……非求宫律高,不务文字奇。惟歌生民病,愿得天子知"。在思想内容上,这组诗广泛地反映了当时的社会生活和人民疾苦,是元、白诗论的重要实践。在艺术形式上,这组诗也有其独到之处。元、白的新乐府诗在诗史上具有重要的地位。

元、白并称,还在于他们的诗歌创作在当时产生了巨大的影响。《旧唐书》称:"元和主盟,微之、乐天而已。"元白诗在当时被称为"元和体"。

258. 元、白的诗风有何异同?

元、白同为新乐府运动的领袖,又同为元和体的代表,在诗歌风格上自然有许多相同之处。元、白诗风的相同,首先体现在诗歌内容的相近、题材的一致。元、白既是诗友,又是"诗敌",在创作上互相影响,互相促进。

元、白诗风的相同,还体现在创作手法和诗歌形式的一致或相似。他们都善于吸取民间歌谣的特色,创作叙事诗,语言通俗。就他们创作的新乐府诗而言,一事一题,主题明确,易于通晓,首句标其目,卒章显其志。在形式上,这组诗首句多用三言、七言句,即"三三七体",这与敦煌的变文俗曲相似。运用"三三七体",使得诗歌行文自由,音韵错落而又简单流畅。元、白诗都善于描摹音乐、色彩,诗歌富于音乐性。这也是元、白诗在当时深受欢迎的原因。此外,元、白在运用口语入诗方面还做了许多探索。

尽管元、白并称,但是两人的诗歌也有不同。"元浅白深",表现人民疾苦和揭露现实黑暗方面,元诗往往不如白诗深刻、尖锐。二人的唱和之作,往往是白诗后来居上,更高一筹。无论是诗歌的思想性还是艺术性方面,元稹都不如白居易。

259. 白居易的文学理论有哪些?

白居易在文学理论尤其是诗歌创作理论方面,有他自己的独特观点,《与元九书》是他最著名的诗歌理论著作。

(1)白居易主张诗歌"为时""为事"而作。创作要有为而作是其诗歌理论的核心。在《与元九书》中,白居易提出"文章合为时而著,歌诗合为事而作",从而得出了诗歌"为时""为事"而作的观点,这显然是继承了儒家传统的诗文理论思想。在《新乐府序》中,白居易说过:"总而言之,为君、为臣、为民、为物、为事而作,不为文而作也。"他对诗歌的抒情本质是有深刻认识的,但是强调的重点是"义",有强烈的现实功利性,"感人心者,莫先乎情,莫始乎言,莫切乎声,莫深乎义"。

(2)白居易强调诗歌要讽喻现实,其诗歌理论的核心是将诗歌与现实政治和人民生活密切结合。关于诗歌的美刺功能,白居易更强调"刺"的一面:"欲开壅塞达人情,先向歌诗求讽刺。"他主张诗歌表达讽刺时要直率、激切,要大胆揭露弊政,为民请命,不要"主文而谲谏",也不要《毛诗序》提出的"发乎情,止乎礼义"。这就要求文学创作要干预社会现实,批判社会黑暗面,对后代诗歌的现实主义传统有很大影响。

(3)白居易强调诗歌议论直白显露,写事绝假纯真,语言通俗质朴,形式须流利畅达,在《新乐府序》中,他明确指出"辞质而径""言直而切""事核而实""体顺而肆"是作诗的标准。也就是说,诗歌必须既写得真实可信,同时又浅显易懂,以便于入乐歌唱,才算达到了极致。

(4)关于诗歌内容与形式的关系,白居易强调二者须统一,反对脱离内容而徒事形式,主张形式为内容服务。《与元九书》说:"诗者:根情,苗言,华声,实义。"白居易以果树的成长过程做比喻,系统形象地提出诗的四要素:"情""义"是内容,"言""声"是形式,其中,尤以内容即"实义"最为重要。

260. 何谓"元和体"?

所谓"元和体",有广狭二义。《旧唐书·元稹传》说:"稹聪警绝人,年少有才名,与太原白居易友善。工为诗,善状咏风态物色。当时言诗者,称元、白焉。自衣冠士子,至闾阎下俚,悉传讽之,号为元和体。"这是指狭义的元和体。据元稹自叙,元和体诗可分为两类。一是千字律诗,即次韵相酬的长篇排律,如白居易的《东南行一百韵》《代书诗一百韵寄微之》,元稹的《酬乐天东南行诗一百韵》《酬翰林白学士代书一百韵》等。这类诗"驱驾文字,穷极声韵",很能体现作者的才气,在当时文坛影响颇大。二是杯酒光景间的小碎篇章,包括短篇的艳体诗在内,缠绵恻艳,风调悠扬,适宜于红袖佳人在花间樽前的浅吟低唱。所以,这类小诗成了当时的流行歌曲,风靡一时。

概括说来,狭义的"元和体"诗,是指文人显示才气的应酬作品,以及歌女喜唱的小诗,以元、白为代表,其时虽广泛流行,但在元、白诗中不属上乘,也不是对后世最具影响之作。《唐国史补》卷下又说:"元和以后,为文笔则学奇诡于韩愈,学苦涩于樊宗师;歌行则学流荡于张籍;诗章则学矫激于孟郊,学浅切于白居易,学淫靡于元稹,俱名为元和体。大抵天宝之风尚党,大历之风尚浮,贞元之风尚荡,元和之风尚怪也。"李肇也是元和时人,可见,当时所谓"元和体",另有广义一说,即韩、樊一派的古文,以及元、白、张、孟诸人的各具特色的诗风,凡能转变诗歌风气的,都可以称之为"元和体"。

261. 元和诗风在诗史上有何地位?

明人许学夷《诗源辩体》说:"大历以后,五七言古律之诗流于萎靡。元和间,韩愈、孟郊、贾岛、李贺、卢仝、刘叉、张籍、王建、白居易、元稹诸公,群起而力振之,恶同喜异,其派各出,而唐人古律之诗至此而大变矣。"这段话道出了元和诗风的特质,即"恶同喜异",也就是求变,而变革的主要对象便是大历诗风。自安史之乱后,唐代社会政治形势发生了剧烈的变动。许多士大夫的思想意识也与以前不同,崇古学、尚儒术蔚为一时风气。这种变化在贞元、元和年间尤为明显。德、宪二宗在即位之初,是颇想励精图治,有一番作为的。这更使这些士大夫对中兴产生了希望。他们对民生荣悴、国势安危表示了更多的关切,而当抱负不得施展之时,相应地也就有了更多愤慨的情绪。因此,在诗歌创作方面,大历时期淡远清虚的诗风无法适应社会的需要,诗坛到了必须变化,即有了复古以通变的趋势。这就是元和诗风之变的由来。在当时守旧者看来,这些诗人跟正统作风不同,因而称之为"怪"。

诗风之变,在内容方面最显著的是元、白倡导的新乐府运动。白居易主张诗歌创作应发扬"国风"的传统,针砭时弊,表述民瘼,将诗歌兴、观、群、怨的社会功能充分发挥出来,因此促成了新乐府运动。至于怀才不遇,报国无门,以奇崛之辞,发幽忧之思,则可于韩愈、孟郊、贾岛、卢仝诸人诗作中见之。总之,元和新诗的矫浮返实主要在两方面:一是揭示知识分子郁结愤激的内部世界;二是反映社会政治的外部世界。即使是山水清音之什,其风格也多为清刚,而不是王、孟一路的清虚,如柳宗元的山水诗即是其例。至于元和诗风之变的形式方面,元、白、韩、孟、刘、张、王、贾、李、卢、刘(禹锡)、柳(宗元)等人,都在不同程度上回溯到诗骚汉魏,继承李、杜未完成的事业,尚气骨,尚意趣,力辟新境,力开新局,流派各出。其中,元、白一派的特征是浅切,韩、孟一派的特征是奇崛,贾岛、卢仝、刘叉、李贺等属于韩、孟一派,张籍、王建、刘禹锡、柳宗元诸人介于两派中间,其中,刘禹锡近元、白,柳宗元近韩、孟。不论是古风,还是歌行、律体,唐诗的风格至此大备,同时也开始了向宋诗的过渡。元和诗风是唐、宋诗转变的关键,在诗史上占有特殊重要的地位。

262. 刘禹锡的诗歌有何特点?

在名家纷起、流派众多的中唐诗坛,刘禹锡能独树一帜,自成风格。其诗既不似韩愈的奇崛,也不似白居易的平易,而以明快流畅又雄浑爽朗为基本风格。其诗歌成就最高的主要有三类:他的政治讽刺诗,辛辣犀利,寓意深刻;他的怀古诗,沉郁苍凉,吊古伤今,感慨无限,纯用律绝形式;他学习民歌所作《竹枝词》《杨柳枝词》《浪淘沙词》等活泼清新,自然流转,脱尽文人习气。

刘禹锡诗歌总的特点是精练含蓄,立意深刻。他具有卓绝的见识和进步的政治主张,政治观察力很敏锐。他写诗注重立意,表达思想丰富深刻,所以前人说"刘禹锡诗以意为主"。刘禹锡的政治讽刺诗,也多写得尖锐泼辣又精练含蓄。如他贬谪中两次被召返京后所写的《戏赠看花诸君子》和《再游玄都观》绝句。刘禹锡的"深于影刺",也体现在他的咏物诗上。如他谪居朗州时所写的《聚蚊谣》《百舌吟》《飞鸢操》《白鹰》等咏物诗,对飞蚊、百舌、飞鸢、白鹰的贪婪、豪夺等特征做了穷形尽相的描摹。写的虽然是昆虫禽鸟,揭露的却是权奸显宦和达官贵人的种种丑态。这类诗歌锋芒锐利,哲理深邃,由于采用寓托手法,又显得含意深远,余味无穷。

明人胡震亨在《唐音癸签》中说刘诗"开朗流畅,含思宛转","运用似无甚过人处,却都惬人意,语语可歌"。刘诗的这些特点,在其《竹枝词》等民歌体诗中,体现得尤为突出。这些诗保存了清新明丽的民间风味,采用质朴生动的民间口语,运用民歌俗调的形式,描绘真实的景物,抒发真实的感情,具有浓厚的天然风韵和地方色彩。

263. 何谓"长吉体"?

严羽《沧浪诗话》曾用"瑰诡"二字来形容李贺的风格特点,瑰奇诡异,这确实道出了长吉体的基本特征。不过,它不光限于诗歌题材和语言的新异,而且在于整个意境与构思的诡奇。李贺喜欢从神话传说和历史故事中寻觅材料,尽情发挥其大胆、丰富的想象力,构造出波谲云诡、迷离恍惚的艺术境界来。如《天上谣》《梦天》描写神仙世界的美丽与永恒,《金铜仙人辞汉歌》借铜像落泪的传说抒写内心的感愤,都是人们所称引的。意境与构思是互有联系的。李贺诗歌的瑰诡,很大程度上取决于构思方法的不落常套,如反映采玉工人痛苦生活的《老夫采玉歌》。

综上所述,"长吉体"的特点就是用超越寻常轨迹的深曲的构想,来驾驭和创造新奇不凡的语言及生活材料,以造成奇清瑰丽的艺术境界。正是这种着眼于意奇而不光是语奇的特点,使得诗人的多数篇章在趋奇入怪的同时,又能饱含诗情画意,不像当时一些"横空盘硬语"的作品那样,有流于艰涩以至散文化的偏颇。当然,过分追求新奇谲怪,忽视从广大人生海洋貌似平凡的生活现象里汲取诗意,也会使诗歌创作的内容趋于狭隘贫乏,并损伤诗歌表现形式上的天真自然之美。"奇过则凡,老过则稚"(王世贞《艺苑卮言》),这不能不说是对"长吉体"弊病的中肯批评。

264. 何谓"郊寒岛瘦"?

苏轼在《祭柳子玉文》提出:"元轻白俗,郊寒岛瘦。"此说从共性的角度道出了孟郊、贾岛诗风的一个基本特征,在这里,所谓"寒"与"瘦"的实际含义是一致的。

(1)因为不论孟郊还是贾岛,在诗歌的格局上都比较窄小,缺乏盛唐诗人乃至同时代的韩愈、李贺等人的奇丽壮美之气,读来使人产生一种局促之感,真是"出门即有碍,谁谓天地宽",严羽曾十分形象地把他们的诗讥之为"虫吟草间"。

(2)孟郊、贾岛又都喜欢在诗中绘声绘色地描写穷愁之态,诸如"种稻耕白水,负薪斫青山"(孟郊)、"市中有樵山,此舍朝无烟"(贾岛)之类的句子,的确在人们的眼前显现出一个贫寒羸弱的形象。

(3)孟郊、贾岛都是著名的苦吟诗人,雕词琢句,呕心沥血,所谓"两句三年得,一吟双泪流。知音如不赏,归卧故山秋",也同样使人有一种寒瘦窘迫的感觉。

由此可见,"郊寒岛瘦"实在是道出了郊、岛二人诗歌创作上的共同特点,它能够为历来论诗家所接受,并不是偶然的。

265. 小李杜的诗风格如何?

李商隐和杜牧虽为同时代人,并且都以诗名驰骋文坛,但两人的诗歌风格却截然不同。清人刘熙载说:"杜樊川诗雄姿英发,李樊南诗深情绵邈。"(《艺概》卷二《诗概》)这话道出了他们各自诗风的特点。李商隐的诗,往往深婉精丽,富含暗示色彩,具有意境含蓄、情思婉转、用典贴切、工于比兴等特点。最能体现这一特点的,一类是抒怀诗和爱情诗,一类是咏史诗。李商隐诗歌的这种艺术风格,对后世文学产生了极深的影响。杜牧的诗歌,情怀旷达、思想敏锐。诗风清新俊逸,他的长篇古诗、七律、七绝都是如此。这与李商隐恰恰相反。杜牧的咏史诗,显得锋芒毕露,锐气逼人。

李商隐和杜牧的一生遭遇相近,他们胸怀经国大志,以振兴唐王朝为己任。但由于统治者昏聩,险恶的政治环境处处压抑他们,使他们无法脱颖而出,施展不了抱负。所不同的是,李商隐在自己的理想势将破灭时,陷入了无法自拔的苦恼中,最后雄心归于幻灭。表现在诗歌创作上,则形成了一种低回往复、一唱三叹、词工意深、深情绵邈的艺术风格。而杜牧在报国无门时,不免流露出忧伤,但他执着于理想,并企望以"知兵""重兵"来拯救唐王朝。他这种对兵法的特殊嗜好,使他成为唐代独一无二的诗人兼军事家,也陶冶了他倜傥权奇的气质个性,发而为诗,就形成了他那清新俊逸的独特风格。

266. 杜牧诗歌创作的艺术成就如何?

杜牧现今存诗五百多首,他不满当时诗坛绮靡倾向,强调诗歌创作应注重内容,主张"文以意为主,气为辅,以辞采章句为之兵卫"。其怀古咏史的七绝才华横溢,纪行写景诗清新飘逸,伤别诗婉艳深情,在晚唐诗坛自成一家,与李商隐齐名,并称为"小李杜"。

总体看来,杜牧的诗歌内容丰富,众体兼备,追求一种笔力劲拔、情致高远而又风华流美的艺术风格。其艺术成就主要表现在以下几方面:

(1)杜牧是晚唐诗人中第一个大量用七绝的体式写咏史诗的人。他采用史论笔法,在含蓄的诗味中进行褒贬议论,最大限度地发挥了绝句的妙用,创作了很多被称为"二十八字史论"的咏史诗。深寓着对现实的不满和讽刺,而那些立意高绝的议论,表现出了诗人横溢的才气。如《泊秦淮》,揭露了统治者的荒淫误国,通过对历史上的繁盛转瞬即逝的伤悼,抒发了自己的政治感慨和见识。

(2)纪行写景诗中有许多优秀的作品。杜牧很善于采用色彩鲜明的语言,选择清新明朗的景物来创造出情景交融的优美诗境,如《山行》,以畅达明快的语言描绘清新的自然景物,意境优美,富含诗情画意。

(3)忧国忧民的情怀与伤悼之情交织在一起,形成一种俊爽的风格。杜牧诗歌的语言风格既含蓄委婉,又明丽爽俊;既清新自然,又绚丽多彩;既神韵疏朗,又风流华美。李商隐在《杜司勋》中说"高楼风雨感斯文,短翼差池不及群。刻意伤春复伤别,人间唯有杜司勋",点出了杜牧诗歌将绮思柔情和壮怀伟抱交织在一起而形成的清新俊逸、豪放爽朗的艺术特征。

267. 李商隐诗歌的艺术特色有哪些？

晚唐时期最有成就的诗人是李商隐，他把诗歌的艺术表现力提高到了一个新的高度，在艺术上具有多方面的贡献，其诗歌艺术特色如下：

（1）朦胧缥缈的诗境与亲切可感的情思意象。李商隐善于把心灵中的朦胧图景，转化为迷离恍惚的意象，来表现矛盾复杂甚至是怅惘的情绪，这些意象象征的内涵我们不得而知，由这样的意象组成诗篇，就会使诗境朦胧，意义缥缈，难以把握，如《锦瑟》。

（2）诗歌情调幽美。李商隐的诗歌在抒情时致力于个人情思意绪的体验、把握与再现，用来表达这些情绪的大多是精美的物品，采取迂回曲折、幽微隐约的方式，如《春雨》。

（3）诗歌在内涵上具有多义性。其中标明"无题"的一类诗歌，具有朦胧的情思和境界，因此在内涵上也就往往具有多义性，让读者可以进行多方面的解读，因而又构成解读上的复杂多义。

268. 李商隐的诗歌是如何形成既凄艳又浑融的风格的？

李商隐刻意追求诗歌的艺术美，但是由于时代和诗歌总体风貌的原因，已经无法重现盛唐那种饱满健举、含蓄与明朗相结合的诗美。因此，李商隐把向往含蓄蕴藉的幽约细美发展为追求朦胧境界，把盛唐的壮丽转化为凄艳的一面。与此同时，李商隐的诗歌以凄艳通于浑融，具有宏大的气象和艺术上的完整性。原因如下：

（1）李商隐诗具有独具特色的意象群。其诗歌中采用的意象在情调、气息和色彩上非常一致。

（2）李商隐诗歌技巧纯熟。巧妙组织用事用典，采用和谐的声调，驾驭虚字的高超技巧，以及近体诗的整齐规范的形式，都使其诗歌更加圆融和畅。

（3）情感的统一。李商隐那种惘然、无奈、孤独、飘零、伤感、寥落的情绪，弥漫在许多诗中，深厚浓郁，使诗歌的内容和形式能够融合贯通，浑然一体。如《春雨》全篇意绪孤独怅惘，李商隐借助于迷蒙的细雨，把迷茫的心情融入其中，再加上梦境、灯影、红楼、孤雁、云罗等物象，使诗境变得凄艳而浑融。

269. 李商隐的诗歌在文学史上的地位如何？

在盛唐和中唐两个诗歌辉煌时代之后，李商隐是继李白、杜甫、韩愈之后，为诗歌领域开疆辟土的大家。其文学史地位主要表现在三个方面：

（1）在深入开拓和表现心灵世界方面，取得了前人未曾有过的成就。围绕这个方面，李商隐在对于比兴象征手法和典故运用、诗歌语言潜在能力的发掘等方面，也进行了许多独到的探索。他的独特贡献在于他对心灵世界变化的复杂奥妙、难以言说的领域，都做了前所未有的细腻、传神的展示。

（2）开拓了一个全新的艺术表现领域：非逻辑的、跳跃的意象组合，朦胧情思与朦胧境界的创造，虚化的诗境。就艺术表现手法的创新而言，李商隐在中国诗史上是空前的。

这样的非写实的艺术表现手法,很大程度上扩大了诗的容量,留给读者足够的想象空间,在咏史诗、咏物诗、无题诗的发展上做出了重要贡献。他的咏史诗善于突破"史"的局限,真正进入"诗"的领域,情韵深长,使其更具抒情性和典型性。他的咏物诗托物寄怀,在物与我、情与理、形与神等关系处理上做出了新贡献,表现了诗人独特的人生体验和精神意绪。其无题诗,成为一种富有特色的新的诗歌体式。

(3)在体裁方面,他的七绝、七律深婉精丽,充分发挥了这两种诗体在表现心理、抒发情感方面的潜能。

270. 在诗歌所达到的境界上,李商隐和杜甫有何异同?

李商隐的诗歌,达到了浑融境界,在艺术上可以和杜诗的浑成遥相呼应。其相同的地方体现在:李商隐很推崇杜甫的诗歌,广泛学习杜诗中的古体和近体,尤其是近体。王安石说:"唐人知学老杜而得其藩篱者,唯义山一人而已。"李商隐不仅多方面学习杜诗,更学其"秾丽之中,时带沉郁"。与杜甫相同,李商隐的内心深处有一股郁结很深的沉潜之气,发而为诗,在感情上的沉郁就与杜甫十分相近。由于通体完整,内在充实,两人诗歌都达到了浑融的境界。但是仍有不同:

(1)两人相较,杜甫更加外向,经常把诗思运转在社会江山朝市之间,诗境与自然和社会直接沟通。"篇终接混茫",主要与外部世界连通。而李商隐转向表现内心,内在扑朔迷离,浩浩茫茫,无边无际,也有一种浑沦之状。

(2)李商隐的诗歌美,偏向于幽约细腻。七律的律法与杜诗相比,更加细密规范,因此他的诗境没能达到杜甫以及盛唐诗人那种与外部世界连接的浑成,而转向与无形无质、不可捉摸的心理意绪更易相合的浑融,成为唐诗中能达到浑化境界的一种全新表现。

271. 李商隐的无题诗究竟表达了什么内容?

在《李义山诗集》里以"无题"命名的篇章,有近二十首之多,另有好些借用句中或篇首中的两个字来做标题的诗,如《碧城》《锦瑟》等,也属无题一类。这些诗篇多以相思、爱情为表现题材,情思婉转,意境邈远,声韵和谐,文辞优美,吸引着后代人们去反复诵读和品味。无题诗里有一部分是实写男女之情而别无寄托。如"照梁初有情"一首,前人笺注认为是李商隐二十六岁时赴京应博学鸿词考试落选后寄给新婚妻子王氏的诗。此外,像"近知名阿侯""长眉画了绣帘开""寿阳公主嫁时妆"等篇,都是题赠歌妓的艳情诗,语浅意明。无题诗里也有一部分可以确指为有寄托的。如"重帷深下莫愁堂"一首,借幽居未嫁的女子来倾诉痛苦的相思,抒发李商隐难以实现政治愿望的感慨。清代何焯对此诗做出评论:"义山无题数诗,不过自伤不逢,无聊怨题,此篇乃直露本意。"揭示主题可谓得当。其他像"何处哀筝随急管",写贫家女子不得配偶,寄寓政治上的失意和社会贵贱的对立;"八岁偷照镜",借少女待嫁的情事,来表达自己急于用世而又为前途担忧的矛盾心情,都属于这类寄意比较明显的作品。

无题诗里还有一部分情况更为特殊的,寄托在有无之间。如脍炙人口的那首"相见时难别亦难",通篇写爱情相思,意境浑融天然,看不出任何有所寄托的痕迹,但如果作为一首普通的爱情诗来读,又会让人觉得它包藏细密,蕴藉深厚,好像里面还有含蓄不尽的东西。尤其是千古传诵的"春蚕到死丝方尽,蜡炬成灰泪始干"一联,那种生死不渝的绵绵情思,固然可以看作诗人爱情心理的写照,又何尝不能相通于他人生信念的表白呢?后人往往从不同意义上来引用这两句诗,也说明它有着比单纯描写男女相思更为深广的概括性。

总之,无题诸首内容各异,不可一概而论,但又要看到各首之间也存在着某种共通性。无题诗大都以爱情生活中的悲剧性相思作为主题,着重表现处于重重压抑之下难以舒展而又剪截不断的缭乱情怀,这跟诗人一生的悲剧命运,以及整个晚唐时代的悲剧气氛,都是密不可分的。

272. 李商隐的无题诗在艺术表现上有哪些特点?

无题诗内容的复杂性,同它的艺术表现形式有直接关联。在抒写爱情相思的时候,无题诗有一个重要特点,就是着力刻画、烘染爱情相思的内在心理,而相对忽略爱情生活的外在方面。如"相见时难别亦难",全篇没有一个字提到意中人的容貌、体态、服饰及恋爱情事,只是扣住离别写相思,由相见的艰阻引出离别的难挨,进而设想别后岁月不居、孤独难挨,终又转入未来的憧憬与自我安慰。把心理过程的变化写得细腻而有层次,显示了感情的波澜起伏。

无题诗对于比兴手法也作了创造性的运用。传统的比兴方式,所谓"虬龙以喻君子,云霓以譬谗邪"(《文心雕龙·辨骚》),往往借物象来比喻某种具体的人事或观念,其寓意是比较明确的。无题诗抒写离别相思,却很难坐实它所喻指的具体对象,甚或难以断定它是否确有所指,只能通过画面的联想,来感受和品味其中可能包孕并暗示出来的某些微妙而不易明言的人生体验与情绪心理,因而它的托意又是很不确定的。这就是为什么无题诗让人感到隐晦费解的缘故。

273. 何谓"三十六体"?

指晚唐三位擅长骈体文写作的作家:李商隐、温庭筠、段成式,三人在其从兄弟中皆排行第十六,故称"三十六体"。《新唐书·李商隐传》中言:"商隐俪偶长短,而繁缛过之。时温庭筠、段成式俱用是相夸,号'三十六体'。"他们大力提倡四六文,并将骈文广泛应用到书信、公文、表奏等各种文体中。温庭筠有"花间鼻祖"之称,李商隐有过分追求辞藻华丽的倾向,段成式诗多华丽戏谑之作。在创作技巧和文风上,他们使得骈文变得雕镂精工,用典生僻,辞采繁缛,风格更为华丽浓艳。

274. 何谓"咸通十哲"?

"咸通十哲"指唐末咸通年间的一个诗人群体,成员有许棠、喻坦之、任涛、温宪、郑谷、李昌符、张乔、周繇、张蠙、李栖远、剧燕、吴罕。这个称呼首次见于五代王定保《唐摭言》卷十"海叙不遇"条。"十哲"之中,张乔的诗歌写作"诗句清雅,夐无与伦"(《唐摭言》卷十)。但成就最高的,当属郑谷。"咸通十哲"生非一地,出身不尽相同,各人的生活、仕宦情况也不尽一致,但都生于晚唐,具有这一时代的某些共同特色。

"咸通十哲"的人生道路和诗歌创作,展现了唐末兵连祸结、帝王文人播迁漂寓、民生哀艰的末世景象,以及文人的独特境况。这一时期的文人志向不高,自卑、自贱、自疑时而有之,他们常是悲戚愁苦、精神萎弱,以致失路绝望,其笔下呈现出的多是末世的面影风貌。

275. 何谓"芳林十哲"?

"芳林十哲"的称呼也是首次出自王定保的《唐摭言》,该书在"芳林十哲"标题之下,自注曰:"今记得者八人。其名为沈云翔、林绚、郑玘、刘业、唐珣、吴商叟、秦韬玉、郭薰。"王定保对这几个人的评价是:"咸通中自云翔辈凡十人,今所记者有八,皆交通中贵,号芳林十哲。芳林,门名,由此入内故也。"但是王定保叙"芳林十哲"的名字,只记得八人,所佚二人,后来通过笔记小说《唐语林》的记载,亡佚名字的二人其中一人当是罗虬,另一人无从得知。

276. 韩偓的诗就是香奁体吗?

韩偓谓:"余溺章句,信有年矣,诚知非丈夫所为,不能忘情,天所赋也。自庚辰辛巳之际,迄辛丑庚子之间,所著歌诗不啻千首,其间以绮丽得意者,亦数百篇。往往在士大夫之口,或乐工配入声律,粉墙椒壁,斜行小字,窃咏者不可胜计。大盗入关,缃帙都坠,迁徙不常,厥居求生,草莽之中,岂复以吟讽为意?或天涯逢旧识,或避地遇故人,醉咏之暇,时及拙唱。自尔鸠辑,复得百篇,不忍弃捐,随时编录。"由此可见韩偓诗歌创作的轨迹。《香奁集》中多游戏之笔,大抵为前期所作,这部分作品有较高的艺术性,技巧娴熟。如《已凉》:"碧阑干外绣帘垂,猩色屏风画折枝。八尺龙须方锦褥,已凉天气未寒时。"自外而内,层层推进,描绘了一个非常华丽而精致的香闺,通首布景不露情思,而情愈深远。《偶见》:"秋千打困解罗裙,指点醍醐索一尊。见客入来和笑走,手搓梅子映中门。"四句诗描绘了连续的四个动态,一个活泼娇羞的少女形象跃然纸上。这些作品在《香奁集》的百余首诗中别具一格,将习见的闺怨题材写出了新意,由于汲取了乐府民歌的营养,通篇较为自然明朗。然而,上述这些诗作在思想性方面比较缺乏,但都是香奁体的代表作品。

韩偓是一位颇有气节操守的人,唐末的历史变革给了他很大的冲击。他在入朝为官后,内预密谋,外争国是,屡触逆臣之锋,被誉为"死生患难,百折不渝"之人。流离迁徙的生活,使他看到了残酷的社会现实。因此在他后期的作品中,可以看到不少反映战争疮痍和民间疾苦的诗句。如《自沙县抵龙溪县,值泉州军过后,村落皆空,因有一绝》:"水自潺湲日自斜,尽无鸡犬有鸣鸦。千村万落如寒食,不见人烟空见花。"一片凄凉悲惨的景象,写出了唐王朝覆灭以后,军阀混战给广大劳动人民带来的无穷灾难。又如《惜花》:"皱白离情高处切,腻红愁态静中深。眼随片片沿流去,恨满枝枝被雨淋。总得苔遮犹慰意,若教泥污更伤心。临轩一盏悲春酒,明日池塘是绿阴。"这也不能以一般香奁诗目之,作者通过对落花的描述,委婉含蓄地表现了自己的感情,痛惜落花之时融会作者本人的身世感怀。近人吴闿生指出其中暗寓"亡国之恨",是很有道理的。而"若教泥污更伤心",则可以看作是韩偓气节与志向的表露。总而言之,韩偓是香奁体的代表作家,但他也有其他题材和具有一定思想性的作品,香奁体只是他全部诗作的一部分。

277. 皮日休、陆龟蒙的小品文有何特点?

皮日休、陆龟蒙是唐末出色的现实主义作家,他们继承了杜甫、白居易的现实主义精神和中唐新乐府运动的传统,"惟歌生民病",创作了不少出色的诗文,特别是他们的小品文具有鲜明的特色,在唐末文坛上大放异彩。皮、陆的小品文分别载于《皮子文薮》和《笠泽丛书》中。这些文章具有如下特点:

(1)强烈的现实性。皮、陆身在江湖,心忧天下,他们的小品文与现实的社会生活息息相关,往往是针对现实问题有感而发的。

(2)大胆的批判精神。皮、陆的小品文深刻地揭露了当时社会的种种弊端,大胆地抨击时政,有着不少锋芒毕露的尖锐讽刺。它们有如匕首和投枪,锋利而切实。

(3)短小精悍、活泼有力。皮、陆的小品文在形式上大都篇幅短小,但短而不浮,小而不浅,文笔简练,深刻有力。

278. 司空图的诗学理论有哪些?

司空图是晚唐著名诗人,也是出色的诗歌理论家。从诗歌史上看,司空图对诗歌理论的贡献最重要的有两点:一是"味外之旨",二是"思与境偕"。

"味外之旨"是司空图在《与李生论诗书》中提出来的,他说:"文之难,而诗之难尤难。古今之喻多矣,而愚以为辨于味,而后可以言诗也。"司空图从鉴赏角度出发,把"味"作为诗歌审美的第一要义提了出来。他在《与李生论诗书》中强调诗歌要有"咸酸"之外的"醇美"之味。"味外之旨"是侧重有意境的作品所具有的启人深思的理趣。

"思与境偕"是司空图在《与王驾评诗书》中提出来的,他说:"长于思与境偕,乃诗家之所尚者。"所谓"思与境偕",就是指诗歌中的情景交融。"思"就是创作中的神思,即艺术思维活动。"境"是激发诗意的创作客体与境象。作诗欲有深厚的艺术意蕴,就要注重意境的营构,从而寓情于景。"境"与"思"偕往,相互融会,这就构成了作品的意境世界。

279. 佛教对唐代文学的影响如何?

佛教在唐代有很大的发展,在佛教中国化方面,禅宗当时已经到了相当成熟的阶段,并深深融入中国文化之中。宋人周必大在《寒岩升禅师塔铭》中指出:"自唐以来,禅学日盛,才智之士,往往出乎其间。"佛教对于唐文学的影响,主要通过影响士人的生活情趣、人生理想,并将它们反映到作品中来。唐代诗人有的在诗中直接讲佛理,如孟浩然《陪姚使君题惠上人房》"会理知无我,观空厌有形"。有的则是在诗中表现禅趣或禅机,如王维《终南别业》"行到水穷处,坐看云起时"。这些诗歌往往借助具体的意象,来表达难以言传的禅机,这是一种更深层的影响,也是佛教对唐代文学产生的积极影响。它给唐诗带来一种新的品质,使得唐诗呈现出了一种明净和平的趣味与空寂的境界。

除此之外,佛教对唐文学产生的更为直接的影响就是唐代出现了大量的诗僧。诗僧是唐代诗人中一个重要的群体,《全唐诗》收诗僧一百多人,诗两千七百多首。这些僧人的诗,有佛教义理诗、劝善诗、偈颂,但更多的是一般吟咏,如游历、与士人交往赠答等。诗僧中较为著名的有王梵志、寒山等,影响广泛而深远。除僧诗外,唐代的文人与佛教具有紧密的联系,其与僧人的交往,也大量地反映到诗中。此外,佛教对唐文学的影响表现在其拓宽了文学体裁。除了诗歌之外,还出现了俗讲与变文,其内容为佛经,便于讲唱,而形式则与当时的民间说话一样,均带着通俗文学的性质。

280. 唐代新文体出现的原因及表现有哪些?

唐代主要出现了三种新的文体:传奇、变文、词。这三种新文体出现的原因,从文体外部基础来说,主要有:社会的发展变化,为新文体提供了新的文化土壤;新读者群的出现有了新的需要;文学自身的发展也提供了可能,于是出现了新的文体。从文体内部基础来说,唐传奇的出现是建立在魏晋南北朝志怪小说和杂史杂传的基础上的。传奇小说不同于六朝小说的地方,一是传奇如鲁迅所言乃"始有意为小说",二是传奇有较为完整的人物塑造,三是传奇一般有较为完整的情节结构。此外,唐传奇题材多样化,富于人生情趣,以史传笔法叙述虚构故事,不时插入诗赋,与散文、诗歌的发展都有着微妙的联系。唐传奇的出现,标志着我国文言小说作为一种文体的成熟。

唐代出现的又一影响深远的新文体是词。词的出现,主要出于娱乐的需要。它最初来自民间,俗曲歌舞、酒令著辞,用于歌楼妓馆与日常宴饮。中唐以后,城市经济发展,词也得以迅速兴起,文人加入词创作的行列。到了晚唐五代,词在西蜀和南唐得到高度的发展。西蜀"花间词人"绮靡侧艳,视野离不开相思情爱,目的无非是欢娱消遣。南唐词人拓大了词的境界,转向内心缠绵情致的抒写。特别是南唐后主李煜亡国之后的词作,把词这一善于表现绵邈情怀的文体发挥得淋漓尽致,把它推向了很高的艺术境界。

佛教在民间的广泛传播,布道化俗,出现了俗讲和变文。俗讲是僧徒依经文为俗众讲佛家教义、悦俗邀布施的一种宗教性说唱活动。俗讲的底本为讲经文,取材全为佛经,思想内容不外佛教的无常、无我、生死轮回、因果报应、涅槃解脱等教义,敦煌遗书中尚保存有十来种。变文是指在敦煌发现的唐代俗讲僧和民间艺人讲说故事的底本,变文的得名与佛家所谓变相有关。

281. 唐代传奇兴起的原因是什么?

小说发展到唐代,进入了一个新的阶段。鲁迅在《中国小说史略》中说:"小说亦如诗,至唐代而一变,虽尚不离于搜奇记逸,然叙述宛转,文辞华艳,与六朝之粗陈梗概者较,演进之迹甚明,而尤显者乃在是时则始有意为小说。"唐传奇兴起的原因主要有以下四方面:

(1)唐代社会生产力的发展,促进了城市经济的繁荣,给传奇小说提供了丰富的素材,使它由单纯地谈神说鬼向反映复杂的社会生活方向发展。同时,随着商业经济的发达,市民阶层兴起,为了满足他们对文化娱乐的需要,产生了市人小说,为文人的传奇提供了一些新的思想内容与艺术方法。而唐代举子们的"行卷"与"温卷",对传奇发展也有一定的促进作用,如《幽怪录》《传奇》等。此外,佛道教义、神怪传说的流行,对传奇创作也有相当大的影响。

(2)唐代小说的发达,也是文学本身不断发展的结果。虽说"传奇者流,源出于志怪",但终与志怪不同,这在很大程度上还取决于其他文学体裁对它的影响。唐代传奇作家,如王度、沈既济、陈鸿都是史官,他们利用传记文学的传统经验,使本来只是粗陈梗概的小说,人物性格更加突出,故事情节更加曲折。

(3)唐代古文运动与诗歌的发展也影响了传奇的创作。这不仅表现为一些传奇作家,如沈既济、李公佐等和古文运动、新乐府运动的作家有过联系,更重要的是,新乐府运动的现实主义精神在一定程度上引导传奇作家面向现实,而且古文运动对文体的解放,又使传奇作家能够充分利用其成功经验,自由地抒情叙事。再则,唐传奇如《长恨歌传》《莺莺传》等,都是小说与诗歌相辅而行,诗人与小说家互相协作完成的。正是在这种对各体文学交互借鉴的情况下,才形成了唐代传奇诗歌与散文结合、抒情与叙事结合的独特风格。因此,无论是现实意义还是美感价值,唐代传奇都超过六朝志怪小说。唐传奇优秀作品多出于中唐,原因也正在这里。

(4)唐人变文、俗赋、话本、词文等通俗文学的盛行,对传奇的创作也很有影响。从《游仙窟》《柳氏传》等传奇中,我们可以看到类似变文的散韵夹杂的文体。

282. 鲁迅先生在《中国小说史略》中说"唐人始有意为小说",对此如何理解?

鲁迅在《中国小说史略》第八篇中说:唐人"始有意为小说",也就是说,唐代是一个小说发展的自觉时代,这是中国小说家的第一次觉醒。在鲁迅看来,唐人有意为小说有两个标志。一是唐代小说写得细腻、动人,比先唐小说"粗陈梗概者较,演进之迹甚明";第二个标志是唐代小说家公然宣称自己在进行艺术虚构,例证是牛僧孺的《元无有》和无名氏的《东阳夜怪录》。在这之前,中国文人在创作小说类的作品时,并未意识到他们所从事的是这一文体。也就是说,他们是以写碎片、琐闻的目的和心情书写的。因此,他们无意注重藻饰,也不追求艺术虚构,只记下梗概完事。而唐代的一些小说创作者则在作品中自觉地进行艺术虚构和想象,体现出明显的艺术创作倾向。但唐代小说家并非专业作家,他们大都是做官的,小说并不是他们的主业。因此,小说艺术传承的责任后来则落到了市井艺人和书会先生的肩上。直到明代,部分文人从市井艺人手里接过了接力棒。但无论如何,"唐人始有意为小说"是划时代的表现,是创作主体对文体的艺术觉醒。

283. 唐传奇的发展阶段及代表作品有哪些?

唐传奇指唐代流行的文言短篇小说,是在六朝志怪小说的基础上,融合历史传记小说、辞赋、诗歌和民间说唱艺术而形成的新的小说文体。唐传奇的发展大致可分为三个时期,即初兴期、繁盛期和衰落期。

初、盛唐时代为唐传奇的初兴期。即从武德年间到大历末,是由六朝志怪演变为唐人传奇的过渡期。这一时期出现的《古镜记》是唐代现存最早的一篇小说作品,它是用古文体第一人称写成的,结束了以往中国小说一律采用第三人称叙事的局面。张鷟的《游仙窟》是唐代传奇初兴期艺术成就较高的作品,带有艳遇纪实的性质,同时,又带有骈体小说的鲜明特征,用第一人称的叙述方式,语言通俗浅显,妙趣横生,有不少民间气息很浓的语句。唐初传奇小说在志怪小说基础上融合史传、诗歌、辞赋、民间说唱艺术等多种叙事文学成分而形成,一开始就显示出风格的多样化。

中唐时代是传奇发展的繁盛期。中唐传奇保存完整的作品近四十种,题材多取自现实生活,涉及历史、政治、爱情、神仙、豪侠、梦幻等诸多方面,其中以爱情小说的成就最为突出。而且在这一时期产生许多传奇大家,如陈玄佑的《离魂记》,它是唐传奇步入兴盛期的标志性作品。元稹的《莺莺传》是作家根据自己的生活体验创作的爱情小说。白行简的《李娃传》是一篇完全摆脱志怪气息的社会人情小说。沈既济的《枕中记》也是唐传奇中的名篇。蒋防的《霍小玉传》是一部爱情悲剧,也是中唐传奇的压卷之作。

从晚唐到五代,是唐传奇的衰落期。虽然此期作品数量仍然不少,并出现了较多的传奇集,如袁郊的《甘泽谣》、牛僧孺的《玄怪录》等。但这些作品大多篇幅短小,内容单薄,或搜奇猎异,或言神志怪,思想和艺术成就都失去了前一个时期的光彩。而杜光庭的《虬髯客传》是晚唐游侠小说中成就最高的作品,故事曲折多变,引人入胜,突出豪侠人物的坚韧刚毅和卓尔不群,展现出一种高蹈不羁的生命情调。

284. 唐传奇的主要艺术成就有哪些?

从总体看,唐人传奇以愉悦性情为主旨,更加关注个体生命和情感,全方位地展示纷纭复杂的人世生活,借以寄寓个人的志趣爱好和理想追求。具体来看,唐传奇的主要艺术成就有:

(1)唐传奇的想象和虚构标志着文言短篇小说创作的成熟。在处理小说创作虚实关系的问题上,唐传奇讲究情节现实性与传奇性的统一,将情节的想象、虚构与作品的叙事艺术融为一体。因是"有意为小说",所以传奇作家对各种见闻传说除艺术加工外,还在其基础上进行杜撰和虚构,从而使小说所传之"奇",成为有意为之之奇、大加渲染发挥后之奇。那些以异梦、神怪为题材的作品,讲的本来就是虚幻无稽之事,想象虚构自然成为其基本手法。

(2)唐传奇标志着文言小说文体的完全独立。首先,唐传奇作家大大降低自己描述对象的社会层次,这是小说文体能够取得独立地位的关键性一步。其次,唐传奇将所写故事细节化、情节化,注重写人物的生活琐事。最后,唐传奇的叙事模式由故事中心向人物中心、情节中心演进。

(3)在语言、辞采等修辞手法的使用中,唐传奇也取得了突出的成就。叙述事件简洁明快,叙述语言雅俗兼采,时庄时谐,用文言描写物态人情以及琐事,丰富、简洁、准确、优美。可以说,唐传奇将古代散文的表现力发挥到了很高的水平。

(4)诗歌辞赋大量运用到传奇文中,增添了行文的丰采意趣和艺术气息,带有诗化的特征。有些作品虽施以藻绘,却无繁缛之弊,而有明丽之美,一些佳作更善于用诗化语言营造含蓄优美的情境,洪迈在《容斋随笔》中称之为"莫不宛转有思致"。唐传奇的作者在描写景物、渲染气氛时,或简笔勾勒,或浓墨重染,极富艺术表现力和感染力。

唐传奇的出现标志着我国文言小说发展到了成熟阶段,它比较全面地采用了史传文学的手法,形象地揭露社会矛盾,情节委婉曲折,描绘人物形象,细节刻画生动,语言准确、简洁、优美,从此,这一独具民族风格的小说形式成为独立的文学样式。

285. 唐传奇对后世文学产生了什么影响?

唐代传奇对后代文学的影响很深,主要表现在戏曲、小说方面。唐传奇中的不少故事,成为后代戏曲题材的来源,如元稹的《莺莺传》演化为董解元和王实甫的《西厢记》,成为我国古典戏曲中的名作;沈既济的《枕中记》演化为元代马致远的《黄粱梦》和明代汤显祖的《邯郸记》,致使"黄粱梦"成为家喻户晓的故事;李朝威的《柳毅传》演化为元代尚仲贤的《柳毅传书》及李好古的《张生煮海》;白行简的《李娃传》也演化成不少戏曲,著名的如元代石君宝的《李亚仙诗酒曲江池》、明代薛近兖的《绣襦记》;蒋防的《霍小玉传》则分明是汤显祖《紫钗记》《紫箫记》的基础。

唐传奇对后世小说的影响,则更多地表现在艺术手法的成熟和小说题材的开拓上。如《李娃传》的情节曲折、引人入胜、擅长描写细节、用对比手法烘托人物等技巧,也广为后世小说作者所借鉴。《任氏传》一反以往妖精惑人的观念,塑造了一个贞洁刚强、聪明机智的狐精,显然是《聊斋志异》的先导。《李章武传》《莺莺传》《霍小玉传》等以爱情为题材的传奇开启了后世爱情小说的风气。

286. 何谓"变文"?

变文,省称"变",始见于中唐,即今存敦煌卷中题为"变"或"变文"者。一类与佛经故事有关,如《降魔变文》《大目乾连冥间救母变文》等;一类讲唱历史故事,如《王昭君变文》《汉将王陵变文》等;另一些吟唱时事又具变文特点的,则由《敦煌变文集》编者拟称变文,如《张义潮变文》《张淮深变文》等。变文的"变",是"变化""改变"的意思,其得名可能与佛教的"变现"(显现某种幻境)、"变相"(变佛经为图像)有关。

287. 词这一文体形成的背景是什么?

词的兴起,与唐代经济发达、音乐的发展、五七言诗繁荣等有密切关系。商品经济发展和城市兴盛,尤其是"歌酒家家花处处"的都市生活,不仅孕育了词,而且推进其发展与传播。词最初作为配合歌唱的音乐文学,对它起决定作用的主要是音乐。燕乐是隋唐之际中原传统音乐吸收北方各少数民族音乐而形成的一种新的音乐系统,词随燕乐而起,具体过程是复杂的,途径也并不单一。配合燕乐演唱的歌词,除长短句形式的歌词外,还有齐言的声诗。前者依乐曲制作文辞,后者选诗配乐,两者并行于世。其中有一部分声诗,在演唱过程中,为与乐曲更好配合,杂以和声、泛声等成分。这些和声、泛声处,后来逐渐被人填成实字,即可能演变成长短句词调。以教坊为代表的俗乐机构,以及以教坊妓为代表的歌舞艺人,在众多曲调的创制、形成过程中,起了重要作用。词的兴起,还与酒令著辞有关。饮宴娱乐风气,培育并发展了精彩丰富的酒令艺术。有些歌舞化的酒令,则近于或已经成了词。酒令在不断翻新过程中,常常设计出种种令格,这些令格有的被继承下来,成了词的某些体式或修辞特点。

288. 敦煌词的主要特征有哪些?

敦煌词创作的早期性与作者成分来源的民间性,使作品从语言风格、体制到内容都表现出过渡性特征。

(1) 敦煌词多写男女之情,但同时又有更广泛的取材,即使是词中最普遍的歌妓题材,敦煌词中也展开了文人笔下未曾有的侧面,如《望江南》"莫攀我,攀我太心偏。我是曲江临池柳",表达了文人词中不易见到的不愿受凌辱的呼喊。这样多方面的内容和题材,为五代宋初文人词中所无。说明它在取材上尚未和一般民歌或一般诗歌分疆划界,进入词所特有的窄而深的领域。

(2) 敦煌词在体制上亦属初备形制,并未完全成熟。其字数不定,平仄通押,韵脚不拘,常用衬字,兼押方音等,都说明词格宽,声辞相配要求不严,用韵方法也十分简单,处于草创阶段。另外,敦煌词所咏内容,一般都与词调大致相符,这种所谓"咏调名"的现象,与其后词在内容上离调愈来愈远不同,亦属早期词调初创时的特征。

(3) 敦煌词遣词造句保留了民间词的朴素风格,富于生活气息。如《菩萨蛮》"枕前发尽千般愿,要休且待青山烂。水面上秤锤浮,直待黄河彻底枯。白日参辰现,北斗回南面。休即未能休,且待三更见日头",一连展开六个比喻,全用民间成语中认为不可能的事,很像汉乐府《上邪》中情侣的信誓。拙朴是敦煌词的本色。

289. 敦煌曲子词的发现有什么意义?

敦煌曲子词的发现,具有重大的文学史意义,反映了曲子词转变为词之前的发生形态,解决了有关词的起源和发展的一系列遗留问题。分析曲子词的形式和内容,可以了解通俗文学同文人文学的一些根本区别。从形式上看,富于表演性和故事性,朴实自然,流利尖新,是敦煌曲子词的特征。从内容上看,题材广阔,主题丰富,是敦煌曲子词的显著特点。

敦煌曲子词是一批十分珍贵的历史文献,无论从哪个方面去挖掘,都具有崭新的学术意义。这些词作描写的民情物态,对于唐代民俗学研究不啻是一把入门的锁钥,作为中国第一次发现的大批因声度词的文学作品,可以为语言音乐学研究提供极好的素材,敦煌曲子词中数以百计的佛教内容的作品,将成为佛教艺术研究的丰富宝库。就文学史研究来说,它不仅提供了一批文学史资料,而且启发了一种新的方法:必须把文人文学和通俗文学联系起来考察,才能深入了解每一种文学体裁的渊源和流变;必须摆脱以文人文学为本位的观念,才能认识祖国文化丰富多彩的面貌;必须把每一种文学现象放在文化史的背景下进行探讨,才能说明关于此种现象的历史真实。总而言之,敦煌曲子词的发现,具有极为重大的意义。

290. 温庭筠词的艺术特色是什么?

(1)温词善于写女性人物的闺阁情思和体态妆饰,以声音的抑扬长短和物象的错综排比,增加直觉印象的美感,像一幅幅精致的仕女图,引起美的联想。代表作有《菩萨蛮》,它用诉诸感官的艳丽而密集的辞藻,描写女性及其居住环境,具有类似工艺品的装饰性特征。

(2)温词利用词体轻柔的特点,成功地把情感、景语、物语融合在一起,运用虚实相衬的艺术手法,使所要表现的难以言状的心绪,转化为可感的优美物象。

(3)温词以静态的描绘代替抒情,着力于细部的重彩描绘,善于用暗示手法,意象的衔接是跳跃的,造成内在意蕴深隐含蓄的效果。温词所表现的,多为冷静之客观,精美之技巧,而没有热烈的感情及明确的指向。无论他写的是室内之景物,或者是人的动作,人的装饰,甚至于人的感情,读之但觉如一幅图画,极精美,极冷静,并且没丝毫个人主观的悲喜爱恶流露其间。

温庭筠上承南朝宫体的诗风,下替花间词人开辟了道路。温庭筠在词艺术方面的诸多探索,有助于词的艺术特征的形成,对词的发展有一定的推动作用。

291. 温庭筠和韦庄词在艺术特点上有何异同?

温、韦作品在思想和艺术上的相同之处在于:内容皆重闺情,风格香艳。而温、韦二人词的风格的不同,简单地说,温词香软浓艳,韦词疏朗清淡。

温庭筠的词常以静态的描绘代替抒情,尤着力于细部的重彩描绘,富有装饰性,而且善于用暗示的手法,意象的衔接是跳跃性的,需要用想象补充,造成含蓄的效果。在开创"词境"的表现内容和表现手法方面,他可以视作是由诗变词的开创性人物。他的大部分词注重文辞声律的华美精工,其艳丽处有如晚唐诗风,然亦有绝佳而不为辞藻所累的近于自然之作。如《更漏子》《梦江南》用少藻饰、多白描的语句写离情别恨,词境缠绵悱恻,凄丽而有情致,颇有民间曲子词的风味。此种无心寄托而悲愁深隐的作品,对后世词的发展有积极而深远的影响。

韦庄以词名世,风格疏朗、显直,与温庭筠不同。如果说温庭筠开创词为艳科的传统,注重藻饰,以浓艳见长,那么,韦庄则是对民间抒情给以艺术的加工和提高,多兴会酣畅之作,以疏淡为美。其《思帝乡》写的是常见的情爱题材,但长于勾勒,直接描述人物的心理感受,笔调秀美,开启了用词直抒情怀的风气。

韦庄和温庭筠各有所长,各自开辟了一种新的词风,反映了词由仅供歌儿舞女演唱的"伶工之词",到抒情写怀的"士大夫之词"的渐变过程。温庭筠词中触目皆见精丽字面和绮丽意象的结合,以及香软词境,对于词在晚唐五代迅速兴起是有决定性意义的。韦庄相对淡漠词体佐欢酬宾的实用功能,直接抒写情怀意绪,开启了文人词自抒性情的传统,成为南唐词的先导。

292. 李煜在词史上的地位和意义有哪些?

李煜的词继承了晚唐以来温庭筠、韦庄等花间词人的传统,又受李璟、冯延巳等的影响,将词的创作向前推进了一大步。其主要成就表现在:

(1)扩大了词的表现领域。在李煜之前,词以艳情为主,内容浅薄,即使寄寓一点抱负,也大都用比兴手法,隐而不露。而李煜词中多数作品则直抒胸臆,倾吐身世家国之感,情真语挚。所以王国维说:"词至李后主而眼界始大,感慨遂深,遂变伶工之词而为士大夫之词。"(《人间词话》)

(2)具有较高的概括性。李煜的词,往往通过具体可感的个性形象来反映现实生活中具有一般意义的某种境界。"小楼昨夜又东风,故国不堪回首月明中"(《虞美人》)、"流水落花春去也,天上人间"(《浪淘沙》)、"自是人生长恨水长东"(《乌夜啼》)、"离恨恰如春草,更行更远还生"(《清平乐》)等名句,深刻而生动地写出了人生悲欢离合之情,引起后世许多读者的共鸣。

(3)语言自然、精练而又富有表现力。他的词不镂金错彩,却文采动人,不隐约其词,却又情味隽永,形成既清新流丽又婉曲深致的艺术特色。

(4)在风格上有独创性。《花间集》和南唐词,一般以委婉密丽见长,而李煜则出之以疏宕。如《玉楼春》的"豪宕",《乌夜啼》的"濡染大笔",《浪淘沙》的"雄奇幽怨,乃兼二雄",兼有刚柔之美,确是不同于一般婉约之作,在晚唐五代词中别树一帜。正如纳兰性德所说:"花间之词,如古玉器,贵重而不适用,宋词适用而少质重,李后主兼有其美,饶烟水迷离之致。"(《渌水亭杂说》)

293. 花间派的代表作家有哪些?

五代时期,后蜀赵崇祚选录了温庭筠、韦庄、皇甫松、薛昭蕴、牛峤、张泌、毛文锡、牛希济、欧阳炯、和凝、顾敻、孙光宪、魏承班、鹿虔扆、阎选、尹鹗、毛熙震、李珣等十八家词五百首,编为《花间集》。其中,除了温庭筠、皇甫松、孙光宪外,其他都是集中在西蜀的词人,他们在词风上大体一致,因此,后世就称他们为"花间词人"或"花间派"。欧阳炯《花间集序》云:"杨柳大堤之句,乐府相传;芙蓉曲渚之篇,豪家自制。莫不争高门下,三千玳瑁之簪;竞富尊前,数十珊瑚之树。则有绮筵公子,绣幌佳人,递叶叶之花笺,文抽丽锦;举纤纤之玉指,拍按香檀。不无清绝之辞,用助娇娆之态。"花间派的作品,就是在这样的环境和氛围中产生的。

294. 什么是唐代的参军戏?

唐代是中国古代历史的鼎盛期,经济、文化都很繁荣,各种戏曲艺术的形式都在前期的基础上继续提高,逐渐走向成熟,品种也日趋多样,显示出一种前所未有的繁荣局面。参军戏是唐代一种重要的戏曲形式。关于其起源,有不同的说法,一般认为来自五胡十六国时的后赵。据说,当时石勒手下有一个参军叫周延,他在做馆陶令的时候,因为贪污了公家的几百匹黄绢,先是下狱,后来被宽释。为了惩戒后人,统治者在每次宴会上都让俳优艺人戴上周延的帽子,穿上"黄绢素衣",让另一个艺人问他:"你是什么官?如何在我们中间了?"他答:"我本来是馆陶令。"说完又抖动身上穿的黄绢单衣说:"我就是因为拿了这个,才到你们中间来的呀。"于是大家大笑一阵,以此为乐。这个取材于真人真事的故事一直流传下去,后来就成了一种戏曲的名目,把凡是演出诙谐调笑并有讽喻意义的戏曲都叫作"参军戏"。戏中扮演参军的角色也逐渐变成固定角色的名字,即后来戏曲中的净角,参军戏中的另一个角色苍鹘也逐渐固定化,成了后来戏曲中的丑角。李商隐的《骄儿》诗有"忽复学参军,按声唤苍鹘",说明小孩子们对参军戏都很熟悉了,可见当时参军戏的繁荣与普及程度。

295. 唐代还有哪些杂戏?

唐代戏曲除了"参军戏"以外,主要的还有以下几种:

(1)代面。又称"大面",就是戴着假面具的歌舞,演的就是北齐兰陵王用凶恶的假面上阵打胜仗的故事。据说,扮演者均戴上假面,"衣紫、腰金、执鞭",是一个赳赳武夫的形象。它大概可以看作是中国戏曲中脸谱的最早渊源。

(2)拨头。又称"钵头"。据说,这是一种出自西域的外国戏曲,它表演的是这样一个故事:西域有一个人,他的父亲被老虎咬死了,他立志要报仇,便上山追踪虎迹,翻过八道山岗,才找到老虎,把它杀死了。扮演者"披发、素衣、面作啼",是一个遭丧的孝子形象。它所表演的寻父尸、翻山岭、与虎斗等情节,已经比较复杂了。

(3)踏摇娘。又叫"苏中郎""苏郎中"。写一个"美色善歌"的妇女被其酒醉的恶丈夫殴打后悲苦哀诉的故事。扮演踏摇娘的人且歌且舞且诉,而演她丈夫苏中郎的人则"著绯、带帽、面正赤",是一副醉汉的打扮。

(4)樊哙排君难戏。又名"樊哙排闷"剧。据说,这是唐末昭宗亲自领导制作的节目。是借《史记》"鸿门宴"故事来表现当时孙德昭等人杀刘季述反正的事,似乎是"历史剧"的先声。

(5)滑稽戏。在唐代特别发达,演员们特别善于借题发挥,在欢笑声中达到讽喻的目的。也有一些节目属于纯娱乐性质,开后来戏曲中插科打诨的先河。据高彦休《唐阙史》记载唐懿宗咸通年间,有一个叫李可及的优人,"滑稽谐戏,独出辈流,虽不能托讽匡正,然智巧敏捷,亦不可多得"。此外,唐代还有"傀儡戏""大曲""说书""俗讲"等杂戏形式。

296. 唐人选唐诗有哪几种?

现存的唐人选唐诗集子,据2014年中华书局出版的由傅璇琮、陈尚君、徐俊编的《唐人选唐诗新编》统计,目前可以见到的一共有十六种,分别是:《翰林学士集》《珠英集》《搜玉小集》《丹阳集》《河岳英灵集》《国秀集》《箧中集》《玉台后集》《御览诗》《中兴间气集》《元和三舍人集》《极玄集》《宝氏联珠集》《又玄集》《瑶池新咏集》《才调集》。

297. 唐人选唐诗主要选集各自体现了怎样的文学主张?

《河岳英灵集》是比较重要的一个唐诗选本,其可贵之处是在入选作家的姓名之下各附品藻,点明该作家的风格特色,有的还摘举名篇警句。殷璠对每个作家的评价,虽着墨不多,却也相当传神和富有形象。如称王维的诗:"词秀调雅,意新理惬,在泉为珠,着壁成绘,一句一字,皆出常境。"编者提倡风骨与声律统一,反对轻艳矫饰,入选作品,体现了这一原则。

《中兴间气集》与《河岳英灵集》相似,它对入选作家大多有一段简要的评语,也摘举名篇警句。从高仲武在自序中所说"著王政之兴衰,表国风之善否","但使体状风雅,理致清新,观者易心,听者竦耳"等语,可知他的文学主张也是比较正统的。但实际所选的作品,有些偏重于艺术形式,未能与原有的宗旨相合。

《箧中集》为元结针对当时诗坛存在的"拘限声病,喜尚形似"之弊而编。所选作品淳古淡泊,绝去雕饰,体现了编者进步的文学主张和他反对浮华、提倡内容充实的现实主义诗风。

《国秀集》的选诗标准较宽,它的价值不如前几种,入选作品大体也能代表该作家的风格特征。这个集子后人曾有非议,认为既然称为"国秀",就不应该把编者芮挺章和作序者楼颖的诗入选,不过书中所选一些不知名者的作品,起了保存文献的作用。

《极玄集》的选诗标准较严,姚合自称他所选的作家"皆诗家射雕手也",入选诗歌风格清丽,与姚合自己刻意苦吟、搜求新意相一致。但作品的题材较窄,以咏写个人情怀和流连光景者居多。

《又玄集》较《极玄集》有所改进。它上起李白、杜甫,下至晚唐诸家,做了全面的补充调整:"或百篇之内,时记一章;或全集之中,微征数首。"故入选作家和作品,既照顾到面,又注意了各种风格,成了颇能反映唐诗全貌的一个精选本。

《御览诗》反映了中唐时期的诗歌特征,注意声韵对偶,讲究词意工雅。入选作家除韦应物为天宝时人外,都是大历时人。所选诗歌完全是绝句、律诗等近体,无一古体。

298.《全唐诗》是一部怎样的书?

《全唐诗》是康熙四十五年(1706)由彭定求等十位翰林用一年多时间仓促编成的唐诗总集,主要依据是明末胡震亨的《唐音统签》和清初季振宜的《全唐诗稿本》,未曾广事搜罗。康熙皇帝在《钦定全唐诗序》中说道"得诗四万八千九百余首,凡二千二百余人",这一数字虽然很权威,但不严密。1964年,日本学者平冈武夫主持编纂《唐代的诗篇》,将《全唐诗》中的每一首诗逐一编号,做了准确的统计,为四万九千四百零三首又一千五百五十五句,作者两千五百七十六人(不包括神仙鬼怪类)。这四万九千四百零三首,仅就《全唐诗》收录数而言,《全唐诗》中的重出、误收诗,应予剔除。所谓重出诗,有两种情况,一是因《全唐诗》编纂体例不善,致使一首诗重复收录,如李白《蜀道难》,既收入乐府歌辞类,又收入李白集中。此类重收,多达两千八百三十八首。二是唐诗在历代流传过程中,常因各种原因以致作者传误。如著名的《登鹳雀楼》诗,现代一般认为是王之涣所作,但唐代另有朱斌或朱佐日两种不同记载。唐诗流传千载,传误原因很多,有些可以弄清,有些已不可。清人编《全唐诗》时,迫于王命,成书仓促,有异说者皆重复收录。据佟培基教授统计,此类诗多达三千一百五十七首、句一百五十三则。所谓误收,是指不属于唐五代的诗作,误传成唐诗。其原因也很复杂,有因姓名相同或相近而误传的,有因记载纷歧而后人误传的,还有后人有意作伪假托的。《全唐诗》中的误收诗,有逾千首之多。

299.《全唐诗补编》是一部怎样的书?

《全唐诗补编》包括《全唐诗外编》(校订本)和《全唐诗续拾》两部分,1982年中华书局曾将王重民的《补全唐诗》及《敦煌唐人诗集残卷》、孙望的《全唐诗补逸》、童养年的《全唐诗续补遗》四种汇集为《全唐诗外编》出版,其中王重民的《补全唐诗》和《敦煌唐人诗集残卷》两编,凡补诗一百六十六首;孙望的《全唐诗补逸》二十卷,补诗八百三十首又八十六句;童养年的《全唐诗续补遗》二十一卷,补诗一千二百八十二首又四百八十九句。《全唐诗外编》的出版为唐诗研究提供了新的资料,随着《全唐诗》研究领域的深入和拓展,大家陆续发现《全唐诗外编》收录佚诗仍未完备,且考订时有未精之处,所以对《全唐诗外编》进行一次全面的校订和续编,已成为当务之急。为此,复旦大学中文系教授陈尚君穷数年之力,广事搜罗,先后所得,凡四千六百六十三首又一千一百九十九句,编为《全唐诗续拾》六十卷,之所以继踵前贤而能有数量巨大的收获,在于改变了以前学者就所见收录的做法,从对唐宋典籍存逸总目的调查入手,充分利用了今可检索的包括四部群书、佛道二藏、敦煌文献、方志石刻、海外遗书在内的各类典籍,在检索方法上较前有了较大的改进。后陈尚君又修订《全唐诗外编》,删去误收、重收诗六百一十四首又二百六十九句,二书合编为《全唐诗补编》,凡存诗六千三百二十七首又一千五百零五句,1992年由中华书局出版。

300.《全唐五代诗》是一部怎样的书?对《全唐诗》有何超越?

《全唐五代诗》是继清代《全唐诗》面世之后又一部新编唐五代之诗歌总集。已由陕西人民出版社于2014年出版了初盛唐部分,《全唐五代诗》基于清代《全唐诗》的渊源,借鉴中华书局《全唐诗》的经验,充分利用现存的古籍文献,吸收考古、科研最新成果,对唐五代所有诗歌进行扫描式梳理归结,以时间为经,以诗人为纬,逐人逐诗予以甄别,剔除张冠李戴,校正误收漏收。每一作者,均以小传记其生平事迹;每一首诗,均以详尽的出处以备查阅;每一个异文,均予以精致、详备的校勘;涉及本末纪事,均去伪存真,不留错讹。新增补诗近万首,纠正张冠李戴数千首,更备以存目诗表,以求严谨不疏。

因此,《全唐五代诗》的编辑也有其特殊意义,主要体现在以下几个方面:

(1)由于《全唐诗》的先天缺陷已经被发现,新编《全唐五代诗》可以弥补这一缺陷,还唐诗历史一个完整的面貌。

(2)《全唐五代诗》将在覆盖《全唐诗》的基础上,增补大量的唐诗和全部五代的诗,使诗的总量与诗人队伍都有所增加,特别是将五代诗人作品全部植入,使唐诗的传承不留历史空白。对当代人来说,可以一览唐、五代诗的全貌。

(3)无论是古籍整理,还是文学遗产保护,抑或是学术研究,《全唐五代诗》都堪称填补空白之文化工程。

301.《全唐文》是一部怎样的书?

《全唐文》,全称《钦定全唐文》,是清朝官修唐人总集。嘉庆十三年至十九年(1808—1814)由董诰领衔,阮元、徐松等百余人参加编纂。全书一千卷,并卷首四卷,辑有唐朝、五代十国文章共两万零二十五篇、作者三千零三十五人(据平冈武夫《唐代的散文作品》统计),每一位作者都附有小传。《全唐文》是唐代(包括五代)文章的总集,其突出优点表现如下:

(1)搜采十分浩博。据清仁宗《御制全唐文序》《全唐文·凡例》、法式善《校全唐文记》(《存素堂续集》卷二),编修官们曾从《四库全书》中的别集、《古文苑》《文苑英华》《唐文粹》等总集、《永乐大典》和释道两藏中广泛搜集唐五代文献,而"天下府厅州县"方志,以及"散见于史子杂家记载、志乘金石碑版者",亦在求访之列。今《永乐大典》已残存无几,所以《全唐文》的这部分就特别珍贵有用。《全唐文》共收文两万零二十五篇,作者三千零三十五人,俞樾云"有唐一代文苑之美,毕萃于兹。读唐文者,叹观止矣",诚非溢美。

(2)考证校勘较为精密。在小传的撰写上,《全唐文》编者下了很多功夫。和《全唐诗》作者小传相比,《全唐文》作者小传不但更为翔实,而且纠正了前者不少错误。在文章辨伪方面,《全唐文》对于作者有异说的,大都能通过考辨以定去取,而非不负责任地有见必录。在文字校录方面,全书《凡例》规定:"碑碣以石本为据,余则择其文义优者从之,若文义两可,则注明一作某字存证。""金石文字,类多剥蚀而版本完善足信者,即据以登载;其无可据,则注明阙几字存证;惟残阙过甚仅留数字,无文义可寻者,不录。"

宋辽金文学

302. 宋诗在哪些方面对唐诗有继承和创新？

宋诗和唐诗是一脉相承的。从整个诗歌史来看，宋诗正是唐诗发展的必然结果，宋代诗人正是充分吸收了唐诗的营养，才创造出一代诗风。例如，诗歌在题材和语言上趋于通俗化，描写平凡、琐细的日常生活，并采用俗字俚语，这种趋势是从杜甫开始的，中唐韩愈、白居易、孟郊、贾岛及晚唐皮日休、罗隐等人又有所发展，而宋代诗人则沿其流而扬其波。又如在诗歌中发议论，也是从杜甫、韩愈开始，在晚唐杜牧、李商隐的诗中已屡见不鲜，入宋以后则发展成为诗坛的普遍风气。

宋诗对唐诗又有创新，表现在：第一，题材向日常生活倾斜。唐诗表现社会生活几乎达到了巨细无遗的程度，宋人只能向深处挖掘。宋诗在题材方面较成功的开拓，便是向日常生活倾斜。琐事细物，都成了宋人笔下的诗料。且宋诗的选材角度趋向世俗化，所展示的抒情主人公形象多是普通人。这种特征使宋诗具有平易近人的优点，但缺乏唐诗那种源于浪漫精神的奇情壮采。第二，以平淡为美的美学追求。宋诗在唐诗美学境界之外另辟新境，其整体性的风格追求是以平淡为美。苏轼和黄庭坚一向被看作宋诗特征的典型代表，苏轼论诗最重陶渊明，黄庭坚则更推崇杜甫晚期诗的平淡境界。他们追求的"平淡"，实指一种超越了雕润绚烂的老成风格，一种炉火纯青的美学境界。唐诗的美学风范，是以丰华情韵为特征，而宋诗以平淡为美学追求，显然是对唐诗的深刻变革。第三，唐诗之外又一美学范式的创建。唐诗和宋诗，是诗歌史上双峰并峙的两大典范。宋以后的诗歌，虽然也有所发展，但大体上没能超出唐宋诗的风格范围。从美学风格来看，宋诗中的情感内蕴经过理性的节制，比较温和、内敛，不如唐诗那样热烈、外扬；宋诗的艺术风貌平淡瘦劲，不如唐诗那样色泽丰美；宋诗的长处，不在于情韵而在于思理，它是宋人对生活深沉思考的文学表现。唐宋诗在美学风格上，既各树一帜，又互相补充。它们是古典诗歌美学的两大范式，对后代诗歌具有深远的影响。宋人的可贵之处，在于他们对唐诗并未亦步亦趋，而是有因有革，所以，能创造出与唐诗双峰并峙的宋诗。

303. 宋词兴盛的原因是什么？

宋词兴盛的原因可概括为三个方面：

(1) 宋王朝大量的财富被集中起来供皇室和官僚阶层享用，官员们既有丰厚的俸禄以满足奢华生活的需求，又可以避免朝廷的疑忌，于是纵情享乐之风盛行一时。宋代的官员大多是有高度文化修养的士大夫，他们的享乐方式通常是轻歌曼舞，浅斟低唱。歌台舞榭和歌儿舞女既然成为士大夫生活中的重要内容，滋生于这种土壤的词便会异常兴盛。

(2) 宋代文人的人生态度也有利于词的兴盛。宋代文人大多实现了社会责任感和个性自由的整合。他们用诗文来表现有关政治、社会的严肃内容，用词来抒写纯属个人私生活的幽约情愫。这样，诗文和词就有了明确的分工：诗文主要用来述志，词则用来娱情。这种分工在北宋尤为明显。诗词分工的观念对宋词的发展大有好处，由于词被看作抒写个人情愫的文体，很少受到"文以载道"思想的约束，因而文人可以比较自由地抒写旖旎风情，词体也因此能够保持自身的特性，取得独立的地位。

(3) 词是宋代尤其是北宋社会文化消费的热点。由于都市的繁荣，民间的娱乐场所也需要大量的歌词，士大夫的词作便通过各种途径流传于民间。更有一些词人直接为歌女写词，最有代表性的是柳永。北宋中后期的秦观、周邦彦，也都为歌妓写了不少词作。社会对词作的广泛需求，刺激了词人的创作热情，也促进了词的繁荣和发展。

304. 宋初诗坛有哪些流派？这些流派分别有哪些代表作家？

宋初诗坛沿袭晚唐五代的余风，对于蔚为大观的宋诗来说，仅是一个序幕，但其中也有不同的流派。

最初出现的是"白体"诗人，如徐铉、徐锴、李昉等文学之臣，学习白居易诗平易自然的风格，《宋朝事实类苑》称李昉"为诗慕白居易之浅切"，《瀛奎律髓》云："鼎臣(徐铉)诗有白乐天之风。"后来，王禹偁主盟文坛，更是发扬此风，诗作趋于简淡清新。他在《示子诗》中说："本与乐天为后进，敢期子美是前身。"可见，他还推尊杜甫，曾称颂"子美集开诗世界"，他的诗作思想性较之徐、李要高，不时流露出对人民的关怀同情和痛苦的自我谴责。他的抒情小诗笔调清丽，饶有韵致。这派诗人作诗不事雕琢，造语自然，常常率尔成章，追求抒情的率真，因而诗意较为显豁。

后在太宗、真宗朝，有一批所谓"晚唐体"的诗人，大多是隐士或僧人。主要人物有潘阆、魏野、林逋；另有九位僧人：希昼、保暹、文兆、行肇、简长、惟凤、惠崇、宇昭、怀古，合称"九僧"。寇准位致通显，封莱国公，与他们为友，在诗歌上也引为同调。这一派追踪贾岛、姚合的诗风，多写清幽枯寂的隐居生涯。

稍后在真宗朝，有一批位居馆阁的文臣学士，提倡学习李商隐，力图以此矫正诗界平弱浅露之习，形成宋初声势最盛的"西昆体"，代表人物为杨亿、刘筠、钱惟演。从景德二年秋开始，这批馆臣受命编纂一部后来称为《册府元龟》的巨著，他们集于秘阁编书，时有诗歌唱和,杨亿将这些诗编为一集,名曰《西昆酬唱集》,因为神话中说,西方昆仑山上有藏书的"册府",故以"西昆"代指秘阁。此集收十七人的二百五十首唱和诗,杨、刘、钱三人的诗就占了五分之四。由于他们的政治及文学地位,此诗集一出,天下翕然从风,诗体为之一变。集中之诗,主要描写内廷优游豪华的生活,也有一部分咏物诗,如《鹤》《蝉》《萤》《樱桃》等,还有一些《无题》之类的感怀之作。多为律诗,且多用典故和华丽的辞藻,句中装点了种种金玉绮绣的字样,使人有满眼雕绘之感。不过这种风格一反以往的平易率直,确实使人感到雍容典雅、富丽精工,颇有矫枉的力量,但其缺点也显而易见。

305. 何谓"北宋诗文革新运动"？

这是北宋继唐代古文运动而起的文学革新运动。主要反对以西昆体为代表的浮靡文风,主张对诗、文进行革新,要求文学反映现实。代表人物主要有范仲淹、苏舜钦、梅尧臣、欧阳修等,他们使诗文革新运动达到高潮,诗文革新运动完成期的代表则是王安石、曾巩、苏轼、苏辙以及黄庭坚、秦观等人。北宋诗文革新运动的成就和影响主要体现在"道"与"文"两个方面。就"道"而言,革新家们不论是将"道"理解为孔孟之道,还是经世济民之道,或指广泛的现实生活,都是对诗文内容的强调。在"文"的方面,诗文革新运动的结果,使各种文学样式取得突出成就。散文六大家有三苏、欧阳修、王安石、曾巩,诗歌健将有王禹偁、梅尧臣、苏舜钦、欧阳修、王安石、苏轼、黄庭坚。

北宋诗文革新运动,继唐代古文运动之后,又一次把古代文学特别是散文以及文论的发展推进了一步,对后世影响巨大。此后,以唐宋八大家为代表的古文传统,一直被奉为正宗。但北宋诗的散文化和以议论为诗的概念化倾向,则表现了该运动具有一定的局限性。

306. 欧阳修的文学理论是什么？

欧阳修是北宋前期著名的文学家和文论家,他的文学理论包含以下几个方面:

(1) 文道关系论。欧阳修继承韩愈的观点,在文道关系上,重申道对文的重要性,认为"道胜者,文不难而自至",反对片面追求文辞。他主张以道作为作家的基本修养,充道以为文,但他不重道轻文。欧阳修还注重道的实践性,他批评弃百事不关于心,不能在实践中充道的人。他认为,道并不是要远离人。他从生活实践方面谈论创作主体的修养,影响了后代的古文理论。总之,对文道关系的解释,欧阳修形成了自己以道充、事信、理达、辞易为中心的文学理论。

(2) "诗穷而后工"说。此说是欧阳修在《梅圣俞诗集序》一文中提出来的,他认为,"诗人少达而多穷","盖世所传诗者,多出于古穷人之辞也","愈穷则愈工","然则非诗之能穷人,殆穷者而后工也"。"诗穷而后工",是说诗人在受到困险环境的磨砺,幽愤郁积于心时,方能写出精美的诗歌作品。司马迁、韩愈等人的文论中也有类似观点,大体都是讲创作主体的生活与创作潜能之关系。欧阳修则进一步将作家的生活境遇、情感状态直接与诗歌创作自身的特点联系起来:一是,诗人因穷而"自放",能与外界建立较纯粹的审美关系,于是能探求自然界和社会生活中的"奇怪";二是,郁积的情感有助于诗人"兴于怨刺",抒写出曲折入微而又带有普遍性的人情。

(3)诗歌意境观点。欧阳修在《六一诗话》中引梅尧臣的话说:"必能状难写之景如在目前,含不尽之意见于言外,然后为至矣。"这其实代表了欧阳修自己的看法,是上继唐人而提出的诗歌意境理论,结合具体作品深入分析了意境两大相互关联的审美要素:所描写的境象一定要真切生动,抒写的情志则要深微高远。这一观点引发了宋代诗话中关于诗歌意境问题的深入讨论,对明清一些诗论家的意境论亦有所影响。

307. 欧阳修散文的艺术成就体现在哪些方面?

(1)欧阳修的散文内容充实,形式多样,无论是议论还是叙事,皆有为而作,有感而发。他的议论文有些直接关系到当时的政治斗争。例如,早年所作的《与高司谏书》揭露、批评高若讷在政治上见风使舵的卑劣行为,是非分明,义正词严,充满着政治激情。欧阳修另有一类议论文与现实政治并无直接关系,但表达了作者对历史、人生的深刻思考。比如,《五代史》中的一些序论,对五代的历史教训进行总结,并鲜明地表达了作者的褒贬,以及国家兴亡在于人事而非天命的历史观。欧阳修的记叙文也都言之有物,《五代史记》一类历史散文自不必说,即使是亭台记、哀祭文、碑志文等作品,也都具有充实的内容。比如,《丰乐亭记》对滁州的历史故事、地理环境乃至风土人情,都做了细致的描写。

(2)欧阳修的散文有很强的感情色彩,他的政论文慷慨陈词,感情激越;史论文则低回往复,感慨淋漓;其他散文更加注重抒情,哀乐由衷,情文并至,如《泷冈阡表》,追忆父母的嘉言懿行,细节描写细腻逼真,栩栩如生,感情真切动人。在欧阳修笔下,散文的实用性质和审美性质得到了充分的显示,散文的叙事、议论、抒情三种功能也得到了高度的融合。

(3)欧阳修的散文语言简洁流畅,文气纡徐委婉,既简洁凝练又圆融轻快,毫无滞涩窘迫之感。深沉的感慨和精当的议论,都出之以委婉含蓄的语气,娓娓而谈,纡徐有致,创造了一种平易自然的新风格,在韩文的雄肆、柳文的峻切之外别开生面。

308. 柳宗元和欧阳修山水游记散文有何不同?

柳宗元与欧阳修的散文以深邃的思想内容和文采风流的艺术形式,奠定了他们在唐宋八大家中的地位,他们的山水游记更以独特的个性风格,在山水文领域各领风骚,成绩斐然。柳宗元的山水游记多写在被贬永州后,以《永州八记》最负盛名,欧阳修山水游记多写于两次被贬后。他们的山水游记虽然都是被贬后的愤懑之作,却有着明显的差异,主要有以下两点:

(1)寄寓不同。柳宗元对自然景物的描写,倾注强烈的身世之感,他对景物的观察欣赏都带着浓厚的主观色彩。柳宗元看到"唐氏之弃地,货而不售",同病相怜之感油然而生,深感自己被朝廷贬谪抛弃,如眼前的小丘,故赋予它深刻的意义。欧阳修的山水游记同样具有很强的现实意义,但与柳宗元不同,他不以抒写个人遭遇为目的,而在观赏自然景物时,联系历史阐发对现实的思考。例如,《丰乐亭记》意味深长地告诫人们安宁生活来之不易,须当珍惜,欧阳修以描绘美丽山水为手段,借景寓意为目的,在论古通今中抒写自己于国于民深重的忧患意识,表达其忠君爱国的赤诚之心。所以,同样是寄寓,柳记重写身世之感,欧记重写国家民族之忧。

(2)观察描写景物的着眼点不同。柳宗元喜爱描绘不为人知的奇异小巧之景,他对景点的选择和描写,寄寓了他当时的心态,也寄托了他的理想与希望。欧阳修对景物的观察与描写,着眼点侧重于境界恢宏的大场面,《醉翁亭记》开篇"环滁皆山也"一句,就把滁州四面环山的景物特征做了精练概括的描写。欧阳修对景物描写没有柳宗元的具体细致,他不拘泥于一山一水、一草一木的描写,善于发挥丰富的想象,突破时空的纵横局限,将景物早晚和四季的变化描绘出来。如用"野芳发而幽香,佳木秀而繁阴,风霜高洁,水落而石出者,山间之四时也",写出琅琊山四季之美景。

(3)语言运用上的不同。柳宗元喜用幽、奇、怪、异、奥等字词表现景物,烘托出作者悲凄苦寂的心境。欧阳修喜用虚词,虚词的大量运用,使文章显示出平和疏朗、情致深婉的美感。

309.欧阳修词作题材的多样性体现在哪些方面?

词自唐末五代以来逐渐被定格为"艳科",唯独李煜亡国之后在词中倾吐了内心所有的悲苦,欧阳修是继李煜之后另一位个性张扬的词人。他在词的创作领域,时常突破"艳科"的藩篱,率意表现自己的性情怀抱,为苏轼词"诗化"革新开辟了道路。欧词多样化的题材主要表现在以下几个方面:

(1)抒发人生不得意。欧阳修在词中有对时光流逝的哀伤,有对仕途风波的忧患,更有对前景的达观和生命力的张扬,并且塑造了极富个性特征的自我形象。如《临江仙》写他的仕途坎坷,而《朝中措·平山堂》则充分体现了欧阳修的个人气质,词中所描述的是自己在扬州任上的豪纵形象,"文章太守"的"挥毫万字""一饮千钟"之豪情,是一种极度自信的表现。

(2)描写山川景物的小词。他对四时山水景色都保持着浓厚的兴趣,并用欣赏的眼光看待外景,从另一个角度展现了词人生活的乐观态度。著名的有《采桑子十首》,以美好乐观的心境对待自然,传统的"悲秋"情绪在词人手中也有了改变,如《渔家傲》便是对秋日景象的品赏。

(3)将怀古咏史题材引入词中。欧阳修是一位杰出的史学家,他的史识不仅仅见之于诗文,同时他将咏古咏史也运用到词的创作之中。咏古咏史时,往往涉及对现实政治的批判。如《浪淘沙·五岭麦秋残》批判了唐明皇的纵欲误国。

(4)描摹都市繁荣景象。宋词是歌舞升平中的产物,都市的繁华有时就会作为歌舞的背景在词中出现,从而渲染了社会的太平。《御带花》就是写京城元夕的热闹。在北宋前期,欧阳修词的题材最为丰富多彩。受词坛创作主流倾向影响,欧阳修的词主要表达的依然是艳情、相思，但词人张扬的个性也处处留下痕迹，词人并不以某一类题材自我限制，当情感激涌而来时，就随意地在词中自由抒发。

310. 韩愈和欧阳修的散文风格有何异同？

唐贞元年间，韩愈提出古文概念。韩愈认为，古文不仅是传道的工具，而且也是鸣不平、反映现实的工具，这一思想对他的散文有重大的影响。韩愈的散文，内容丰富，形式多样。他的《原毁》《师说》《杂说》《讳辩》等，文章感情充沛，说服力也很强，达到了思想艺术完整的统一。韩愈的不少序文，例如《送李愿归盘谷序》《送董邵南序》等，笔力雄健，大气磅礴，表达对现实社会的各种感慨。韩愈的叙事文，有许多文学性较高的名篇，如《张中丞传后叙》《柳子厚墓志铭》，有重点地选取事件，通过富于感情的语言来记叙事件。用散文抒情，韩愈也是很成功的，如《祭十二郎文》被誉为"祭文中千年绝调"。韩愈的散文创造性地使用古代词语，又善于吸收当代口语，从而创造出新的文学语言。此外，韩愈散文的语言具有生动、准确、鲜明、简练的特点。因此，他的散文词汇丰富，绝少陈词滥调，句式的结构也灵活多变。他还善于活用词性，错综成文。他想象丰富，善于运用多种譬喻使对象突出、生动。

欧阳修诗文革新的理论是与韩愈一脉相承的，在文和道的关系上，他和韩愈一样强调道对文的决定作用，其散文特色主要表现在内容充实、形式多样、感情浓烈、语言简洁等方面。欧阳修的散文虽以学习韩愈相标榜，风格却各不相同。如果说，韩愈的文章如波涛汹涌的长江大河，那么欧阳修的文章就恰似澄净激滟的陂塘。韩文滔滔雄辩，欧文娓娓而谈；韩文沉着痛快，欧文委婉含蓄。欧阳修继承并发展了韩愈文从字顺的语言风格，而避免了韩愈尚奇好异的作风。

311. 何谓"六一风神"？

历来评论欧阳修的散文有一个专有名词，即"六一风神"，欧阳修晚年自号"六一居士"。"六一风神"是欧阳修散文的美学风格，他在散文的创作中只是自然地叙事、自然地抒怀，并没有刻意选择人物、场景，以及按照某种寓意的逻辑来组织内容。但是，这种看似散漫不经的行文中，却能使读者从寻常的叙事中慢慢体会出难以言传的高远境界。他的散文在文章结构层次上极尽吞吐往复、参差离合之致，语言层次上平易自然。另外，一般具有笔触多情的特点，常着眼于感情的抒发。这些都是"六一风神"的构成要素，《醉翁亭记》正是体现"六一风神"的代表作。

312. 欧阳修、梅尧臣在宋诗发展中起了什么作用？

宋初七十年间，诗歌的发展大抵沿袭了晚唐、五代的风气，格调不高，意境狭隘。当时一批有识文士力求铲除积弊，开创新格。但是，这种努力并未实现。王禹偁在创作上成就较高，影响却不大。杨亿等人标举李商隐诗，并自成一派，以"西昆体"著称，但他们专重形式，以辞藻富丽、用典精巧为号召，诗作严重脱离现实，出现了新的弊端。直到梅尧臣、欧阳修才一洗铅华，为宋诗的发展开拓了广阔的道路。

欧、梅二人是在西昆诗风影响下成长的,最初的诗作不可避免地受到西昆体的影响。但从明道、景祐之后,他们的诗风也在转变中逐渐成熟。当时,宋与西夏战事重开,社会矛盾加剧,朝廷中的政治斗争也日趋激烈。面对这种形势,他们认为诗歌应继承风雅的传统,触及现实,及时反映时代的呼声。梅尧臣认为诗作应"因事有所激,因物兴以通",欧阳修主张诗人应"发声通下情",意思是相同的。反映现实、干预政治,是两人诗作的重要内容。梅尧臣写了《故原战》等诗,记录了宋军对西夏作战的惨败;《岸贫》《小村》则记录了农村的破败;再如《陶者》:"陶尽门前土,屋上无片瓦。十指不沾泥,鳞鳞居大厦。"以简朴的语言揭露社会不合理现象。欧阳修也写了《食糟民》《边户》等同情民生疾苦之作,写了《猛虎》《憎蚊》等政治讽刺诗。欧诗反映现实之作较少,涉及面也不及梅诗广阔,原因在于他更多地希望以政治改革解除民瘼,有关内容多集中在其政论、奏议中了。

此外,欧、梅诗涉及的内容相当丰富。欧诗主要表现的是其个人生活经历和感受,以几次贬谪期间所作诗成就最高。初贬夷陵时,有不少表现山河壮丽、山城寂寞及谪居生活的闲愁苦闷之作,如《戏答元珍》《黄溪夜泊》等,都是传诵佳什;再贬滁州期间,在流连河山之际,较多地抒写了政治改革失败后的郁闷不平。此外,他的赠友送人、论诗咏物诸诗中,也有不少较好的篇章。梅尧臣在诗中记录了他生活的各个方面,特别是表现他长期流转下层的感受和中年丧妻的悲哀,成就尤为突出。

总之,他们在诗中所表现的社会内容、生活感受和思想认识,都超过了他们的前辈,从而纠正了脱离现实的西昆诗风的影响,奠定了不同于"唐音"的"宋调"的基石。在艺术风格上,欧、梅都有很高的追求。梅尧臣曾提出愿追随李白、杜甫、韩愈,在诗坛出生入死地战斗,志向十分高远。欧阳修在《六一诗话》中曾记载了梅尧臣论诗的意见:"必能状难写之景如在目前,含不尽之意见于言外,然后为至矣。"这是强调意新语工,意在言外。

313. 苏舜钦和梅尧臣代表的诗风有什么影响?

北宋初期的诗人苏舜钦和梅尧臣,两人的诗作开宋诗风气之先,体现了宋代诗人对矫正晚唐五代诗风的最初自觉。苏舜钦喜欢用诗歌痛快淋漓地反映时政,抒发强烈的政治感慨,因此他的诗风豪放雄肆,但推敲、剪裁的功夫较梅尧臣则略嫌不足,宋诗畅尽而伤直露的特点,在苏舜钦诗中已见端倪。梅尧臣诗的题材走向是写日常生活琐事,体现了宋代诗人的开拓精神,他为宋诗开辟了贴近日常生活的题材。在艺术风格上,他以追求"平淡"为终极目标。梅尧臣诗的题材走向和风格倾向都具有开宋诗风气之先的意义。

314. 北宋词至柳永出现了哪些变化?

北宋词至柳永出现了大的变化,主要表现在以下几个方面:

(1)创制和推动慢词艺术的发展是柳永对词特殊的贡献。

柳永大力创作慢词,从根本上改变了唐五代以来词坛上小令一统天下的格局,使慢词与小令两种体式平分秋色,齐头并进。同时,柳永慢词多用新调,词至柳永,体制始备。柳永的创体之功是基于他的创调,宋词中有一百多个调是柳永首创或首次使用。

(2) 对题材的开拓。

柳永写了许多描写都市繁华生活的词,写都市风貌、都市生活风俗与尽享太平的市民思想。如《望海潮》歌咏杭州的山水风物,反映了宋代社会太平时期城市经济的繁荣景象及中下层市民的生活面貌,这在词的题材方面是一大开拓。

此外,柳永还有一些歌妓词,写与歌妓来往,这些词虽不乏秦楼楚馆的情欲描写,但更多带有才子佳人恋爱的情调。柳永的词充分表现出对歌女们温柔多情的理解,开了市民文学的先声。

(3) 以赋为词。

柳永把赋体笔法引进词里来,增加了词的叙事因素,将铺排式的叙事与白描式的写景结合起来。如《雨霖铃》创造了情景递进的铺叙模式,在铺叙中将叙事、写景、抒情适当安排,表达作者复杂的内心情感。

(4) 雅俗并存。

"俗"的方面,柳词以接近市民文艺的俚俗色彩而著名,大量使用俚语、口语,语言通俗。

"雅"的方面,一是以赋为词,在铺叙中将叙事、写景、抒情适当安排,传达作者复杂的内心情感;二是羁旅行役词,以男性口吻写离愁,所写的辽阔的山河,多了一种自然雄浑的力量,扩大了词境的容量。

(5) 章法和结构。

柳永为适应慢词长调体式的需要和市民大众欣赏趣味的需求,创造性地运用了铺叙和白描的手法。同时,他善于巧妙利用时空的转换来叙事、布景、言情,而自创独特的结构方式。

315. 晏殊词有什么特点?

晏殊在十四岁时,就因才学出众,以圣意召试,赐同进士出身。后屡历显要,官至仁宗朝宰相。他曾引荐了一批贤能的人,如范仲淹、欧阳修等,都出自他门下,王安石也受过他的奖掖,号称贤相。他所从游者多达官文学之士,"喜宾客,未尝一日不燕饮""相与赋诗,率以为常"(叶梦得《避暑录话》)。晏殊的地位和才华,对北宋一代词风起了推动作用,同时他的这种经历也对自己的词作产生了深远的影响。晏殊的经历和南唐身居相位的冯延巳十分相似,所以他"尤喜江南冯延巳歌词,其所自作,亦不减延巳"(刘攽《中山诗话》)。但是在词的创作上,晏殊并不是一味模仿别人,而是另有创新。冯延巳生活正值南唐亡国的前夕,词多透露着一股忧伤之音。晏殊是太平宰相,词多写升平景象,雍容典雅,反映了这种身份的人们特定的生活情趣,《浣溪沙》是他的代表作。

此外,晏殊还有一类词是在悠闲的生活中所作,所写的词虽然都是偶为外物所触动,是一刹那间的情感,但这情感是以圆熟的技巧表达的,珠圆玉润,而又意趣深婉,具有一定美感,"春风不解禁杨花,蒙蒙乱扑行人面""一场愁梦酒醒时,斜阳却照深深院",情景结合,温润娴雅,带着一种淡淡的哀怨,与落拓者的悲苦不同,这是富贵者的闲愁,也正是这种情调成就了大晏词的特色。

晏殊的词,以小令见长,善于刻画心理活动,内容上主要是描写男欢女爱、离情别绪、娱宾遣兴这类的传统题材。他工于造语,描写细致,能做到清丽而不淫艳,表现了风雅人士的情趣。特别是身为重臣,敢于言情,抒发情性,表现了词人的本色。

316. 晏几道词的特点有哪些?

晏几道是晏殊的第七子,字叔原,号小山。晏几道的词风同晏殊一样接近南唐,内容大多描写男女悲欢离合。晏殊的词以小令为主,他的艺术造诣也全表现在这些小令里。但是,晏几道与父亲的经历稍有不同,他过了一段由富贵到贫穷的生活,因此,他的词深婉或超过他的父亲。晏几道的词作,一洗他父亲的那种雍容华贵的气息,具有感伤的情调。晏殊词近于同样位居相位的冯延巳的《阳春集》,晏几道的词则十分接近深感亡国之痛的李煜词。生活环境对于晏几道的词作有着明显的影响,他年少时是个贵公子,父亲高居相位,他在绮罗丛中长大,在脂粉堆中厮混,不知人世间的艰难,也不懂得营生处世的手段,后来父亲去世,家道中落,饱尝了人情冷暖、世态炎凉的痛苦。黄庭坚在《小山词序》中说他有"四痴":"仕宦连蹇,而不能一傍贵人之门,是一痴也;论文自有体,不肯一作新进士语,此又一痴也;费资千百万,家人寒饥,而面有孺子之色,此又一痴也;人百负之而不恨,己信人,终不疑其欺己,此又一痴也。"晏几道因自己落魄的身世,悲愤的感情,在词的造诣上超过乃父,以深婉见长,情韵俱佳。

晏几道的代表作是《临江仙》:"梦后楼台高锁,酒醒帘幕低垂。去年春恨却来时。落花人独立,微雨燕双飞。记得小苹初见,两重心字罗衣。琵琶弦上说相思。当时明月在,曾照彩云归。"此词典型地体现了小晏词的风格。写别后的凄凉情景,通过对早年欢快生活的深切追恋,来表现对现状的凄楚悲愤。作者善于用清新的语言,富有特征性的形象,在思前忆旧之中,屈曲有致地表现一种情景交织的凄迷心境。晏几道在词作中常常对那些不幸的歌女也深表同情,他能以真情临文,因此这类作品读起来十分感人。表现手法上,小晏特别擅长"婉"字法,能变直为曲,化浅为深,反映一种深细的感情,堪称匠心独运。例如,《阮郎归》中"梦魂纵有也成虚,那堪和梦无"二句,先说梦魂的有无,难以预期,即使有也是虚空的,更何况虚妄的梦幻也没有,更是难以忍受的。作者避开了直接的抒情,而情意却愈曲愈深。这种文似看山不喜平的手法和凄婉深情,正是小晏词风不同于大晏之处。

317. 柳永对词境的开拓体现在哪些方面?

在题材内容的开拓方面,柳永将都市风貌、市民生活和失意文人的羁旅愁情带进词的领域,给传统的狭隘题材增添了新的社会生活内容。他写了许多描写都市繁华生活的词,内容涉及都市风貌、都市生活风俗与尽享太平的市民思想。如《望海潮》歌咏杭州的山水风物,反映了宋代社会太平时期城市经济的繁荣景象,以及中下层市民的生活面貌,这在词的题材方面是一大开拓。再如《乐章集》中诸如《倾杯乐·禁漏花深》《笛家弄·花发西园》《迎新春·懈管变青律》《木兰花慢·拆桐花烂漫》《望海潮·东南形胜》等。

除此之外，柳永将词从市井都会推向山水旅途，他还在词中抒写文人失意的哀愁。《乐章集》中有一些作品抒写了失意文人江湖落魄和凄凉的旅况，这类词作脱去了轻薄之气，曲折委婉地表达了柳永对宦途蹉跎的不满和悲愤。词中展现了渔村水市、荒丘孤垒、商旅相呼、游女浣纱的风景画面，将其怀才不遇的身世感慨寓于其中，给人以强烈的艺术感染。由于这类生活题材在封建社会知识分子中具有某种普遍性，此后便长期为人们延用。

318. 柳永对慢词的发展有何贡献？

在内容上，柳永突破词章的传统题材，为其增添了新的社会生活内容。柳永对慢词内容题材的创造性开拓表现在三个方面：一是，深入刻画女性的生活愿望和男女之间的恋情。这类词作大多描写同妓女生活有关的题材，或写她们的神态气质，或写她们的真挚情感，或写她们的渴望与追求，充分表现出对歌女们温柔多情的理解和大胆表现她们的情感，这种写法开了市民文学的先声。二是，将游子思乡、仕途疲惫的感伤同怀才不遇的愤懑结合起来，表现知识分子的伤感和失落以及无奈之情。三是，大量描写风光胜景，为词在诗歌的表现领域内夺取了一席重要的地位。

在表现手法上，柳词大量铺叙或铺陈，实际上是采用赋直言其事的手法进行词的创作，也即"以赋为词"，这是柳永对于词学的贡献。柳永将汉大赋和唐代叙事长诗中铺叙和白描等技法引入词章创作，以满足慢词长调的思想容量和表现空间，有效地扩展了词作的境界，丰富了作品的诗情画意。

在语言表达上，柳永对语言风格进行了俗化，柳词最大的特点是民间俗语的使用。

319. 柳永词的俚俗色彩具体有什么表现？

柳永词以接近市民文艺的俚俗色彩而著名，从创作方向上改变了词的审美内涵和审美趣味，即变"雅"为"俗"，着意运用通俗化的语言表现世俗化的市民生活情调。王灼在《碧鸡漫志》中说，柳词"浅近卑俗，自成一体，不知书者尤好之"，揭示出柳词面向市民大众的特点。

(1) 俚俗色彩首先表现在语言的浅近易懂上，他能够将有趣的白话加到词中，构成一种很平民化的表述风格。如《佳人》"恐旁人笑我，谈何容易"。言情道爱也很浅近，如《小镇西》"意中有个人，芳颜二八"。柳词在当时成为最通俗的大众歌曲。

(2) 柳词的俗还表现在题材内容方面。首先，他写了许多描写都市繁华生活的词，写都市风貌、都市生活风俗与尽享太平的市民思想。如《望海潮》歌咏杭州的山水风物，反映了宋代社会太平时期城市经济的繁荣景象及中下层市民的生活面貌，这在词的题材方面是一大开拓。其次，他的歌妓词写与歌妓来往，这些词不乏秦楼楚馆的放荡和情欲的赤裸裸宣泄，但更多带有才子佳人恋爱的情调而求灵与肉的统一。柳永的词充分表现出对歌女们温柔多情的理解,这种写法开了市民文学的先声。

320. 为什么张先的词被称为"古今一大转移"?

陈廷焯在《白雨斋词话》中称张先的词为"古今一大转移",主要因为张先从两个方面改变了词的发展方向:

(1)大量用词来赠别酬唱,扩大了词的实用功能,从而在观念上提高了词的文学地位。以前的文士日常交际中只用正统的诗歌来唱和赠答,词因被视为不登大雅之堂的"小道"而只写给歌妓演唱。而张先打破了这种惯例,在文士的社交场合中,也常常用词来酬唱赠别,代表作有《定风波令·再次韵送子瞻》等,这类赠别唱和之作艺术上未必都很精致,但扩大了词的日常交际功能,从而在观念上提高了词的文学地位。

(2)用题序,将日常生活引入词中。缘题赋词,写眼前景、身边事,使词的题材取向逐渐贴近作者的日常生活,改变了以往词作有调无题的传统格局,也加强了词的纪实性和现实感。他现存一百六十五首词,有七十多首用了题序。有的词序文字颇长,有一定的叙事性,如《木兰花》:"去春自湖归杭,忆南园花已开,有'当时犹有蕊如梅'之句。今岁还乡,南园花正盛,复为此词以寄意。"此后苏轼等人的词大量用题序表明创作的缘起、背景,即是直接受张先的启发。

321. 张先"张三影"是如何得名的?

张先,字子野,乌程(今浙江吴兴)人。天圣进士,曾任吴江知县,后任京兆通判、都官郎中。他的词锤字炼句,清丽隽永,善于写景。如《天仙子》:"水调数声持酒听,午醉醒来愁未醒。送春春去几时回?临晚镜,伤流景,往事后期空记省。沙上并禽池上暝,云破月来花弄影。重重帘幕密遮灯,风不定,人初静,明日落红应满径。"张先善用"影"字,并且很以此自负。《古今诗话》云:"有客谓子野曰:'人皆谓公张三中,即心中事、眼中泪、意中人也。'子野曰:'何不目之为张三影?'客不晓。公曰:'云破月来花弄影','娇柔懒起,帘压卷花影','柳径无人,堕飞絮无影'。此余生平所得意也。""三中"是张先《行香子》中句,后面二"影"分别见于他的《归朝欢》和《剪牡丹》。关于"张三影",还有另一种说法。《高斋诗话》云:子野尝有诗云"浮萍断处见山影",又长短句云"云破月来花弄影",又云"隔墙送过秋千影",并脍炙人口,世谓"张三影"。

322. 秦观词的特色有哪些?

(1)善于塑造鲜明生动的艺术形象。秦词艺术形象的主旋律大都是感伤和愁恨,但是它的表现方式却十分丰富。秦观往往用白描的手法刻画不幸妇女的形象,如《浣溪沙》"照水有情聊整鬓,倚栏无绪更兜鞋,眼边牵系懒归来",通过整鬓兜鞋这些多余的动作,将思妇无聊失望的心情勾勒得非常鲜明。又《点绛唇》"嗔人问,背灯偷揾,拭尽残妆粉"则深刻表现了歌女的离愁别恨及忍怨吞泪的情态。秦词更多的是通过间接形象的描写来抒发这种情感,比兴交迭,寄寓遥深,融入身世之感。后人将秦观这些多愁善感的句子,称之为"古之伤心人"的封赠。

(2)意境优美。秦观状物写景的本领很高,并且长于抒情。因此,秦词在情景交融上功力独到,极富韵味。如《临江仙·千里潇湘挼蓝浦》清朗高远,时见凄凉,皆有独特而鲜明的意境,并富于色调的变化。后人所谓"辞情相称者,唯少游一人而已",信非虚语。秦词还善于以景结情,凝情于景,如《满庭芳·晓色云开》,词人通过回忆汴京旧游的欢乐,感慨眼下的困顿,叙说之余,末句以"凭阑久,疏烟淡日,寂寞下芜城"作结,将说不尽的身世之感寄于这幅荒城日暮图中,省掉了赘笔而形象更突出了。

(3)秦词的章法和句法颇为精到。宋初像张先、宋祁等词人讲究字句锤炼,重句轻篇;柳永讲究章法铺叙,于字词句不甚考究。秦观则取两者之长,结合所写之词的意境进行字句锤炼。《满庭芳》中,"抹""粘"的炼字,"寒鸦万点,流水绕孤村"和"高城望断,灯火已黄昏"的点化,可以看出秦观之词文辞精要,警句迭出,整篇情绪紧密结合,有篇有句,不愧得到"山抹微云君"的雅号。秦词结构安排和时空变化也逐渐丰富,相较柳永的铺采摛文,秦观长调的表现能力显然更强。

323. 秦观为什么被称为"词手"?

在北宋词坛上,秦观被认为是最能体现当行本色的词手,陈师道《后山诗话》认为:"今代词手,唯秦七、黄九尔,唐诸人不逮也。"晁补之在《评本朝乐章》中亦认为"近世以来,作者皆不及秦少游"。秦观在词史上具有独特的地位。其词卓然一家,和婉醇正,典型地体现出婉约词的艺术特征。其婉约词的主要艺术特色有两个方面:

(1)灵心善感而寄情深微。秦观是苏轼最得意的门生,他的创作显然受到苏轼的影响,苏轼开创了以词抒写自我性灵的新格局,秦观则用词抒写自己满腹伤心失意的泪水。把深沉的辛酸苦闷熔铸在类型化的离情别恨之中,如《踏莎行》"郴江幸自绕郴山,为谁流下潇湘去?"悲苦凄怆之情,选择情景交融的艺术手法,运用提炼加工的口语来表达,以情韵取胜。

(2)秦观以小令的长处弥补慢词创作中存在的不足,从而达到情韵兼胜的审美效果。秦观的慢词也以铺叙为主展开词情,常在关键的地方插入对优美景色的含蓄描写,使那本欲畅达的感情有所收敛,极富情致和韵味。如名作《满庭芳·山抹微云》,将别时的伤感、往日的柔情、别后的思念层层铺叙,但情思并非一泻无余,而是情一点出,即用景物烘托渲染,刚提"旧事",即接以"烟霭纷纷",欲吐还吞,词末不待情思说尽而结以景语,更含蓄而有余味。秦词善于通过情景交融来表达感伤的情绪,深具一种袅袅婷婷的情致。词的语言清新淡雅,"抹""粘"二字,由锤炼而得却不失本色。其他如《浣溪沙》的"自在飞花轻似梦,无边丝雨细如愁",则情景融合,语言淡雅,境界蕴藉空灵。

324. 周邦彦词"缜密典丽,浑厚和雅"的风格具体怎么体现?

在群芳吐艳的北宋词苑里,周邦彦的词被誉为"昆山之片珍"而深受后世推尊。南宋陈郁《藏一话腴》说他"二百年来,以乐府独步。贵人、学士、市儇、妓女,皆知美成词为可爱",沈义父《乐府指迷》说:"作词当以清真为主。盖清真最为知音……下字运意,皆有法度。"当时的词人方千里、杨泽民和陈西麓都有和清真词韵的集子行世,合为《三英集》。清代常州词派特尊清真,周济称他为"词之集大成者",还指示学词的途径说:"问途碧山,历稼轩、梦窗,以还清真之浑化。"把清真词的"浑化"视为艺术的最高境地。此外,谭献、陈廷焯、陈洵等许多词学家都有精辟的论析和评赞。近代美学家王国维早年在《人间词话》中,曾批评周邦彦"创调之才多,而创意之才少",但是到了晚年,却一意颂扬说:"词中老杜,非先生不可。"前人之说,虽不无偏颇,但是却众口一词地推重周邦彦,这与周词的高超艺术造诣是分不开的。

词自隋、唐兴起,在宋代兴盛,发展到北宋末年,至少已有三四百年的历史,在这三四百年间,出现过各种风格流派的杰出词人。周邦彦生在他们的后面,综合地吸取各家的长处,他将花间的绮丽精工,晏、欧的清丽典雅,柳永的铺叙白描,秦观的情致绵密融合在一起,进而形成自己缜密典丽、浑厚和雅的独特风格。所谓缜密,指的是抒情状物的细腻精致和谋篇布局的严谨周密。周邦彦善于运用复杂的联想表现情绪变化的曲折过程。他继承了柳永的铺叙,但他舍弃了柳永的平直,并充分施展点染、勾勒、顺逆、离合等艺术技巧,同时突破时间和空间的限制,将不同时地的情景交叉糅合,进行多层次、多侧面的叙写。如《兰陵王·柳》托柳起兴,抒发客中送客的羁旅愁情,时而代行者设想,时而从居者设想,回环往复地咏叹,将作者久旅京华抑塞不舒的愁闷,一层层地倾吐出来,具有很强的艺术感染力。

325. 周邦彦词的韵律美怎么表现？

周邦彦精通音律,是北宋末年著名的音乐家,大晟乐府的提举官。他的词音律精审,声韵谐美,一阕之中,不但平仄严格区分,上、去、清、浊,也不容混淆。词人精湛的音乐造诣源自民间乐曲的熏陶,而长期的创作实践使他更臻绝艺。据王灼《碧鸡漫志》载:"江南某氏者,解音律,时时度曲。周美成与有瓜葛,每得一解,即为制词,故周集中多新声。"徽宗年间,他提举大晟官,与制撰官万俟咏、田为、晁端礼等共同讨论古音,审定旧乐,整理了八十四调,"又复增演慢曲、引、近,或移宫换羽,为三犯、四犯之曲"(张炎《词源》),使词调更趋繁复。清真集中,诸如《浣溪沙慢》《粉蝶儿慢》《华胥引》《隔浦莲近拍》《花犯》《玲珑四犯》《六丑》等,都是他创制的新曲。

自柳永开始,北宋慢词盛行,这使得词的体制大为扩充,但是就音律的严整而言,柳永《乐章集》中许多词调尚未定型。柳永之后,豪放派的苏轼有意挣脱形式和格律的羁绊,但效果并不大。这种情况到了秦观、贺铸稍微有所改变,但毕竟不能划一天下律吕,统一各种词调。直到周邦彦的出现,使得这一情况大大改观。周邦彦在大晟府掌管朝廷音乐,又加上他个人卓绝的音乐才能,总结词乐,并致力于审音创调的工作,从而成为词的集大成者。此后,词乐失传,后人往往以周词为本。于是,周邦彦便成为北宋以来历代格律派所尊奉的宗主,地位也就愈来愈高。

326. 周邦彦词的"集大成"体现在哪些方面?

周邦彦的词极讲究"章法",即整篇结构长于铺叙,变直叙为曲叙,往往将顺叙、倒叙和插叙错综结合,时空结构上体现为跳跃式的回环往复结构。过去、现在、未来和我方、他方的时空场景交错叠映,章法严密而结构繁复多变。如其《兰陵王·柳》,今昔回环,情、景、事交错,备极吞吐之妙。

周邦彦能自铸伟辞,他十分重视语言的锤炼,做到既浑成天然,又精致工巧。他善于化用典故和前人词句,善于运用典雅语言的同时运用浅俗的口语和民间俚语;他对事物的观察很细腻,对意象的选择很讲究。如其《西河·金陵怀古》。

周词在音律方面的特点是调美、律严、字工。周邦彦也长于自度曲,所创之调,声腔圆美,用字高雅。并且周词音律和谐,很注重词调的声情与宫调的音色协调一致。为使音律和谐,周词审音用字,也非常严格精密。他用字不仅分平仄,而且严分仄字中的上去入三声,使语言字音的高低与曲调旋律的变化密切配合。周词与杜诗一样,还特别擅长用拗句,在拗怒中追求音律的和谐统一,这是周邦彦的独创。

327. 结合具体作品分析柳永词和周邦彦词在艺术上的不同。

生活在北宋强盛时期的柳永和生活在北宋日渐衰落阶段的周邦彦,都被后世人誉为婉约派大家,对后世的影响很大,在题材的范围上,柳词广阔于周词,但在艺术特征方面,二人各有千秋。

(1)在词的结构上,柳词层次分明,构思完整,而周词则前呼后应,首尾一气。如柳词《八声甘州·对潇潇暮雨洒江天》上片,起句一个"对"字引出雨后天之清澈,又一个"渐"字描绘出风紧日斜之冷落之境,读者可从几个接词中领悟秋景中的情,从而一幅清秋江天图印于脑海深处。而周词《蝶恋花·早行》,扣着一个"别"而将别前、方别、别后依次展出,显得一气贯注。

(2)在词的语言上,柳词通俗明白,不避俚俗,甚至以俗语入词。周词则典雅工丽。柳词《蝶恋花·伫倚危楼风细细》,全篇语言通俗易懂,末句更是不避俚俗,"衣带渐宽终不悔,为伊消得人憔悴"二句就是柳永力求口语化的明证,读之更觉亲切。周词《风流子·新绿小池塘》,极写怀人的深情,却无一丝的粗鄙,语言典雅。

(3)在词的音律上,柳词格律不太严整,而且可以随意变动,但富有音乐性。周词则格律严整。柳永因其生活多和下层人接近,为了便于歌妓唱词,改去拗口之词,从而显得格律性不严。周邦彦比柳永更精通音律,他严守四声,还讲平仄,这与他大晟乐府的生活是分不开的。

(4)在词的表现方法上,二人都善于铺叙,长于勾勒。然而柳词接近于平铺直叙,周词则曲折婉转;柳词善于在动作方面白描,周词则在静态中寻求变化。柳词《雨霖铃·寒蝉凄切》中寒蝉"凄切"、骤雨初"歇"、帐"饮"无绪、兰舟"催发"、执手相"看"、无语"凝噎"等等,通过各种离别时的动作行为来表现离别之情,平实而直切;周词《六丑·蔷薇谢后作》则通过"落花"这一静态景物,设身处地地用变化之词,从各个侧面千锤百炼地描绘此景,实际上是借咏叹蔷薇花谢,表达对失意仕途的自我感伤之情。

(5)在词的体格上,柳词显得狂放不羁,而周词则更觉浑成。柳永因科场失意而唱出了"才子词人,自是白衣卿相"的一类话,柳永词中常吐露寻花问柳、依红偎翠,甚至自称是"奉旨填词柳三变"。周邦彦的词沉郁且情景交融,《兰陵王·柳》就是这样的一首,其中情和景、人和物浑然一体而不可变,并且周词善于运用成语、典故且了无痕迹。

328. 何谓"大晟词人"?

宋徽宗崇宁年间创立大晟府,并以周邦彦为提举,招集词人、乐师整理古音、古调,创作新乐,名大晟乐。词人按调填词,世称大晟词。在大晟府形成的以周邦彦为首的词派即为大晟词派。同派者尚有万俟咏、晁端礼、田为、晁冲之等。大晟词派产生于北宋末上层社会,作品多称颂帝德、歌咏太平,描写风花雪月,感叹人生如梦,内容空虚,感情消沉,却十分注重炼字句。他们的特点是注重词的协律可歌,情感的抒发有所节制而力避豪迈,对词艺的追求重于对词境的开拓。对其后的南宋词的发展产生深远的影响,开了姜夔、吴文英形式主义词风的先河。此外,他们还整理了一些在当时流传但尚未定型的古调,并创作了许多慢、引、近、犯等新调,成为后人填词的规范。

329. 贺铸的词艺术上有什么特色?

贺铸是一位个性和词风都非常奇特的词人,他为人豪爽精悍,如武侠剑客。其词却雍容妙丽,极幽闲思怨之情。贺铸的词具有独特的情感内涵:在宋代词史上第一次表现出英雄豪侠的精神个性和悲壮情怀。这类词作的情感形态不同于秦观等词人感伤性的柔情软调,而是激情的爆发,怒火的燃烧,具有强烈的震撼力和崇高感,如《六州歌头》。北宋词人大多是儿女情长,英雄气短,贺铸则是英雄豪气与儿女柔情并存。其词"试问闲愁都几许?一川烟草,满城风絮,梅子黄时雨",构思奇妙,堪称绝唱。贺铸词长于造语,多从唐人诗句中吸取精华,由此而形成了深婉密丽的语言风格。贺铸在词史上,具有独特的地位和影响。他一方面沿着苏轼抒情自我化的道路,写自我的英雄豪侠气概,开启了辛弃疾豪气词的先声;另一方面,语言上又承晚唐温、李密丽的语言风格,而影响到南宋吴文英等人。贺铸作词,像苏轼一样,也是"满心而发,肆口而成",抒发自我的人格精神。

330. 儒、道、释的思想是如何在苏轼身上体现的?

自魏晋以来所展开的儒、道、释之间的冲突与斗争,逐渐演变为互渗融合与共存,到唐宋时代,三者形成了共尊的局面。作为深受传统文化陶冶的封建文人,苏轼思想有着最鲜明的时代特征和最典型的士大夫心态。儒学精神是苏轼复杂多层思想的主色调,离尘去世的佛老思想是苏轼理想受阻后对传统儒学精神的反弹,是源于他现实人生罹难后的重新选择。苏轼出生于书香之家,其父是名冠一时的文学家,深厚的家学渊源培养了他广泛的兴趣和多样的才能,也铸成了他独特的思想性格。传统儒家的功名思想深深地融进了他灵魂的深处,使他从小就立下凌云之志,抱有高远之怀,将人生的视点投注于广阔纷纭的社会生活,面对北宋积弱积贫、岌岌可危的险恶局势,他希望加强和巩固封建王朝的阶级统治,并多次向朝廷献计献策。苏轼一生仕途坎坷,命运多舛,屡受群小的猜疑、忌恨和排挤,长期外放,流落他乡,但他始终没有放弃自己的理想追求,也没有失去对生活的热爱,而敢于直面惨淡的人生。

佛老思想常激荡着他的灵魂,因而他常常发出"人生如梦"的长叹,有"哀吾生之须臾,羡长江之无穷"的悲凉之感。所以他认为,对柔弱渺小的个体生命来说,应"纵一苇之所如,凌万顷之茫然",从身心的拘役中求得解放,将有限的生命时光寓于无限的自由和想象之中。饱经世事忧患、风尘播弄而面容苍老、身心疲惫的苏轼,在佛老光辉的照耀下,咀嚼着人生的苦涩与酸痛。

儒家的执着专注,佛家的空幻虚无,道家的率性自然,非常奇妙地统一在苏轼一生的生命实践中,但传统儒学主导着苏轼人生的基本方向,规定着他人生的基本追求,佛老思想是其感情焦躁的润滑剂,是对传统儒学精神倾斜的平衡。在苏轼深层思想意识的逻辑结构中,儒、道、佛互为一体,相互映照感发,形成了多元自足的实践体系。苏轼对文学的贡献,也正得力于他这种独特思想构造所产生的内驱力的直接或间接推动。

331. 为什么说苏轼是北宋诗坛上的第一大家?

宋诗的鼎盛时期以元祐诗坛为代表,而苏轼无疑是元祐诗坛的第一大家,因此说苏轼是北宋诗坛的第一大家。苏诗的出类拔萃主要体现在以下几个方面:

(1)在诗歌内容上,苏诗主要表现为对社会的干预和对人生的思考。在两千七百多首苏诗中,干预社会现实和思考人生的题材十分突出。苏轼对社会现实的看法和对人生的思考,都毫无掩饰地表现在他的诗歌中。苏轼始终把批判现实作为诗歌的重要主题,他对社会现实中种种不合理的现象抱着"一肚皮不合时宜"的态度,他对社会的批判不仅包括新政,还包括封建社会中由来已久的弊政、陋习,体现出更深沉的批判意识,如晚年所作的《荔枝叹》。苏轼一生宦海浮沉,奔走四方,生活阅历极为丰富。他善于从客观事物中总结规律,从人生遭遇中总结经验。此外,他的诗歌中描写平常的生活内容和自然景物都蕴含着深刻的道理,如《题西林壁》等诗。

(2)在诗歌艺术上,表现出了对艺术技巧的娴熟运用和超越。苏轼学识渊博,对诗歌艺术技巧的掌握已经到了纯熟的境界。苏诗中经常运用比喻,并且比喻新奇生动,层出不穷,如《百步洪》中连用七喻描摹奔水:"有如兔走鹰隼落,骏马下注千丈坡。断弦离柱箭脱手,飞电过隙珠翻荷。"此外,苏诗还善用典故,苏诗的用典浑然天成,达到了如水中着盐的妙境。

(3)苏诗有必达之隐而无难显之情的表现能力。清人赵翼在《瓯北诗话》中评苏诗说:"天生健笔一枝,爽如哀梨,快如并剪,有必达之隐,无难显之情,此所以继李、杜后为一大家也。"苏诗的表现能力是惊人的,在苏轼笔下几乎没有不能入诗的题材。

（4）苏诗体现了刚柔相济的艺术风格。苏轼十分重视两种互相对立风格的融合,所以,他的诗歌风格兼收并蓄。苏轼曾在评论他人诗文时提出了"清远雄丽""清雄绝俗"。苏轼在创作中十分注意使阴柔之美与阳刚之美互相渗透。毫无疑问,苏诗的主导风格是豪放,但苏诗中许多佳作已经达到了刚柔相济的境界,从而呈现出了清雄的风格。

苏轼在创造宋诗生新面貌的过程中做出了巨大的贡献,但基本上避免了宋诗尖新生硬和枯燥乏味这两个主要缺点。因此,苏轼在总体成就上实现了对同时代诗人的超越,成为北宋诗坛上第一大家。

332. 苏轼的诗歌美学思想在具体作品中如何体现？

苏轼是杰出的文学家,同时也是出色的评论家。他对诗歌的社会功能和审美特性有着自己独特的见解。

（1）强调诗要有为而作。苏轼十分重视文学的社会作用,他还具有仁政爱民的思想和积极入世的精神,因此强调有为而作,针砭时弊。他在《题柳子厚诗》中写道:"诗须要有为而作",苏轼的意图十分明确,写诗就要充分发挥诗歌的社会功能,有所劝诫,有补于世,在诗歌中揭露当世政治的过失和社会中的不平。

（2）主张诗贵传神。对苏轼诗贵传神的见解,可以从三个层面进行分析。其一,诗要传客观物象之神,如写西湖夏雨"黑云翻墨未遮山,白雨跳珠乱入船。卷地风来忽吹散,望湖楼下水如天",就传神地写出了西湖夏雨的状态。其二,诗要有超以象外的远韵。远韵,简单来说就是言尽而意无穷,在超以象外的无限时空中,给人留下回味的余地和无限的遐想,这就是远韵。其三,诗歌创作要有空静的心态。苏诗对佛老之学有着很深的认识,反复强调艺术创作过程中的空静心态。这种空静的心态就是指达到无我之境,摒除杂念,保持空静的心态,才可以获得最大的思维空间,从而创造深情远韵的艺术境界。

（3）崇尚天工与清新。天工,强调的是自然,无须雕琢,给人以清新之感。苏轼提出的天工、清新的审美标准,实际上包含着两个方面的内容。其一,感情率真。苏轼在很多诗文中,都以感情是否真实作为评诗的标准。如《读孟郊诗二首》中写道:"诗从肺腑出,出辄愁肺腑。"苏轼特别推重陶潜,就因为陶诗情真:"有士常痛饮,饥寒见真情。"其二,意境清新。苏轼在诗歌创作中,描绘出清新脱俗的意境。如《赠刘景文》:"荷尽已无擎雨盖,菊残犹有傲霜枝。一年好景君须记,正是橙黄橘绿时。"苏轼以他最理想的、至高无上的道和自然作为他美学追求的最高准则。

333. 苏轼散文的艺术成就有哪些具体表现？

苏轼各体散文众多,大致可分为议论文、记叙文和小品文等。苏轼在散文上的艺术成就主要表现在以下几个方面:

（1）议论文,以政论、史论为突出。他的议论文多雄辩滔滔气势纵横,议论与文采交融,感情与理智并注,语言明快畅达,长于形象说理,颇具文学价值。

(2) 记叙文包括碑传文、记体文及文赋等,而以其中的山水游记和亭台楼阁记为代表。凭借议论为文章辟出新的境界,善于表现对自然景物的赏会与人生哲理领悟之间的融合。山水游记,如前、后《赤壁赋》,表现出借景立论的特点。亭台记,如《喜雨亭记》先叙为亭作序之由,次则记雨,再渲染人之喜乐,文章如水波层层荡开去,文理自然。记叙文多数是文学性散文,将叙述、描写、抒情错杂并用,随意挥洒。

(3) 小品文,篇幅短小,以写作随意的书札、题跋、杂记和随笔为主要文体样式,最能反映作者的真性情、真思想。杂记和随笔记述作者在日常生活中的各种见闻和感受,如《记承天寺夜游》。这类小品文,不拘格套,独抒性灵,写作特点是信手拈来,漫笔写成。

苏轼散文总的艺术特色有三点:一是"辞达""通脱",有圆活流转、错综变化和自然真率之美。二是善于用比喻,多形象思维,如《前赤壁赋》。三是有诗化倾向,以情感和才气为文,富于想象。

334. 苏轼词在宋词发展变革中的重要地位和贡献体现在哪些方面?

在宋词发展史上,苏轼对词体进行了全面的改革,最终突破了词为"艳科"的传统观念,提高了词的文学地位,使词从音乐的附属一变而为独立的抒情诗体,从根本上改变了词史的发展方向。

(1) 苏轼树立了诗词一体的词学观。苏轼对词的变革,基于他诗词一体的词学观念和"自是一家"的创作主张。他在《与鲜于子骏》中说:"近却颇作小词,虽无柳七郎风味,亦自是一家。"苏轼首先在理论上破除了诗尊词卑的观念。他认为,诗词同源,本属一体,词"为诗之苗裔",诗与词虽有外在形式上的差别,但它们的艺术本质和表现功能应是一致的。

(2) 苏轼对词境的开拓,扩大了词的表现功能。诗言志,词言情。言情,是词的传统题材。苏词中写男女之情的作品不少。其间自有他继承花间遗风的一面,甚至偶有涉狎,但确有某些"自是一家"有别于传统的情词,如其《蝶恋花》。苏轼的言情词不仅别具风味,自有特色,而且"以诗为词",扩大了言情词的范围,把传统的男女之情扩大到手足之情、师友之情。苏轼把词的题材取向从应歌回归到表现自我,并从现实生活中撷取创作题材,故苏词多为感事之作,有的还采用词题小序的形式确定表现的内容,交代创作动机,代表作有《水调歌头·明月几时有》等。

(3) 苏轼"以诗为词"的创作手法是他变革词风的主要武器。所谓"以诗为词",是将诗的表现手法移植到词中。苏词中较成功的表现有用题序和用典故两个方面。苏轼在词中与诗一样大量采用标题和小序的形式,使词的题序和词本文构成不可分割的有机统一体。在词中大量使事用典,也始于苏轼,词中使事用典,既是一种替代性、浓缩性的叙事方式,也是一种曲折深婉的抒情方式,苏轼以诗为词的积极意义,在于改变了词的旧传统,增加了词的内容,丰富了词的体式,促使词发展成为独立的抒情诗样式。

(4) 苏轼词的风格具有多样性。风格上,打破了以婉约为主的传统,既有婉约,又有豪放、清旷、幽美等。苏词像苏诗一样,表现出多姿多彩的语言风格、充沛的激情和丰富的想象力。虽然苏轼现存的词中,大多数词的风格仍与传统的婉约柔美之风比较接近,但已有相当数量的作品体现出奔放豪迈的新风格。

两宋词风转变过程中,苏轼是关键人物。王灼《碧鸡漫志》卷二说:"东坡先生非心醉于音律者,偶尔作歌,指出向上一路,新天下耳目,弄笔者始知自振。"强化词的文学性,弱化词对音乐的依附性,是苏轼为后代词人所指出的"向上一路"。

335. 苏轼"以诗为词"的具体表现是什么?

此说出自陈师道《后山诗话》:"苏子瞻词如诗,秦少游诗如词。""以诗为词"的手法,则是苏轼变革词风的主要武器。所谓"以诗为词",即是把诗的表现手法移植到词中,突破了音乐对词体的制约和束缚,把词从音乐的附属品变为一种独立的抒情诗体。主要表现在以下几个方面:

(1)开拓了词的题材。苏词的题材,如刘熙载所说:"无意不可入,无事不可言。"其在题材方面的开拓有两类:一类是写自己的抱负和理想,表现出一种慷慨豪迈的精神,如《江城子·密州出猎》;另一类是写自己面对自然,感怀今昔之际带有哲理性的人生感受,表现出一种高逸旷达的精神,如《水调歌头·丙辰中秋》,与苏诗一样,苏词中也表现了对人生的思考。

(2)开创了一种与诗相通、雄壮豪放、开阔高朗的艺术风格。他的词同他的诗文一样,往往以意为主,任情流泻,故其风格也随着内容特点、情感基调的变化而变化。如《江城子》的热情浓烈,意气奋昂,《念奴娇》的开阔动荡,雄壮勃发。

(3)运用题序与典故。苏轼把词变为缘事而发、因情而作的抒情言志之体。他在词中与诗一样大量采用标题和小序的方式,有了词题和词序,既便于交代词的写作时地和创作缘起,也可以丰富和深化词的审美内涵。词中使事用典,既是一种替代性、浓缩性的叙事方式,也是一种曲折深婉的抒情方法。

(4)在语言方面,他的"以诗为词",就是为词的语言表现争取更大的自由。宋诗已有散文化,讲究意脉流动的倾向,而词的特点就是句式长短不齐,所以苏轼很方便地把诗语、文语、口语都熔铸在词的体式中。遵守词的音律规范而不为音律所拘,因此,苏词像苏诗一样,表现出充沛的激情,丰富的想象力和变化自如、多姿多彩的语言风格。

336. 苏轼散文赋作的散体特征有哪些表现?

赋是中国文学史上绵延久远的文学体裁,它在两千多年的发展嬗变过程中,经历了由辞赋向散文赋发展的阶段。在向散文赋的演进过程中,苏轼有着重要的作用。苏轼在吸收前人创作经验的同时,用写散文的手法写赋,使赋体文学呈现出新格局和新面目,完成了由辞赋向散文赋的转变。苏轼赋的散体特征主要表现在四个方面:

(1)散句增多。《赤壁赋》共九十三句,散句约五十句;《后赤壁赋》共六十八句,散句多达五十六句。这些赋里,句式参差,少则一字二字,多则十一二字。这在辞赋中很难找到像苏轼这样大量运用散句的人,即使在唐人散体赋中也属罕见。散句的大量切入,动摇了辞赋的语言根基,打破了整齐的句式。而且散句的增多,由量变到质变,使赋更便于状物抒情、叙事言理,充分显示出了散体的优势,形成了赋体以散句为主的语言新格局。

(2)句式多变。苏轼的散文赋在句法上摆脱了辞赋的格套,因而,在句型建构方面获得了适应表达内容的充分自由,不仅词序变换自由,且可用若干单句排列组合,大大增强了句子的弹性,比起五言加助词的辞赋和以四六言为主的骈赋灵活自如得多。唯其以散句为主,故便于自如地驾驭各种句式,对陈述、感叹、疑问和反问、排比、对偶等多种句式及句间的承转变换灵活地掌握。如《秋阳赋》句式参差,二三五六七八九言兼用,陈述、感叹、疑问、排比、对偶转换灵活。苏轼的散文赋,运用多变的句式、错综的句型,自如转换,变拘谨为活泼,且"随物赋形",不拘一格,恰到好处地阐发了义理。

(3)笔法自如。无论叙事言理、咏物抒怀,还是吊古记游的苏赋,都不主故常,不落窠臼。为适应表情达意的需要,苏赋笔法多样而能和谐统一。《赤壁赋》熔议论、叙事、抒情、写景于一炉,《后赤壁赋》在叙事、写景的同时,抒情言理,体现出作者高超的表达能力和语言技巧。苏赋笔法多变,转换自如,纯是散文写法。正因为他灵活自如地运用了散文笔法,使单调变为丰赡,才显示出散文赋的崭新面目。轻灵跳脱的笔致和结构手法,突破了辞赋的程式,这是散文手法在赋体文学领域中创造性的运用。

(4)以散句为主。灵活多样的笔法和结构手段,以及多变的句式句法,再加上广泛的题材,不拘一格的形式,都围绕着一条明显的线索,真正做到了形散神聚。

337. 黄庭坚"山谷体"的艺术特色有哪些方面?

元祐时期宋诗发展到高峰期,这时出现了很多著名的诗人,黄庭坚就是其中的一位,"山谷体"即是对其诗风的称谓。黄庭坚在唐诗之外另辟境界,在诗歌艺术上追求生新。黄庭坚的诗歌呈现出生新廉悍的艺术风貌,他认为,"文章最忌随人后",他的整个诗歌创作都贯彻了求新求变的精神。黄庭坚的诗不论长短,往往都包含多层次的意思,章法回旋曲折,绝不平铺直叙。例如,《次韵裴仲谋同年》的次联"舞阳去叶才百里,贱子与公俱少年",上下句的意思相去很远,读来有奇崛之感。

黄庭坚的诗善于运用修辞手法,如用"煎成车声绕羊肠"来形容煎茶的声音。黄庭坚还重视炼字造句,务去陈言,力撰硬语,如"秋水粘天不自多""春去不窥园,黄鹂颇三请"等。黄诗中最为成功的一点就是将那些用常见的字词组成新奇意象的作品,如《寄黄几复》中的"桃李春风一杯酒,江湖夜雨十年灯",字面较为平常,典故也是常见的,但经过巧妙的艺术构思,以故为新,在整体上取得了新奇的艺术效果。

黄庭坚的诗还有声律奇峭的特点。一是律诗中多用拗句,以避免平仄和谐以至圆熟的声调。所谓拗句,就是将律诗中的句式和平仄加以改变,有意形成一种打破平衡和谐的效果。这种刻意求奇而造拗句、作硬语的做法,是形成山谷体生新瘦硬风格的重要因素,同时也使黄庭坚的诗歌呈现出奇险、生硬、不够自然等缺点。二是句中音节打破常规,如"心犹未死杯中物,春不能朱镜里颜"等,矫健奇峭。黄庭坚的诗以鲜明的风格而自成一体,当时就被称为"黄庭坚体"或"山谷体"。如果以唐诗为参照标准,那么"山谷体"典型地体现了宋诗的艺术特征,它的生新程度是最高的。

338. 黄庭坚在宋代诗坛产生重要影响的原因是什么?他的诗歌理论和创作有何特色?

黄庭坚在宋代诗坛上占据着重要的地位,并且产生了广泛的影响,究其原因主要有三点:一是他提出了一套独特的诗歌创作理论;二是他的诗歌本身所具有的成就;三是在他的影响下,江西诗派由此产生,并影响深远。

黄庭坚诗歌理论的独特之处在于:它阐明了具体的写诗办法,具有很强的可操作性。黄庭坚认为,"文章最忌随人后","随人作计终后人,自成一家始逼真"。他主张创新,创新的办法是"以故为新","以故为新"的具体办法就是"夺胎换骨",即"不易其意而造其语,谓之换骨法;窥入其意而形容之,谓之夺胎法"。这里的创新,建立在对前人作品的加工改造上,主要体现在两个方面:其一,不改变前人作品的意思,但用新的语言来表达。其二,袭用前人的语言,但表达的是新的意思。此外,黄庭坚对诗歌句眼的设置、句律的运用、章法的安排等发表了具体的意见。

黄庭坚的诗歌创作在宋代也是别具一格的。其主要特征体现在以下三个方面:其一,在创作方法上,以"点铁成金""夺胎换骨"等理论指导创作,把"以学问为诗"推到极致。其二,在表现风格上,追求兀然独造、生僻瘦硬的意境和情韵,在语言运用上,表现为对"尚奇生新"的惨淡经营。其三,在题材选择上,具有多样化特征,透露出清新流畅、古朴自然的情致和韵味。黄庭坚的诗不像他以前的宋代诗人那样比较关注政治、社会问题,而更多的是写景、酬唱,抒发内心感受。

339. 何谓"苏门四学士"?

北宋著名诗人黄庭坚、秦观、张耒、晁补之,都出自大文学家苏轼之门,所以当时号称"苏门四学士"。

四学士中,黄庭坚文学成就最高,又是江西诗派的领袖,其诗与苏轼并称"苏黄",词与秦观并称"秦七黄九"。他的诗,对宋代文坛产生了较大的影响。以体制而论,黄庭坚的诗众体兼备。不仅有常见的五古、七古、五七言律句,而且有六言、骚体、拗体、五言古绝等。在历代诗人中,这是不多见的。从内容来看,也比较丰富,有的是深刻反映人民苦难重重、啼饥号寒的悲惨生活,如《上大蒙笼》《流民叹》等篇;有的是抨击统治集团的荒淫无耻,如《和陈君仪读太真外传》等;有的是指斥朝廷昏暗、压抑人才,如《观秘阁苏子美题壁及中人张侯家墨迹十九纸率同舍钱才翁学士赋之》等。此外,一些写景、咏物、题画诗,也都蕴蓄着诗人对国事的深沉忧思,对个人身世飘零的无限感喟。这些都是黄庭坚诗歌中的精华,应该充分肯定。但必须指出,黄庭坚也有一部分诗篇,除宣传一般的儒家思想外,便以大量的笔墨替禅学说教,这是黄诗中的糟粕。

秦观是以词著称于文学史的。当时,他与柳永并称"秦柳",又与周邦彦并称"周秦",冯煦甚至认为,他是李后主以后成就最高的词人。前人的评论不免溢美,但却可以说明秦观的文学成就主要表现在词的方面。北宋前期,晏殊、晏几道、欧阳修的词,尚未完全脱去花间派的情调,题材狭隘,内容贫弱。稍后的柳永,独创一格,成为婉约词派的早期代表。苏轼则举起词的革新的旗帜,创建了豪放词派,与柳永一派词风抗衡。秦观继起,在创作上惨淡经营,以出色的艺术成就巩固了婉约派的地位,使它成为宋代词坛上与豪放派分庭抗礼的一个重要流派,秦观因此被誉为婉约派的代表。

张耒和黄庭坚一样,是以诗负盛名。如果说,黄庭坚的诗艺术性胜于思想性,那么,张耒的诗恰恰是思想性超过艺术性。张耒早年生活困顿,后又长期出任地方官,对社会现实有所了解。因此,在四学士中,他的诗最富有现实主义内容,《劳歌》中"负重民"的形象,是生活在苦难深渊中的广大劳动人民的缩影,《八盗》直接揭示了官逼民反的阶级矛盾,《少年行》则洋溢着安边报国的爱国主义激情。这些诗篇不事雕琢,自然流畅,显然是继承了白居易、张籍平易浅显的一面,与江西诗派雕琢刻镂的诗风大相径庭,这是他创作上的成功之处。

四学士虽说都受知于苏轼,但真正追随苏轼的只有晁补之,难怪后人说:"学东坡者,必自无咎始。"当时,苏轼对词的革新,招致了不少文人的责难,连其门人陈师道也颇有微词。而晁补之却奋力挺起,发展了豪放词派,这一功绩是不可抹杀的。其词无论是吊古怀今、言物咏志,还是抒写宦途感慨、田园山水,都具有一种豪放沉郁的风格。《洞仙歌·青烟暮处》是他的代表作,意境高远清雄,笔调奇逸,风格健朗,明显受到苏轼《水调歌头·明月几时有》的影响。苏门四学士对宋代诗词的革新做出了卓越贡献,在我国文学史上占有重要地位,同时,也为我们留下了一笔丰富的文化遗产。

340. 何谓"苏门后四学士"?

继苏门四学士黄庭坚、秦观、晁补之、张耒之后,又将李格非、廖正一、李禧、董荣四人称为"苏门后四学士"。他们的文学理论和诗文创作都颇具特色。后四学士中的廖正一、李格非元祐间曾受知于苏轼,李禧、董荣盖也有大略相似的经历,而廖、李又先后入党籍,政治上与苏轼及黄庭坚等四学士的遭遇相同。虽限于史料,对他们的生平事迹和他们与苏轼的关系,以及四人间的相互关系等,皆知之不多(李、董几无所考),而四人文集又都亡佚,很难窥其创作全貌,但从流传篇什和宋人评说中,可知他们的文学理论和诗文创作都颇具特色,与前四学士一样,他们也是苏轼文学的传人、元祐文坛的中坚。固然,就整体成就和在文学史上的影响论,后四学士盖难与前四学士比肩,但当日既有此称,其群体应足以不让黄、秦、晁、张专美于前。

341. 何谓"苏门六君子"?

"苏门六君子"是在苏门四学士之外,再加陈师道与李廌。陈师道是江西诗派"一祖三宗"的三宗之一。一生清贫自守,以苦吟著名,他作诗的方式是"闭门觅句"式的苦吟,主张"宁拙毋巧,宁朴毋华"。李廌少以文为苏轼所知,誉之为有"万人敌"之才,由此成为"苏门六君子"之一。中年应举落第,绝意仕进,著有《师友谈记》一卷,记载了苏轼、黄庭坚、秦观等人关于治学为文的言论,为研究宋代文学史提供了重要的资料。

342. 苏轼晚年在《自题金山画像》中说:"心似已灰之木,身如不系之舟。问汝平生功业,黄州惠州儋州。"对此如何理解?

《自题金山画像》以自嘲的口吻,抒写平生到处漂泊,功业只是连续遭贬。诗人面对当年自己的画像,抚今追昔,感慨万千,既有对目前垂垂老矣的描述,也有对自己一生的总结,多重感情交织在一起。造语苍凉,寓庄于谐,言有尽而意无穷。作此诗时,是苏轼去世前两个月,作者已年逾花甲,渐渐走到了生命的尽头。回首自己的一生,几起几落,失意坎坷,纵然有忠义填骨髓的浩瀚之气,也不得不化为壮志未酬的长长叹息。作者只能慷慨悲歌,自叹飘零。苏轼认为自己一生的功业,不在做礼部尚书时,更不在湖州、徐州、密州(作者曾在此三地做过知府),恰恰在被贬谪的三州,真是"满纸荒唐言",失意也罢,坎坷也罢,却丝毫不减豪放本色。

岳希仁编《宋诗绝句精华》认为:"这是诗人生命最后阶段的作品,精练概括了他一生的悲惨境遇。一代文豪,英才天纵,回首往事,唯存贬谪,其遭际之坎坷遂成千古伤心事。"

343. 何谓"江西诗派"?

"江西诗派"是北宋末年形成的一个以黄庭坚、陈师道为首的诗歌流派,因吕本中所作《江西诗社宗派图》而得名。《江西诗社宗派图》中,在黄庭坚以下,列出陈师道、谢逸、潘大临等二十五人"以为法嗣"。这些人并不都是江西人,他们之所以成为一派,正如杨万里在《江西宗派诗序》中指出的"以味不以形也",即因为这些人在创作精神和作品风格上具有某种共同特征。他们大多受黄庭坚影响,在形式手法上追求新奇,形成了新、奇、瘦、硬的诗风。"江西诗派"从元祐黄、陈至宋末元初,延续了整整二百年,后至元代,方回在《瀛奎律髓》中提出了"一祖三宗"之说,遥推杜甫为该派初祖,以黄庭坚、陈与义、陈师道为三宗。"江西诗派"在中国诗歌史上产生了较大影响。

344. 陈师道在江西诗派中的文学成就如何?

陈师道是"江西诗派"中除黄庭坚以外,年岁最长,声望也最高的诗人。当时,人们就常将黄、陈并称,就连提出"三宗"之说的方回,也说"黄、陈为宋诗之冠",把他放在另一宗陈与义之上。

陈师道,字无己,又字履常,号后山居士,彭城(今江苏徐州)人,有《后山集》传世。陈师道作诗是学黄庭坚的,他自己说:"仆于诗初无法,然少好之,老而不厌,数以千计。及一见黄豫章,尽焚其稿而学焉。"(《答秦观书》)又说:"宁拙毋巧,宁朴毋华,宁粗毋弱,宁僻毋俗,诗文皆然。"(《后山诗话》)这些看法也与黄庭坚比较接近。后来陈师道转而学习杜甫,但是,他既缺乏杜甫饱经丧乱的经历,也不及黄庭坚的学识和才气,所长的是在格律、结构、句法、字法等方面仔细琢磨的苦吟精神，正如黄庭坚所说"闭门觅句陈无己"。他常常"坐卧哦咏，有窜易至月十日乃定，有终不如意者，则弃去之"，这种严肃的创作态度，使他写出了一些在用字遣语方面极见功力的作品，诗风"雄健清劲，幽邃清淡"。如《春怀示邻里》《舟中》等名篇，都用极严谨的笔法写出了落魄文人的穷途失意，很受人们的称道。

345. 陈与义在江西诗派中的文学成就如何？

陈与义，字去非，号简斋，洛阳人，有《简斋集》。他生活在南北宋之交。起初，吕居仁所列"江西诗派"诗人中并不包括陈与义。但陈与义诗歌受黄庭坚、陈师道的影响较大，严羽《沧浪诗话》说，他"亦江西之派而小异"，刘辰翁认为，他与黄、陈一脉相承，方回也说"堂堂陈去非，中兴以诗鸣"，把他当作江西派中的中兴，尊之为"一宗"。的确，陈与义在江西派中取得的成就较高。这不仅在于他后来专注学杜，使他的诗音调洪亮，风格浑厚，形象丰满，词句苍劲，而更重要的是，他经历了家国之难和流离之苦，更能体会杜甫诗歌的精神，写出了《伤春》《渡江》《雨中再赋海山楼》《送人归京师》等伤时感乱的爱国诗篇，"慷慨激越，寄托遥深，往往突过古人"，在宋代诗人中独树一帜。

346. 王安石诗歌的成就如何？

王安石是宋代最杰出的诗人之一。北宋初年，诗坛上占统治地位的是以杨亿、刘筠等人为代表的浮艳空泛的西昆体诗歌。到了庆历年间，石延年、苏舜钦、梅圣俞、欧阳修等一批人起而矫之，他们一反西昆体华而不实的诗风，认为诗歌创作既要有真实的情感，又要畅达平易。王安石是这一主张的践行者。他从一开始就以卓越的诗文才能崭露头角，赢得了一代宗师欧阳修的盛赞，欧阳修在《赠王介甫》一诗中写道："翰林风月三千首，吏部文章二百年。老去自怜心尚在，后来谁与子争先？"把他比之为李白和韩愈，可见，欧阳修对王安石的评价与期望之高。而王安石也不负所望，他不仅继承了几位前辈的诗歌创作主张，而且加以发展。他在《张刑部诗序》中批评西昆体说："杨、刘以其文词染当世，学者迷其端源，靡靡然穷日力以摹之，粉墨青朱，颠错丛庞，无文章黼黻之序，其属情藉事，不可考据也。"

王安石本来是一个很有主张和抱负的政治家，他以诗歌为工具，用诗歌来反映社会现实，歌唱政治理想，抒发人生志趣，因此他的诗歌思想深刻、内容充实、感情丰富，真实而深刻地反映了当时的社会政治现实和知识分子要求改革政治的愿望。他的诗歌在宋代诸家中是最富于思想色彩的。这些诗歌包括他与当时一些志趣相投、政见相同的同僚亲友互相赠答唱和的作品。有的诗寄意非凡，慨然有心忧天下之念；有的诗辞旨恳切，拳拳于昆弟朋友之思。这些诗歌以古体为多，在思想内容上是最为充实的。他还写了不少直接抒发自己政见的作品，这些作品多数写于他执政之前，并与他后来推行的新法有关，有的是直接以议论的形式出之。

在诗歌创作上，王安石博采众长，对诗歌的内容和形式进行多方面的开拓和创新。

王安石反对西昆体,主要是因为它专以雕章丽句为能,而"属情藉事,不可考据",也即内容空泛,但王安石并没有因为充实诗歌的思想内容而忽视对辞藻的讲究。这是他在诗歌成就上超过枯淡少文的苏舜钦、梅圣俞等人的一个重要原因。王安石在诗歌创作上主要得力于对唐人的学习。他曾手订《唐百家诗选》,在他的文集中收有六七十首唐人集句诗,有的还是长篇,于此也可见他对唐诗用力之勤。在唐代众多诗人中,王安石受杜甫、韩愈、李商隐、张籍诸家影响较大。他尤其推崇杜甫,他的《老杜诗集后序》和《杜甫画像》诗,都表达了他对这位大诗人的深心钦慕。因而,王安石的诗歌思想内容充实,艺术技巧多样,堪称大家。

347. 王安石的绝句有何特色?

王安石的绝句可以说是他诗歌艺术的极诣,现存近六百首,约占其诗歌总量的十分之四,这些作品数量众多,精彩迭见,成就了王安石在绝句创作上的一代冠冕之地位。

王安石的咏史绝句立意精警,见解独到,如《商鞅》《韩信》《王章》《贾生》《赐也》《范增》《神物》《书汜水关寺壁》《游城南即事》《乌江亭》等等诗歌,都是名篇,也是他政治信念的阐发。

王安石绝句中也有不少是即事咏怀的名篇,如著名的《元日》,寓有深刻的生活哲理;《次吴氏女子韵二首》《过外弟饮》等,写了家人骨肉之亲情,也隐隐表露出王安石在官场争斗中的寂寞心情;《松间》《偶书》等,写了他个人的行藏出处以及随之而产生的一些感受,读后可以想见这一代伟人孤介高蹈的风标。他的《题西太一宫壁》,可谓是六言绝句的绝唱,连苏东坡和黄山谷都为之倾倒不已。

王安石绝句中堪称精华的部分是他的写景抒情诗,这些诗大多是诗人晚年退居金陵后的作品。在历尽了仕途沧桑之后,王安石作为一个锐意革新的政治家的坚定信心和慷慨意气已然消退,他成为一个纯然全力追求美的意境的诗人。政治事业上的失落,使他在这方面获得了最大的成功。他创作了大量充满优美情趣的歌唱田园生活的写景诗,如《梅花》《书湖阴先生壁》《泊船瓜洲》《钟山即事》等等。这些诗歌的风调大多在陶、谢、王、孟之间,黄庭坚称之为"雅丽精绝"之作。

王安石在诗歌创作上所取得的成就,首先在于诗歌的思想内容、艺术构思和对艺术意境的酝酿和捕捉,这是最主要的。此外,王安石不废字句的琢磨锻炼之功,也是王诗取得突出成就的原因之一。但过去的诗话家和文论家很少能对王安石的诗歌进行全面的评价,而只盛称他炼字、炼句和对仗的技巧,这对王安石来说,不过只是余事末技而已,远非他诗歌创作的主要成就。

348. 宋代"古文运动"的特点有哪些?

"古文运动"是唐代中期及北宋时期产生的一种文体改革运动,它的特点是反对骈文、提倡古文。因为它又涉及文学思想内容,所以具有思想运动和社会运动的双重性质。"古文运动"由唐朝的韩愈、柳宗元等人倡导并发起,在北宋取得成功。北宋时期,"古文运动"以复古为号召,但实际上却是一场文学革新运动。在欧阳修、"三苏"和王安石的大力提倡下,继承了韩愈、柳宗元的文学成就,使古文成为文学主流。他们所提倡的散文是一种新型的散文。内容上,他们提倡"明道""载道",重视散文的政治功能;形式上,由骈而散,这也是符合散文自身发展的要求的。

349. 欧阳修对北宋散文发展的理论贡献有哪些?

欧阳修是北宋著名的文章家和文坛宗主。他高举诗文革新的旗帜,奖掖和提携后进,并与他们一道共同反对当时的不良文风,为散文的发展做出了卓越贡献。具体有以下几点:

(1)欧阳修大力提倡古文,反对时文,扭转了当时不健康的文坛风气,为散文的健康发展发挥了重要作用。宋仁宗嘉祐二年科举,欧阳修任主考官,借此机会,他对士子中盛行的一种被称为"太学体"的"险怪奇涩之文"大加贬斥,凡作"太学体"之文者,一律不予录取,而对苏轼所写古文则赞叹不已,"场屋之习,从是遂变"。欧阳修十分注重奖掖后进,培养人才,在他的大力扬揄和荐引下,王安石、曾巩、苏洵父子的诗文名重一时。这样,经过了三十余年的努力,文坛的不良风气终于得到扭转,以至天下学者"非韩文不学",中断了二百余年的"古文运动",再次获得历史性的胜利。

(2)欧阳修继承并发展了韩愈的文学理论主张。与韩愈一样,欧阳修认为,"道"决定着"文","道"是内容,"文"是形式,文章的内容决定形式。尤须注意的是,欧阳修所说的"道"与人的现实生活密切相关。他既反对文章"弃百事而不关于心",也反对"舍近取远,务高言而鲜事实",这样文学作品就突破了"道统"的束缚,具有了很大的现实性。此外,欧阳修也非常重视"文"的作用。他认为,道德修养极高的人并不一定就是文章家。他在《送徐无党南归序》一文中说道:"自《诗》《书》《史记》所传,其人岂必能言之士哉?"该文中,欧阳修还举颜渊为例来证明立德者不一定立言的道理。由此可见,"道"与"文"虽关系密切,但并不等同。欧阳修积极践行着他的这一文学主张,重"道"重"文",既有丰富的社会现实内容,也重视文章的语言技巧以及表现形式,例如他的《朋党论》《上高司谏书》等,都是针对现实而发的,是文辞明达的佳作,影响较大。

(3)欧阳修创立的平易畅达的文风,对北宋以及后世散文的发展,也产生了极为深远的影响。

350. 欧阳修散文的影响有哪些?

唐代"古文运动"中,韩愈曾提出"文从字顺""务去陈言"的口号,然而韩愈之文却雄健奇崛,他的后继者,如皇甫湜等为文更加追求险怪奇异,通向更为生浮怪僻的狭隘道路。欧阳修有感于五代以来的不正文风,在与险怪生涩的"太学体"做斗争的过程中,重点发展了韩愈文论中"文从字顺"的一面,确立了一种多姿婉曲、晓畅平易的文章风格,进而开创了宋朝散文富有特色的新局面。

或议论,或叙事,或抒情,或写景,欧阳修的散文都能做到晓畅平易、曲折多变。例如在《新五代史·伶官传序》这篇议论文中，欧阳修就借用后唐庄宗得失天下的事例，说明国家兴衰非关天命、实由人事的道理，叙事简明生动，说理深入浅出，行文虽短，然而一波三折，唱叹有致，发人深省。抒情写景的文章如《醉翁亭记》，文笔优美，语言流畅，描写了山间朝暮、四时之景以及滁人和太守游乐之场景，表现了欧阳修摆脱束缚、闲适从容的高雅情趣。全文"也"字出现了二十一次，这就营造出了浓厚的抒情氛围，历来为人称道。除此之外，其他一些文章如《泷冈阡表》《丰乐亭记》《释秘演诗集序》《祭石曼卿文》《苏氏文集序》等，也很好地体现了欧阳修的创作特色。

经过欧阳修的大力提倡，畅达平易的散文风格几乎已成为北宋散文的共有特点，甚至影响到明、清两代。明归有光的散文率真晓畅，清桐城派作家的文章雅洁且有义法，上溯根源，其实都是与欧文风格一脉相承的。可见，欧阳修不但是北宋文坛的领袖，更是我国文学史上具有重大影响力的杰出的散文家。

351. "三苏"的文章有何特点？

"三苏"是指北宋文学家苏洵及其二子苏轼、苏辙。此说最早大概见于宋王辟之《渑水燕谈录》卷四"才识"条："苏氏文章擅天下，目其文曰三苏。盖洵为老苏，轼为大苏，辙为小苏。"三苏之中，以苏轼的文学成就为最高。今四川眉山三苏祠有"一门父子三词客，千古文章四大家"的门联，表达了后人对苏氏父子的赞赏。

苏洵为文，学习孟子、荀子、贾谊、司马迁诸家，尤以《战国策》为主。王安石早就指出"苏明允有战国纵横之学"，他擅长策论和经论，如《权书》十篇，前五篇讲兵法，后五篇为史论；《衡论》十篇本"有权有衡"之意，对《权书》有所补充，涉及的政治方面更广；《几策》两篇，讲审势，讲御敌。这些系列性策论纵横捭阖，铺张扬厉，又颇有战国游士权谲机变的色彩。但他不是徒逞纵横辩才，而是有现实针对性的。如《六国论》论证战国时六国被秦所灭的原因在于"赂秦"，意在针砭当时朝廷向契丹输币纳绢、乞取苟安的现实。苏洵的经论也有"善识变权"的特点。《六经论》论述了圣人作《易》《礼》《乐》《诗》《书》《春秋》的目的是用"微权""机权"来统驭人民，维系统治秩序。这与原本儒家经典的古文家是各异其趣的。苏洵的文论思想也不全同于欧阳修、曾巩等的"文以明道"的主张，而是更强调"文"本身的要求，因此他的文章也就较注重于间架气势和修辞手段。《上欧阳内翰第一书》《送石昌言使北引》《木假山记》都是名作。善用比喻更为一大特色。这些都对苏轼兄弟的散文发生直接的影响。

继欧阳修之后，苏轼成为"古文运动"的领袖。苏轼取得的巨大散文成就标志着历经唐宋两代发展的"古文运动"的胜利，苏文奔放雄健、任意挥洒，"如万斛泉源"喷薄而出，又像行云流水，自然晓畅，具有很高的艺术境界。苏轼众体皆擅，史论、政论、书序和记以及题跋、书简、杂记等类随笔小品都成就卓著。其《策略》《策别》《策断》等政论文，和《留侯论》《韩非论》《贾谊论》等史论文，写得文从字顺，论辩滔滔，又常翻出新意，与苏洵的议论文相近。他的亭台堂阁记和书序，比之政论和史论具有更高的文学价值。例如，《超然台记》《放鹤亭记》《凌虚台记》等同为亭台记,写法结构却同中有异,互不雷同。随笔小品,如《答秦太虚书》《答谢民师推官书》《与元老侄孙书》,题跋《书蒲永升画后》《书吴道子画后》《题凤翔东院王画壁》,杂记《记承天寺夜游》《记游松风亭》《记游定惠院》等,或抒人生感慨,或记身边琐事,或说艺术见解,或述风土人情,不矜持,不造作,真情坦露,曲折尽意,写来似乎极不经意,信笔而成,然而却是散文艺术的精品。他的前后《赤壁赋》等散文赋,兼具诗、文之长,融抒情、叙事、写景、说理于一炉,是光照千古的名篇。苏轼对散文文学性的加强做出了突出的贡献。

苏轼曾评苏辙其人其文说:"其为人深不愿人知之,其文如其为人,故汪洋淡泊,有一唱三叹之声,而其秀杰之气,终不可没。"(《答张文潜书》)汪洋淡泊而内含秀杰,这是苏辙区别于老苏、大苏之处。他的政论和史论,既师法父、兄,以探讨治乱得失为主,但又较少权术机变之说,本"经术",论"王道",说"教化",与欧、曾相类。例如,《进策》《历代论》《进论》等。即使讲"术",也着重发挥以柔克刚、以弱胜强的思想。例如,《三国论》《商论》等。他的文章平和纡徐,明白晓畅,不自铸伟辞以求色泽尖新,其代表作《上枢密韩太尉书》《武昌九曲亭记》《黄州快哉亭记》都有这种风格。

元刘埙说:"老泉之文豪健,东坡文字奇纵,而颖滨之文深沉。"清沈德潜说:"老泉之才横,矫如龙蛇。东坡之才大,一泻千里,纯以气胜。颖滨淳蓄渊涵。"对"三苏"各自的特点,做了恰当的品评。

352. "三苏"对后世有什么影响?

"三苏"都属于"唐宋古文八大家"之列,对后世文学产生了重要影响,尤其是苏轼。苏轼生前,他的众多作品就闻名遐迩,甚至在边远地区乃至辽国、高丽等地都广为流传。他死后著作曾遭禁毁,南宋高宗时,苏文又大为盛行。陆游说:"建炎以来,尚苏氏文章,学者翕然从之,而蜀士尤盛。亦有语曰:'苏文熟,吃羊肉;苏文生,吃菜羹。'"到孝宗时,更形成"人传元祐之学,家有眉山之书"的盛况。郎晔的《经进东坡文集事略》等,就是向孝宗进呈的苏文选集。明代茅坤编选的《唐宋八大家文钞》包括了三苏文钞,也是士人们争相诵习的重要选本。苏轼的随笔小品为明代公安派袁宏道等所师法,以实践其"独抒性灵"的创作主张。在清代袁枚、郑板桥的散文中,也可看到苏轼的影响。

353. 曾巩的散文风格如何?

曾巩是"唐宋古文八大家"之一。在宋六家中,他的散文风格与欧阳修相近,世称"欧曾"。但是,两人又同中有异。姚鼐《复鲁絜非书》说:"宋朝欧阳、曾公之文,其才皆偏于柔之美者也。欧公能取异己者之长而时济之,曾公能避所短而不犯。"这就是说,欧文富于情韵,形成一唱三叹的"六一风神",吸取了"异己者"浑浩流转的长处,曾文却"平平说去,亹亹不断,最淡而古",而力避板滞少变、质木少文之病。曾文风格具体如下:

(1) 内容平实。曾文以说理为主,论政之文如《本朝政要策》讲宋朝考课、贡举、钱币、赋税等方面问题,《送江任序》《送李材叔知柳州序》勉励两位赴外任的友人勤政爱民,《范贯之奏议集序》《书魏郑公传后》则强调臣下净谏应具的品质和气节,《宜黄县学记》《筠州学记》论述培养吏才的途径。这些文章,虽大多是源于儒家"六经"之说,但并非泥古,而是借古代经典言说当代时事,具有很强的现实针对性。说理浅切平实,既不骇俗惊世,也不空泛无根,这就在内容上奠定了他散文风格的基础。

(2)在布局谋篇上,曾文表现出敛气蓄势、藏锋不露的特点。他善于用平缓的语调极尽委婉曲折、吞吐抑扬之致。即使是驳难之作,也不剑拔弩张,兴师问罪。如《战国策目录序》批驳刘向认为战国游士的纵横习气是"不得不然"的看法,采取欲擒先纵之法,先作褒扬再转入痛抑,痛抑处也不点名批驳。

(3)在语言上,曾文讲求谨严峻洁,词浅理扬。如《寄欧阳舍人书》原为感谢欧阳修为其祖父作碑铭而写,却论述铭文的重要作用,以及作铭者必须兼具"道德""文章"这两个条件。文章写得周匝详尽,却又不枝不蔓。最后推美欧阳修具此条件而为其祖父作铭:"况其子孙也哉!况巩也哉!"两个"况"字,前一个是指一般人都会产生的感激之情,后一个更谓曾巩自亦能文,深知铭文写作之不易,道德文章兼美之难得,其感激之情理当深于常人。可谓言简意赅,耐人寻味。

354. 为什么明代的唐宋派和清代的桐城派对曾巩都特别推崇?

曾巩的散文成就虽不及韩、柳、欧、苏,却深受明代唐宋派、清代桐城派的推重。唐宋派以唐顺之、归有光、王慎中、茅坤为代表,他们大力反对前后七子"文必秦汉"的主张,认为作文要学习唐宋两代文章的法度,并且自具面目。在唐宋诸位文学家中,他们特别推崇欧阳修和曾巩,其中又以唐顺之、王慎中两人为甚。《明史·王慎中传》曰:"慎中为文,初主秦汉,谓东京下无可取。已悟欧、曾作文之法,乃尽焚旧作,一意师仿,尤得力于曾巩。顺之初不服,久亦变而从之。"在《曾南丰文粹序》中王慎中更是直言:"予惟曾氏之文至矣。"视曾巩之文为极致之文,推崇备至。唐宋派诸位作家推崇曾文,试图借以改变当时秦汉派拟古之文风,进而总结出"作文之法",这是有一定的进步意义的,但与此同时,他们也提倡曾巩"会通于圣人之旨""议论必本于六经"的以儒家之"旨"为核心的文论思想,这又容易造成轻视散文文学特征的弊端。

至清代,以方苞、刘大櫆、姚鼐为首的桐城派,也奉曾巩为圭臬。方苞说:"南丰之文,长于道古,故序古书尤佳。而此篇(《战国策目录序》)及《列女传》《新序》目录序尤胜,淳古明洁,所以能与欧王并驱,而争先于苏氏也。"他以曾巩为典范,认为文字要"雅洁"。而姚鼐"所为文高简深古,尤近欧阳修、曾巩",他关于阳刚和阴柔之美的见解,尽管理论上似乎以阳刚之文为重,但实际上却是崇尚阴柔之文,他的《古文辞类纂》中选取的欧阳修、曾巩的作品甚多。桐城派十分推重曾巩,并借以鼓吹"原本经术""长于道古",来为当时的封建统治服务,但同时,他们的理论及做法也推动了对曾文风格的研究。

355. 何谓"唐宋八大家"？

"唐宋八大家"是八位作家的合称，他们在唐宋时期出现，在散文方面取得了突出成就。具体来说，"八大家"是唐朝的韩愈和柳宗元，宋朝的欧阳修、曾巩、王安石、苏洵、苏轼和苏辙。

明代初期朱右的《八先生文集》是最早的合编八位作家散文作品的集子，可惜已经失传，也无从知晓朱右合编八位作家作品成集的初衷。随后，唐顺之编《文编》一书，只收录韩愈、柳宗元、欧阳修、王安石、曾巩以及三苏八个人的作品。到嘉靖时期，茅坤在《文编》的基础上编了《唐宋八大家文钞》，其中有十六卷韩愈文、十二卷柳宗元文、三十二卷欧阳修文（附二十卷《五代史钞》）、十六卷王安石文、十卷曾巩文、十卷苏洵文、二十八卷苏轼文、二十卷苏辙文，共有一百六十四卷。这就是"唐宋八大家"之由来。

356. 南渡词人群创作的特点是什么？

南渡词人群是指以李清照、张元干、叶梦得、朱敦儒、陈与义和李纲等为代表的词人群体。在元祐词人之后，他们相继登上词坛。他们生活的年代是十二世纪上半叶，即宋徽宗、钦宗和高宗三朝，此时，宋朝社会正由和平走向战乱。

受时代影响，这些词人的生活和创作分为前后两个时期。在第一时期，也即宋徽宗统治时期，虽然社会危机重重，但表面上社会是安定繁荣的，这些词人的生活相对也比较安定，他们的作品主要是吟风弄月之作，创作上虽也有些许锋芒，但远不及还健在的前辈词人贺铸、周邦彦影响大。靖康之变后，他们的生活环境和创作发生了很大变化，进入了创作的第二个时期。山河破碎、民族受辱，这样的现实让他们自觉地向苏轼学习，接受苏轼词的风格，为民族而奔走呐喊，并且紧密联系现实生活，去表现战乱年代整个民族和社会的苦难，以及个人因理想的破灭而产生的压抑和苦闷。南渡词现实感和时代感增强的同时也使词抒情言志的功能得到了扩展。

357. 李清照在《词论》中提出了哪些词学理论？

李清照是两宋之际著名的女词人，不仅在词的创作实践中自成一家，而且在词的创作理论上也有独特的见解，写出了专门性的论词文章《词论》，对后代词学理论和词的创作有一定的影响。

在《词论》中，李清照从本体论角度出发提出的最著名的一个观点是：词"别是一家"。她主张对词和诗歌进行严格的区分。"别是一家"是指，词与诗歌虽都是抒情文体，但并不能等同，它们互相独立，各有侧重。词对节奏感和音乐性有更多的要求，它不仅像诗一样要区分平仄，而且还要"分五音，又分五声，又分六律，又分清浊轻重"。否则，词便是"句读不葺之诗"，失去了词独有的文体特征。李清照对词还提出了其他的审美要求。一是勿"破碎"。这是通过批评宋祁、张先等人的词作来表现的，勿"破碎"是指词作必须有完整的意象结构，给人一种整体感。李清照提出的第二点要求是词要铺叙。她认为词要写得细腻、曲折，既有渲染，又讲究层次，跌宕起伏，另外词还要前后呼应。李清照提出的第三点要求是讲故实。她批评秦观词少有典故而只讲情志。李清照认为词应该有前人的文化典故。第四点要求是词要典重高雅。她非常重视词的典雅之美,从这点出发,她对柳永、贺铸词提出批评,认为贺铸词"苦少典重",柳永词"词语尘下"。

358. 如何评述李清照的《词论》?

总括这篇文章对词的论述观点,主要有:一是不满柳永"词语尘下",而是讲究词要高雅;二是不满张先、宋祁等"有妙语而破碎",而是主张词要浑成;三是不满晏殊、欧阳修、苏轼的词是"句读不葺之诗",主张词要协乐,要分清五音六律和轻重清浊;四是不满贺铸的"少典重",而是主张词要典重;五是不满晏几道的"无铺叙",主张词要铺叙;六是不满秦观"专主情致,而少故实",黄庭坚"尚故实而多疵病",主张词要有故实。依据上述要求,李清照提出,词"别是一家",主张严格区分诗和词,对两种文体分别对待。就此方面而言,这是合理的,因为每种文体都有它相对独立的艺术特征。词体经过数百年的发展而形成,有自己独特的形式、创作方法和发展规律。北宋时期,的确有一些文人想运用词体表达深奥的哲理,李清照对那些既无词之境界又不讲究音律的词作提出批评,是想矫正词风。所以有的词评家认为,易安词"别是一家"的理论,就是针对苏轼"以诗为词"而发,这是有一定道理的。据夏承焘考证,《词论》为李清照在战乱前所写,后期她的词风因战乱时局而发生的变化,是她所不能料到的。观北宋末期的词坛可知,易安论文虽然只是个人的主张,但基本上代表了当时大多数人的看法,他们认为词应该以婉约为宗。实际上,不止北宋时期,观察从宋至清的整个词坛,词多是婉约风格的。李清照认为词有别于诗,提出词"别是一家",是符合历代人们对词的看法的,也符合词的实际发展情况。

李清照词"别是一家"的理论产生了较大影响,明清之时,李渔等人论词,要求"上不似诗,下不似曲"即沿此说而来。在我国文学史上,依据自己的写作经验而撰写理论文字的,除李清照外似乎别无他人。《词论》不仅是第一篇见解独特的宋代词论,而且也是第一篇由女性而作的文学批评文章。这部词论与她那"花间第一流"的词作一道成为我国文学史上的宝贵遗产。

359. 何谓"易安体"?

"易安体"是指女词人李清照创作的一种词体风格,因李清照号易安居士而得名。李清照主张词"别是一家",她用女性的纤巧细腻来创作闺情词,同时又显出丈夫之气,创立了独具一格的"易安体"。"易安体"的主要特点有:

(1)选取自己平日生活的一些细节、行动以及起居环境等来表现自我的内心世界。如词作《添字丑奴儿·窗前谁种芭蕉树》中的动作描写"愁损北人,不惯起来听",形象地表达了李清照在初到南方之时,因夜雨霖霪而产生的烦躁心理。

(2)"易安体"融入了家国兴亡的深悲剧痛,同时又不失婉约词的本色,具有凄婉悲怆的格调。李清照后期词多愁苦之作,情调入于凄怆悲伤一途,发展了传统的婉约词。家国之痛和身世之悲相融合,是"易安体"的特殊格调。

(3)李清照词的语言也独具特色。用最为简练平常的生活化语言,表现多变复杂的情感和微妙的心理是李清照词作的一大特色。比如,《武陵春》中的"只恐双溪舴艋舟,载不动,许多愁",虽只有区区十三字,却将词人心中的犹豫和不堪承受的愁苦生动具体地表现出来,极为巧妙。无论口语,还是书面语,一经李清照之手熔铸,就清亮无比,别开生面,如"绿肥红瘦""人比黄花瘦"等等。此外,易安词还特别善于运用叠字,富有极强的感染力。比如《声声慢》中,"寻寻觅觅,冷冷清清,凄凄惨惨戚戚",一开头就连用十四个叠字。再比如"梧桐更兼细雨,到黄昏,点点滴滴",可谓是"大珠小珠落玉盘",精妙无比,从人的动作、人所处的环境到人的感受,多方面来表现一个独居老人无聊烦闷、茫然若失而又寻寻觅觅的恍惚迷离的心态。

(4)"易安体"不同于一般婉约词的地方,是温婉中透出刚健、洒脱,具有淡雅清疏的审美境界。例如《孤雁儿·藤床纸帐朝眠起》和《怨王孙·湖上风来波浩渺》等,不管是咏物还是写情抑或绘景,这些词运用白描手法,创造出一种像水墨画一样秀逸淡雅的意境,大大有别于辞藻色彩富艳华丽之作。李清照以女子身份登上文坛,不仅打破了男子一统文坛的格局,而且还以她极强的创作力和具有极高艺术水准的作品,成为中国文学史上具有崇高地位的文学家之一。她为女性发声,表现女性复杂的情感世界以及对爱情的热烈追求,不同于以往"男子作闺音",李清照这类词作显得更为自然真切。

360. 李清照、李煜词作的异同点有哪些?

李煜、李清照都是婉约派的代表词人。一个经历了从天子到幽囚的身份转变,一个经历了从无忧无虑到颠沛流离的人生历程。相似的经历让他们的词风有很多相似之处,前期多写宫廷、闺情之词,香艳柔软,后期多写家国沦落之悲,凄婉悲怆。但他们两人所处的时代环境及个人生活经历感受又有很多不同点,所以词风不尽相同,而是同中有异。在文学创作上,李清照与李煜十分相似。李清照写词不依傍古人,自出机杼,能直抒胸臆,写出真情实感,因而具有强烈的感染力量。李煜不矫饰,不矜持,以真纯入词,用真诚心写本色语,悲欢离合尽在笔下。在用词上,李清照有很高的技巧,所用之词能产生强烈的感染力,而这是靠白描而非夸张和铺叙达成的一种自然境界。如"帘卷西风,人比黄花瘦""绿肥红瘦""才下眉头,又上心头"等等,语言平淡清新,流转明快。可以说,在语言表达上她继承并发展了李后主的笔法。

与李清照相同,李煜也是用明白晓畅的语言和白描的手法写他真实的生活感想。在李煜的笔下产生了一系列既生动又感人的艺术形象,例如"梦里不知身是客,一晌贪欢",营造了一种画笔难至的意境,写出了在国破家亡之后词人内心的真实感受。李煜还善于用形象生动的比喻来写抽象的感情,如"恰似一江春水向东流",语言优美,近似口语。李煜和李清照被后人合称为词坛"二李",堪称是我国词坛上的双子星座。清沈谦《填词杂说》云"男中李后主,女中李易安,极是当行本色"。这评价极为中肯。

李清照和李煜词的相异之处有：

（1）在理论上，李清照提出词"别是一家"，词体的独立地位被确立。这是李煜所不能及的。但李煜比李清照突出的地方在于他在词作中突出表现其"真"，纯真的性格，真诚的情感。此外，李煜还有一个突出贡献是变伶工之词为士大夫之词，扩大了词的境界。

（2）在创作方面，李清照的生命、情感历程在她笔下得到生动展现。南渡前，李清照的人生理想是追求美满幸福的婚姻爱情生活。她和赵明诚的爱情既有婚姻来维系，更有深厚的感情做基础，夫妻双方的苦涩离愁中包含有心心相印的幸福感，这是易安词的一个突出特点。与易安相比，李煜的笔下也有不少写离愁别恨之词作，但是，他所表达的情感和李清照所表现的情感有本质的不同，李煜词作中表现的是茫然无望的愁苦，是对他不堪的囚徒生活及灭亡故国的哀叹。

（3）李清照用她作为女性特有的感受，充分表现女性的细腻感情，这一点李煜却不能做到。李清照写女性的阴柔美，在很大程度上是自身形象和情意的外化，成功塑造和凸现女主人公的自我形象。

361. 范成大的诗作有什么特点？

范成大，字致能，号石湖居士，与陆游、杨万里、尤袤齐名，并称为"南宋四大家"。总体来看，石湖诗可分早、中、晚三期。

早年的大部分诗，是属于声调流美、情致缠绵的一路。如《晚入盘门》："人语嘲喧晚吹凉，万窗灯火转河塘。两行碧柳笼官渡，一簇红楼压女墙。何处采菱闻度曲，谁家拜月认飘香。轻裘骏马慵穿市，困倚蒲团入睡乡。"神似白香山。又如七律《代圣集赠别》："一曲悲歌水倒流，尊前何计缓千忧？事如梦断无寻处，人似春归挽不留。草色粘天鹎鴂恨，雨声连晓鹧鸪愁。迢迢绿浦帆飞远，今夜新晴独倚楼。"或纤秾绮靡，或婉转凄凉，完全是晚唐韦端己、韩冬郎诸家格调。至于七绝《嘲里人新婚》、七古《题汤致远运使所藏隆师四图欠伸》等，更是流丽侧艳似温飞卿，不仅炼章如此，他的长篇古风也深受中晚唐诸家的沾溉，如《西江有单鹄行》《河豚叹》，铺陈敷衍，"杂长庆之体"。

中年之后，范成大出使金国，阅历也随之增多，既目睹了北方的雄伟山川，又亲身体验了中原遗民的亡国之悲。此时，中晚唐诗风已经与他的情感经历大不协调，于是范成大便"追溯苏、黄遗法，而约以婉峭，自为一家"（《四库全书总目提要》）。所谓"苏、黄遗法"，实质上乃是以黄山谷为代表的江西诗派之法。苏东坡才力极高，他的诗作纵横捭阖，神明多变，难于学习，而黄庭坚诗歌以句律取胜，更容易学习。范成大其人，蕴藉和平，作诗非以才气取胜，因此他作诗自然远苏而近黄，而当时江西派在诗坛影响又甚大，南渡名家，自陈简斋起，大多受过江西派的熏染，范成大亦不例外。

石湖晚年，退职闲居，历尽了宦海的浮沉，看透了世态的炎凉，所以，颇多参禅悟道之作，与白香山暮年颇有几分相似。如《请息斋书事三首》其一："覆雨翻云转手成，纷纷轻薄可怜生。天无寒暑无时令,人不炎凉不世情。栩栩算来俱蝶梦,喈喈能有几鸡鸣。冰山侧畔红尘涨,不隔瑶台月露清。"还有《亲戚小集》:"避湿违寒不出门,一冬未省正冠巾。月从雪后皆奇夜,天向梅边有别春。秉烛登临空语旧,拥炉情味莫怀新。荣华势利输人惯,赢得尊前现在身。"此一时期,范成大在家乡与农民亲密接触,他体验到农村生活的甘乐和哀苦,写出了著名的六十首《四时田园杂兴》。他用一首绝句表现一个侧面,用组诗表现整体画面,颇显功力。

总之,石湖诗的最大成就是出使金国时所作的纪行诗和《四时田园杂兴》,他融晚唐之婉和江西之峭于一体,阴阳相济,刚柔得宜。

362. 何谓"中兴四大诗人"?

"中兴四大诗人"是指南宋前期的四位诗人:陆游、范成大、杨万里和尤袤。他们又被合称为"南宋四大家"。他们超越了"江西诗派"的藩篱,产生了很大的影响,代表了宋诗的第二个繁荣期。当时,陆游、杨万里的名声尤其显著。尤袤传世之作较少。杨万里、范成大的作品数量虽不及陆游,但却各有特点。不同于"江西诗派"的生硬,杨万里创立了自然活泼的"诚斋体"。杨万里、陆游二人流传作品甚多,数量惊人。杨万里有《诚斋集》,范成大有《范石湖集》,陆游有《陆放翁集》传世。

363. 陆游诗歌的特点有哪些?

陆游在南宋诗坛上占有非常重要的地位,他的诗歌具有以下特点:

(1)题材内容多样。陆游诗歌具有特别丰富的内容,几乎涉及社会生活的各个方面。其中,表现爱国思想和吟咏日常生活是最重要的两个方面。陆游诗作的精华部分是一些表现爱国主题的诗作,他的诗作大都是抒发他的报国壮志和为国忧虑的感情,例如《关山月》《书愤》等。除此之外,陆游善于从极为平常的情景中发现可以入诗之材料,大至高大山川,小至草木虫鱼,俗至农村之平凡生活,雅至书斋的闲情逸趣,他都选入诗中并进行极为细致的描绘,如《游山西村》《临安春雨初霁》等。陆游的爱情诗也写得很精彩,《沈园二首》便是爱情诗中的代表。

(2)具有奔放气势和壮阔境界的诗风。陆游个性豪迈,胸有壮志,表现在诗歌上就是追求豪放雄浑,而鄙弃细弱纤巧,从而形成了奔放壮阔之诗风。他把心中难以实现之壮志移入诗歌,并借梦幻之境来表现他心中的英气,在他僵卧老病之时,陆游还是"夜阑卧听风吹雨,铁马冰河入梦来"。这众多的记梦诗,又形成了陆游诗奔放飘逸的特点。但是,现实的严酷又给诗人造成了无法排遣的心灵负担,梦幻终究不长久,所以陆诗中也有杜甫诗歌中悲凉沉郁的一面。兼有李白的飘逸奔放和杜甫的沉郁顿挫,这就是陆游独特的诗歌风格。如《长歌行》,笔力顿挫清壮,结构波澜起伏,在明白晓畅和整齐的句式之中包含着恢宏的气势,明显地体现出陆诗之风格特点,所以被推为陆游诗歌中的压卷之作。赵翼《瓯北诗话》中评陆游之诗"看似奔放,实则谨严",即指此特点。

(3)陆游擅长作七言诗,无论是七古还是七律或是七绝,都取得了极高的成就。陆游诗语言明白晓畅，章法谨严，就是七古也不例外。其七律尤以对仗整齐而著称。陆游诗中的对仗可谓是新奇而不雕琢，工整而不落纤巧，具有平易近人的特点。

364. "诚斋体"有何特点？

"诚斋体"是指南宋诗人杨万里摆脱前人窠臼而创立的一种独具特色的诗歌风格，其特点是自然活泼，充满谐趣。比如《小池》："泉眼无声惜细流，树阴照水爱晴柔。小荷才露尖尖角，早有蜻蜓立上头。"在这首诗里，敏锐的诗人于平常事物中捕捉到富有情趣的精彩瞬间，同时又用极为自然浅近之语将自己所见所感表现出来。

诗人能最大限度地将自己的主观感情移到客观事物之上，这是形成"诚斋体"的要素之一。杨万里笔下的客观物象，或是草木虫鱼，或是山水风云，都极具情感和知觉，充满了无限生机和灵性。如"万山不许一溪奔，拦得溪声日夜喧"，通过写生机盎然的景象而给诗歌增添了一丝活泼之气。形成"诚斋体"的要素之二，是杨万里近于口语的语言。杨万里诗想象奇特，语言明白晓畅，章法流畅，避免生僻奇奥的字句或奇崛的结构，诗歌语言近于口语。杨的诗风与北宋苏轼、黄庭坚等人多用典故成语、多写人文意象的诗风大异其趣，具有很大的独创性。

365. 辛弃疾对词境的开拓体现在哪些方面？

辛弃疾作词有自己明确自觉的主张，他把词当作抒情言志的工具，用词表现自己的精神世界和行藏出处，大力弘扬着苏轼的传统，对词境的开拓主要体现在以下两个方面：

（1）辛词拓宽了词之意境，刻画了具有豪迈气势的英雄人物形象。辛弃疾渴望成为英雄，成就英雄的事业。他以横刀跃马之姿走上词坛，造就出一种气势豪迈、虎啸风生的英雄形象。辛弃疾明确宣称"要写行藏入笑林"，辛词中的人物形象丰满鲜活，立体感强，具有阶段性和变异性特征。辛弃疾词中刻画的自我形象，是唐宋两朝词史上具有鲜明个性的独一无二英雄形象。

（2）深广地开拓心灵世界和理性地批判现实社会。南渡词人已经将自己的情感从个人的人生苦闷扩大到整个社会的忧患，继承并弘扬这种创作精神的辛弃疾，表现出了更广更深的人生苦闷和社会忧患。比如《水龙吟·登建康赏心亭》一词就充分显露了英雄丰富复杂的内心世界，挖掘出了词体善于表现复杂多变心理的深层功能。辛弃疾清醒深刻地注视着民族的忧患和苦难，在创作时，他往往用英雄式的理性精神来反思和探索导致民族悲剧的根源，因此相对于南渡词人来说，辛词有着更为深刻强烈的现实性和批判性。比如在《摸鱼儿》中，辛弃疾就无情地抨击和嘲讽了那些排挤自己、嫉贤妒能的奸邪小人。稼轩词系统全面地批判腐朽黑暗的现实社会，拓展了词境，强化了词的现实批判功能。

（3）辛弃疾还重视表现隐逸情趣和描写农村的田园生活，这类词作给词的世界增添了一道清新自然的、富有生活气息的亮色。如《清平乐·茅檐低小》，词人用清新的语言和剪影式的手法绘出了一幅平凡而又新鲜的人物速写图和乡村风景画。

366. 稼轩词的艺术特色有哪些?

辛弃疾的词情怀雄豪激烈,意象雄奇飞动,境界雄伟壮阔,语言刚劲雄健,这些是稼轩词独特的艺术风格。具体表现在以下几个方面:

(1)军事化的抒情意象,是稼轩词所独具的艺术特色。辛弃疾所创造的与军事、战争相关的意象,使词传统的意象群出现了一次很大的转换。诸如"倚天万里须长剑""却笑将军三羽箭""斩将更搴旗""红旗铁马响春冰"等军事意象频繁出现,在词史上是很罕见的。密集的军事意象群,构成的审美境界雄豪壮阔,体现出稼轩词的独特个性,也反映出词史的巨变,即词中女性的柔婉美最终让位于男子的崇高美和力度美。

(2)稼轩词更新了表现手法,在苏轼"以诗为词"的基础上,辛弃疾"以文为词",在词中运用古文辞赋里常用的章法和对话、议论等手法。以文为词,既是方法的革新,也是语言的变革。辛弃疾将散文中的语汇入词,空前地扩大和丰富了词的语汇,同时,也给古代语言赋予了新的生命力。辛弃疾是词史上创造和使用语言最为丰富多彩的词人,古今融合,雅俗并收,骈散兼行,精当巧妙,随意挥洒,达到了无语不可用,无意不可入,极尽自由而又合乎规范的艺术境界。用《天问》体写的《木兰花慢·可怜今夕月》,连用七个问句,来探询月中奥秘,意趣盎然,奇特浪漫。《贺新郎·别茂嘉十二弟》,就是采用了辞赋的结构方式。

(3)博大精深的内容,千变万化的表现方式,独特创新的语言,构成了稼轩词多样化的艺术风格。而其刚柔相济和亦庄亦谐的风格,最能体现辛弃疾的个性风格。辛弃疾用深婉的笔触写豪气,豪气中有缠绵,悲壮中有婉转,柔情中有刚劲,是其词风的独特之处。亦庄亦谐,俱臻妙境;嬉笑怒骂,皆成佳篇,这也体现了稼轩词的多样化风格。辛弃疾很有幽默感,为了宣泄人生苦闷,表达对社会上各种丑行的不满,就把流行的谐谑词进行改造,使其主题严肃,具有深刻的思想内蕴。

在两宋词史上,辛词数量最多,成就、地位也最高。在表现方法、艺术境界和语言的深刻性、丰富性、开拓性与创造性方面,辛词的成就可谓空前绝后。辛弃疾独创"稼轩体",确立了词的豪放一派,对后人有深远的影响。《四库全书总目提要》卷一百九十八《稼轩词提要》说:"其词慷慨纵横,有不可一世之概,于倚声家为变调,而异军特起,能于剪红刻翠之外,屹然别立一宗,迄今不废。"

367. 辛弃疾的登临词以什么样的艺术手法体现其强烈的爱国主义感情?

(1)辛弃疾在表达爱国情感的时候善于选取象征性的景物,在他的词作中,所登的几乎都是"危亭""危楼"等让人感到惊心的景点,所看到的几乎全是"落红""斜阳"之类显示凄凉、衰亡的景物,这些景物描写给人一种独特而又深刻的感受。比如,"斜阳草树,寻常巷陌,人道寄奴曾住""休去倚危栏,斜阳正在,烟柳断肠处",人们可以从这些象征性的景物里,感受到风雨飘摇中的南宋王朝,如同西下的夕阳,笼罩在一片凄凉的气氛里。清人周济曾把辛词的这一写景特征概括为即事叙景。

（2）运用多种艺术手法抒发爱国感情，呈现抒情方式多样化的特征。一是用传统的比兴手法来抒情，辛弃疾继承了屈原的比兴手法来抒发爱国感情，代表作品为《摸鱼儿》，词中大量运用典故抒情。其登临词最大的特色是几乎每首都用典故抒情。引用蕴含丰富的典故，就可以生动曲折地表达复杂的思想感情，如《水龙吟·过南剑双溪楼》中，连续用了多个典故，表达出自己想收复中原的理想抱负、受到的阻碍以及理想难以实现的悲愤。二是直接抒发爱国感情。在其登临词中，还有一些词句明白如话、直抒胸臆，直接表达感情。如"郁孤台下清江水，中间多少行人泪。西北望长安，可怜无数山"，用两个带感叹的句子，表达了对金兵入侵以来领土沦陷、人民流离失所、血泪成河的痛惜心情。

368. 辛弃疾词的多样化风格体现在哪些方面？

辛词向以豪放著称，不仅题材广泛，内容丰富，而且大多写得悲壮激昂、豪迈奔放。词中"他年要补天西北"（《满江红·建康史帅致道席上赋》）的报国宏愿，"马革裹尸当自誓"（《满江红·汉水东流》）的战斗誓言，"把吴钩看了，栏杆拍遍，无人会，登临意"（《水龙吟·登建康赏心亭》）的不平之鸣，都倾注着慷慨激烈和悲壮苍凉的感情，体现出豪爽的英雄本色。加之词人摆脱音律和纤艳语言的束缚，融汇诗歌无事无意不可人，辞赋铺叙敷衍，散文舒卷自如、宏放不羁的特点，从而构成辛词的豪放风格。除此之外，辛词又具有清丽、飘逸，甚至缠绵妩媚的风格。如《祝英台近·晚春》可以称之为婉约词的正宗。此词上片写晚春景色，下片写闺中女儿怨春思人的愁苦，情真意切，缠绵悱恻。清代沈谦在《填词杂说》中说："稼轩词以激扬奋厉为工，至'宝钗分，桃叶渡'一曲，昵狎温柔，魂销意尽。才人伎俩，真不可测。"其他如《玉楼春》之浅俗似"白乐天体"，《唐河传》之秾纤似"花间体"，《念奴娇》之清畅似朱敦儒，《丑奴儿》之清新似李清照，这些词作辛弃疾都标为学习他人之作，辛词也因而呈现出不拘一格、多姿多彩的风貌。

369. 辛弃疾词中的意象有何特点？

辛弃疾有过人的胆略、才识和豪气，他的报国宏愿、战斗经历，常使他的词场面宏大，形象飞动。比如"截江组练驱山去，鏖战未收貔虎"（《摸鱼儿·观潮上叶丞相》），用鏖战正酣的千军万马来比汹涌澎湃的江潮，气势磅礴；比如"叠嶂西驰，万马回旋，众山欲东"（《沁园春·灵山齐庵赋时筑偃湖未成》），他笔下的群山竟如万马回旋跳跃；再比如"千里玉鸾飞"（《水调歌头·和王正之右司吴江观雪见寄》）；描绘长桥是"千丈晴虹"（《沁园春·再到期思卜筑》），画面开阔，色彩鲜明，动态宛然。意象变化飞动，再加上词人感情激荡奔放，就使辛弃疾的词形成了雄奇阔大的意境。

热烈追求自己的理想，也使辛弃疾经常运用浪漫主义想象，以梦幻的形式表现对光明世界和理想生活的向往，使词的意象和意境奇伟瑰丽。比如《太常引·建康中秋夜为吕叔潜赋》，上片由皎洁的月光，想到月宫中长生不死的嫦娥，不由得发出功业无成、年光虚掷的慨叹。下片幻想自己翱翔长空，直入月宫，斫却月中桂，以使人间清光更多，寄托铲除奸佞、澄清神州的理想。词中重磨的飞镜、转动的金波、斫却月中桂的壮举、乘风升天的神游,这些意象构成一幅奇异瑰丽的画面。再如《水调歌头·赵昌父七月望日用东坡韵》借升天抚月,俯视人间,与高贤共饮的幻景,表达对光明世界的追求;《水调歌头·寿赵漕介庵》更幻想派壮士手挽银河,用滔滔仙浪冲刷西北地区的胡沙,借以抒发收复中原的壮志。瑰丽奇伟的意象,无不浸透着词人的浪漫主义激情。在幻想的世界中,表现了现实社会中不可能实现的壮志理想,从而赋予辛词以浓烈的浪漫主义色彩。

370. 姜夔对词的发展有哪些贡献?

(1)姜夔建立起新的审美规范,对传统婉约词的表现艺术进行改造,这是他对词的主要贡献。姜夔移诗法入词,使词的语言风格趋向于刚化和雅化,创造出一种新的审美风格:清刚醇雅。其咏物词,常常将对国事的感慨和人生失意与咏物融合起来,空灵蕴藉,别有寄托。如《齐天乐》写蟋蟀的鸣声,全词充满着愁苦的哀鸣,渗透着词人凄凉的身世之感,很难说清哪一句是写他自己。再比如《鹧鸪天·元夕有所梦》写忏悔与相思,转折奥峭。

(2)姜夔表现手法和思维方式别出心裁,词境别具一格。他善于利用艺术的通感来表现某种特定的心理感受,又善于侧向思维,写情状物,从侧面着笔,虚处传神,而不是正面描写。《扬州慢》就代表了这个特点。

(3)姜夔长于自度曲。与柳永、周邦彦的因声制词不同,姜夔有一部分自度曲是先词后曲。他的十七首词自注有工尺谱,是现存唯一的宋代词乐文献,在我国音乐史上具有重要的价值。姜夔的词作往往配有精心结撰的小序,具有独立的艺术价值,同时也交代了创作的缘由,与歌词相映成趣。如《念奴娇》序,意境清新优美,可读性很高。

(4)姜夔的恋情词,往往只表现离别后的相思苦恋,过滤掉爱恋的温馨缠绵,并用独特的冷色调来描写炽热的恋情,给柔思艳情赋予了超凡脱俗的韵味和高雅的情趣,从而将恋情雅化。他的词彻底地反俗为雅,被奉为雅词的典范,在辛弃疾之外自成一派。

371. 梦窗词的艺术成就有哪些?

梦窗是南宋词人吴文英的号,他在词的创作上力求自成一家,倾注了一生的精力,其特点是专注艺术技巧的精细巧妙,主要体现在以下几个方面:

(1)在思维方式上,吴文英将常人心中的虚无化为实有,将常人眼中的实景化为虚幻,通过奇特的想象和联想,彻底改变正常的思维习惯,创造出梦幻的艺术境界。如怀念亡姬的名作《风入松》,词的境界如梦如真。

(2)在章法结构上,吴文英将时空变化的正常次序进一步打破,在同一画面中展现出不同时空的场景和情事,或者将虚与实进行错综叠映,形成扑朔迷离的意境。且结构突变,缺乏必要的过渡和照应,情思的脉络隐约模糊,无迹可求,时空和虚实的变化不受理性约束,这就增加了读者的理解难度,也强化了词境的多义性和模糊性。他的自度曲《莺啼序》,长达二百四十字,是词史上最长的词调,典型地体现出这种结构的特色。

（3）在语言运用上，吴文英的文辞奇异生新。首先是字句的组合，往往打破正常逻辑惯例和语序，如"飞红若到西湖底，搅翠澜、总是愁鱼"。其次是语言具有强烈的色彩感、象征性和装饰性。他很少单独使用名词、动词或形容词来描摹体貌、动作和物态，而经常使用一些装饰性、象征性和色彩感很强的偏正词组，如写云彩是"倩霞艳锦"，写池水是"腻涨红波"。梦窗词意象密集，字面华丽，含意曲折，语言风格密丽深幽。然而雕琢过多，又有晦涩、堆砌的弊病。

372. 吴文英和周密为什么合称"二窗"？

"二窗"因吴文英号梦窗、周密号草窗而得名。吴文英一生的心力都倾注在词的创作上，他力求自成一家，但他的气魄和胸襟远远不如辛弃疾，天赋和才情远远不如姜夔，已经不可能在内容和情思方面有所突破和超越，因此便更专注艺术技巧的精细巧妙。周密的创作，融合了姜夔、吴文英二人的长处，词风清丽典雅。他学习姜夔，追求醇雅的意趣，同时与吴文英有密切交往，词风也受到他的影响，因此两人并称"二窗"。

373. 宋代话本在中国文学史上的地位如何？

鲁迅先生在《中国小说的历史的变迁》中指出，宋元话本的出现是小说史上的一大变迁。与文言文的写作传统完全不同，宋代话本小说以白话作为语言进行创作，这在中国小说史上是第一次。在叙述方式上，宋代话本小说采取的叙述方式是在"说话"的场景里展开故事，这种模式后来成了白话小说的经典叙述方式。此外，在塑造人物方面，宋代话本小说不再将不平凡的人物作为主要的塑造对象，而是以平凡人物为主，这就标志着中国小说进一步走向平民化。宋代话本对后世文学有着极其深远的影响，主要表现在如下几个方面：

（1）宋代话本开拓了民间文学与文学家结合在一起的创作道路，既使大批仕途无望的文人找到了展现其文学才能的平台，又使民间文学的艺术品位得以提高，使叙事文学供求关系能够平衡发展。由于众多文人的参与，大量的民间艺术形式开始综合发展，给戏剧的发展和成熟提供了条件，促使戏剧艺术在元代达到顶峰。

（2）宋代话本小说在故事结构、语言运用、人物刻画等方面，比唐传奇领先了许多，体现了古典小说现实主义创作方法的逐步成熟。为了吸引听众，说话人力求把故事讲得生动曲折，并且运用富有戏剧性的对话和冲突来展示人物个性，还善于通过描写人物心理和情态等细节刻画来表现人物。宋代话本小说运用了这么多成熟的艺术表现手法，满足了叙事文学持续发展的技术性需求，为后世作家进行独立的小说创作提供了艺术技巧上的经验。

（3）宋代话本小说，尤其是讲史话本的繁荣发展，为元代戏剧和明代长篇小说提供了丰富的题材，元代出现的许多剧目，以及明代的长篇历史小说，都汲取了宋代话本的内容，使其进一步发展。比如，宋代话本中的《三国志平话》，在艺术上的成就比较高，罗贯中的《三国演义》的基本倾向和主要情节，都是沿着《三国志平话》的主旨和规模深入发展的。

（4）宋代话本小说中的一些短篇小说,对元、明、清及近现代的短篇小说创作都有影响。盛行于明代的拟话本,无论是内容还是形式,都直接继承了宋代话本的创作传统,最终经过冯梦龙等人的广泛搜集和精心整理、创造,以精湛的技巧和丰富多彩的内容,展现了通俗短篇小说的辉煌。

374. 吕本中和曾几对江西诗派有何贡献？

"一祖三宗"以降,方回曾推"吕居仁为四,曾茶山为五"。吕居仁名本中,曾茶山名几,他们都是江西诗派的重要人物。吕本中在理论上提倡的"悟入""活法""响字"诸说,在江西派中影响颇大。他说："悟入必自功夫中来",即在刻苦学习的基础上对诗法的领悟；"所谓活法者,规矩备具而能出于规矩之外,变化不测而亦不背于规矩也"；"响字"则是"致力处也"。他的诗颇受黄、陈影响,后期较趋明畅,也有若干感慨时事的悲歌。曾几曾向吕本中等请教过诗法,自己曾说把《山谷集》读得烂熟。不过,其诗风清淡明快,自有特色。南渡后也有一些悲愤时事之作。陆游后来说"忆在茶山听说诗,亲从夜半得玄机",说明陆游也接受过他的指点。事实上,整个南宋,江西诗派仍然保持着极大的势力,大诗人如尤袤、杨万里、范成大等,都与江西诗派有渊源关系。后江湖派风行天下,江西诗派逐渐衰落,但后世崇奉江西派诗风的,仍然代不乏人。

375. "永嘉四灵"的诗歌风格如何？

所谓"四灵",指南宋的四个诗人：徐照,字道晖,一字灵晖；徐玑,字文渊,号灵渊；翁卷,字续古,一字灵舒；赵师秀,字紫芝,号灵秀。他们都以晚唐诗体相标榜,专意学习贾岛、姚合的诗风,形成一个创作流派,因其字号都有一个"灵"字,故叶适把他们合称为"四灵",曾编选《四灵诗选》,为之揄扬。又因四人都是永嘉人,故又称"永嘉四灵"。

他们的诗风可用"清瘦野逸"一语概括。诗多写自然小景,表现日常生活中的高情雅趣,形成一种清苦幽寂的意境。这与他们的身份、经历有关。徐照与翁卷皆以布衣终。赵师秀为太祖八世孙,浮沉州县间,以高安推官终。徐玑曾做过主簿、县令等小官。所以,他们多写闲情隐趣,走的仍是宋初晚唐派的老路。例如多写律诗,忌用典故,注重写景等。江西诗派重意轻景,大多直抒胸臆,不借助景物描写,有时在长篇诗歌里,尽是力盘硬语,这种肉少筋多、枯槁生涩的诗歌让世人很厌烦,因此读到"四灵"诗歌时,顿觉清新隽逸、轻灵秀巧。其中,"四灵"以赵师秀成就最高,其七言诗以许浑为宗。

"四灵"的诗歌也有很大的局限性。为了与江西派反向而行,他们极尽雕镂,专务精巧。江西诗固然有汗漫泛滥之病,但"四灵"诗却走向另一极端,专主小巧精细,在声调字句上较工拙,并美其名曰"《风》《骚》之至精",其局限性在境界狭窄、刻画琐碎。

376. 何谓"江湖派"？

"江湖派"指的是南宋的一批中下层诗人,他们大部分是中下层的官吏,或者是布衣隐士。他们用诗歌交游唱和、摹写山林,或游食江湖,依附公卿,形成一种风气,故称为"江湖派"。当时,临安有一个书商,名叫陈起,字宗之,别号陈道人。据《瀛奎律髓》称:"(陈起)睦亲坊卖书开肆,予丁未至行在所,至辛亥凡五年,犹识其人,且识其子。"则陈起是生活于宁宗、理宗二朝的人,亦能作诗,与这批诗人相交很深,于是广泛搜集他们的作品付印出版,先后出了《江湖集》《江湖前集》及《江湖后集》《江湖续集》《中兴江湖集》等,"江湖派"即得名于此。但原刻江湖诸集散佚很多,清代在编《四库全书》时,整理为《江湖小集》九十五卷、《江湖后集》二十四卷,收录了一百零九位诗人的作品。这两部诗集也有漏载,如刘克庄为"江湖派"领袖,《瀛奎律髓》云:"(陈起)刊《江湖集》以售,刘潜夫《南岳稿》与焉。"但今本无之,反而杂有一些达官显要,如洪迈、吴渊、郑清之、林希逸等的作品,故《四库全书提要》怀疑"原本残阙,后人掇拾补缀,已非陈起之旧矣"。所收诗人的年代,上自孝宗,大部分活动于宁宗、理宗二朝,重要诗人有姜夔、刘过、高翥、刘克庄、戴复古、赵汝回、叶绍翁、利登、乐雷发等。

377. 文天祥有哪些著名的爱国诗篇?

文天祥是我国历史上伟大的民族英雄,是南宋的状元宰相,统军抗击元朝。同时,文天祥也是我国杰出的爱国诗人,他著名的爱国诗篇不少,如《扬子江》,是德佑二年出使元营被押解北上在镇江逃出,乘船过长江口时写的。"几日随风北海游,回从扬子大江头",虎口余生,得以出海南归,轻松愉快的心情禁不住自然地流露出来。"臣心一片磁针石,不指南方不肯休",这是他百折不挠、矢志救国的决心和对朝廷、对国家耿耿忠心形象化的表达。他把诗集命名为《指南录》,用心即在于此。

文天祥于五坡岭战败被俘,被元军强迫随船去追击在厓山(今广东新会)的宋帝昺。元军元帅张弘范多次逼迫他写信去诱降张世杰,他就挥笔写下了《过零丁洋》一诗,以明心志。这首诗概括地回忆了作者从中状元开始,就不断为国操劳。最近四年的浴血奋战,更是出生入死,艰苦卓绝。"山河破碎""身世浮沉",他感到心情十分沉痛。国事前途有如惶恐滩一样湍急险恶,实在令人惶恐不安。"人生自古谁无死,留取丹心照汗青",掷地有声,笔力千钧,豪气横放,表现了文天祥视死如归的英雄气概,震古烁今,成了流传千古的名句。

文天祥还有一首《金陵驿》,也为后人瞩目。《过零丁洋》是1279年正月写的,这一首是同年七月被押北上路过金陵时所作。"从今别却江南路,化作啼鹃带血归",结尾两句极其沉挚,字字血泪,扣人心弦。这种生死不忘的故国之情,对后代爱国志士影响很大。明末爱国志士何腾蛟的《自悼》诗,就受到这两句诗的启发。

文天祥著名的爱国诗篇还有《正气歌》。此诗写于至元十八年(1281)夏燕京狱中,这时文天祥身陷图圄已近两年。这首诗可分作两段来看,从"天地有正气"到"道义为之根"是前段,从"嗟予遘阳九"到"古道照颜色"是后段。前段主要是对具有民族气节的先烈的礼赞,后段着重叙述自己学习先烈,对民族气节的执着追求,在狱中经受住了各种各样的严峻考验。全篇以坚守民族气节的思想贯彻始终。

378. 文天祥诗歌创作的特点有哪些？

文天祥诗歌的第一个特色是不假修饰，直抒胸臆。其诗可称为"烈士诗"，并非文人诗，诗句都是血泪凝铸而成，民族仇、爱国情从诗人胸中喷涌而出，故不假修饰却能感人肺腑，动人心魄。吴之振说："自《指南录》后，与初集格力相去殊远，志益愤而气益壮，诗不琢而日工，此风雅正教也。"是颇有见地的。

第二个特色是诗的风格多样化。试以《过零丁洋》与《金陵驿》两相比较，就不难看出：前诗刚健，气贯长虹，慷慨悲壮，使人激昂奋发；而后诗柔婉，回肠百折，沉郁苍凉，使人低徊感叹。两首诗的风格迥异，却同样感人至深。除此之外，叙事和抒情相结合，口语入诗，比喻形象，用典贴切等，都是文天祥诗歌的特点。

文天祥的诗篇分别汇编在《指南录》《指南后录》及《吟啸集》里，共约三百七十多首，若再加上他的《集杜诗》，则文天祥诗歌数量约五百七十多首，是一笔珍贵的文学遗产。

379. 宋末遗民诗人的总体特点是什么？

宋元易代之际，社会发生了巨大的变动，诗坛涌现了一大批遗民诗人，如文天祥、谢翱、郑思肖、谢枋得、汪元量、林景熙、真山民、方凤、柴望、梁栋、萧立之、许月卿、周密等。

国家发生的沧桑之变使遗民诗人开始面对现实，因此与江湖诗派相比，遗民诗人的诗境界恢宏，有雄奇之概、幽怨之思。宋诗自"永嘉四灵"以来，不能自振，到此时才再度振起，这与社会巨变有密切关系。除此之外，元朝统治者武力强大，南宋遗民恢复无望，避居山中，过着曲肱饮水的生活，而且他们又受理学影响，因此，遗民诗中有相当一部分清超脱俗之作。"风雨满城春欲暮，山中犹有碧桃花"（范协《年年》），正是遗民心理的写照。现存《天地间集》残帙就是这类作品的结集。例如，谢枋得《武夷山中》："十年无梦得还家，独立青峰野水涯。天地寂寥山雨歇，几生修得到梅花。"以及文及翁《山中夜坐》："悠悠天地间，草木献奇怪。投老一蒲团，山中大自在。"他们不食周粟，保持气节，其诗境是清、高、古、淡。龚开评方凤诗所说："由本论之，在人伦，不在人事。等而上之，在天地，不在古今。"正是指此诗境。

380. 元好问编的《中州集》是怎样一部书？

元好问编的《中州集》，收集了金代留存的诗歌，为金代文化的传播做出了重大贡献，有金一代的诗歌，因这部诗集才基本得到了保存。《中州集》是金代诗歌的一部总集，共十集，成书于金亡以后。《中州集》中除了选录金主显宗、章宗各一首诗歌外，还选录了金代作家二百四十九人的作品。其中选诗有的多至一百首，有的少至一首。因被入选的诗人大多在中州（今河南）一带，故以《中州集》为名。在这些作家中，比较著名的有宇文虚中、吴激、张斛、蔡松年、高士谈、马定国、祝简、蔡正甫、党怀英、赵秉文、杨云翼、王若虚等。元好问选诗的原则是，只选已经亡故的，当时在世的诗人一律不选。内容颇多忧时伤乱、思国怀乡之作。《中州集》反映了金代诗歌的全貌，收在这本集子中的作品，就其内容来说,随着形势的变化,形成了前后不同的特色。在初期作家中,有许多是宋朝的遗民,他们的诗歌往往以思国怀乡的居多;中期则因政治上的相对稳定,出现了一些逃避现实甚至粉饰太平之作;后期濒临金朝的覆亡,多为亡国之痛、悲苦之音,是当时乱离生活的写照。

元好问编选这个集子,是为了保存金代文献,所以他不仅是选诗,还为每位作家写了小传,或详细记载诗人的生平活动,或转述他的名句、评论他的诗歌,有时还在小传中附载有关别人的事迹,有时则又穿插论述了某些历史事实。这都可以看出元好问着眼于"以诗存史"的用意。这个集子在当时虽是选集,但在今天看来,有金一代可传的诗(包括词),已大体搜录殆尽了。《中州集》遗漏下来的作家,即当时在世的诗人,后来由元朝人房祺于大德年间又编了一本《河汾诸老诗集》,可补本书的不足。

381. 宋代属于辛派的词人有哪些?

南宋时期,特别是南宋前期,词作为一种文学形式,在反映民族战争时,起到了十分显著的鼓舞作用,在中国词史上留下了光辉的一页。这主要归功于以辛弃疾为杰出代表的豪放派词人。

当金崛起于北方,中原沦陷,在国家民族生死存亡之际,词成了爱国者手里的战斗武器,人们用词来表达坚决抗战的决心,反对屈膝求和,因而,呈现出激昂慷慨、豪放悲壮的风格。在南宋初期,一批著名的主战派人物,如李纲、赵鼎、岳飞、张元干、胡铨、张孝祥等,最先用词笔来战斗,成为南宋豪放词派的先驱,写出了许多豪迈奔放的著名篇章。随后,词人辛弃疾满腔报国之志,无奈请缨无路,一腔忠愤发之于词,共写下六百多首词,词作数量居宋人之首。辛词中充满着浪漫主义的色彩和战斗的激情,恢复中原、统一祖国成为其词作的基本思想,辛弃疾的词风之豪放"横绝六合,扫空万古",成为豪放词派最杰出的代表。与辛弃疾同时的有陆游、韩元吉、陈亮、刘过、杨炎正、岳珂、戴复古诸词家,他们在抗金问题上主张一致,共作壮词,感愤时事,再加上其作品的艺术风格和思想内容相近,因此形成了一个以辛弃疾为代表的豪放词派。南宋前期,辛派词成为词坛的主流。南宋后期,有一部分词人仍继承辛弃疾的爱国传统,如刘克庄、吴潜、陈人杰、葛长庚、刘辰翁、汪元量、文天祥、邓剡等,都属于后期的辛派词人。他们感慨时事,在创作中深刻反映时代的悲剧,闪耀着宋词最后的光辉。

总之,从辛派词的形成以及发展过程来看,李纲、赵鼎、胡铨诸人可以称得上是辛派豪放词的先驱,叶梦得、张孝祥、张元干等学东坡词的疏快爽朗风格,但是由于所处时代的不同,他们的词风变得悲壮激烈,从而走向豪放一派,他们是由苏派词过渡到辛派词的桥梁。辛派词人则主要指与辛弃疾同时、风格相近的豪放派词人,以及南宋后期那些追步辛词的爱国词人。其中,以与辛弃疾志同道合的思想家、文学家陈亮和与辛弃疾过从甚密的词人刘过、刘克庄为辛派词的主要代表作家,他们无论是创作理论还是创作实践,都最能体现辛派词的本色。

382. 张炎的词与词学理论有何特点?

张炎,字叔夏,号玉田,晚号乐笑翁。原籍天水,家寓临安(今浙江杭州)。他出身世家,南宋名将张俊是他的六世祖。曾祖父辈的张鉴和父亲张枢都擅长填词,他自幼过着豪华的生活,二十九岁那年,临安被元军攻占,旋即便是宋元易代的大变革。他贵公子般的生活也随着宋王朝的衰亡而终结。张炎的后半生四方漂泊,落拓不羁,闲游纵饮,潦倒以终。身后留下了一部词集,即《山中白云词》,以及一部词学理论著作,即《词源》。张炎从贵公子沦落为落魄文人,这样的经历给他的作品涂上了一层哀怨感人的色彩,深沉的身世之感和亡国之痛构成了他词作的基调。张炎以咏物词最为著名,这类词作中依然充斥着身世之感,具有哀感婉艳的情调。如《解连环·孤雁》,张炎因这首词而得了"张孤雁"的称号,可见时人对该词之推赏,其原因在于用了托物寄兴的手法,委婉曲折地表现了羁旅漂泊的落寞情怀,那"写不成书,只寄得、相思一点"的孤雁,正是作者自己的化身,也是南宋灭亡之后许多遗民落拓孤寂心理的真实写照。其他如题画咏史、送别友人等作品,也寄托了其悲愤与哀思,恻恻感人。

在词的创作理论上,张炎首先提出"清空"的风格。他在《词源》中说:"词要清空,不要质实。清空则古雅峭拔,质实则凝涩晦昧。"他特别欣赏姜夔"野云孤飞,去留无迹"的词风,不满吴文英的繁缛和晦涩,说他如"七宝楼台,眩人眼目,碎拆下来,不成片段"。所谓清空,即指表面淡泊而富有深味,以空灵为贵的风格,因而张炎自己的词也追求清爽疏淡的风致。如"爱吾庐、傍湖千顷,苍茫一片清润"(《摸鱼儿·高爱山隐居》),"飘飘爽气,飞鸟相与俱还"(《庆清朝·竹》)。读这些句子,给人以一种清明纯澈之感。

张炎词论的一个显著特点便是注重技巧的探讨。他的《词源》中就有"句法""字面""用字"等研讨作词方法的论述,甚至提出"须用功着一字眼"(《词源·杂论》),可见,他对遣字造句等技巧的用力之勤。然而张炎最值得称道的还是他对词律的精通。他是当时著名的古琴家杨缵的弟子,其父张枢也通晓音律,因而张炎对词律有深入的研究,他论词强调协音合律,《音谱》说:"词以协音为先,音者何?谱是也。古人按律制谱,以词定声,此正声依永、律和声之遗意。"可见他对音律的重视。张炎的作品音节圆润,声调和谐,故后人称他"研究声律,尤得神解"。

张炎在词的语言表达方面提倡"雅正",他说:"词欲雅而正,志之所之,一为情所役,则失其雅正之音。"(《词源·杂论》)因而他不满柳永、周邦彦词的"浇薄""软媚",另一方面,也反对苏轼、辛弃疾的豪放,甚至指责辛弃疾"作豪放词,非雅词也"。他认为,最合雅正的是姜夔,以为他的词"不唯清空,又且骚雅",主张以"白石骚雅句法"来纠正周邦彦词的"意趣不高远"。

383. 张炎词与词论在词史上有何地位?

张炎的词以及他的词学理论在词史上的特殊地位主要表现在两个方面:

首先,张炎将词分成两大派别,即质实和清空,并且以吴文英为质实一派之代表,以姜夔为清空一派之代表。这在词学理论和词史研究方面影响深远。后来,朱祖谋以疏与密将词分为两派,这实际上是质实、清空之说的延续。

其次,张炎的词对后世的影响很大。特别是清代浙派词人师法南宋,把张炎和姜夔作为效法的对象,力主清空,标举醇雅。浙派词的开山词人朱彝尊自序其词集时就说过:"倚新声、玉田差近。"厉鹗也说:"玉田秀笔溯清空,净洗花香意匠中。"因而清代乃至近世,不少词家甚重张炎的词,邓牧以为他能兼擅周邦彦、姜夔之长而去其短。谭莹甚至说:"玉田词三百首,几于无一不工。"可见,张炎词在词史上确有不可忽略的地位。

384. 宋遗民词反映了怎样的时代面貌?

宋遗民词中写山河破碎和亡国哀怨的作品较多,不少作品反映了元兵过江、东南大扰、社会离乱的时代面貌。由于元兵在战争中野蛮地实行屠城,江南一带人民惨遭浩劫,美丽富饶的土地变得满目疮痍,"看青山、白骨堆愁",是劫后江南的真实写照。当时,处处都是逃难之人,人们为了躲避战祸,离乡背井,过着到处流浪的生活。遗民词人蒋捷写了他的亲身经历:"影厮伴、东奔西走。望断乡关知何处,羡寒鸦、到着黄昏后。一点点,归杨柳。相看只有山如旧。叹浮云、本是无心,也成苍狗。明月枯荷包冷饭,又过前头小阜。"(《贺新郎·兵后寓吴》)词人写自己流落他乡,觅食无门,四处奔走,反映了当时动乱的社会面貌。

遗民词中有更多的作品反映了漂泊沦落的遗民生活,抒发了他们怀古伤今、追念故国的情怀。如周密《一萼红·登蓬莱阁有感》写道:"故国山川,故园心眼,还似王粲登楼。最怜他、秦鬟妆镜,好江山、何事此时游?"作者触景生情,抒写王粲无家、五湖漂泊之恸,感慨苍茫,凄哀入骨,是草窗词的压卷之作。又如张炎以清空之笔写沦落之悲:"无心再续笙歌梦,掩重门、浅醉闲眠。莫开帘,怕见飞花,怕听啼鹃。"(《高阳台·西湖春感》)写得凄凉幽怨之至,真是亡国之音哀以思。

宋亡后,元朝实行民族压迫政策,极力压制汉人和南人。社会黑暗,文坛噤若寒蝉。隐居在山野里的遗民词人往往以咏物寄怀,寄寓他们对现实的感慨和故国之思,这批为数不少的咏物词隐晦曲折地反映了当时的社会现实。

遗民词中咏物之作很多,其中不少篇章是有政治寄慨的,因为写得隐约婉曲,若即若离,从表面看来,似乎只是描绘客观景物。只有把它们放在那个特定时代背景下做深入考察、体会,才能找到其托意所在。一些词学研究者曾批评这类咏物词词意隐晦,有如猜谜。但从这些遗民词人的恶劣处境来看,在元朝的严密统治下,实在有不得已的苦衷。而这些词作过于伤感、低沉的情调,也是时代悲剧的反映。

385. 元好问诗歌的思想内容与艺术风格如何?

元好问是金代文坛最杰出的代表。他生于动乱的金代后期,经历了亡国的惨痛,其诗歌真实而生动地表现了金、元易代之际的广阔历史画面。艺术上,元好问在全面地继承中国古典诗歌优秀传统的基础上,熟练地掌握了各种诗歌的艺术创作形式。元好问现存诗歌一千四百余首,在金代诗人里无论是数量还是质量,都是最高的。

在金亡前后写的"纪乱诗",是元好问最感人的作品。这些诗用雄劲的笔力书写深哀剧痛,于苍莽雄阔的意境中表现其慷慨悲壮的感情。如《壬辰十二月车驾东狩后即事》等诗,写于蒙古军队围攻汴京之时,真是字字血泪,悲愤高亢,苍凉沉郁,元好问也因此形成了骨力苍劲、情调悲凉的独特风格。此外,其"纪乱诗"也具有深刻的历史洞察力。他经常把对历史的批判意识与对现实的悲怆情怀融合在一起,增加了诗的内涵和深度。如《岐阳三首》和《出都》等,都表达了元好问对金朝败亡原因的理性思考。元好问的各体诗歌中,七律受到了杜甫很大的影响,意境沉郁,功力深厚,成就最为突出。他的七古气势磅礴,意象奇伟壮丽。《游黄山》和《涌金亭示同游诸君》等诗,就集中体现出这种特色。晚年时期,元好问还写了许多山水诗、咏物诗等,保持着一贯的豪健之气,但艺术感染力已远不如丧乱诗了。

386. 金词有哪些重要作家?

金代初期词家以吴激、蔡松年最为著名。元好问在《中州集》中说:"百年以来,乐府推伯坚与吴彦高,号吴蔡体。"吴激,字彦高,号东山散人,建州(今福建建瓯)人。工书画,能诗文,尤精乐府。宋徽宗宣和年间奉命使金,因知名被留,任翰林待制,后出知深州(今河北深县),到官即卒。有《东山乐府》,其词苍凉激楚,时有故国之思。如《人月圆·宴北人张侍御家有感》《春从天上来》就是他的代表作。蔡松年,字伯坚,号萧闲老人,真定(今河北正定)人。累官吏部尚书,右丞相加仪同三司,有《明秀集》。

金代中叶以后,与南宋议和,四十年间没有战争,社会安定,文化事业有较大的发展,这时的主要词人是党怀英和赵秉文、李献能,他们都生长于金政权领域。党怀英,字世杰,冯翊(今陕西大荔)人,后徙家泰安(今属山东),官至翰林学士承旨。怀英工诗词,善书法,存有《竹溪集》,他的词以疏秀著称。赵秉文,字周臣,号闲闲老人,磁州(今河北磁县)人。累官至礼部尚书,乞致仕不许,改翰林学士,同修国史,兼说书官。词学东坡,格调清壮,颇具境界,如《大江东去·用东坡先生韵》,徐釚《词苑丛谈》称其:"雄壮震动,有渴骥怒猊之势。视(东坡)《大江东去》信在伯仲间。"李献能,字钦叔,河中(今山西永济)人。贞祐三年特赐词赋进士,廷试第一,授应奉翰林文学。后兵变遇害。其词深沉悲凉,在金词中别具一格。《浣溪沙·河中环胜楼感怀》是他的代表作。这一时期的主要词人除党怀英、赵秉文、李献能以外,完颜寿、王庭筠也是比较著名的词人。

金代末年的元好问代表了金词的最高成就。元好问,字裕之,号遗山,太原秀容(今山西忻州)人。兴定五年进士,曾任行尚书省左司员外郎等职。金亡不仕,以编纂故国文献自任。辑有《中州乐府》和《中州集》,因此金代诗词才得以流传。著有《遗山集》十卷,词集《遗山乐府》。元好问的词多感事伤时之作,风格慷慨沉郁,逼近苏辛。《蕙风词话》云:"元遗山以丝竹中年,遭遇国变,崔立采望,勒授要职,非其意指。卒以抗节不仕,憔悴南冠二十余稔。神州陆沉之痛,铜驼荆棘之伤,往往寄托于词。"与元好问同时的词人,较著名的有段克己、段成己,克己词真挚深沉,而成己词俊逸多姿,风格在蔡松年、吴激之间。

387. 辽代诗歌有什么特点?

辽代诗歌流传下来的只有七十余首,作者既有汉人,也有契丹人,契丹人所作的诗歌最能体现辽诗特色。这类契丹诗人大多是君主、后妃和皇族,这是因为他们接触汉文化的时间和机会较早。

耶律倍是辽代第一个较有名的契丹诗人。他很向往汉文化,博览群书。现存《海上诗》一首,赵翼在《二十二史札记》中说:"情词凄婉,言短意长,已深合风人之旨矣。"萧观音、萧瑟瑟是两位女性契丹诗人,她们的成就也颇可观。萧观音的诗歌风格比较多样,既有北方少数民族特有的雄豪俊爽,也有感情细腻、委婉深曲之作。萧瑟瑟的诗歌很有政治见解,其《咏史》《讽谏歌》都是讽喻朝政的。诗用骚体写成,句式参差错落,具有较强的力度。

虽然辽诗现存作品不多,但它体现出契丹人逐步接受了汉族文化的过程,表现了少数民族的社会生活状况和民族性格,具有较高的艺术价值和历史价值。

388. 宋人选宋词的著名选本有哪些?

(1)《阳春白雪》,南宋赵闻礼编选。《直斋书录解题》云:"《阳春白雪》五卷,赵粹夫编。"而今本正集八卷,外集一卷,共九卷。正集所选,大都是精工美妙的作品。外集所选,大都是悲壮激昂的豪放作品,如张元干的《贺新郎·曳杖危楼去》《贺新郎·送胡邦衡待制赴新州》、辛弃疾的《满江红·笳鼓归来》、刘过的《沁园春·斗酒彘肩》、刘克庄的《满江红·金甲雕戈》等。此书编次,殊无伦次,既不按照词人的时代先后,也不按照词调或作品内容的性质排列,只是每卷先慢词,后令词。而作者署名,也很不统一,如张孝祥则题于湖先生,黄庭坚则题山谷,洪皓则题洪忠宣公,即便自己或称赵立之,或称赵闻礼。《阳春白雪》保存了一些有关宋代词人的资料,值得注意。

(2)《中兴以来绝妙词选》,南宋黄昇编选,十卷。选录南宋建立后的作品,末附黄昇自己的作品三十八首。其中,辛弃疾、刘克庄词各选了四十二首,数量均居前列,这反映出苏、辛一派的豪放词在当时词坛上已占主要地位了。这个选本在词人名下附有词人简历,或论其词之风格,或著其词集名称、卷数,撰序者姓名,或引录当时人评语。同时,词题下还偶有评注。这不但对读者甚有帮助,也为宋词研究者提供了重要资料。因此,这是一个很重要的宋词选本。

(3)《乐府雅词》,南宋曾慥编选。《直斋书录解题》云:"《乐府雅词》十二卷,拾遗二卷。"《享帚精舍词学丛书》则为正集六卷,拾遗二卷。现在流传的可能是朱彝尊所得抄本,正集三卷,拾遗二卷,正集分为上、中、下三卷。内有《转踏》《大曲》《雅词》三类。《转踏》类中选录无名氏的《九张机》是别处见不到的,《大曲》类选录了董颖的《道宫薄媚》等曲,这两类是研究唐宋歌舞曲的重要资料。《雅词》类则选欧阳修至李清照之间的词人三十四家的作品。《拾遗》分上、下两卷。据曾慥《自序》云："此外又有百余阕,平日脍炙人口,咸不知姓名,则类于卷末,以俟询访,标目《拾遗》。"今本《乐府雅词·拾遗》有不少词篇已标出了作者的名字,和序里所说的"咸不知姓名"不符,显然是后人加上的。

这个选本选词以雅正为标准,故欧阳修词不选其艳词,以为皆当时小人谬托公名所为者。又不选柳永、黄庭坚词,可能他们的词都不合曾慥"雅词"的标准。至于没有选苏东坡词,可能是因为曾慥已经辑刻了《东坡先生长短句》二卷、《拾遗》一卷,所以此书不再重选,并不是认为苏轼词不合"雅词"的标准。

(4)《绝妙好词》,宋末周密编选。选录南宋初期至宋末元初一百三十二人的作品,共三百九十首,分为七卷。这个选本只选录清丽圆美的作品,雄壮豪迈的作品被排除在外。如选辛弃疾词仅三首,刘克庄词仅四首,而选录姜夔词多至十三首,选录吴文英词多至十六首,很显然,该书偏重音律形式美。正由于此,这个选本得到许多人的赞赏,清代的厉鹗还认为,它是"词家之准的"。其实,这个选本的贡献主要在于它选录了许多不见经传的词人的作品,保存了许多可贵的资料。清代的浙西词派很推重这个选本,浙派词人查为仁、厉鹗曾作《绝妙好词笺》对所选录词人的生平史实考证颇详,对所录的作品也间有品评。

389.《太平广记》是一部怎样的书?

《太平广记》是宋初官修的一部小说集,由李昉奉宋太宗敕命主持编纂。同时参加编纂的还有吕文仲、吴淑、陈鄂、赵邻几、董淳、张泊、王克贞、宋白、徐铉、汤悦、李穆、扈蒙十二人。李昉,字明远,北宋深州饶阳(今河北饶阳)人,官至右仆射、中书侍郎平章事。除《太平广记》外,还曾参与编修《旧五代史》,并监修《太平御览》《文苑英华》。

据《宋会要》记载,《太平广记》于太平兴国二年三月奉诏纂集,三年八月书成表进,并奉敕送史馆,六年正月奉旨雕版印行。《太平广记》的编例,系根据小说题材之性质分类编集。全书凡大类九十二,附小类一百五十余。每类卷帙多寡不一,寡者一类一卷,多者一类达数十卷。卷帙较多的类目有:神仙五十五卷,女仙十五卷,异僧十二卷,报应三十三卷,征应十一卷,定数十五卷,梦七卷,神二十五卷,鬼四十卷,妖怪九卷,精怪六卷,再生十二卷,龙八卷,虎六卷,狐九卷。书末有杂传记九卷,所收为唐人传奇文。纂修者集中了当时存世的许多小说加以选择和分类,引用的书籍据旧刻本在书前开列的引用书目有三百四十三种之多,但实际上引用的书籍远不止此数。据近人《太平广记引得》统计,其中书目有而书中没有的十五种,书目没有而书中实引的十七种,合计引书四百七十五种。这些书籍今天大半已经散佚,幸存的一些有不少已残缺不全或遭后人改纂,仅赖《太平广记》得以考见。《四库全书提要》称"古来逸闻琐事、僻籍遗文,咸在焉",指出了此书具有巨大的资料价值。由于保存了众多的古代小说,又采用了系统的编纂方法,这就为后来研究小说史的学者提供了很大方便。

390. 宋代传奇有何特点？

传奇小说兴起于唐，成就辉煌。到了宋代，特别重视寓教于乐。传奇这种为市民阶层所喜闻乐见的文艺形式，通过渗透儒家的伦理观念，逐渐成为传播理学的工具。宋人传奇不同于唐代传奇，也是分析宋代传奇艺术特点时应当注意的一个方面。鲁迅揭示宋代传奇的特点时，充分注意到这一点，他说："至宋朝，虽然也有作传奇的，但就大不相同。因为唐人大抵描写时事；而宋人则极多讲古事。唐人小说少教训；而宋则多教训。大概唐时讲话自由些，虽写时事，不至于得祸；而宋时则讳忌渐多，所以文人便设法回避，去讲古事。加以宋时理学极盛一时，因之把小说也多理学化了，以为小说非含有教训，便不足道。"（《中国小说的历史的变迁》）许多书在内容上正以多讲古事、多教训为主，如故事中贯穿着鬼神谶应等内容，篇末"议曰"云云，旨意在教训人们恪守道德规范，可以说，是体现了宋代传奇的特色。

391.《京本通俗小说》在小说史上的地位如何？

《京本通俗小说》保存了我国最早出现的一批白话小说，从内容到形式都不同于六朝小说和唐代传奇，显示了我国小说发展史中的一种新趋势。因此，鲁迅先生于《中国小说的历史的变迁》一文中，在谈到话本小说时说："这类作品，不但体裁不同，文章上也起了改革，用的是白话，所以实在是小说史上的一大变迁。"

（1）就其内容而言，《京本通俗小说》中所写的主角已摆脱了唐传奇中豪门贵族、侠客名妓的范围。其中人物主要是手工业者、妇女、商店职工和下层人民，如崔宁、秀秀、张胜、冯玉梅、陈二姐、刘贵等等。所写内容大多为争取婚姻自主、歌颂坚贞的爱情和谴责官僚的昏庸贪酷，较之六朝和唐代的文言小说更具有强烈的现实主义精神，这种倾向为后世白话小说所继承。有些篇目的内容也为后人沿袭，如清代朱素臣的传奇《十五贯》就取材于《错斩崔宁》。

（2）就其形式而言，《京本通俗小说》各篇的结构形式，为后世的白话小说广泛借鉴。如在正文之前，往往用一个引子做开场。这种引子有时用诗句，有时用短故事。如《碾玉观音》《西山一窟鬼》的引子是诗词，《冯玉梅团圆》《错斩崔宁》的引子是故事。后来，小说前也每每以引子做开场白，正滥觞于此。《京本通俗小说》中，在形容一些重要场面、人物时，往往插入一段韵语，这显然启发了后代小说中"有诗为证"和以韵文作为铺叙形容的模式。又如后世章回小说中的分章处都以紧张场面结束，给读者造成悬念，而这种手法在话本中也已被运用，如《碾玉观音》分上、下两回，其分限处正为紧要关头，这在以前的文言小说中也是未经见的。

总之，《京本通俗小说》从内容和形式上都以一种新颖的面目出现在中国小说史上，它显示了白话小说登上文坛的信息，并对后世小说的发展起了很大影响。从这个意义上说，它在中国小说史上的地位是不可忽视的。

392. 什么叫"说话四家"？

"说话"即讲故事,在文学史上,专指唐、宋、元时期民间文学技艺的一种。说话的渊源很早,但据记载,职业性的、供市民娱乐的说话技艺出现于唐代。元稹诗中提到与白居易在长安的新昌宅听《一枝花话》,长达数小时犹未毕。唐段成式《酉阳杂俎》也有市人小说的记载。宋代由于城市经济的发展和市民阶层的壮大,说话愈趋兴盛。在南宋,形成"说话四家",即说话艺人分为四派,他们各说其专长的题材,所谓"各有门庭""各守家数"。"说话四家"分为小说、说铁骑儿、说经(包括"说参请")、讲史四家。

小说包括烟粉、灵怪、传奇、公案、朴刀、杆棒、发迹变泰等门类。烟粉即烟花粉黛,大多讲人鬼幽恋的故事,如《古今小说》中的《杨思温燕山逢故人》(原作《灰骨匣》)、《警世通言》中的《钱舍人题诗燕子楼》(原作《燕子楼》)等。灵怪讲神怪妖术的故事,如《醒世恒言》中的《郑节使立功神臂弓》(原作《红白蜘蛛》)等。"传奇"叙人生悲欢离合的逸闻奇事。如《清平山堂话本》中的《风月瑞仙亭》(原作《卓文君》)、《熊龙峰四种小说》中的《张生彩鸾灯传》(原作《鸳鸯灯》)等。公案讲摘奸发伏、审断案情的故事,如《警世通言》中的《三现身包龙图断冤》(原作《三现身》)等。朴刀和杆棒里多描述打斗的场面,如《清平山堂话本》中的《杨温拦路虎传》(原作《拦路虎》)等。

说铁骑儿专讲宋代的战争题材,如《中兴名将传》叙韩世忠、岳飞等抗金英雄的故事。

说经演说有关佛经故事,说参请又似佛家的参禅问答,如《东坡居士佛印禅师语录问答》一般被认为是这一派说话的底本,其中的对话富于嘲谑滑稽的意趣。

讲史讲的是历史上兴废成败、征战权谋的故事,大多取材于历代正史,并增入民间传说,如《残唐五代史演义传》《三国志平话》等。

"说话四家"的形成,是说话技艺得到进一步发展的标志。说话人分工的细致,说话艺术的风格化,是市民听赏水平提高,以及同行竞争的结果,而题材的类型化,亦是长期受到市民兴趣的影响而形成的。

393.《永乐大典戏文三种》在戏曲史上有何意义？

《永乐大典戏文三种》包括《小孙屠》《张协状元》《宦门子弟错立身》,是研究宋元南戏的重要资料。

《张协状元》是迄今为止我国最早的戏曲剧本,它比时代最早的元杂剧还要早几十年。三个剧本出自明初人的手抄,剧本中很少有文人斧削笔删的痕迹,这恰恰又可以证明,它们是相当可靠的宋元南戏本子,从中可以比较全面地了解早期南戏的戏剧结构、音乐形式和演出情况。从戏剧的结构上看,早期南戏不分折和出,从开始一直演到结束,采取了所谓"连场戏"的形式。舞台上没有背景幕布,完全依靠演员的唱、念和舞蹈来体现时间和空间的转换,人物的上、下场来区分场次。《张协状元》体现出,与宋金时期的杂剧相比,早期南戏已完全具备了戏剧的基本特征。早期南戏的开场就是"副末开场",又叫"家门大意"。其形式还相当复杂,包括报剧目、介绍剧情和对剧本及演出的自我夸耀,像《张协状元》甚至采用了南诸宫调的一整套套曲,开场后的场次安排也很有特色,基本上由生场、旦场和净丑玩笑场交叉着进行,这是早期南戏受宋金杂剧影响,为逗观众欢乐而安排的。但是,场子的主次仍相当分明,简略时一带而过,需要加强的主场则毫不吝啬笔墨,尽情发挥。一场戏结束,每每在人物下场时要念一段下场诗,这种方法无疑是受宋元说话艺术的影响,但客观上却起了帮助观众理解剧情及承上启下的作用。

《永乐大典戏文三种》使我们对早期南戏的音乐形式有了很深入而全面的了解。早期南戏的音乐富有强烈的南方色彩和民间气息,许多曲调都是来自"里巷歌谣"和"村坊小调"。同时,南戏还广泛吸收词体歌曲、曲艺说唱曲、傀儡皮影戏曲和唐宋大曲来丰富自己的音乐体系,甚至有时还采用北曲。尽管剧中还没有成体系的套曲出现,但在个别场次中有部分套曲的存在,这为南戏音乐的发展直至成熟开创了道路。三个剧本中出场的人物不论是生旦还是净丑末,都能在台上引吭高唱,不受任何限制,演唱方式也多样化。合唱、独唱、对唱、轮唱乃至后台帮唱,都在剧本中有所反映。广泛地吸收各种曲调,演唱形式的多种多样,是南戏不断发展和赢得观众的重要因素。《永乐大典戏文三种》的念白分为韵白和散白,韵白既有诗词骈文,更多的是通俗易懂的"顺口溜";散白又根据不同人物的身份而分别使用。从剧本中可以看出,说白相当重要,起到了自报家门、交代情节、叙述事件、议论是非、为唱段之间铺垫等多方面的作用,已脱离了宋金杂剧说白多为调笑所用的不足,具备了戏剧语言的诸要素。三个剧本里都注明有科介,它包括舞蹈、武打,并初具中国古典戏剧虚拟表演的特色,如开门、关门、登山、趟马,甚至有了效果的运用。

总而言之,《永乐大典戏文三种》已经把念白、歌唱、舞蹈等不同的表现手段融合在一起,互相补充,互相配合,形成了一种综合性的戏剧表演体系,这种戏剧体系展现了中华传统文化的鲜明特色,它是写意的,是演员、剧中人和观众水乳交融的艺术,直到今天,它还在我国戏曲艺术中保持着强大的生命力。

394. 宋代诗话为什么繁荣起来?

诗话是一种用笔记体写成的,兼具资料性质和理论性质的诗学著作,是我国古代诗歌理论批评的一种特有形式。诗话是在北宋中叶正式产生的。最早的一部诗话,是欧阳修的《六一诗话》。宋代以前的一些诗学著作,如南朝梁钟嵘的《诗品》、唐释皎然的《诗式》等,虽然也予以收录,但当时还没有诗话的名称,它们在写法上与后来笔记体的诗话著作也有不同的地方,严格说来,并不能算是正式的诗话。

诗话在宋代产生,也兴盛于宋代。据郭绍虞《宋诗话考》载,宋代的诗话"部分流传"或"本无其书而由他人纂辑成之者"有四十六种,而"现尚流传者"有四十二种,"有其名而无其书,或知其目而佚其文,又或有佚文而未及辑者"有五十一种,还有附加的数种,大约共有一百四十余种。由此可见宋人撰写诗话风气之盛。

诗话繁荣的原因有二,一方面,诗话的开创为议论诗歌打开了一个"方便法门"。从诗话的内容来说,诗话可以谈理论、寓品评、述体变、讲法式、作考辨,也可以记述诗人逸事、诗歌本事,以及各种诗歌资料乃至异闻趣事等等。凡是与诗有关的内容,都可以写入诗话。从形式来说,诗话笔调轻松,可以随笔漫录、分则札记,不需要有完整的体系,也可以分门别类、标纲立目,做一定的编排,有一个大致的系统。总之,它在内容和形式两方面都没有严格的要求,写作比较方便,读来雅俗共赏,因而诗话著作大量涌现。

另一方面,诗话理论是建筑在诗歌创作基础上的。宋代诗话的兴盛,与宋代诗歌创作有着密切的关系。我国古代诗歌发展到唐代,各种体制均已大备,并且取得了高度成就。在"一切好诗,到唐已被作完"的情况下,宋代诗歌要继续向前发展,就必须在总结前代人的诗歌创作经验的基础上另辟蹊径,因此宋代诗人普遍地加强了对诗法艺术技巧的探讨,诗话的撰写正适应了这一需要。同时,宋人作诗时喜欢点化前人诗句,喜欢用典,这也促进了考字句来历出处和考释故实的这一类诗话的出现。宋代诗坛上还出现了许多不同的诗派,各派诗人也经常用诗话来阐述自己的理论主张,并相互辩驳诘难。这些因素,都直接促进了宋代诗话的繁荣。

395. 宋诗话有什么特点?

(1)寓诗学见解于"闲谈""记事"之中。欧阳修写《六一诗话》,说是"以资闲谈也";司马光写《温公续诗话》,说是与《六一诗话》"记事一也"。可见,他们都不把自己的诗话看作是严肃的理论著作。但实际上,这些作品在"闲谈""记事"之中,确实反映了他们的理论主张和批评意见,如欧阳修在《六一诗话》中,记载梅尧臣和他的谈话,就有一段很重要的理论见解:"诗家虽主意,而造语亦难。若意新语工,得前人所未道者,斯为善也。必能状难写之景,如在目前;含不尽之意,见于言外,然后为至矣。"宋代诗话论著,大都是像这样在"闲谈""记事"之中进行的。这是宋诗话论诗的一个显著特点。

(2)偏重于艺术方面的探讨。从江西诗派脱颖而出的姜夔,在他的《白石道人诗说》中也说:"不知诗病,何由能诗?不观诗法,何由知病?"明确地主张论诗应从"观诗法""知诗病"入手。而反对江西诗派最甚的严羽,在他的《沧浪诗话》中也强调:"诗之法有五:曰体制,曰格力,曰气象,曰兴趣,曰音节。"他称赞"盛唐诸人,唯在兴趣,羚羊挂角,无迹可求",批判近代诸公"以文字为诗,以才学为诗,以议论为诗",也都是从诗歌的艺术性方面着眼的。就宋诗话总的倾向来说,则大都偏重于探讨诗歌创作的艺术规律,这是宋诗话论诗的又一个显著特点。

(3)多涉考证。这是当时"以学问为诗"的风气在诗话中的反映。特别是江西诗派,讲究"工于用事",主张"用字必有来历,押韵必有出处",因而诗话中也出现了许多有关诗句来历出处的考证,如南宋周紫芝的《竹坡诗话》、葛立方的《韵语阳秋》等,考证都占了相当的篇幅,吴聿的《观林诗话》、吴开的《优古堂诗话》、周必大的《二老堂诗话》,更是通篇以考证辨释为主。其中有些考证,"可以观古今人运意之异同,与遣词之巧拙,使读者因端生悟,触类引申,要亦不为无益"(《四库全书总目提要》)。

(4)反映了不同诗派、不同诗学观点之间的论争。如北宋前期,西昆体盛行,欧阳修的《六一诗话》、刘攽的《中山诗话》都对其流弊提出了批评。北宋后期和整个南宋,江西诗派风靡诗坛,于是,在诗话中也出现了许多阐发江西诗风的诗话,如前所述及的《潜溪诗眼》《彦周诗话》等。同时,也有一些反对江西诗风的诗话出现。比如叶梦得的《石林诗话》、魏泰的《临汉隐居诗话》以及前所述及的《岁寒堂诗话》《沧浪诗话》等,它们都从不同的角度对江西诗派进行了尖锐的批判。这种不同诗学倾向的论争,贯穿于整个宋代诗话的发展过程中,也形成了宋诗话的一个显著特点。

396. 何谓《四书集注》?

《四书集注》是宋代朱熹为四部儒家经典《论语》《孟子》《大学》《中庸》所作的注,它代表了朱熹的哲学思想,同时也是宋明理学的权威性著作。该书非常注重义理的阐发,也重视文字的诠释,是以义解经的经典代表。朱熹在书中运用儒家的传统观点,辨析精微的同时,又强调人伦日用,同时还强调认识方法、道德实践、修养方法的特点,论述了性、命、道、理、心、诚、仁义礼智、格物致知等哲学范畴及其相互关系,体现了以理为最高范畴的哲学体系。该书影响深远,受历代学者重视。

397.《沧浪诗话》的文学理念是什么?

严羽的《沧浪诗话》是宋代一部着重讨论诗歌创作艺术特点和规律的著作,是我国最有影响的诗话之一。《沧浪诗话》涉及诗歌创作许多重要的问题,感觉敏锐,见解独特,发人思考,对后代的诗论和诗歌创作产生了相当大的影响。书中严羽提出的重要诗歌主张有:

(1)学诗以识为主。与宋代大多数理论家一样,为了反对当时诗歌的萎弱之弊,严羽也提倡"师古""学古",主张学诗应当从学习遗产中的精华入手。但与那些笼统地提倡学古的人不同,他是从自己对艺术规律的认识出发的,他从鉴赏力的角度出发指出,作家的艺术修养与艺术创作有密切联系。严羽所谓"识",即是一个作家艺术鉴赏力水平的体现。他要求学诗首先要有眼力,能辨认真伪邪正。这种眼力,即"识",来自对优秀诗作的学习。认准学习对象,走正学习路子,这是学诗的第一步。同时,这种学习又须"从上做下",要"学其上"。严羽把学习汉魏、盛唐诗当成"正路",认为这才是走"向上一路"。他看到了这几个时代的诗歌一般具有气象博大、形象鲜明的特点。

(2)提倡"妙悟"与"兴趣"。严羽以禅喻诗,重在妙悟,"唯悟乃为当行,乃为本色"。一方面,学习鉴赏前人的作品要"悟"。严羽既然推重汉魏、盛唐诗歌,将它们定为学习的典范,那么,接下来就是如何学和学什么的问题。他提出了学者要有"熟参"的功夫,要求对前人作品深入体会,反复琢磨,自己去领会出作品的妙处,这样才能从中学习到前人经验和本领。另一方面,诗歌创作要"悟"。严羽说:"禅道惟在妙悟,诗道亦在妙悟。且孟襄阳学力下韩退之远甚,而其诗独出退之之上者,一味妙悟而已。"他虽然没有对"妙悟"一词做出具体的阐述,但从其所举韩孟一例,可以窥知,所谓"妙悟",乃指诗歌创作一定要掌握形象这一特点。诗歌要有意境、诗味,令人一唱三叹,感到意味无穷,就必须借助生动具体的艺术形象。艺术创作的过程始终不能脱离形象思维,这样才能使自己"悟"也使别人"悟"。他认为孟浩然的诗,不借助于才学,不借助于议论,而其诗反能在韩愈之上,就因具有"妙悟",即注重形象思维的关系。韩愈学力虽深,但好以文字、议论为诗,显得形象不足,诗味不浓。

(3)认为诗有"别材""别趣"。严羽的名言"夫诗有别材,非关书也;诗有别趣,非关理也"是针对当时"近代诸公作奇特解会"——江西诗派等的以议论、才学、文字为诗的非文艺倾向而提出的。在严羽对"别材""别趣"的论述里,实际上提出了文艺不同于"书""理"的思维表现特点。诗人当然也要读许多书,也要好好"穷理",但在诗中却须"不涉理路,不落言筌",严羽在这一问题上的见解和批评是合理的,大致符合事实,而且切中时弊,较为深刻。他的功绩在于抓住了"诗者,吟咏情性"的本质,用"别材""别趣"二语揭示了诗歌的特殊性,引导人们对诗歌艺术的认识走向深入。这在文艺理论发展史上,表明了我国的文学理论研究,随着文学的发展,经过正反两方面经验的总结,对于它的内在规律、特点等的探讨和认识,又有了进一步的发展。

(4)主张诗需"入神"。这是严羽评价诗歌的最高标准,他说:"诗而入神,至矣尽矣,蔑以加矣。"他认为"神"是相对于"形"而言的,严羽用一连串佛词禅语来说明诗歌抒情写物所达到的这种神妙境界,这就是所谓"不可凑泊,如空中之音,象中之色,水中之月,镜中之象"的入神的诗,含蓄蕴藉,"言有尽而意无穷",具有一唱三叹的艺术效果。严羽强调了诗歌尤其是抒情性诗歌触景生情、情与景浑融的艺术境界。妙悟之所以为妙,就是妙在这种诗能入神。诗写形象,吟咏情性,不能意味索然,而理当给人以审美的享受,以收潜移默化感染读者之效。严羽的论诗主张,立足于补救时弊,确有一定的积极意义。

398. 元好问的《论诗绝句》有哪些观点?

(1)诗要抒发真情实感,而真实的情感又来源于诗人的阅历见闻。"眼处心生句自神,暗中摸索意非真。画图临出秦川景,亲到长安有几人。""心画心声总失真,文章宁复见为人?高情千古闲居赋,争信安仁拜路尘。"元氏论诗拈出一"真"字作为立论的基点,是颇有见地的。

(2)从"真"的要求出发,元氏主张作诗要自然天成,反对模拟雕琢。在他对历代诗人的评论中,这一见解表现得十分明确。他肯定陶渊明"一语天然万古新,豪华落尽见真淳",赞赏谢灵运"池塘春草谢家春,万古千秋五字新"。相比之下,闭门苦吟的陈师道,则是"可怜无补费精神"了。同样地,对苦吟穷愁的孟郊,元氏也批评他只是一个局促天地间的"诗囚",不能与"江山万古潮阳笔"的韩愈同日而语。

(3)在风格上,提倡刚健豪壮,反对柔弱纤丽。对于汉魏以来的诗歌传统,元氏特别重视建安风骨和陈子昂的"复古",鄙弃齐梁的柔靡之风。"曹刘坐啸虎生风,四海无人角两雄。可惜并州刘越石,不教横槊建安中。"建安文学能反映乱离之世的现实,抒发忧国济世的情怀,有慷慨豪迈、刚健清新之风,元氏举曹植、刘桢为代表,称颂了建安风骨,而西晋的刘琨诗作悲壮激越,富有爱国精神,因而置之建安诸子中可无愧色。

(4)诗不仅要求雄健,还要追求含蓄浑成的高雅诗境。有感于苏、黄诗风往往失之粗豪直露、泛滥恣肆,元氏的眼光又转向阮籍、陶渊明、元结、柳宗元等诗人,标举古朴雅洁、婉而成章、冲淡闲远,即所谓"朱弦一拂遗音在""豪华落尽见真淳""自是云山韶濩音"。

399.《容斋随笔》是一部怎样的书?

《容斋随笔》是南宋学者洪迈所著的史料笔记,关于此书的编写缘起,洪迈在卷首说明:"余老去习懒,读书不多,意之所之,随即记录,因其先后,无复诠次,故目之曰随笔。"《容斋随笔》议论精当,内容繁复,涉及众多领域,自历代典章制度、星历、医卜到诸子百家、经史以及诗词文翰等,都有所论说,而且书中的考证辨析十分确切,议论评价也很精当,这些都为后人称道。此外,该书考证了前朝的一些史实,如政治制度、年代、事件、人物等,更正了许多流传已久的谬误,对历代典籍进行了辨伪、订误与重评,提出的观点颇有见地。同时,此书还总结了一些颇有见解的历史经验,记载了许多官方史志没有记载的资料,是我国古代笔记小说中不可多得的珍品。因此,历史学家将《容斋随笔》与王应麟的《困学纪闻》、沈括的《梦溪笔谈》,并列为宋代三大最具学术价值的笔记。

400.《全宋词》是一部怎样的书?

《全宋词》由词学大师唐圭璋编纂,是近百年来最重要的古籍整理成果之一。1940年由商务印书馆在长沙出版线装本。中华人民共和国成立后,唐圭璋先生对此书进行重编,并经王仲闻订补加工,1965年由中华书局出版,全书共五册。此后,编者又陆续修订补正,写成《订补续记》,附于1979年重印本卷末。1999年,中华书局据1979年版《全宋词》繁体竖排本与1981年版孔凡礼编《全宋词补辑》本改版重排,出版《全宋词》简体横排增订本。《全宋词》荟萃宋代三百年间的词作,是一部研究宋词的重要参考书。唐圭璋在综合诸家辑刻的基础上,广泛搜采,凡宋人文集中所附、宋人词选中所选、宋人笔记中所载词作,俱一并采录,更旁求类书、方志、金石、题跋、花木谱等诸书中所载之词,统汇于一编。此书收录齐备,考订也比较精审,改正了不少前人的承谬踵误之处。全书共计收辑两宋词人一千三百三十余家,词作约两万首,引用书目达五百三十余种。

401.《全宋诗》是一部怎样的书?

《全宋诗》是由北京大学古文献研究所编纂、北京大学出版社出版的有宋一代诗歌总集,所收诗歌作品约二十七万首,是《全唐诗》的五倍,卷帙浩繁,泱泱七十二册,堪称二十世纪古籍整理的一项大工程,其成就主要表现在四个方面。其一,在作品搜集方面,为一些有文集传世的作家补充了大量集外诗作,对没有作品集的作家,则对其诗作进行了首次汇集,第一次完成了宋代诗歌的全面结集,对宋代文史研究具有不可估量的重大意义。其二,在版本校勘方面,充分利用传世的各种善本,做了全面的校勘。其三,在文献来源方面,对所有散见作品都注明文献来源,便于查检。其四,在作者小传方面,对近万名作者的生平事迹予以勾勒,并说明依据。

《全宋诗》因涉及头绪过于繁难,工作量巨大,也存在着不少问题,主要表现在以下几个方面。其一,在文献利用方面,全书编纂实施过程所划定的用书范围,出于务实的考量,应用而未用之文献并不在少,尤其在方志、佛道两藏等方面缺漏较多。将《全唐诗》与《全宋诗》相比,《全唐诗》之末收录无名氏的诗歌二十多卷,以及鬼怪、神仙、歌谣、谚语、谶记、谐谑、梦等类别的作品,但《全宋诗》基本没有这方面作品的收录。无名氏大部分都没有编录,只有少数列入正编。其二,在重出误收诗的考案方面,对于诗歌互见误传的情况,《全宋诗》采用了《全宋词》的编写体例,有考案、存目的规定。但是这个体例并未贯彻始终,因为没有坚持这一体例,出现了许多重出误收的诗歌。除此之外,大部分诗歌浪费了普查时期所获得的丰富资源,仅仅记载了诗歌出处,不录相关本事,也不便于诗意的理解,因此为进一步的研究造成了障碍。其三,在参考书目的版本方面,对于有文集或诗集流传的,比较注意校勘版本。其他用书,则大多选用一个通行的版本,其中还采用了较多的四库本,但是又没有提供全书的版本和引用书目,未能尽善,是《全宋诗》的一个遗憾。

402.《全宋文》是一部怎样的书?

《全宋文》是由四川大学古籍所编纂,曾枣庄、刘琳先生主编的一部大型图书。经过众多学者二十年的艰辛努力,最终由上海辞书出版社和安徽教育出版社于2006年联合出版。此书是一部断代总集,内容庞大,两宋三百多年间所有现存单篇散文、骈文、诗词以外的韵文都包括在内,也是目前规模最大的文学总集。《全宋文》总字数逾一亿字,共三百六十册,分十五个大类,收文超过十七万篇,收录作者九千多人,内容遍及政治、经济、军事、文化、艺术、历史、宗教、哲学等各个领域,几乎包括了古代社会生活的各个方面。全书在文章搜集与鉴别、文本写录与校点、文本界定与取舍等方面,都达到了很高的学术水准。在全书所收的各体例文章中,有不少资料是首次公开问世,很多作家在此以前也从未被编入过专集。因此,《全宋文》在很多方面具有开拓之功,价值意义重大,是重要的文献资料宝库之一。

关于此书,学术界有很高的评价。宋史研究专家邓广铭先生曾说:"出版《全宋文》这件工作非常重要,但又非常艰巨,而意义非常之大。《全宋文》不但同中国文学史有关,同中国历史有关,而且对中国的精神文明建设关系非常巨大。"宋代文学学会会长王水照先生为该书题词:"新宋学文献渊薮,天水朝词翰宝库。"宋史专家朱瑞熙教授评道:"有史以来,第一部大型宋人文献总集,有很高的文献价值,足资嘉惠后学。"

元代文学

403. 什么是元曲？

元曲包括剧曲和散曲。剧曲指的是元杂剧的曲辞，它是戏剧这一舞台样式中不可缺少的组成部分；散曲是继诗、词之后兴起的新诗体，产生于民间的俗谣歌曲，体制有小令、套数、带过曲等，代表了元代诗歌创作的最高成就。

404. 什么是散曲？

散曲是曲的一种，相对于剧曲而言。剧曲必须与宾白、科、介相联系组成戏剧。散曲是独立存在的个体，所以称为"散"；而散曲又必须与音乐配合演唱，故称为"曲"。散曲是一种起源于民间的音乐文学，具有生动活泼、通俗易懂的特点。元代是散曲发展的鼎盛期，其被称为"乐府"或者"今乐府"，是当时流行的一种雅俗共赏的新诗体，有小令和套数两种基本形式。小令是单支的曲子，又叫"叶儿"，按不同的宫调曲牌创作，曲调不同，字数和句式也不一样。套数又称套曲，由两支以上的同一宫调的曲子按照一定的规则连缀起来，曲辞必须同一韵到底，结尾时有煞尾或尾声。

405. 什么是宫调？

宫调是古代乐曲曲调的总称。近人吴梅曾解释说："宫调者，所以限定乐器管色之高低也。"我国历代均依十二律高下的次序，定宫、商、角、徵、羽、变宫、变徵为七声，是乐律之本。凡是以宫为主的调式称"宫"，以其他各声为主的称"调"。以七声配十二律，可得十二宫、七十二调，共为八十四宫调。俗乐常用的有五宫（仙吕、南吕、中吕、黄钟、正宫）和四调（大石、双调、商调、越调），合称九宫调。元曲中一套宫调须得一定的曲牌配合，其所用曲牌大多出于金院本之大曲、唐宋词以及隋唐以来雅乐诸宫调的各曲。

406. 什么是套数？

套数是散曲体式的一种。它往往是由同一宫调中两三支以上的曲子连缀而成的组曲，多者达二三十支，如关汉卿的［南吕·一枝花］（杭州景）只三曲，而刘时中的［正宫·端正好］（上高监司）三十四曲。这些曲子押同一韵，内容连贯，结构上套数多有尾声。

407. 简述散曲与诗词的区别。

(1)句式都是按谱填写的长短句歌词。但散曲句子长短更为不齐,少者一字,多者达几十字,如关汉卿的[南吕·一枝花](不伏老):"我是个蒸不烂煮不熟捶不匾炒不爆响珰珰一粒铜豌豆,恁子弟每谁教你钻入他锄不断斫不下解不开顿不脱慢腾腾千层锦套头。"

(2)散曲可增加衬字,衬字是在曲调规定的字数之外自由加添的字,如钟嗣成[正宫·醉太平]:"风流贫最好,村沙富难交。拾灰泥补砌了旧砖窑,开一个教乞儿市学。裹一顶半新不旧乌纱帽,穿一领半长不短黄麻罩,系一条半联不断皂环绦,做一个穷风月训导。"衬字的增加,能更淋漓尽致地抒情叙事,增强语言的生动性,使呆板的文字变得生动活泼,衬字一般加在句首或句中,不能加在句末。

(3)在用韵方面,平仄可以通押,一般一韵到底,用韵较密,如[天净沙·秋思]"鸦、家、涯"是平声,"马"是上声韵,"下"是去声韵,全曲平仄和谐地通押在一起,诗词中无此用韵。

(4)诗词力避字句重复,尤忌重韵,而散曲以此见长。诗词含蓄,散曲倾向通俗,大量运用俗语口语,如"了""哎哟""儿"等语气词。散曲句法大都比较完整,不大省略虚词关联词,不像诗词常省略语法关系,直接意象平列,句与句之间跳脱连接,没有诗词含蓄,给欣赏者留下的联想空间较小,但宣泄情感和娱乐方面的功能却加强了。这是由通俗文学性质以及市民对文艺的要求所定。

408. 简述散曲前期的发展特征。

据隋树森辑录《全元散曲》所载,元代散曲作家有姓名可考者一百多人。此书收小令三千八百多首,套数四百余套。元散曲的分期与杂剧大致相同,以大德年间为界,分为前后两期,前期创作中心在北方,主要作家是写杂剧的书会才人,如关汉卿、白朴、马致远、王和卿、卢挚、张养浩等。

(1)随着传统信仰的缺失,作家们对已有的价值观念普遍采取否定的态度,纷纷归隐山水田园。元朝异族统治并且打压汉族文人的政治环境使有识之士意识到"盖世功名总是空",儒家的伦理信条又一次遭到重创,"忠君"观念亦已发生动摇,因而作品充满了消极颓丧和无奈的自嘲意味,如关汉卿[越调·天净沙]:"平生肥马轻裘,何须锦带吴钩?百岁光阴转首,休闲生受,叹功名似水上浮沤。"

(2)作家的生活态度与市井社会的观念形态关系密切。不少作品赞赏地描写男女私情,乐于暴露个人私生活,这正是作家自我伦理教条的淡薄与人情的复归在作品中的反映。受市井审美趣味的影响,儒家传统的"温柔敦厚""含蓄蕴藉"的美学规范越来越不受重视,直白易懂的表达方式大受欢迎,因此前期散曲作品大多直率表达自身的感受,寻求最能刺激感官的意象和语汇来表达情绪。

409. 简述《东篱乐府》。

《东篱乐府》是散曲的别集名,元人马致远撰,为元代前期作家散曲作品中保存最丰富者。马致远,号东篱,杂剧主要作品有《汉宫秋》。东篱散曲的风格豪放清逸而不离本色,盖以其早年怀才不遇之抑郁,中年之放旷,晚年之闲适,种种心情,尽寄于其散曲之中,故题材丰富,气概潇洒,机趣绝妙,不独见一己之成就,亦扩展元代散曲之范畴,提高散曲之意境。其作品皆情景生动,凝练清新,王国维比之诗中李商隐、词中欧阳修。

410. 什么是"酸甜乐府"?

"酸甜乐府"是元代散曲作家贯云石、徐再思作品的合称。贯云石号酸斋,徐再思号甜斋,二人作品内容多逸乐生活和男女之情,形式上讲求雕章琢句,力求蓄秀丽,风格颇为相似,贯云石豪放清逸,徐再思婉约清丽,故后人把他们的作品合辑为"酸甜乐府"。

411. 分析睢景臣[般涉调·哨遍](高祖还乡)的思想内容和艺术特色。

(1)思想内容:元朝统治者将治下之民分为四个等级,其中蒙古族最为尊贵,享受种种特权,而汉人和南人则被百般欺压,侵占农田、买卖人口时有发生。同时贪官盛行,官吏横行,冤假错案不断,人民生活疾苦困顿。而元代统治者却每年花费巨资,从大都回乡祭祖,引起了人们的强烈不满。睢景臣将"高祖还乡"的题材由颂扬变为辛辣的嘲讽,讽刺了元代的统治阶级,对皇权大胆否定的态度在文学史上实属罕见。

(2)艺术特色:首先,该剧使用借古讽今的艺术手法,通过奇妙的构思,借一位乡民之口揭露了汉高祖刘邦的丑行,具有极强的讽刺效果。其次,该剧的语言通俗易懂,幽默诙谐,如描写汉高祖车驾到来时的情景:"红漆了叉,银铮了斧,甜瓜苦瓜黄金镀,明晃晃马镫枪尖上挑,白雪雪鹅毛扇上铺……"将威严的仪仗队写得滑稽搞笑,增强了喜剧效果。

412. 赏析马致远[越调·天净沙](秋思)。

这首小令创作于马致远羁旅途中,全曲共五句二十八个字,虽无一"秋"字,但却准确描绘出一幅凄凉动人的秋郊夕照图,传达出诗人愁苦的心绪,被赞为"秋思之祖"。"枯藤老树昏鸦,小桥流水人家,古道西风瘦马"是诗人所见之景,入眼景物皆是萧索之象,如枯藤、老树、昏鸦、古道、瘦马等等,其中"枯、老、昏、古、西、瘦"六字尤为传神,将诗人无限愁思自然地寓于图景之中。枯藤缠绕着老树,树枝上栖息着黄昏时归巢的乌鸦。小桥下,流水潺潺,旁边只有几户人家。在这荒凉的古道上,只有一匹又瘦又老的马驮着"我"独自前行。此时恰逢太阳落山,无形中给在外的旅人增添了一层伤感。面对此景,作者再联想到自己一生功业无成、漂泊无定的生活,不由地发出"断肠人在天涯"的感慨,也足以引起无数羁旅之人的共鸣。

413. 赏析张养浩《山坡羊·潼关怀古》。

这首散曲是张养浩在天历二年赴陕西赈灾途经潼关所作,是其晚年的代表作,也是元代散曲中思想性、艺术性完美结合的名作。"峰峦如聚,波涛如怒,山河表里潼关路"这三句描写了潼关雄伟险要的形势。一个"聚"字表现了峰峦的众多和动感,一个"怒"字不仅写出了黄河水的汹涌澎湃,还把黄河之水人格化,注入了诗人怀古伤今而产生的满腔悲愤之情,潼关外有黄河,内有华山,其险要可见一斑。"望西都,意踌躇。伤心秦汉经行处,宫阙万间都做了土"则是作者的所见所感。昔日繁华的六朝古都长安如今早已衰败,是令人"伤心",然而改朝换代的激烈战争更令人触目惊心,这四句看似作者在回顾历史,实则概括了历代帝业盛衰兴亡的沧桑变化。"兴,百姓苦;亡,百姓苦"是全曲主题的深化和开拓,体现了作者对百姓疾苦的深切同情和关怀。

414. 简述元代社会思想状况与文学的关系。

元朝是中国历史上第一个由少数民族统治者建立的统一政权。政治上,元朝的统治者始终奉行民族压迫政策,将自己治下的国民分为蒙古、色目、汉人、南人四个等级,赋予了蒙古贵族无限的特权,直接导致了元朝的吏治极其黑暗,贪官污吏横行,民族矛盾尖锐,因此不少杂剧作品都揭露了当时的社会现实。同时,元朝前期,统治者取消了科举取士制度,读书人的地位降到社会最底层,这使他们有机会目睹下层百姓的生活,创作的作品也更能反映百姓的生活。文化上,元朝的统治者在利用正统的儒学巩固统治的同时,也尊崇各民族的信仰,尤其推崇佛道二教。仁宗就说:"明心见性,佛教为深;修身治国,儒道为切。"至于儒学本身,在各种宗教信仰的冲击下地位下降,长久以来禁锢人们的封建礼教有所松动,下层的青年男女蔑视礼教的行为越来越多,价值观念发生了翻天覆地的变化,因此这时期的文学同样注重表现人的自然情感。

415. 简述元杂剧的特点。

元杂剧又称北曲杂剧,是在诸宫调和金院本的基础上发展起来的成熟的戏剧形式。主要代表作家有关汉卿、郑光祖、马致远、白朴等。主要代表作有《窦娥冤》《西厢记》《梧桐雨》《汉宫秋》以及《倩女离魂》等。其结构上最显著的特色是"四折一楔子"以及"一人主唱"。元杂剧大部分作品由"四折一楔子"构成,"楔子"的篇幅叫作段,一般放在第一折前起交代剧情的作用。元杂剧的角色主要有末、旦、净、杂四类。在演唱上通常由一人主唱,由旦主唱的戏叫作旦本戏,由末主唱的戏叫作末本戏,其他角色都不唱,只起旁白的作用,如关汉卿《窦娥冤》由窦娥主唱,马致远《汉宫秋》由汉元帝主唱。元杂剧前期的创作呈现出一派繁荣的景象,这是杂剧创作的黄金时期。

416. 什么是楔子?

楔子是指元杂剧在四折以外的短小的独立段落。一般用在最前面,作为剧情的开端,有时也用在折与折之间,用以衔接剧情。每本杂剧一般只用一个楔子,个别剧本也有用两个的。楔子的曲牌名多用北曲仙吕宫的[赏花时]或[端正好]。古代小说中,有时也有楔子,类似话本的"入话",通常加在故事开始之前,起着引起正文的作用。

417. 简要解释宾白、科、介。

宾白是指古代戏曲剧本中的说白。戏剧演出时以唱为主，以说白为宾，故曰之宾白，其有散韵之分，散白用口语，韵白用诗词或顺口溜式韵文，它不仅用于叙事，还用作抒情，对于表现剧情和人物性格有重要的作用。徐渭在《南词叙录》中写道："唱为主，白为宾，故曰宾白，言其明白晓畅也。"单宇《菊坡丛话》则说："北曲中有全宾全白。两人对说曰宾，一人自说曰白。"科指剧本中关于动作、表情或其他方面的舞台指示。介与科含义相同，但一般用于南戏、传奇中。

418. 什么是北曲？

北曲是宋元时期北方戏曲、散曲所用各种曲调的统称，大都源于唐宋大曲、宋词和北方的民间曲调，并且吸收了金元音乐，盛行于元代，用韵依《中原音韵》。音乐上用七声音阶，声调遒劲、朴实，大多用弦乐器伴奏，因而有"弦索调"之称。元杂剧都用北曲，明清传奇也采用部分北曲。

419. 什么是南曲？

南曲是宋元时期南方的戏曲、散曲所用各种曲调的统称，大都源于唐宋大曲、宋词和南方的民间曲调，盛行于元明。用韵以江浙一带语音为标准，有平上去入四声，明中叶以后也兼从《中原音韵》。音乐上分五声音阶，声调柔缓婉转，以箫笛伴奏。宋元南戏和明清传奇都以南曲为主。

420. 简要说明元曲四大家。

元明清三代评论家对元曲四大家有不同的提法，但是关汉卿、白朴、马致远总是被列入四大家之内，有争议的只是王实甫和郑光祖。关汉卿被列入元曲四大家之首，作品内容丰富，善于塑造惟妙惟肖的形象，语言雅俗共赏，代表作品有《窦娥冤》《单刀会》等；白朴的作品常表现出故国之思、身世之悲和沧桑之感，代表作品有《梧桐雨》《墙头马上》；马致远创作的内容多是"叹世""归隐"，咏唱男女爱情，成就突出的有写王昭君故事的《汉宫秋》；郑光祖作品中的文人事迹剧和爱情剧较为优秀，如《王粲登楼》《倩女离魂》等；而王实甫的《西厢记》是元代杂剧创作中最优秀的作品之一。

421. 简述元杂剧的四大爱情剧。

元杂剧的四大爱情剧，指关汉卿的《拜月亭》、王实甫的《西厢记》、白朴的《墙头马上》和郑光祖的《倩女离魂》。它们都是描写爱情的优秀作品：《拜月亭》歌颂了王瑞兰对爱情的坚贞，批判了破坏婚姻自主的封建势力；《西厢记》通过莺莺和张生为爱情自由所做的斗争，表达了愿天下有情人终成眷属的思想；《墙头马上》通过李千金和裴少俊的自由结合以及裴尚书对他们婚姻的破坏，表现了要求婚姻自主的思想；《倩女离魂》用浪漫主义的手法，塑造了一个热烈追求自由幸福生活的女性形象，同时，表现了在封建礼教禁锢下女性沉重的精神负担。

422. 简述元杂剧的题材类型。

元杂剧广泛涉及元代生活的各个方面,并且折射出那个时代文人的精神世界,题材极为丰富。明人朱权的《太和正音谱》把元杂剧分为十二种,近代学者则主要把它分为爱情婚姻剧、社会剧、历史剧、公案剧、神仙道化剧等几大类。元杂剧最常见的题材有以下三类:

(1)社会问题剧。元代出现了一批擅于描写受压迫妇女的反抗斗争的杂剧作家,创作出了一批反映当时社会问题的剧作,代表作品有关汉卿的《窦娥冤》《望江亭》和石君宝的《秋胡戏妻》等。

(2)历史剧。元杂剧中有不少以历代帝王和重大军事战争为题材的剧作,它们大都以民间传说为基础,代表作品有马致远的《汉宫秋》、关汉卿的《单刀会》、纪君祥的《赵氏孤儿》等。另外还出现了专门的水浒戏,代表作品有康进之的《李逵负荆》。这些剧目在舞台上有深远的影响,和历史演义小说有密切的关系。

(3)爱情剧。代表作品有王实甫的《西厢记》、郑光祖的《倩女离魂》、关汉卿的《拜月亭》等,这些剧作对于青年男女冲破传统观念的束缚、大胆追求幸福进行了热烈的歌颂。

423. 简述元杂剧中爱情剧的特点。

元杂剧题材比较广泛,其中,爱情剧对后世的影响尤为重大。元杂剧的爱情剧主要有以下三方面的特点:

(1)家长的阻碍。在这些爱情剧中,家长们总是以"门当户对"为择偶标准,为此他们不惜背信弃义,残忍无情地阻碍儿女的爱情。如《西厢记》中的老夫人,对自己的女儿崔莺莺时刻严加防守,就是去佛殿走走散心都要贴身婢女红娘处处留心。当张生普救寺解围之后,老夫人嫌弃张生地位低下,不顾自己曾经许下的诺言,生生拆散了崔张二人。面对张生与莺莺的私情,老夫人恼羞成怒,拷打红娘,痛骂莺莺,最后答应二人在一起也是因为顾及相国家颜面。即使如此,在郑恒到来时,她还是更倾向选择郑恒做自己的女婿,为崔张二人的相见又增添了一道障碍。直到张生做了状元,故事才圆满结局。

(2)女儿们的大胆。这些爱情剧的共同之处在于,被养在深闺的青春少女们,在合适的机会下就会寻求自己的幸福。莺莺在寺院中偶见张生便一见钟情,唤醒了她人生的青春之梦。经过对红娘和张生的多次试探,最终冲破礼教之大防,与张生私订终身。

(3)书生的窘境与痴情。这些爱情剧中的男主角,皆满腹才华,风流倜傥,可是家境窘迫,书海飘零。他们就是因为自己的处境,在爱情中才屡屡遭到大家长的反对。另一方面,这些书生几乎都是清一色的痴情种,一旦陷入爱河,便痴心不改,这也是元杂剧的一大景观。

424.《录鬼簿》是一本什么书?

《录鬼簿》是元末钟嗣成撰写的戏曲史专著,此书记载了元曲作家的生平事迹及其作品目录,著录作家一百五十二人,作品名目四百余种,书中最早对元杂剧创作进行了不同的分期,实际上,是对元杂剧的发展演变做了一次系统考察。《录鬼簿》为每个作家写有小传和吊词,对作家的籍贯、生平、著述做了简要的介绍及评价,此书为元曲研究提供了宝贵的第一手资料。

425. 简述关汉卿杂剧的思想内容。

关汉卿现存的杂剧,从思想内容上来看,大致可以分为三类。

(1)歌颂历史英雄的杂剧,以《单刀会》为代表。该剧主要敷衍三国时关羽应鲁肃之邀前往江东赴宴的故事。关汉卿塑造关羽这样一位孤胆英雄,在当时民族矛盾激化的特定背景下实乃是呼唤英豪来拯救这个时代。

(2)关注下层妇女的生活和斗争,表现女子的勇敢和机智。代表作品有《救风尘》《望江亭》《谢天香》《金线池》等。

(3)揭露黑暗的社会现实,歌颂人民的反抗斗争。代表作品有《窦娥冤》《鲁斋郎》等。在这部分剧作中,关汉卿始终站在下层人民的立场上,对贪官污吏、权豪势要给予了无情的嘲讽,最终都以人民的胜利作结,反映了作者美好的理想。

426. 分析关汉卿杂剧对女性问题的态度。

关汉卿一生杂剧创作颇多,其中有很多是以女性为主角进行创作的,体现了他对女性问题的关注,代表性作品有《窦娥冤》《望江亭》《救风尘》《金线池》《谢天香》《玉镜台》等,可见女性角色在关汉卿杂剧中的地位。

(1)在女性问题的关注上。《窦娥冤》讲窦娥被无赖张驴儿和贪官桃杌诬陷以致含冤而死;《救风尘》讲妓女宋引章被无赖周舍在婚后虐待,幸得自己的姐妹赵盼儿相救,从而脱离苦海;《望江亭》讲权豪势要杨衙内想要霸占官员白士中的妻子谭记儿,谭记儿凭借自己的聪明机智为社会除了一大害;《调风月》讲婢女燕燕被小千户欺骗失身后又被抛弃的故事。关汉卿《金线池》《谢天香》《玉镜台》等喜剧作品中的女主人公最后虽然以喜剧收场,但是与情人之间也经过了种种误会,期间经历各种的苦闷、忧愁。关汉卿创作如此众多的女性形象,是期望引起社会对广大妇女的关注。

(2)在女性美的塑造上。关汉卿笔下的女性形象众多,各具特色。她们虽然都是普通的妇女,然而黑暗的社会却激发了她们捍卫自身权利和拯救弱者的潜能。作者对这些女子进行了高度赞扬,表现了对她们的支持和深切的同情,这在元杂剧其他作家中是很难看到的。

427. 简析《窦娥冤》第三折"三桩誓愿"的深刻含义。

含冤被斩的窦娥临死前为证明自己的清白,许下了"三桩誓愿"。第一桩,血飞白练。白练高悬于刑场之上,当窦娥殷红的血喷薄而出,挂满整个白练时,围观群众的震撼可想而知,窦娥也证明了自己的清白。第二桩,六月飞雪。古人相信天人感应,认为异常的事情与天象有着密切的联系。雪本是冬季之物,下在六月,更能说明窦娥确实是被冤枉的。她是要让老天爷证明自己的清白,显示愤怒。第三桩,楚州亢旱三年,以大自然不可抗拒的灾害,向黑暗的社会发起挑战。这"三桩誓愿"层层递进,由证明自身清白发展到向黑暗的社会进行挑战,窦娥的愤怒也在逐渐加深。关汉卿以浪漫主义的手法巧妙地构思出"三桩誓愿",是希望可以唤醒世人的良知,与不合理的社会做斗争。

428. 简要分析《窦娥冤》中窦娥的形象。

窦娥是关汉卿的杂剧《窦娥冤》中的女主人公,千百年来一直为读者津津乐道。窦娥是一位具有悲剧性的人物。她三岁丧母,七岁时被爹爹窦天章卖给蔡婆婆抵债,从小在蔡婆婆家当童养媳。刚和丈夫完婚,没想到丈夫得病去世,年纪轻轻开始守寡。她抱着从一而终的愿望,恪守孝道与妇道,侍奉蔡婆婆。没想到天不遂人愿,蔡婆婆引狼入室,张驴儿逼迫窦娥改嫁,窦娥誓死不从。公堂上,窦娥为了不让婆婆受苦,宁愿自己忍受毒打,被打得"一杖下,一道血,一层皮"。最后为救婆婆,她不得不含冤认罪。在即将赴法场的时候,窦娥还能想到避开婆婆,以免使她伤心。但是,窦娥又充满了反抗斗争的精神:面对婆婆逼迫她再嫁的行为,她坚决不从,并且严厉地指责婆婆不知羞;即使在押赴刑场的途中,被刽子手捆绑得不能动弹,她还是愤怒地指天骂地,许下三桩奇异誓言来表明自己的清白;即使变为鬼魂,她还是回来找清官洗冤,严惩了贪官桃杌,还自己一个清白。窦娥是一位具有悲剧性格的人物。窦娥的悲剧,是张驴儿的野蛮行径和桃杌颠倒黑白造成的,她的形象是在与二人做斗争的过程中逐渐表现出来的。

429. 以剧本为例评析关汉卿杂剧的文人色彩。

关汉卿虽然自称是"浪子班头",混迹于勾栏瓦舍,甚至面傅粉墨亲自登台演出。但是他毕竟是一个深受儒家传统教育的文人,因此他的杂剧作品表现出鲜明的文人化色彩,他用杂剧来表现自己对社会的观察和思考。

(1)关汉卿的作品更多地表现社会底层人物的命运,而且作者始终与这些弱势群体建立紧密的情感关联,以理解、肯定甚至赞扬的态度看待他们的思想和行为。如赵盼儿的侠义行为,谭记儿的聪明机智,窦娥的孝顺等等。

(2)关汉卿的杂剧作品中包含了儒家的道德思考。如《窦娥冤》通过描写窦娥的悲剧,表现了他对现实社会不公命运的愤怒,对传统价值中孝与贞烈的审视;《调风月》通过描写婢女燕燕的爱慕虚荣,显示了他对人性的思考。

(3)关汉卿有一种鲜明的执着于现实的态度。他笔下的人物,不论处境多么艰难,总是尽自己最大的努力追求最好的结局,表现出一种儒家文人积极进取、乐观坚韧的人生态度。

430. 简析《救风尘》中赵盼儿的形象。

赵盼儿是关汉卿塑造的一位有勇有谋、有情有义、聪明机智的下层妇女形象。作为一个涉世较深的风尘女子,她对世人的真情假意一目了然,也因此看穿了周舍对宋引章的虚情假意,并断言一旦周舍得手,定然会露出他顽劣的真面目,而事实也证明了确实如此。面对宋引章的求救,赵盼儿并没有袖手旁观,也没有鲁莽行动,而是进行了周密的计划。她知道周舍贪财贪色,必须利用其弱点去攻克其顽劣的本性:"我将他掐一掐,拈一拈,搂一搂,抱一抱,着那厮通身酥、遍体麻。将他鼻凹儿抹上一块砂糖,着那厮舔又舔不着,吃又吃不着。"经过一系列软硬兼施,巧妙周旋,终于使周舍写了休书,拯救出火坑中的宋引章。赵盼儿虽是一个倡伎,但是关汉卿却将她塑造成一个女中豪杰。

431. 简析《单刀会》在构思上的特色。

《单刀会》是关汉卿最有特色、成就最高的一部历史剧,这部剧在构思上极具特色。作品第一折先通过乔公之口"兵器改为农器用,征旗不动酒旗摇;军罢战,马添膘;杀气散,阵云消"点明了当前安定的大环境,作者借此表达自己及人民希望和平生活的愿望。第二折关羽依旧没有上场,而是通过隐士司马徽之口渲染关羽的英勇。这两折戏为关羽出场反复渲染、铺陈,引起了观众的兴趣。第三折关羽出场,他一出场就从刘邦立国谈到了三分天下,坐实了荆州是汉家的基业,为驳斥鲁肃奠定了基础。第四折关羽单刀赴会,面对甲士的威胁,鲁肃的喋喋不休,他据理力争,一针见血地指出荆州是汉家基业,不存在归还孙吴的问题。关汉卿剧作的这一变动,使全剧境界全出。

432. 简述《西蜀梦》的主题思想。

《西蜀梦》是关汉卿另一部著名的历史剧。在这部历史剧中,他提出了另一个值得人深思的问题。作者通过《单刀会》塑造关羽这一形象是在呼唤英豪,他希望可以看到不战而屈人之兵的英雄拯救苦难中的人们。《西蜀梦》则是讲述了刘备当了"大蜀皇帝",而为蜀国立下赫赫战功的关羽和张飞却惨死于小人之手。作者在这部剧中重点表现了两个方面:一是昔日战功显赫的英豪,与今日凄惨惨的鬼魂做对比;二是以关、张二人生前救助天下,死时却无人救助做对比。作者通过这部剧意在强调乱世人命如蚁,像关羽、张飞这样的英雄尚且惨死,更何况是普通百姓!可以说,在英雄轻易死于小人之手的时代,谁来拯救天下苍生是这部剧的潜台词。

433. 为什么说关汉卿的杂剧是"场上之曲"?

关汉卿不仅为演员创作剧本,同时自己还面傅粉墨,亲自登台。因此,他的杂剧创作具有鲜明的剧场性,是名副其实的"场上之曲",具体体现在以下四个方面:

第一,集中笔墨描写主要矛盾。关汉卿的杂剧,总是以洗练的笔墨交代情境以及人物关系,而后重点叙述主要矛盾,吸引观众的注意。如《窦娥冤》,作者对窦娥十九年的痛苦生活在楔子中一笔带过。在第一折窦娥出场时,就面临着张驴儿要强行入住蔡婆婆家,蔡婆婆有意招赘张驴儿父子的窘境。这样的情节处理,迅速吸引了观众的注意。

第二,杂剧的关目安排妥帖,场面冷热交替合宜。如《蝴蝶梦》中王氏三兄弟打死蒙古贵族葛彪,按照律令打死人者理当为葛彪赔命。他们的母亲会让哪一个儿子抵罪就成了众人关注的焦点。但是关汉卿在这时却插入了开封府尹包拯梦见蝴蝶的事情,使紧张的氛围瞬间轻松。

第三,善于设置悬念。如《望江亭》中谭记儿与杨衙内实力悬殊,谭记儿如何取胜就成为观众关注的重点。因此关汉卿设计了谭记儿假扮渔妇这一情节,将谭记儿的胜利设计得合情合理。

第四,关汉卿的语言以本色当行著称,符合人物的身份。像《望江亭》中白士中是个儒雅的士子,他在称赞谭记儿时会说:"我这夫人十分美貌,不消说了,更兼聪明智慧,事事精通,端的是佳人领袖,美女班头,世上无双,人间罕比。"而《窦娥冤》中的张驴儿是市井无赖,他对蔡婆婆说:"你教窦娥随顺了我,叫我三声嫡嫡亲亲的丈夫,我便饶了她",活脱脱一副流氓恶棍的形象。

434. 比较马致远和关汉卿在创作上的不同点。

(1)从创作题材上看,两者关注的范围不同,一个聚焦名士风流,一个关注普通百姓。关汉卿的杂剧创作从题材上看,可以分为社会公案剧、男女风情剧和历史剧。马致远的杂剧从题材上来看,可以分为神仙道化剧和历史爱情剧。由此可以看出,马致远杂剧的数量和范围远不如关汉卿。关剧的人物丰富,范围广泛,涉及社会的各个阶层,作家关注的是下层人民的悲惨命运,而马剧的聚集点在名士。

(2)作品反映现实的程度和作家对现实的态度不同。关汉卿的杂剧成就最高的是社会公案剧和男女风情戏,这些戏剧往往直面人生,揭露元代社会不平等的现象。而马致远的神仙道化剧往往回避现实,有着浓厚的浪漫主义情怀。

(3)作品对女性的态度不同。关汉卿的杂剧对女性倾注了大量笔墨,对女性持一种赞美和尊重的态度。与此相反,马致远的杂剧则表现出较强的男权色彩,不仅是以男性为中心,而且从其笔下人物的行为和作家理想追求来看,流露出较强的男权主义思想。

(4)作品语言风格不同。关汉卿的杂剧语言汪洋恣肆,慷慨淋漓,具有强烈的震撼力。马致远的语言则显得委婉曲折。

435. 简述"西厢"故事的演变过程。

张生与崔莺莺的爱情故事源于唐中叶元稹的传奇小说《莺莺传》,在该书中元稹着力宣扬男尊女卑和女人是祸水的论调。在这部小说中,莺莺是一个美丽、善良、多情的女子,她和张生因为爱情而结合,但是张生中举之后不仅抛弃了莺莺,还诬陷她是祸水,这种论调居然得到了社会的认可,可见社会的冷漠,女子的卑微。此后文人对莺莺与张生的故事颇喜之,秦观曾将其改写成歌舞曲《调笑转踏》,赵令畤改为鼓子词《商调·蝶恋花》。南宋的官本杂剧《莺莺六幺》,金院本的《红娘子》以及南戏的《张珙西厢记》都是以戏剧形式出现的作品。其中最有名的是金代董解元的《西厢记诸宫调》,他对原有的故事情节进行修改、增添,创作了一部五万字的讲唱文学巨作。该剧中莺莺对张生的爱虽然与"报德"联系在一起,但是二人为了爱情敢于同老夫人做斗争的情节较以往的作品具有很大的进步性。王实甫以《西厢记诸宫调》为蓝本,对其进行艺术再创造,写成五本二十一折大型杂剧。

436. 简述王实甫《西厢记》对莺莺故事题旨改造的意义。

王实甫对莺莺故事的改造,最主要的是改变了故事的题旨。王实甫强调,"情"才是张生与莺莺敢于冲破封建礼教的枷锁,追求自己幸福的动力。由宋入元,社会思潮发生了很大变化。一方面,上层统治者在文化上实行宽松政策,尊崇佛教与道教,同时尊重其他宗教的发展,导致程朱理学的约束力下降;另一方面,随着城镇经济的发展,市民阶层的扩大,下层男女开始追求情的自由,因此文学作品更加注重强调情的自主。王实甫在《西厢记》中提出"愿普天下有情的都成了眷属"比关汉卿、白朴更具有进步性。这些有情人包括那些未经家长认可自行恋爱私订终身的青年,这是针对封建礼教和封建制度的大胆挑战。

437. "董西厢"对《会真记》的超越表现在哪里?

《西厢记诸宫调》是现存唯一完整的诸宫调作品,作者为董解元,因此,被称为"董西厢"。它的本事来源于《会真记》,但是对《会真记》做了很大的改动。在《会真记》里,张生迷恋莺莺的美貌,和莺莺私自结合,可是在高中之后却抛弃了莺莺,并且为自己找借口,悔不当初被女色所迷。"董西厢"完全抛弃了这种陈腐的观念,热情地赞美了爱情,歌颂了青年男女对礼教的反抗。"董西厢"中的张生,虽然从小饱读诗书,但并不是一个"书虫",而是一个珍惜青春、充满生命活力的年轻人。在庄严的普救寺,他对美丽的莺莺一见钟情,不顾寺僧法聪的劝阻,想要造访莺莺。更主要的是,他在爱上莺莺之后,竟然不以功名为荣。面对贼人围困普救寺的局面,他勇于修书退贼,保住了莺莺一家的安全。这与《会真记》中的张生形象大不相同。

438. 分析《西厢记》中的张生形象。

王实甫笔下的张生,同以往文学作品中张生的形象有很大的不同,作者将他塑造为一个"志诚种"的形象,为了爱情可以舍弃功名利禄,他与莺莺的结合完全是以情为基础。剧中的张生确立了古代以爱情为题材的戏曲小说中多情多病的书生形象。

(1)张生执着地追求爱情,是一个才华横溢的人物。他在佛殿巧遇莺莺坠入情网之后,立刻展开行动,将考取功名抛到一边,主动到寺院寻找机会。为了见莺莺,他附斋追荐亡父,祷词却是"早成就了幽期密约";为了莺莺,他主动承担起退贼的重任,写信给自己的好友;为了二人日后能在一起,他忍痛和莺莺分别,被迫踏上考取功名的道路。

(2)张生是一个忠厚而有点儿傻气的书生。例如,他第一次见红娘就主动自报家门,并且不合时宜地打听小姐,结果被红娘骂作"傻角"。在"赖婚"一场,张生以为老夫人要实现诺言,将莺莺许配给自己,因此精心打扮,"皂角也使过两个也,水也换了两桶也,乌纱帽擦得光挣挣的",可没想到老夫人毁约,他始而目瞪口呆,继而气急败坏,还直挺挺地跪在红娘面前哭丧着脸,声称要上吊自尽,令人喷笑。在这场戏里,王实甫无论写张生愣头愣脑,或是酸不溜秋,都表现了他对爱情的执着。正是这种傻头傻脑,才获得了莺莺的倾心和红娘的帮助。

439. 试以莺莺为例分析《西厢记》是如何刻画爱情心理的。

《西厢记》中女主人公莺莺追求爱情的过程,集中体现了她矛盾的爱情心理。莺莺性格的改变经历了一个痛苦的过程。她在佛殿巧遇张生时,立刻被眼前俊俏的书生吸引,因此莺莺的反应是"亸着香肩,只将花笑捻",被红娘催促离开时还回头看了张生一眼。但这时莺莺对张生的喜爱还只存在心里,并没有在行动上大胆表露。在"赖简"一折,红娘带回了张生的情书,莺莺内心喜悦,表面上却挖空心思,百般遮掩,表现出小姐的矜持和尊严。这是因为她长期受到封建礼教的束缚,有许多的顾虑和尴尬。在经历了孙飞虎兵围普救寺和老夫人赖婚之后,她终于大胆越轨。《西厢记》深刻地揭示了崔莺莺的恋爱心理,即想爱不敢爱,不敢爱却不得不爱,并且细致地展示了她内心强烈要求压倒外部势力的心理。

440. 简述西厢故事中红娘形象的演变过程。

在所有西厢故事中,红娘形象有一个演变发展的过程。《会真记》里的红娘,地位无足轻重。董解元在《西厢记诸宫调》里塑造的红娘形象,虽然仍处于次要地位,但是已经成了促使崔张结合不可缺少的助力,这说明作者意识到,在强大的封建势力面前,才子佳人必须依靠外在的助力才能最终在一起。王实甫《西厢记》里的红娘则一跃成为主要人物,崔张的结合她功不可没。《西厢记》中的红娘是与以老夫人为代表的封建势力做斗争的主力,她在帮助崔张二人追求爱情这件事上的态度的转变,反映了人民大众对情的自觉追求的过程。

441. 分析王实甫《西厢记》中的老夫人形象。

王实甫《西厢记》中的老夫人形象,是封建社会家长的缩影,她始终站在张生、崔莺莺和红娘的对立面。作者将她塑造成一个虚伪、冷血、奸诈的人物。她表面上爱女儿,实际上爱的却是相国家谱,因此在行动和精神上都严格约束着莺莺。作者通过红娘之口,表明老夫人是一个治家严格的家长。不仅莺莺身边没有小厮服侍,而且老夫人还派红娘时刻监督着她的一举一动,就连去佛殿散心还要叮嘱红娘趁没人的时候和小姐一起去。在孙飞虎兵围普救寺时,她信誓旦旦地承诺,将莺莺许配给能退敌者。但是危机解除,她立马反悔,理由是崔家不招"白衣秀士",在这里老夫人的虚伪、狡猾展露无遗。她的"慈母"背后是冷冰冰的封建家长的利益。在发现崔张二人私情时,她恼羞成怒,痛骂莺莺,还要拷打红娘,结果被红娘以其人之道还治其人之身,终于被迫同意了崔张的结合,但这也是因为怕二人的事情败坏相国家的名声,并不是真正的妥协。当然,她是不会善罢甘休的,逼张生赴考和最后赖婚的情节,进一步完善了她的形象:虚伪、狡诈、顽固。

442. 试分析"长亭送别"一折的心理描写。

王实甫《西厢记》中"长亭送别"一折历来被读者所称道,被称为写离愁别恨的绝唱。在这一折中,作者运用出色的心理描写,将张生与莺莺浓厚的离愁别绪展现得淋漓尽致,进一步揭示了封建门第观念的冷酷无情。

(1)善于以景寓情,融情于景。如开头[端正好]一曲:"碧云天,黄花地,西风紧,北雁南飞。晓来谁染霜林醉?总是离人泪。"在这里作者使用了借景抒情的方法,碧云满天,黄花铺地,秋风瑟瑟地吹着,连大雁也要回到南方去过冬,但是自己的良人却被迫上京赶考。全句虽无一个"秋"字,但是却营造了秋天凄冷的氛围,同时表现了莺莺内心的离愁之苦,心中之苦又化为了眼前萧瑟之景。

(2)善于通过情态细节描写,揭示人物的内心世界。如"阁泪汪汪不敢垂""猛然见了把头低,长吁气,推整素罗衣"等,揭示了莺莺内心愁苦又无可奈何的情状。

(3)直抒胸臆的表达方式。如[滚绣球]一曲:"恨相见得迟,怨归去得疾。柳丝长玉骢难系,恨不倩疏林挂住斜晖。马儿迍迍的行,车儿快快的随,却告了相思回避,破题儿又早别离。听得道一声去也,松了金钏;遥望见十里长亭,减了玉肌:此恨谁知?"这曲直抒胸臆,通过三个"恨"字,展现了此时莺莺内心痴情、痛苦、哀愁、怨恨的心理。

443. 简析《西厢记》的艺术成就。

第一,《西厢记》打破了元杂剧"四折一楔子"的通例,是由五本二十折外加一楔子构成的大型连台杂剧。同时《西厢记》也打破了元杂剧由一人主唱的成规,出现了轮唱,大大丰富了戏剧的艺术表现力。

第二,《西厢记》的剧情由双线构成。一条是以老夫人、郑恒为一方,红娘、张生、崔莺莺为一方展开的维护与反对封建礼教的斗争,这是全剧的主线;另一条是张生、崔莺莺以及红娘三人之间因为身份性格引发的矛盾冲突,这是全剧的副线。这两条线索交织进行,有力地推动了情节的发展。作者还巧妙地设计了"赖婚""酬简""哭宴"等情节,使剧情一波三折,扣人心弦。

第三,《西厢记》的人物性格鲜明,作者塑造了老夫人、红娘、崔莺莺、张生等典型人物。首先,作者善于通过矛盾冲突来完善人物性格。其次,作者通过描写人物的心理活动来揭示人物性格,其中描写最为出色的是对崔莺莺爱情心理的刻画。最后,作者还善于通过动作刻画人物,如莺莺在佛殿巧遇张生时"弹着香肩,只将花笑捻",被红娘催促离开时还"回顾觑末下",短短几个动作词就刻画了一位内心向往爱情的女性形象。

第四,《西厢记》的语言"字字当行,言言本色,可谓南北之冠"。《西厢记》中不少曲词善于渲染氛围,创造出诗一般的意境;《西厢记》中的语言同时表现出鲜明的个性化特征,如莺莺的语言妩媚蕴藉,张生的语言文雅热烈,红娘的语言泼辣直白,慧明的语言粗犷豪爽。王世贞称《西厢记》为北曲的"压卷"之作。

444. 为什么说王实甫《西厢记》的语言"字字当行,言言本色,可谓南北之冠"?

戏剧是语言的艺术。王实甫在《西厢记》中驾驭语言的技巧,历来为人们称颂,徐复祚在《曲论》中赞叹它"字字当行,言言本色,可谓南北之冠"。所谓"当行",是指《西厢记》的语言具有丰富的动作性,能够用于表演。同时《西厢记》的语言具有鲜明的个性化特征,如莺莺与红娘同为女性,但二人身份地位不同,因此语言也表现出鲜明的差别。莺莺贵为相国小姐,语言含蓄婉媚;红娘身为婢女,言语则较为泼辣直白,如[满庭芳]一曲:"来回顾影,文魔秀士,风欠酸丁。下功夫将额颅十分挣,迟和疾擦倒苍蝇,光油油耀花人眼睛,酸溜溜螫得人牙疼。"这种夹杂着俗语、俚语和日常生活用语的语言,更符合红娘的身份。文采与本色相生,藻艳与白描兼备是《西厢记》语言的一大特色。

445. 试比较《汉宫秋》和《梧桐雨》。

在元代剧坛上,马致远和白朴是备受人们推崇的剧作家,他们的代表作《汉宫秋》和《梧桐雨》都是咏唱爱情的名剧。

(1)两剧都是历史题材,且故事中融入了丰富的内容和情感,使主题具有多解性。这两部杂剧都蕴含了悲剧的人生体验和对命运无法掌握的幻灭感。作者强调一种生而不自由的人生苦恼,连皇帝也如此,更何况是平民百姓呢。

(2)在人物塑造上,两剧的主人公都是皇帝,他们面临江山和爱情的矛盾。在面对爱情时,他们完全专一,君王的身份隐退其次,显示了爱情的共同性和普遍性。相对于两个皇帝,妃子的形象差异较大,王昭君的形象比较单一,是皇帝心中贤妃的形象,杨贵妃的形象则比较多解。

(3)两部戏都有浓郁的抒情性,有诗的韵味。两部戏的第四折剧情都没有发展,都是皇帝的唱词,表现离别之后对爱人的思念,哀婉凄切,动人心魄。他们由情生梦,可见思念至深。两部戏都是以象征性的意象结尾,更增加了戏剧的诗情画意。

446. 简析《墙头马上》女主人公李千金的性格特征。

和其他柔弱的闺阁小姐相比,白朴《墙头马上》中李千金的性格有着显著的不同,不仅表现在她敢于冲破封建礼教的束缚,斗争精神比起其他作品中的闺阁女性形象更强烈、更坚决、更大胆,还表现在她的性格中有着下层市井女性的直率和泼辣。

在三月初八这个王孙仕女倾城游赏的上巳节,李千金却只能和丫鬟梅香到后花园中闲散心。面对着蝴蝶纷飞、蜻蜓戏耍、鸳鸯栖息的美景,她却无精打采,神思恍惚,只因为自己还被耽搁在深闺。围屏上的才子佳人触动了李千金的闺思,她大胆地表达了自己内心的想法:"我若还招得个风流女婿,怎肯教费工夫学画远山眉。宁可教银釭高照,锦帐低垂;菡萏花深鸳并宿,梧桐枝隐凤双栖。"因此她在后花园中和裴少俊初遇,一见倾心之后便主动地表达了自己的爱意,请梅香传书递简,并约裴少俊当晚在后花园中相会。她直言不讳:"休道是转星眸上下窥,恨不得倚香腮左右偎。便锦被翻红浪,罗裙作地席。既待要暗偷期,咱先有意,爱别人可舍了自己。"一切都是明朗、坦率、开诚布公的。好不容易盼到星月出来,急忙催促着梅香去接裴少俊,只因为怕庭鸦喧,邻犬吠,院公来打断这一桩好姻缘。见到心上人,"忙忙扯的鸳鸯被儿盖,翠冠儿懒摘,画屏儿紧挨"。当嬷嬷撞见他们私会,要将裴少俊送官时,李千金并不惊慌,也不认为自己做的事有损名誉,而是想方设法与嬷嬷周旋。一会儿以死相逼"绣房里血泊浸尸骸。解下这搂带裙刀,为你逼的我紧也便自伤残害,颠倒把你娘来赖",一会儿又联合梅香、裴少俊诬陷嬷嬷"致命图财",这种撒泼耍赖的做法,毫无疑问在崔莺莺似的大家闺秀身上绝对看不到。在嬷嬷被逼无奈,提出两条路让李千金选择时,她毫不犹豫地选择和裴少俊连夜出走,因为在李千金的心里女儿终究要嫁人,不可能和爷娘相守到白头。她的直言快语和果断行动,让有情人终成眷属这件无比艰难的事变得简单明了,在这方面她比传统的闺阁小姐更勇敢,多了一份下层市井女性的果决和豪爽。

同样,李千金的身上还有着下层女性泼辣的性格。当裴少俊考取状元及第,除洛阳县尹之职,来寻李千金重做夫妻时,李千金并没有欢天喜地地迎接裴少俊,而是冷冷地嘲讽他:"你是说什么话!你待结绸缪,我怕遭刑狱。我人心似铁,他官法如炉。你娘并无那子母情,你爷怎肯相怜顾?"辛辣地讽刺了当日裴少俊的懦弱行为——在父亲的淫威下,为了不受官司凌辱,求得父亲的宽恕,情愿一封休书结束自己和李千金七年的感情。夫荣妻贵一直是李千金理想的生活状态,可是她为了维护自己的尊严宁愿放弃这种触手可及的生活。当裴少俊狡辩这一切都是父亲逼迫自己时,李千金尽情地把裴尚书揶揄、奚落了一番:"恁母亲从来狠毒,恁父亲偏生嫉妒。治国忠直,操守廉能,可怎生做事糊涂?"并且把裴尚书当初对她的辱骂都当面翻出来加以淋漓尽致地讥讽,以眼还眼,以牙还牙。这样的李千金完全没有闺阁风范,而是一个嬉笑怒骂的市井女子。

447.试比较崔莺莺和李千金的人物形象。

崔莺莺是王实甫杂剧《西厢记》中的女主人公。她出身高贵,是崔相国之女,长期受到封建礼教的熏陶,同时又是一个温柔、聪明、多才多艺的女子。她在佛殿巧遇张生时,并没有惊慌逃走,而是"騨着香肩,只将花笑捻"。红娘催促她回避时,她的反应是"回顾觑末下",这完全违背了闺阁小姐"非礼勿言,非礼勿视,非礼勿听"的准则。她对张生三番两次试探,最终被张生的真情感动,勇敢地冲破了封建礼教的樊笼,与张生私订终身。

李千金是白朴杂剧《墙头马上》中的女主人公。她虽然出身官宦之家,但是身上更多地体现出市井女性特征。李千金一出场,就毫不掩饰地表达了自己对爱情和婚姻的向往。她在墙头见到俊俏的裴少俊后,便处处采取主动的态度,央求梅香替自己传书递简,约裴少俊跳墙私会。当二人的私情被嬷嬷撞破时,她又撒泼耍赖,与裴少俊私奔,在裴家后花园躲藏七年,为裴少俊生育一子一女。被裴尚书撞破时,敢于为自己的行为辩解。最后与裴少俊在一起也是因为顾念自己的孩子,体现了她敢爱敢恨的性格。但是作者在结尾将裴、李二人的结合处理为裴、李两家原有的婚约,则降低了剧作的社会意义。

448. 简述马致远神仙道化剧产生的原因。

元朝是我国历史上第一个由少数民族的统治者建立的统一政权。政治上,统治者奉行民族压迫政策,将自己治下的国民分为蒙古、色目、汉人、南人四个等级,并且取消了科举取士制度,斩断了文人进士的道路。文化上,统治者以宽容和尊礼的态度对待佛教和道教,尤其尊崇道教。全真教的主要人物丘处机就受到元太祖成吉思汗的重视。在这种特定的政治文化背景下,志不获骋的文人更愿意到宗教的世界中寻求解脱,马致远的神仙道化剧便是这种特殊时代的产物。

在这些剧本中,马致远吸收、借鉴全真教的思想主张,宣扬人生在世应与世俗社会保持不即不离的关系,求取心理上的安慰和平衡,化解生活中的种种痛苦。至于《黄粱梦》写钟离权度脱吕洞宾,《岳阳楼》写吕洞宾度脱柳精,《任风子》写马钰受了王重阳点化之后便去度脱任屠,即按照全真教的传承关系——钟离权传吕洞宾,吕洞宾传王重阳,王重阳传马钰的次序编成。可见,马致远的几个神仙道化剧,基本上是依据全真道统而结撰的一组系列戏。

449. 试述《汉宫秋》的思想内容。

《汉宫秋》是元代著名的杂剧作家马致远的代表作,剧本以昭君出塞的故事为题材。当时的历史形势是汉强胡弱,但是《汉宫秋》却将故事发生的背景变为胡强汉弱,将发生的时间设定为秋季,因此全剧始终在灰暗凄凉的氛围中展开。

此本戏为末本戏,汉元帝是全剧的中心人物。他虽然贵为天子,但是却"不自由",具体体现在送昭君出塞这件事上。他在巡视后宫时,意外邂逅了困居长巷的昭君,对她爱得如痴如醉。正当二人情深意浓时,却不料毛延寿从中作梗,将王昭君的画像献给了呼韩邪单于,单于索要昭君和亲,汉元帝被迫将昭君送去和亲。送别昭君时,他本想多留昭君片刻,但是尚书却横加干涉,无奈只得送走昭君。剧中的昭君同汉元帝一样,也受到命运的拨弄。皇宫选美,使她背井离乡;不行贿毛延寿,而被画丑打入冷宫;刚得遇恩宠,却又被迫和亲;身入异邦,留恋汉朝,义不受辱,投江自尽。可以说,昭君就是乱臣贼子横行天下时的政治牺牲品。作者选择汉室被欺的题材,寄予了他对现实社会的思考,通过对汉元帝以及王昭君命运的无奈书写,抒发了自己无法主宰命运的悲哀。

450. 简述《赵氏孤儿》的内容。

《赵氏孤儿》是元代杂剧作家纪君祥的一部历史剧。本事见于《左传》和《史记·赵世家》,本剧主要依据《史记》敷衍而成,但是对《史记》的记载做了较大改动。

本剧主要叙述了春秋时期晋灵公昏庸无能,武将屠岸贾擅权,诬陷大臣赵盾,并将其一家满门抄斩,赵盾子赵朔也被逼自杀。赵朔门客程婴不顾自身安危,悄悄救走了赵氏孤儿,投奔正直的老臣公孙杵臼。屠岸贾发现赵氏孤儿被救,下令杀死全国所有小儿。程婴遂与公孙杵臼商量,将自己的儿子交给公孙杵臼,顶替赵氏孤儿。随后向屠岸贾揭发公孙杵臼的罪行,结果公孙杵臼自杀,程婴之子被杀。屠岸贾因程婴有功,认赵氏孤儿为义子。二十年后,赵氏孤儿长大成人,知道了事情真相,杀了屠岸贾,终于报了大仇。

451. 简述《赵氏孤儿》的悲剧性。

《赵氏孤儿》是一部具有浓郁悲剧色彩的剧作,全剧以悲壮为基调。奸臣屠岸贾的残暴狠毒与程婴、公孙杵臼等人的慷慨赴死、自我牺牲精神构成了尖锐的矛盾冲突。晋灵公的昏庸无能以及武将屠岸贾的擅权是这部剧作展开的基础,这就使程婴、公孙杵臼等人的救人行为展开得异常艰难。程婴舍弃自己的后代,公孙杵臼放弃自己的生命,都是不得不为之。王国维在《宋元戏曲考》里将此剧与关汉卿的《窦娥冤》并提,指出:"剧中虽有恶人交构其间,而其蹈汤赴火者,仍出于其主人翁之意志,即列于世界大悲剧之中,亦无愧色也。"剧本最后以赵氏孤儿杀了屠岸贾作为结局,体现了中国人民"善有善报,恶有恶报"的传统观念,完成了复仇的主题。

452. 简析《李逵负荆》中李逵的性格特征。

《李逵负荆》是杂剧作家康进之创作的一部水浒戏。剧中的李逵见义勇为、爱憎分明、疾恶如仇而又胸怀坦荡。这部剧写贼人宋刚、鲁智恩假冒宋江、鲁智深抢走了杏花村酒店店主的女儿满堂娇。李逵听说了这件事以后怒不可遏,气冲冲地回到梁山找宋江和鲁智深对质。他先是旁敲侧击地打探,后又与宋江起了冲突,砍断了聚义堂的杏黄旗。这一系列行为体现了李逵视梁山事业如生命,充满正义感的同时又颇具鲁莽的性格特征。后来得知事情真相,他主动向宋江负荆请罪,知错就改,表现出坦荡的胸怀。李逵的身上也表现出淳朴憨厚、天真稚气的一面。如"游春"一折,写黑旋风惜落花,显得纯真可爱;"对质"一折,写他一路上监视着宋江和鲁智深,越看越像是他们做了坏事,显得幼稚单纯,十分可笑。李逵粗中有细,他的性格是在与宋江解除误会的过程中逐渐完善的,他是一个颇具特色的喜剧人物。

453. 结合《倩女离魂》分析郑光祖爱情剧中女性的矛盾心理。

郑光祖的代表作《倩女离魂》是一部富有浪漫主义色彩的爱情剧。作者独出心裁地设计女主人公倩女离魂的情节来表现女性矛盾的爱情心理。该剧的女主人公张倩女是一位闺阁小姐,在现实生活中,她没有勇气冲破封建礼教的束缚,因此只能承受与爱人离别之苦。当文举中了状元寄信给张家,说要"和小姐一起回家"时,倩女以为文举抛弃了她,感到悲痛欲绝。而倩女的魂魄代表了女性对爱情和婚姻的向往,她不在乎文举是否有功名,而是担心他高中后另娶,因此敢于冲破礼教观念,追随心上人。现实中的倩女与作为魂魄的倩女代表了当时妇女的生存状态,渴望爱情的同时又不敢反抗礼教。该剧对明代汤显祖《牡丹亭》的创作有很大的启示作用。

454. 南方戏剧圈的杂剧创作有何特点?

南方戏剧圈的杂剧创作分为三个发展阶段。第一阶段是从元世祖至元十三年到大德年间。随着北方著名杂剧作家的南移,杂剧进入南方,受到观众的喜爱。第二阶段为元武宗至大到元文宗天历至顺年间。这一时期,南方杂剧作家崭露头角,杂剧的文人化色彩增强,语言华美,剧本的舞台性减弱,创作题材多为文人韵事和仙道隐逸,斗争精神日渐消退。第三阶段为元顺帝至正到明初,此时的杂剧开始逐渐衰落。

455. 试述南戏在元代的发展。

南戏是在宋杂剧角色体系完备以后,在叙事性说唱文学高度成熟的基础上出现的。它是民间艺人"以宋人词而益以里巷歌谣"构成曲牌连缀体系,用代言体的形式搬演长篇故事,从而创作出的一种新兴的艺术样式。元统一全国之后,随着北方政治、军事势力进入南方,北曲杂剧也随之流入南方,与南戏相汇于以杭州为中心的南方戏剧圈。北曲杂剧在南方受到欢迎,导致南戏一度衰落。但这种局面并没有持续很长时间,南戏因为根植于南方群众之中,依然具有广大的拥护者。同时,南北方戏曲艺术互相借鉴融合,再加上南戏形式灵活,人们的兴趣逐渐从杂剧转移到南戏,到了元代后期,转而"亲南而疏北"。

456. 简述南戏的基本特征。

南戏是北宋末叶至明嘉靖末期,在中国南方地区最早兴起的地方戏曲剧种,亦称南词。一般认为,南戏是我国最早成熟的戏曲形式,它用南方方言演唱,音乐采取不太规范的曲牌连套体,主要角色是生、旦,另有净、丑等,各种角色都可以演唱,形式比较自由。代表南戏艺术最高成就的剧目是元末高明的《琵琶记》。元代时南戏在南方广泛流传,入明后出现了不同的声腔,如弋阳腔、余姚腔、昆山腔和海盐腔等,逐渐演变为传奇。和元杂剧相比,南戏具有舒缓婉转、细腻妩媚的特色,后来被明传奇所继承。

457. 简述南戏与杂剧的异同。

(1)在内容上,南戏与杂剧共有的题材包括婚姻爱情剧以及揭露社会黑暗的公案剧。不同的是,北曲杂剧更加注重表现作者自身的人生感慨,如《梧桐雨》《汉宫秋》;而南戏往往表现为要求维护稳定的家庭伦理关系,如《赵贞女》《王魁》《张协状元》都斥责男子变心,反映当时文人一旦中举便抛弃发妻、另攀高枝的社会现象。

(2)形式上不同。一是,杂剧通常是"四折一楔子";南戏不称折而称出,出数不固定,篇幅较长,一般二三十出,如《白兔记》,但也有例外,如《荆钗记》四十八出。二是,南戏由末或者副末"开场",起介绍剧情或者说明创作意图的作用。三是,南戏和杂剧一样有唱、科、白,但南戏各种角色都可以唱,可独唱、对唱或合唱;杂剧叫科,南戏叫介、科介;南戏主要人物有上场引子,每出有下场诗。四是,在音乐上,杂剧在北曲诸宫调基础上形成,南戏则是在东南沿海一带民间歌曲的基础上,吸收一些词调歌曲形成;杂剧每折必须用同一宫调,一韵到底,南戏没有严格要求,每出戏可使用不同的宫调。

总之,南戏在各方面比杂剧更自由。

458. 简述四大南戏。

四大南戏是元末明初南戏的代表作,也是在民间长期流传的作品,又称"四大传奇"。柯丹邱的《荆钗记》写书生王十朋与妻子钱玉莲经历波折终得团圆的故事;无名氏的《刘知远白兔记》写刘知远被逼从军,入赘岳帅府,十五年后与妻子李三娘全家团圆的故事;施惠的《拜月亭记》叙述蒋世隆、蒋瑞莲兄妹与少女王瑞兰、少年兴福的种种悲欢离合;《杀狗记》写孙华的妻子杨月真设计杀狗,使兄弟重归于好。四大南戏表现出鲜明的文人化与市井化融合的特征,不论是在语言、情节安排还是人物塑造方面,都较之前南戏有了较大进步,对以后的南戏、传奇的创作影响深远。

459.《永乐大典戏文三种》是指哪三种戏文?

《永乐大典戏文三种》是指收录在《永乐大典》中的早期南戏《张协状元》《宦门子弟错立身》《小孙屠》。《张协状元》是一本谴责书生负心的戏文,写书生张协中举后想要杀害发妻贫女的故事。《宦门子弟错立身》歌颂金国河南府同知的儿子完颜寿马与戏剧演员王金榜之间的坚贞爱情。《小孙屠》写孙必贵为兄复仇的故事。这三种戏文都表现出早期南戏的鲜明特征,质率古朴,具有极高的文献价值。从三种戏文前后的发展中,也可见元代统一之后杂剧对南戏的影响,以及文人对南戏创作的渗透。比如,从对书生负心的苛责到对文士坚贞的颂扬,以及曲辞的雅化、音乐的南北合套等。

460. 简要分析《琵琶记》中蔡伯喈形象的塑造。

蔡伯喈是《琵琶记》中塑造的一个典型形象,具有典型意义,这一形象体现了知识分子的软弱性格和复杂心理。他按照封建伦理道德要求,遵从父亲的意愿上京赶考,遵从皇帝的圣旨在朝为官,遵从为官之道娶牛丞相之女为妻。可正是他这种软弱、事事顺从的性格导致了他不能尽孝,导致了他家庭的破碎,所以蔡伯喈始终处于夹缝之中难以两全。

《琵琶记》一开场,作者就宣称蔡伯喈是一个全忠全孝之人,无意于仕进只想侍奉父母,但是,在父母的威逼下踏上了科举之路。由于长期在外,他不能侍奉父母,在外人眼中,他没有尽孝,大逆不道;他本人入赘相府,让含辛茹苦的妻子独自承担生活的重担。为了给蔡伯喈开脱,作者精心设计了"三不从"的情节,每一个"不从"都是他不敢违背的。面对无法抵抗的父命、权势和圣旨,他只能违心地屈服。他的不孝不义,竟是因为全忠全孝造成的。这一方面反映了蔡伯喈性格的软弱,另一方面也反映了外在的规范与做人准则之间的冲突。

另外,蔡伯喈也体现了普通读书人的真实情感。金榜题名、入赘相府的那一刻,他一方面喜不自禁,同时又思念前妻,牵挂父母,经常彷徨苦闷,忐忑难安。他想弃官归隐,又怕与炙手可热的牛丞相发生冲突,只想等着三年任满辞官,这样既遂了功名之愿,又可忠孝两全。可以说正是这种软弱性格造成了蔡伯喈的人生悲剧。

461. 简要分析《琵琶记》中赵五娘的形象。

赵五娘是《琵琶记》中塑造得最成功、最震撼人心的人物形象,她的身上体现了中国古代妇女的优秀品德。她的愿望是侍奉公婆,和蔡伯喈长相厮守。当听到丈夫被蔡公逼迫要上京考试时,她只能"敢怒不敢言",生怕被责备"不贤"。蔡伯喈上京之后,照顾公婆的重任全都压在了她一人身上,恰逢灾荒之年,她自己吃糟糠,省下粮食给公婆,不仅得不到公婆的理解,反而被误解。面对内外交困的局面,她无处诉说,只能独自承担。对此,她也有怨言,也有不满,可是始终隐忍不发,表现出一种惊人的坚韧和自我牺牲精神。赵五娘的形象是古代社会千千万万受封建礼教束缚的妇女的缩影,这部剧让人们看到了被视为道德楷模的人物内心的隐痛。

462. 简述《琵琶记》的艺术特色。

(1)双线交叉式结构。《琵琶记》的情节按照两条线索交叉进行,一条是蔡伯喈上京考取功名,在名利网中辗转无奈;一条是赵五娘在家忍受种种苦难。如蔡伯喈蟾宫折桂,志得意满,赵五娘却不得不典卖首饰,侍奉公婆;蔡伯喈洞房花烛,赵五娘却不得不自食糟糠。这种关目的巧妙安排,使全文形成了强烈的反差,营造了悲剧氛围,使人物的性格更加突出。

(2)语言本色自然而个性鲜明。王国维说:"《琵琶记》自铸伟词,其佳处殆兼南北之胜。"徐渭说:"句句是本色语,无今人时文气。"这尤表现在"糟糠自厌"一出,自比为糠,一字一泪,真挚感人,李贽惊叹:"一字千哭,一字万哭,曲至此,又可与《西厢》《拜月》兄弟矣。"汤显祖评《琵琶记》语言:"都在性情上着功夫,并不以词调巧倩见长。"

463. 高明在《琵琶记》的开场写道:"正是不关风化体,纵好也徒然。论传奇,乐人易,动人难。知音君子,这般另作眼儿看。休论插科打诨,也不寻宫数调,只看子孝与妻贤。"你如何评价《琵琶记》所叙写的"子孝与妻贤"的内容?

《琵琶记》基本上继承了《赵贞女》的故事框架,它保留了赵贞女的"有贞有烈",而对蔡伯喈的形象做了较大改动,将其塑造为一个"全忠全孝"的书生,这与当时的社会状况密切相关。元代科举制度中断长达七十余年,文人失去了进身之阶,社会地位一落千丈,以致出现了"九儒十丐"的说法。地位低下的书生成了社会同情的对象,正面歌颂书生的作品逐渐成为社会主流,高明的《琵琶记》正是在这种情况下产生的。剧中蔡伯喈"全忠全孝"的形象是围绕"三不从"展开的。蔡伯喈考虑到父母年老,家中无人照顾,因此决定放弃科考。但是这一行为却遭到了蔡公的反对,他责备儿子是以尽孝为借口,实则是贪恋新婚妻子。蔡伯喈不能违抗父命,无奈之下只得进京参加科举考试。赵五娘不在乎丈夫是否有功名,她只想和蔡伯喈长相厮守,侍奉公婆。但是作为儿媳,她没有发言的权利,否则会被说为"不贤",因此只能忍痛与丈夫分离。蔡伯喈上京取试考取状元,满足了蔡公的愿望,同时得到了牛丞相的青睐。牛丞相执意招他为婿,他不敢与权势滔天的牛丞相作对,只能娶牛小姐为妻,顺从了为官之道。蔡伯喈本想让皇帝任命他为乡官,顺便可以孝顺父母,忠孝两全,奈何朝廷以王事大于孝道拒绝了他的请求,他只得留在朝中。蔡伯喈遵从了父命、君命,完全按照封建礼教的要求从事,可正是这种顺从导致了他在父母去世时无法送葬,自己的妻子承受百般苦痛。全剧展示的"全忠全孝"的蔡伯喈与"有贞有烈"的赵五娘的命运,足以引发读者对封建礼教合理性的质疑。

464. 简述元代前期诗文的创作情况。

元代前期诗歌作家群主要由南北两个作家群体构成。北方风格雄犷而豪健,体现异族文化质素与中国文化传统的结合,但艺术上较为粗糙。南方风格清婉秀雅,情调低沉,艺术上较为讲究。元代前期诗文题材相当丰富,作者大都经历过社会战乱,诗人从各自不同的地位、立场上反映了战争所带来的巨大灾难,大多诗人以遗民自居,或不得不向新主臣服,但在精神上表现出极度的忧伤。前期北方诗人主要有刘因、耶律楚材、刘秉忠、郝经、王恽、姚燧等;南方诗人主要有方回、戴表元、赵孟頫、袁易、袁桷、陈孚、吴澄等。

465. 简述元代中期诗文的创作情况。

元代中期诗歌一度呈现繁荣之势,代表作家有赵孟頫,四家诗人虞集、杨载、范梈、揭傒斯。元代中期诗歌仍沿着与宋诗相背的轨迹,不仅重视诗歌的艺术特征,同时将"文学"与"教化"相联系。明胡应麟评四家诗人说虞集"典而实",杨载"整而健",范梈"刻而峭",揭傒斯"丽而新"。虞集说,自己的诗如"汉廷老吏",杨诗如"百战健儿",范诗如"唐临晋帖",揭诗如"三日新妇",道出了其各自诗的个性。

466. 简述元代后期诗文的创作情况。

元代后期是指元顺帝一朝,也就是元代最后二十年。此时期的诗文创作中心转移到了东南沿海城市,重要作家有萨都剌、杨维桢、高启、王冕等。随着科举取士的恢复,社会文化的逐渐汉化,知识分子的地位有所上升。但是元代后期黑暗的政治环境使文人丧失了从政的热情,因此诗文创作也具有新的特征,即世俗情与个体意识的强化。世俗情表现为作品更加真实地表达人情,较少伦理掩饰,作家肯定世俗享乐,对商人生活表示好感、赞赏,曲折表现了作者的追求。元代后期诗歌由于受到新兴的市井文艺——小说、戏剧、散曲的影响,打破了"雅"文学与"俗"文学的界限。后期诗人在生活中喜欢表现不同常人的独特个性和思想上的独立思考。如王冕"着高檐帽,被绿蓑衣,履长齿木屐,击木剑,或骑黄牛,持《汉书》以读,人咸以为狂生"。杨维桢被"礼法士"斥为"裂仁义,反名实,浊乱先圣之道"的"文妖",他的诗更强调诗歌的美学特征,他提出:"诗有情、有声、有象、有趣、有法、有体,而禅巫之提唱,武士之叫呼,文墨生之议论,不在有焉。"高启认为:"诗之要,有曰格,曰意,曰趣而已。"

467. 简述元诗四大家。

元诗四大家指虞集、杨载、范梈、揭傒斯四人。他们都是元代中期的馆阁文臣,因为擅长写朝廷典册和达官贵人的碑版而享有盛名。其实,他们的创作成就并不高。四人的诗歌创作不论是题材内容还是艺术手法均呈现出明显的同一性,明人胡应麟评曰:"皆雄浑流丽,步骤中程。然格调音响,人人如一,大概多模往局,少创新规。"当然,四大家的艺术风格同中有异,虞集"典而实",杨载"整而健",范梈"刻而峭",揭傒斯"丽而新",四大家中最优秀的诗人是虞集。

468. 什么是"铁崖体"?

铁崖是元代后期诗人杨维桢的号。他论诗主张抒写个人性情,反对模拟因袭的诗风,追求构思和意象的奇特不凡。他的诗歌,句式长短不一,用语瑰丽险怪,甚至多生僻语,自成一体,在当时影响甚大,被时人称为"铁崖体"。其中古乐府最能体现其"铁崖体"特色,这些诗多半是咏史、拟古之作,题材内容并不新鲜,但在艺术风格上却使人耳目一新,打破了元代中期以来面目雷同的诗风,为诗坛注入了新鲜的活力。

明代文学

469. 简述明代八股文的发展演变并评论其利弊。

关于明代八股文,《明史·选举二》中总括曰:"科目者,沿唐、宋之旧,而稍变其试士之法,专取四子书及《易》《书》《诗》《春秋》《礼记》五经命题试士。盖太祖与刘基所定。其文略仿宋经义,然代古人语气为之,体用排偶,谓之八股,通谓之制义。"

顾炎武在其《日知录·试文格式》中对八股文的发展演变介绍说:"经义之文,流俗谓之八股,盖始于成化以后。股者,对偶之名也。天顺以前,经义之文不过敷演传注,或对或散,初无定式,其单句题亦甚少。"成化之后,八股文法结构趋于定式,"嘉靖以后,文体日变,而问之儒生,皆不知八股之何谓矣"。

对于八股文之利弊,顾炎武评述到:"文章无定格,立一格而后为文,其文不足言矣。唐之取士以赋,而赋之末流最为冗滥。宋之取士以论策,而论策之弊亦复如之。明之取士以经义,而经义之不成文又有甚于前代者。皆以程文格式为之,故日趋而下。晁董公孙之对,所以独出千古者,以其无程文格式也。欲振今日之文,在毋拘之以格式,而俊异之才出矣。"(《日知录·试文格式》)

470. 简述台阁体的特征并分析其形成的原因。

明永乐至成化年间,在文坛上台阁体居于主导地位。代表作家主要有杨荣、杨溥、杨士奇,世称"三杨"。台阁体诗文雍容平易、典雅温醇,而内容较为贫乏,多是一些"颂圣德,歌太平"的应制、题赠、酬和之作。

明代前期,台阁体的出现与盛行有其多方面的原因。

首先,台阁体作家多为身居要职的上层官僚,他们大多对朝廷的礼遇怀有感恩的心理,同时,维护正统、尊尚教化又是儒家知识分子的职责所在,因此,很容易形成歌颂圣德、美化时政的创作倾向。

其次,永乐以来,明王朝经过初期休养调整,政权相对稳定,国力渐趋强盛,所谓"海内晏安,民物康阜",社会呈现出比较安定繁荣的局面,给台阁文臣营造出一种"颂上之德而鸣国家之盛"的创作氛围。

再次，明王朝在建立之初，全面实行整饬政策，尤其是对文人士大夫思想的钳制以及通过厂卫制度对朝臣的恐怖监视，使文人不敢也不便于在文学中全面展示真实的社会现实和个人的内在情感。

最后，正如欧阳修所言："盖世所传诗者，多出于古穷人之辞也。"台阁文人深居宫苑、交游公卿，社会视野狭窄，诗文中毫无风云之气、雄浑之感、沧桑之思。

471. 简述茶陵派并评价李东阳在明代文学发展中的地位。

三杨台阁之后，七子复古之前，李东阳以宰辅之尊主持文坛，天下翕然宗之。在其周围的其他代表作家有谢铎、张泰、邵宝、鲁铎等人，形成茶陵派。

东阳对古人之文，最尊曾巩，并认为曾巩之文"达事明理，以翼圣道，裨世治"，这一点与杨士奇的看法颇为相似。东阳论诗，讲究"法度"，且推崇杜甫。理论上主张学诗应效法唐诗，重在音节、格调和用字。但在创作实践中，一如其文，也是未脱台阁之气。

正如沈德潜所言："永乐以后诗，茶陵起而振之，如老鹤一鸣，喧啾俱废。后李何继起，廓而大之，骎骎乎称一代之盛矣。"因此茶陵派是由台阁体向七子过渡的纽带。

472. 简要介绍明代前、后七子以及为什么称其为"秦汉派"。

明宪宗成化年间到明穆宗隆庆年间的一百余年中，文坛上出现了一场复古运动，这场运动旨在纠正明代前期理学思想、台阁之体先后对文学产生的不良影响。

前、后七子是明代先后出现的两个观点相近的文学集团。"前七子"，即李梦阳、何景明、徐祯卿、边贡、康海、王九思和王廷相七人。其中李梦阳与何景明成就最彰。"后七子"，即李攀龙、王世贞、谢榛、宗臣、梁有誉、徐中行、吴国伦，其中以李攀龙和王世贞为代表。

前、后七子主张"文必秦汉"，推崇秦汉之文，轻视贬低秦汉之后的文章，认为"宋儒兴而古之文废"（李梦阳《空同集》），"文自西京、诗自天宝而下，俱无足观，于本朝独推李梦阳"（《明史》卷二八七《李攀龙传》）。他们以秦汉之文为创作规范，如学字临帖般，要求一字一句模拟，不可逾越半步，以为非如此不可得其精髓。这样的主张，使得前、后七子创作的文章染上了极浓厚的拟古色彩，而缺乏自身的文采与特色。

473. 前、后七子主张"诗必盛唐"是什么意思？

"文必秦汉，诗必盛唐"为前七子领袖李梦阳倡言，并为后七子诸人承袭。弘治、正德年间，宦官势大，政治腐败，而其时文坛却盛行粉饰太平的台阁体。在思想领域，程朱理学占有统治地位，加之八股取士，读书人只知埋首八股，只知代圣人言。凡此种种，造成文学的衰落。

"诗必盛唐"的口号，包含有合理和积极的内涵，但同时也带有相当大的片面性。他们推崇汉、魏、盛唐的作品，而对中唐以后的诗则横加贬抑，对宋代以后的诗更是一笔抹杀。李梦阳曾公开宣称"宋无诗"，并劝人不要读唐代以后的书。李攀龙编选《古今诗删》十四卷，于唐以后直接继以明，多录同时诸人之作。王世贞晚年已经认识到这种观点的片面性,提出了"代不能废人,人不能废篇,篇不能废句"(《宋诗选序》)的观点。

在前、后七子倡导"诗必盛唐"的同时,产生了剽窃模拟之病,正如钱谦益所言,"牵率模拟,剽贼于声句字之间,如婴儿之学语,如童子之洛诵,字则字,句则句,篇则篇,毫不能吐其心之所有"(《列朝诗集小传》丙集)。李攀龙诗文拟古,其弊比前七子尤甚,"所拟乐府,或更古数字为己作"(《明史·李攀龙传》)。

从文学史发展的眼光来看,前、后七子的主张作为当时的一种文学思潮,具有一定的现实意义,不能说完全没有起过积极作用。他们主张"文必秦汉,诗必盛唐",就是要向秦汉、盛唐诗文的现实主义传统靠拢,来矫正当时的台阁之体和理学八股。

474. 简评前、后七子文学复古的功过得失。

就其积极一面来看,明代前期台阁体的盛行、受科举礼教的影响而重经义轻诗赋等因素都对文学的发展产生了不良的影响,前、后七子的文学复古是从古诗文中汲取力量和养分,来抗衡消除当时文坛上的不良风气,客观来说他们的创作实践也推动了文学的独立发展。

然而就其作品来看,不难发现他们的主张与实践存在较大差距,因其才力、阅历有限,其作品陷入拟古蹈袭的窠臼。然而他们的追求与努力方向还是对晚明及清代文人产生了很大的影响。

475. 试述归有光散文的特色。除归有光外"唐宋派"还有哪些代表人物?

唐宋派文人中文学成就较高的首推归有光。《四库全书总目》集部《震川文集》《别集》提要称:"自明季以来,学者知由韩、柳、欧、苏沿洄以溯秦、汉者,有光实有力焉。"钱谦益在《震川先生小传》中说道:"熙甫为文,原本六经,而好太史公书,能得其风神脉理。其于八大家,自谓可肩随欧、曾,临川则不难抗行。"与之同时期的王世贞更是称赞归有光为文"不事雕饰,而自有风味,超然当名家矣"(《归太仆赞序》)。

归有光的散文善于捕捉日常生活中的平凡琐事,看上去平淡无奇,不加雕饰,实际上蕴含着撼动人心的真挚情感,因而,王锡爵在为归有光写的墓志铭中说,他的散文"无意于感人,而欢愉惨恻之思,溢于言语之外"。

归有光的文学思想与创作追摹唐宋古文,故称"唐宋派"。"唐宋派"在文学主张上与前、后七子的主张"文必秦汉"相对立,"唐宋派"的代表人物除了归有光外,还有王慎中、唐顺之、茅坤等人。

476. 以《项脊轩志》为例说明归有光的散文创作特色。

归有光是明中期的重要散文家,也是唐宋派的重要成员之一。《项脊轩志》以作者的书房项脊轩为观照对象,历叙了它的环境及前后变化,其间又穿插着亲人们生前对自己的照顾,以及他们死后自己对他们的深切怀念之情。整篇文章语言简洁生动,人物音容笑貌跃然纸上,感情真挚浓郁。它表明归有光善于通过对生活琐事的描写来传达自己心中深切而真实的情感,使人读起来感觉自然生动,回味无穷。

清人王鸣盛在《钝翁类稿》中,从散文发展的角度,盛赞归有光:"明自永(乐)、宣(德)以下,尚台阁体;(成)化、(弘)治以下,尚伪秦汉;天下无真文章者百数十年。震川归氏起于吾郡,以妙远不测之旨,发其淡宕不收之意,扫台阁之肤庸,斥伪体之恶浊,而于唐宋七大家及浙东道学体,又不相沿袭,盖文之超绝者也。"

477. 董其昌评归有光的古文"前非李、何,后非晋江(王慎中)、毗陵(唐顺之),卓然自为一家之书"(《凤凰山房稿序》),那么,被列入"唐宋派"的归有光为什么能"自为一家之书"?

归有光之所以被列入唐宋派,是因为他与唐宋派中其他诸家一样对当时前后七子的复古理论与模拟之风不满,在文学的实践中,他认为文应根于六经,宣扬道德。

然而归有光与唐宋派中的王慎中、唐顺之的主张又存有差异,因为王、唐二人独尊宋代理学家之文。与之相比,归有光虽然也追求"文道合一",但他追求的道,乃是传统的儒家之道,除此之外,归有光还推崇司马迁的"龙门家法"并且注重文章的抒情作用。因此,归有光的这些观点和实践与王、唐诸人存在一定差距,所以说归有光能"自为一家之书"。

478. 唐宋派的唐顺之在其《答茅鹿门知县第二书》中言"直摅胸臆,信手写出",在《又与洪方洲书》中语"开口见喉咙",这些主张与晚明性灵派文论是否一致,有何不同?

两者看似相类,实则存在根本的差异。唐顺之推崇的是理学之文,他认为"程朱诸先生之书……字字发明古圣贤之蕴"(唐顺之《与王尧衢书》),"人欲之为苦海,而循理之为坦荡"(《与陈两湖主事书》),他们的胸臆是理学的天理,写出的也是理学的说教。而袁宏道的"性灵说"是受了李贽"童心说"的影响,从反道学的角度提出的,旨在削弱道学礼教对文学的束缚,因此两者存在根本的不同。

479. "吴中四才子"分别指哪些人,这是一个怎样的群体?

明代中期,文坛出现祝允明、唐寅、文徵明和徐祯卿,被称为"吴中四才子"。其中,徐祯卿于弘治末进士及第后,也成为"前七子"成员之一。《明史·列传第一百七十四·文苑二》记载:"祯卿少与祝允明、唐寅、文徵明齐名,号'吴中四才子'。其为读,喜白居易、刘禹锡。既登第,与李梦阳、何景明游,悔其少作,改而趋汉、魏、盛唐,然故习犹在,梦阳讥其守而未化。……祯卿体癯神清,诗熔炼精警,为吴中诗人之冠,年虽不永,名满士林。"

袁宏道在《叙姜陆二公同适稿》中认为:"苏郡文物,甲于一时。至弘、正间,才艺代出,斌斌称极盛,词林当天下之五。"指出当时吴中四才子在文坛与前七子旗鼓相当。徐祯卿以诗赋见长,进士及第,其他三人能诗文、擅书画,但科场不第。吴中风气的形成除了科举不顺外,还与明初的文字狱以及江南文化中传统的隐逸心态有关。吴中文人的观念意识中亦较多带有市民色彩和对物质享乐的大胆追求。其中,以唐寅与祝允明较有代表性。

480. "吴中四才子"与前七子大致同时出现,其对后来文学进程的影响为何远逊于前七子?

吴中四才子为明代中期在苏州一带出现的以徐祯卿、唐寅为代表的文人群体,与前七子相似的是他们也反对在诗文中过度强化宋明理学的陈腐,注重向古诗文学习,推崇自由个性的真实。

与前七子不同的是吴中诸子皆科场蹭蹬、名位不显,这也促使吴中诸子对传统价值产生一种蔑视和对抗的态度。并且吴中诸子中的主将徐祯卿,在弘治末年进士登第后,加入了以李、何为主的前七子文学群体。此外,吴中诸子的文学主张也不如前七子鲜明、激进,取法对象也较前七子宽泛。总体来看,吴中诸子的文学创作态度比前七子更为合理,然而也正是这份"合理"减弱了其作为一个文学流派对当时文坛的冲击力。

481. 公安派与竟陵派有什么不同?

晚明诗坛,竟陵派受公安派影响,两派都推崇"性灵",比如袁宏道在评其弟袁中道时讲:"大都独抒性灵,不拘格套,非从自己胸臆流出,不肯下笔。"谭元春在其《诗归序》中写道:"夫真有性灵之言,常浮出纸上,决不与众言伍。"

然而两派还是存有明显差异的,公安派强调诗文要"独抒性灵,不拘格套",应是"从自己胸臆流出"的"本色独造语",认为"代有升降,而法不相沿,各极其变,各穷其趣,所以可贵,原不可以优劣论也"。公安派肯定只有出自性灵的诗才是真诗。而竟陵派另立幽深孤峭之宗,以试图纠公安之偏,所说"性灵",指避世绝俗的"孤怀孤诣"和"幽情单绪",强调于古人诗中求性灵,求得古人之真诗,在精神上达到古人的境界。

482. 公安派的文学理论主张是什么?

晚明文坛,反对七子派的复古之风,以公安派的声势最为浩大。袁宏道提出了"独抒性灵"的口号。其理论主张:

一是主张"独抒性灵,不拘格套"。主张诗歌创作要表现个性和真情,"性之所安,殆不可强,率性所行,是谓真人"(袁宏道《识张幼于箴铭后》),非从自己胸臆中流出,不肯下笔。只要"天下之慧人才士,始知心灵无涯,搜之愈出,相与各呈其奇,而互穷其变,然后人人有一段真面目溢露于楮墨之间"(袁中道《中郎先生全集序》)。

二是主张通变,反对拟古蹈袭。公安派针对前后七子的拟句摹字、食古不化之倾向,主张文学应随时代而发展变化,"代有升降,而法不相沿,各极其变,各穷其趣"(袁宏道《叙小修诗》),"世道改变,文亦因之;今之不必摹古者,亦势也"(袁宏道《与江进之》)。文学内容和形式语言亦要有所变化,"性情之发,无所不吐,其势必互异而趋俚,趋于俚又变矣"(袁中道《花雪赋引》)。"古何必高? 今何必卑?""信腔信口,皆成律度""古人之法顾安可概哉!"(袁宏道《雪涛阁集序》),冲破一切束缚。

三是肯定民歌价值,提出重"真诗"。公安派重视从民间文学中汲取营养,袁宏道曾自叙以《打枣竿》等民歌时调为诗,使他"诗眼大开,诗肠大阔,诗集大饶",认为当时闾里妇孺所唱的《擘破玉》《打枣竿》之类,是"无闻无识真人所作,故多真声"。

《四库全书总目》集部《袁中郎集》提要在总结袁宏道诗文风格时说道:"其诗文变板重为轻巧,变粉饰为本色,致天下耳目于一新",可以说这也是公安诸子所共有的文学特征。

483. 简述袁宏道"性灵说"的主要内涵。

袁宏道在为其弟袁中道的诗集所写的《叙小修诗》中,不仅对小修诗的独到价值做出了中肯的评价,更全面阐发了袁氏兄弟之间共通的文学理论主张,即"性灵说"。

袁宏道说自己弟弟袁中道的诗文,"大都独抒性灵,不拘格套,非从自己胸臆流出,不肯下笔。有时情与境会,顷刻千言,如水东注,令人夺魂。其间有佳处,亦有疵处,佳处自不必言,即疵处亦多本色独造语。然予则极喜其疵处;而所谓佳者,尚不能不以粉饰蹈袭为恨,以为未能尽脱近代文人气习故也"。

在《叙小修诗》中,袁宏道更是直指当时文坛弊病,指出:"盖诗文至近代而卑极矣,文则必欲准于秦、汉,诗则必欲准于盛唐,剽袭模拟,影响步趋,见人有一语不相肖者,则共指以为野狐外道。"对此弊端,袁宏道说:"唯夫代有升降,而法不相沿,各极其变,各穷其趣,所以可贵,原不可以优劣论也。……故吾谓今之诗文不传矣。其万一传者,或今闾阎妇人孺子所唱《擘破玉》《打草竿》之类,犹是无闻无识真人所作,故多真声,不效颦于汉、魏,不学步于盛唐,任性而发,尚能通于人之喜怒哀乐嗜好情欲,是可喜也。"最后,袁宏道指出:"大概情至之语,自能感人,是谓真诗,可传也。"

484. 简述竟陵派的文学理论主张。

在晚明,公安诸子之后,湖北竟陵人钟惺、谭元春等人崛起于诗坛,形成颇具影响的竟陵派。钟、谭二人编选《诗归》,并由钟惺为之作序,在序文中,钟惺深入全面地阐释了竟陵派的诗学理论。

钟惺在《诗归序》中说:"选古人诗,而命曰《诗归》。非谓古人之诗,以吾所选为归,庶几见吾所选者,以古人为归也。引古人之精神,以接后人之心目,使其心目有所止焉,如是而已矣。"具体做法是"求古人真诗所在。真诗者,精神所为也。察其幽情单绪,孤行静寄于喧杂之中,而乃以其虚怀定力,独往冥游于寥廓之外"。因此,竟陵派诗作总体呈现出孤清奇峭、幽深静寂的审美趣味。

485. 简述李贽的"童心说"。

李贽是明代后期重要的思想家,他站在王学左派的立场上反对虚假固化的礼教。在其《童心说》一文中,李贽详细解释了何为"童心"。他说:"夫童心者,真心也。……夫童心者,绝假纯真,最初一念之本心也。若失却童心,便失却真心;失却真心,便失却真人。人而非真,全不复有初矣。童子者,人之初也;童心者,心之初也。"李贽认为世上的读书人大多以"道理闻见"为主,失却"童心","于是发而为言语,则言语不由衷;见而为政事,则政事无根柢;著而为文辞,则文辞不能达"。

对于文学,李贽提出:"天下之至文,未有不出于童心焉者也。……诗何必古选,文何必先秦。降而为六朝,变而为近体;又变而为传奇,变而为院本,为杂剧,为《西厢曲》,为《水浒传》,为今之举子业,皆古今至文,不可得而时势先后论也。故吾因是而有感于童心者之自文也,更说什么《六经》,更说什么《语》《孟》乎。"李贽的这种文学观念对后世产生了巨大影响,与王国维的"一代有一代之文学"前后呼应。

最后,李贽对礼教经典提出质疑,认为儒家经典"纵出自圣人,要亦有为而发,不过因病发药,随时处方,以救此一等懵懂弟子,迂阔门徒云耳。医药假病,方难定执,是岂可遽以为万世之至论乎?然则《六经》《语》《孟》,乃道学之口实,假人之渊薮也,断断乎其不可以语于童心之言明矣"。李贽的"童心说"是对伪道学的一种有力的反击,给晚明文坛带来一阵清风。

486. 简述晚明小品文的创作特色。

晚明小品文代表了晚明散文所具有的时代特色。明代晚期,社会环境的压抑和个性思潮的传播使得一些文人将自己的内心意趣、审美情态付诸于小品文的书写,这些小品文与以往用以载道、传道的高文大册不同,更多关注于个人的生活细节、山水游历、所思所感,各种传统文体皆可为用。

袁中道在其《答蔡观察元履》一文中写道:"生少也贱,幸免为世法应酬之文,惟模写山情水态,以自赏适,终难以列于作者之林。"其中虽有袁中道的谦辞以及牢骚之言,然而我们还是可以看出小品文的特征,那就是不同于以往的"世法应酬之文",更多是用于"自赏适"之作。在此文中袁中道接着指出小品文往往是"率尔无意之作,更是神情所寄"。最后更是指出"今东坡之可爱者,多其小文小说;其高文大册,人固不深爱也。使尽去之,而独存其高文大册,岂复有坡公哉"。

由此观之,晚明小品文在摆脱宋明理学道统对文学的统治、追求文学特有的审美属性、赋予文学独立发展的地位上功不可没。

487. 晚明小品文为什么会风行起来?有哪些主要作家和作品?

明代文坛由于前后七子提倡复古,一时拟古之风盛行。这种状况引起了一部分文人的强烈不满,产生了以王慎中、唐顺之、茅坤和归有光为代表的"唐宋派",他们反对前后七子一味拟古、刻意模仿,主张"文以载道""文与道非二也"。然而伴随着社会环境的压抑、个性思潮的传播,一些文人将自己的内心意趣、审美情态付诸小品文的书写,这些小品文与以往用以载道、传道的高文大册不同,更多关注于个人的生活细节、山水游历、所思所感。

晚明小品文的主要作家以袁宗道、袁宏道与袁中道为代表,其中,首推袁宏道。其主要作品有《初至西湖记》《晚游六桥待月记》《满井游记》等。晚明小品文最后一位大家和集大成者是张岱,有《陶庵梦忆》《西湖梦寻》《娜嬛文集》等。

488. 什么是章回小说？

章回小说是在宋元话本的基础上发展演变而来的，在明代走向成熟和完善。章回小说的特征是分章叙事，分回标目，每一章的回目大体介绍本章的故事内容，而每章讲述的故事又相对独立，如此前后相接、首尾相连，形成一部篇幅浩大、内容丰富的长篇故事。

此外，章回小说中每章开头与结尾遗存有话本的开场诗和散场诗，正文往往以"话说"起始，每章故事发展至高潮处，往往再套用"欲知后事如何，且听下回分解"之语，引接下章。

章回小说的体制也有一个发展过程，如嘉靖壬午刻本《三国志通俗演义》，每回标题为单句七字；万历年间《水浒传》每回的标题大致为对偶的双句；崇祯本《金瓶梅》的回目已发展得十分精工。因此，曼殊在《小说丛话》中讲："吾见小说中，其回目之最佳者，莫如《金瓶梅》。"

489. 章回小说的特征有哪些？

章回小说是我国古代长篇小说的主要形式，因其独树一帜且具有鲜明的民族特色，在中国文学史中占有重要的地位。章回小说的特点有以下几方面：

（1）保持话本的某些特点，以白话写成，但有所发展。例如，有些章回小说继承话本的传统，正文前有"楔子"，颇与话本的"入话"相类似。再如，从章回小说中经常出现的"话说""且看""看官""诸公"等词语，也可看出其与话本之间的继承关系。

（2）分章标回。宋元艺人的小说故事一般都比较短，可一次讲完，其话本都没有分章立节。后来，由于讲史的兴起，历史故事内容篇幅较长，须分成多次讲说。同时，为了便于听众记住，加深印象，每次讲一个中心内容，便有一个醒目的标题，这样就逐步形成分章节、立回目的格局。

（3）设置悬念，结构上前回与后回保持连续性。章回小说的每回末尾常以"欲知后事如何，且听下回分解"收尾，保留说话艺术的痕迹，使读者欲罢不能，有兴趣继续看下去。

490. 简述章回小说的发展情况。

章回小说是在宋元讲史话本的基础上发展起来的。王国维在《唐三藏取经诗话跋》中称："此书……亦后世小说分章回之祖。"但第一批章回小说的正式问世，当推元末明初的《三国志通俗演义》《三遂平妖传》和《水浒传》等等。就是在这批最早的章回小说中，我们还可以看到体例不完备的情况。据《也是园书目》和《百川书志》记载，最早的《水浒传》也只有卷数，没有回目，直到嘉靖年间的郭勋刻本百回本和万历年间的天都外臣序本《水浒传》，才由单句回目发展到双句回目，而且每回开头有"话说"，结尾有"且听下回分解"的固定形式。可见，嘉靖、万历时期是章回小说发展到基本定型和走向繁荣的时期。在这段时间中诞生的章回小说名著，还有《西游记》《封神演义》《金瓶梅》等等。

到了清代，章回小说的内容题材更呈现出千姿百态的状况，根据鲁迅《中国小说史略》的分类，大致有神魔小说、人情小说、讽刺小说、狭邪小说、侠义小说、公案小说和谴责小说。章回小说的登峰造极之作,无疑是清乾隆时期曹雪芹所著的《红楼梦》,它标志着章回小说最完美的形式和最高的艺术成就。《红楼梦》完全摆脱了话本的影响,成了具有高度文学性、艺术性的书面读物,诚如鲁迅所言:"自有《红楼梦》出来以后,传统的思想和写法都打破了。"《红楼梦》以后,章回小说似乎盛极而衰,尤其至近代,西方文化、欧美小说输入,人们的审美观念也逐渐改变。五四时期,以鲁迅为首的新作家开始采用西方小说的形式,逐渐以新小说取代旧的章回小说。

491. 什么是历史演义?历史演义小说大量产生于何时?主要作品有哪些?

就目前来看,最早用"演义"来称指历史小说的是嘉靖本《三国志通俗演义》,蒋大器为此书作的序中说"演义"是:"文不甚深,言不甚俗,事纪其实,亦庶几乎史。盖欲读诵者,人人得而知之,若诗所谓里巷歌谣之义也。"明人杨尔曾在《东西两晋演义序》中说:"一代肇兴,必有一代之史,而有信史,有野史,好事者蒐取而演之,以通俗谕人,名曰演义。盖自罗贯中《水浒传》《三国传》始也。"

可观道人更在《新列国志叙》中说道:"自罗贯中氏《三国志》一书,以国史演为通俗演义,汪洋百余回,为世所尚。嗣是效颦日众,因而有《夏书》《商书》《列国》《两汉》《唐书》《残唐》《南北宋》诸刻,其浩瀚几与正史分签并架。"

除此之外,历史演义小说还有《列国志传》《唐书志传通俗演义》《隋唐两朝志传》《隋炀帝艳史》《隋史遗文》,以及晚明出现的《梼杌闲评》《辽海丹忠录》等。

492. 简述《三国演义》的主要版本。

(1)嘉靖壬午年刊刻的《三国志通俗演义》,全书二十四卷,二百四十则。

(2)《新刻按鉴全像批评三国志传》,二十卷,二百四十则。

(3)《李卓吾先生批评三国志》,不分卷,一百二十回。此卷实为明叶昼假借李贽之名进行点评,因此又称"伪李评本"。

(4)《笠翁评阅绘像三国志第一才子书》,此本以"伪李评本"为底本,由李渔批注删改而成。

(5)《第一才子书——三国演义》,六十卷,一百二十回。又称"毛本",此本是现在最流通的版本。

493. 简述"三国故事"的历代演变情况。

就三国故事的发展演变来看,其源头首先是西晋史学家陈寿所著的《三国志》,其后,南朝宋裴松之为《三国志》作注,裴注内容丰富,对《三国志》进行了极大的补充。《三国志》及裴注中的故事在民间大量传播,比如《南部烟花录》中就记载隋炀帝"会群臣于曲水,以观水饰……曹瞒浴谯水,击水蛟;魏文帝兴师,临河不济……吴大帝临钓台望葛玄;刘备乘马渡檀溪"等典型的三国故事。唐代李商隐也有诗云:"或谑张飞胡,或笑邓艾吃。"北宋苏轼《东坡志林》载:"王彭尝云:涂巷中小儿薄劣,其家所厌苦,辄与钱,令聚坐听说古话。至说三国事,闻刘玄德败,颦蹙有出涕者;闻曹操败,即喜唱快。"可见在北宋时期,三国故事不仅深入民间、广为传播,更已具备了明显的尊刘贬曹的倾向。在金元时期,三国故事更是在戏剧舞台上广为传唱。

需要指出的是,陈寿所著的《三国志》依然是仿《史记》的纪传体,而北宋司马光所撰的编年体史书《资治通鉴》的出现,为《三国演义》按时间顺序排列小说框架提供了参照。此外,南宋朱熹采用蜀汉编年的《资治通鉴纲目》,无疑都对《三国演义》的成书起到框架性的参照作用。

494. 简述史书中对三国时期刘备、曹操两大集团的尊贬态度倾向。

从历史上看,对三国中的曹、刘两家持什么态度,历来正史就持完全不同的意见。

西晋陈寿的《三国志》是"尊曹贬刘"的。到了东晋,习凿齿作《汉晋春秋》,由于此时北中国为异族所占,东晋偏安江左,其地位正与三国时的蜀汉政权相似,因此,习凿齿便适应了时代的要求,率先对"晋承魏统"提出异议,用推崇蜀汉为正统的办法,来间接推崇东晋的地位,以便在思想上压倒盘踞北方的异族统治者。

至北宋司马光作《资治通鉴》,由于此时长江南北统一于宋,因此对历史上的正统问题就不像偏安江左的东晋王朝那样微妙而敏感。但由于北宋皇权取自后周,也是从别人手里夺来的,其情形正与当年曹魏政权取之于汉有相似之处。因此,这就决定了北宋必然尊曹,以魏为正统。但到了南宋,其处境又与蜀汉、东晋相似,因此,为了自身的政治利益,必然又要变"尊曹贬刘"为"尊刘贬曹",这种变化集中地反映在朱熹所著的《资治通鉴纲目》里。

495. 你如何理解《三国演义》中曹操的形象?

从《三国志》到《世说新语》再到后世的文学作品,曹操的形象从一个英豪走向一位奸雄。《三国志·武帝纪》中评价曹操时说:"汉末,天下大乱,雄豪并起,而袁绍虎视四州,强盛莫敌。太祖运筹演谋,鞭挞宇内,揽申、商之法术,该韩、白之奇策,官方授材,各因其器,矫情任算,不念旧恶,终能总御皇机,克成洪业者,惟其明略最优也。抑可谓非常之人,超世之杰矣。"可见在正史中,曹操的形象还是颇为正面的。

《世说新语·容止》中记载:"魏武将见匈奴使,自以形陋,不足雄远国,使崔季圭代,帝自捉刀立床头。既毕,令间谍问曰:'魏王何如?'匈奴使答曰:'魏王雅望非常,然床头捉刀人,此乃英雄也。'魏武闻之,追杀此使。"此故事虽然形象生动地描述了曹操猜忌狠毒的性格,然不过小说之言。

在《三国演义》中,曹操的性格得到全面的描述,曹操信奉"宁教我负天下人,休教天下人负我"而残杀吕伯奢全家;为稳军心杀仓官王垕;杨修"恃才放旷,数犯曹操之忌"被曹操斩首;荀彧不从其篡汉,被曹操赐死。这些故事情节充分说明,在《三国演义》中曹操的性格凶残、阴险、狠毒。然而在《三国演义》其他一些故事中,曹操又是一位知人善任、统兵有方的明主。

496. 试分析《三国演义》中虚与实的结合。

作为历史演义小说,首先要处理好的就是历史真实与艺术创造的关系问题,在这个问题上,《三国演义》可以称得上为后世同类小说提供了优秀的范本。

清代章学诚在《丙辰札记》中评价《三国演义》为"七分实事,三分虚构",此论符合《三国演义》中的历史事实和艺术创造的结合。所谓"七分实事"是指在《三国演义》中从东汉灭亡到西晋建立的近百年的时间里,事件、人物多是基于史实的,而"三分虚构"则在于吸收民间传说中的精彩故事,在史实的基础上进行一定的渲染夸张、移花接木等,使作品更具艺术感染力。

497. 试分析《三国演义》中的人物塑造。

清代章学诚在《丙辰札记》中评价《三国演义》为"七分实事,三分虚构",此论符合《三国演义》中的历史事实和艺术创造的结合。因而,《三国演义》对其中人物形象的塑造也是在这"七分实事,三分虚构"中完成的。毛宗岗在其《读三国志法》中说道:"吾以为三国有三奇,可称三绝:诸葛孔明一绝也""关云长一绝也,曹操亦一绝也。历稽载籍,贤相林立,而名高万古者莫如孔明。……历稽载籍,名将如云,而绝伦超群者莫如云长。……历稽载籍,奸雄接踵,而智足以揽人才而欺天下者莫如曹操"。在历史事实的基础上,《三国演义》对人物进行艺术加工,使其中人物个性鲜明,形象传神。此外,《三国演义》更是善用对比,通过对比来突现人物的个性与特质,比如同是主公,刘备与曹操的对比;同是东吴重臣,周瑜与鲁肃的对比;同是指挥千军万马,诸葛亮与周瑜、司马懿的对比。

498.《三国演义》的叙事特征是什么?

从《搜神记》《世说新语》,到唐宋传奇,再到金元戏曲,文学故事的叙事主要是以人物为中心的纪传体,随着宋代以《资治通鉴》为代表的编年体史书的出现,这种历史叙事方式深刻地影响着此后的文学创作。因此,明代高儒在其《白川书志》中评价《三国演义》说:"据正史,采小说,证文辞,通好尚,非俗非虚,易观易入,非史氏苍古之文,去瞽传诙谐之气,陈叙百年,该括万事。"《三国演义》作为中国古代早期章回体小说,在叙事方式上基本以全知全能为主。此后,历史演义小说皆以《三国演义》为楷模,沿此框架进行创作。

499. 鲁迅在《中国小说史略》中就《三国演义》写了一段话:"至于写人,亦颇有失,以致欲显刘备之长厚而似伪,状诸葛之多智而近妖。"你如何理解诸葛亮这一人物形象?

鲁迅在《中国小说的历史的变迁》中说《三国演义》"描写过实。写好的人,简直一点坏处都没有;而写不好的人,又是一点好处都没有。其实这在事实上是不对的,因为一个人不能事事全好,也不能事事全坏。譬如曹操他在政治上也有他的好处;而刘备、关羽等,也不能说毫无可议,但是作者并不管它,只是任主观方面写去,往往成为出乎情理之外的人"。

鲁迅的评论可谓实事求是，《三国演义》虽然基于正史，然而在其流传的过程中，三国中的故事、人物却主要流传于民间，对三国人物的看法自然夹杂着社会底层大众的期待与理想。在《三国演义》中，诸葛亮是大贤、忠良、智者的化身，也正是诸葛亮身上的这些品质给听故事、看故事的底层民众点起了一盏盏希望的明灯。

500. 简述《三国演义》之后明代出现的历史演义小说。

余邵鱼的《列国志传》，是在《武王伐纣平话》《七国春秋平话》《秦并六国平话》等讲史话本的基础上，基于正史，兼取杂说，以时间先后顺序叙述从武王伐纣到秦扫六合之间八百多年的天下大事。

《唐书志传通俗演义》《隋唐两朝志传》，皆以李世民为中心进行展开，叙述较简。此外，《隋炀帝艳史》《隋史遗文》，以及晚明出现的《梼杌闲评》《辽海丹忠录》等作品都较为出色。

501.《水浒传》的成书过程是怎样的？

《宋史·侯蒙传》中记载侯蒙向徽宗上书进言称："江以三十六人横行齐、魏，官军数万无敢抗者，其才必过人。今青溪盗起，不若赦江，使讨方腊以自赎。"在《宋史·张叔夜传》中记载："宋江起河朔，转略十郡，官军莫敢婴其锋。"

之后，宋末元初龚开作的《宋江三十六人赞》完整记录宋江等三十六人的姓名、绰号；与其同时的罗烨著的《醉翁谈录》中也著录了一些关于水浒人物的故事；而此间出现的《大宋宣和遗事》一书，已将大量水浒故事连缀起来。入元之后，戏剧家将大量的水浒故事搬演上舞台。正是在此基础之上，经过长期发展，形成小说《水浒传》。

502. 简述《水浒传》的叙述结构。

在叙事上，《水浒传》与《三国演义》大致一样，都是采用全知叙事的方法，然而《水浒传》中也有精彩的限知叙事，比如在《武松醉打蒋门神》一节，多以武松的视角进行描写。

在叙述结构上，《水浒传》首先将书中某个主要人物在一章或相连的几章中进行集中描写介绍，由这个人物再引出下一个人物，如此一一连缀，最后各路英雄齐聚梁山，聚齐梁山后，再以大事件接续发生，对事件中的人物进行描写。也就是说《水浒传》的前一部分是以人相连，而后一部分是以事为序，直至最后被朝廷招安。

503. 如何解读宋江把"聚义厅"改为"忠义堂"这一举动？

对于宋江的这一举动，可以这样理解：

(1) 宋江通过这一改动，完成了"义"的政治伦理的改造，即将宗旨变成了"只反贪官，不反皇帝"。

(2) 通过这一行为实现对梁山人格的整合，即化除戾气、转化心志、臣服正统、成就"大我"。

(3) 这是大传统文化对小传统文化的改造，即正统文化对通俗文化的改造，庙堂文化对江湖文化的改造。

504. 评述《水浒传》在人物塑造上的特点。

《水浒传》塑造人物时运用"同而不同"的艺术手法，主要体现在以下几个方面：

（1）作者注意多层次地刻画人物的性格，如李逵的莽撞中透露出率直和天真。

（2）在艺术形象构造中，作者往往同中求异，在相似的人物、相似的情节中进行对比，以此来突出人物的性格特点。

（3）在艺术形象塑造中，作者注意展示生存环境对人物性格发展变化的影响。

505. 梁启超认为《水浒传》是"诲盗"之书，《水浒传》英雄都是一批"以破城劫狱为能事，以杀人放火为豪举"的没有人性的"强盗"。周作人说《水浒传》不是"人的文学"，而是"强盗文学"。对此怎么看？

梁启超、周作人皆是站在传统价值观的立场上来看待梁山聚义，因而说《水浒传》中的众多好汉皆为强盗、《水浒传》为"强盗文学"。

明末思想家李贽在其《忠义水浒传序》中说道："盖自宋室不竞，冠履倒施，大贤处下，不肖处上；驯致夷狄处上，中原处下，一时君相，犹然处堂燕雀，纳币称臣，甘心屈膝于犬羊已矣。施、罗二公，身在元，心在宋，虽生元日，实愤宋事。是故愤二帝之北狩，则称大破辽以泄其愤；愤南渡之苟安，则称灭方腊以泄其愤。敢问泄愤者谁乎？则前日啸聚水浒之强人也，欲不谓之忠义不可也。是故施、罗二公传水浒而复以忠义名其传焉。"

因此，我们可以发现《忠义水浒传》描述的是"乱自上作""官逼民反"的黑暗的社会现实，梁山好汉虽举"替天行道"的大旗，最后终落得"煞曜罡星今已矣，谗臣贼相尚依然"的结局。

506. 简述明代后期在通俗小说领域兴起的神怪小说。

在明代后期，儒、释、道宗教思想的融合及其在民间的广泛传播催生出一大批独具特色的神怪小说，其中成就最高的当属《西游记》。此后在小说《西游记》的影响下又出现了大批仿作，比如《续西游记》《东游记》《南游记》《北游记》等。

此外，还有奇幻神魔与历史事实相结合的小说，在这些小说中历史往往只是其背影，主要还是突现其中的神幻，在幻中显真，这类小说有《封神演义》《三宝太监西洋记》《三遂平妖传》等。

507. 与《三国演义》《水浒传》相比，《西游记》的成书演化过程有何不同？

与《三国演义》《水浒传》相比，《西游记》的成书也经历了漫长的积淀和发展过程。

《旧唐书·玄奘传》记载玄奘于"贞观初，随商人往游西域。玄奘既辩博出群，所在必为讲释论难，蕃人远近咸尊伏之。在西域十七年，经百余国，悉解其国之语，仍采其山川谣俗，土地所有，撰《西域记》十二卷"。可见《西游记》与《三国演义》《水浒传》皆是基于一定史实的。《三国演义》《水浒传》是在一定的历史事实和框架之下，虚实结合而成，其中"虚"的部分也当作"实"来展现；而《西游记》整个故事框架则构建于神话鬼怪之中，在虚幻的故事中追求艺术想象的真实。

508. 简述《西游记》的取经故事流变。

《西游记》的故事源于唐代玄奘法师远赴天竺求取佛法的历史事实。《旧唐书》卷191列传141方伎记载玄奘在贞观初年随商人往游西域，在西域十七年讲释论难，贞观十九年回到长安，取回佛经657部，创立了佛教的重要宗派法相宗，撰有《西域记》12卷。

"取经故事"大致经历了三个阶段：

一是取经本事神异化阶段。玄奘的门徒辩机撰写《大唐西域记》，弟子慧立、彦悰撰写《大唐大慈恩寺三藏法师传》，赞颂玄奘的求法过程。唐末又出现《独异志》《大唐新语》等笔记小说记述玄奘西域求法过程中的奇幻经历。

二是向俗讲、民间故事的演变阶段。在北宋时出现的说经话本《大唐三藏取经诗话》中已经出现了小说《西游记》的故事框架，标志着取经的真人真事向神魔故事的演变。

三是在平话和戏曲创作过程中逐步定型阶段。元末明初曾有《西游记平话》流传，杨景贤杂剧《西游记》中唐僧师徒四人皆已出现，猴行者已变为孙悟空，已有"齐天大圣"的称号，首次出现猪八戒，深沙神也改称沙和尚。

509.《西游记》是怎样一部小说，分析其主要的艺术特点和成就。

《西游记》是我国古代著名的神话小说或神怪小说，它产生于明代中叶。唐僧取经本是唐代贞观年间的史实。《旧唐书》记载玄奘"在西域十七年，经百余国，悉解其国之语，仍采其山川谣俗，土地所有，撰《西域记》十二卷"。北宋年间已出现《大唐三藏取经诗话》，元末明初已有篇幅更大的《西游记》话本，元代和明初还有一些搬演唐僧取经故事的杂剧。现存最早的小说《西游记》是世德堂刊本二十卷。

(1)《西游记》是一部充满浪漫主义色彩的小说。其丰富、绚丽的艺术想象是很罕见的，文学史上很少有一部小说能像它这样创造出一个完整的神话世界，而且描绘得如此新奇有趣、生动活泼，这些描写并非一味荒唐怪诞，而是蕴含社会内容，是可以理解并能给人以启迪的。

(2)《西游记》成功地将人的思想性格追求与鸟兽虫鱼相结合，"使神魔皆有人情，精魅亦通世故"（鲁迅《中国小说史略》）。

(3)《西游记》特别注意在尖锐的矛盾冲突中叙写人物的心理、性格和才能，并且在细节描写方面的生动性、真实感也值得注意。

510. 举例分析孙悟空身上所反映的晚明时代精神以及作者的态度。

在《西游记》中，孙悟空本领高强、追求平等、个性不羁并且藐视权威，然而却处处受到打压，直到大闹天宫之后，被如来佛祖压在五行山下。这正与晚明的时代思潮相契合，明代晚期以李贽为代表的王学左派崇尚个性自由，并在当时产生很大影响，因此，孙悟空就可以看作是这种思潮在文学作品中的曲折反映。

然而，自从孙悟空跟随唐僧取经，就意味着孙悟空这个独立不羁的个体开始向传统回归、向权威靠拢,并在取经途中铲除各种妖魔鬼怪、充当体制的正义使者,这就是作者的态度。在作品中,作者是不允许在传统权威体制之外还存在一个独立而强大的孙悟空的。

511. 任蛟在《西游记叙言》中说《西游记》在艺术表现上的一大特点是"以戏言寓诸幻笔"。他为什么这么说,请分析。

清代任蛟在《西游记叙言》中对《西游记》给予极高的评价,他说:"《西游记》,天书也,奥妙奇方,无般不载,泄诸经之所未泄。"还说:"从来诸经皆传秘旨,惟秘也难阐","故以戏言寓诸幻笔,使无知愚贤不肖,皆能寓目以为逍遥游,得有大智慧大因缘人,参以修之悟之,登此慈航"。因此,之所以"以戏言寓诸幻笔"是为了使读者更好地参悟书中所含的"秘旨"。

512. 何谓世情小说?

"世情"所谓,出于明代笑花主人所写的《今古奇观序》,笑花主人说:"迄于皇明,文治聿新,作者竞爽。勿论廊庙鸿编,即稗官野史,卓然复绝千古。说书一家,亦有专门。……至所纂《喻世》《警世》《醒世》三言,极摹人情世态之歧,备写悲欢离合之致,可谓钦异拔新,洞心骇目。而曲终奏雅,归于厚俗。……夫蜃楼海市,焰山火井,观非不奇;然非耳目经见之事,未免为疑冰之虫。故夫天下之真奇者,未有不出于庸常者也。仁义礼智,谓之常心;忠孝节烈,谓之常行;善恶果报,谓之常理;圣贤豪杰,谓之常人。然常心不多葆,常行不多修,常理不多显,常人不多见,则相与惊而道之。闻者或悲或叹,或喜或愕。其善者知劝,而不善者亦有所惭恶悚惕,以其成风化之美。则夫动人以至奇者,乃训人以至常者也。吾安知闾阎之务不通于廊庙,稗秕之语不符于正史?"

由此可见,所谓"世情小说"就是通过对日常闾阎的描写,使"善者知劝,而不善者亦有所惭恶悚惕,以其成风化之美",明代代表作有三言二拍、《金瓶梅》等优秀作品。

513. 请以"四大奇书"为主要标志概述长篇小说艺术发展的历程。

中国古代长篇小说发展的初始期,其范本是创作于元末明初、刊刻于明代中叶以后的《三国志通俗演义》《忠义水浒》《隋唐五代史演义》等。小说自"讲史"发展而来,往往以历史真人真事为故事核心进行虚构创作,篇幅较长,章回体小说特征已基本成型。发展期主要是《西游记》《金瓶梅》等明中叶以后的大批章回体长篇小说。小说在内容描写上与讲史已无必然联系,故事情节更加复杂,人物和事件的描写也更加细腻,但在小说体裁上仍然保持着"讲史"的叙述痕迹。明末清初是中国古代长篇小说的成熟期,如著名的毛氏批本《三国演义》、金圣叹批本《水浒传》等,都以整齐对偶的双句回目来突出主要情节。特别是《红楼梦》从内容到形式都达到了长篇小说艺术的较高境界。

514.《金瓶梅》成书于何时?

对于《金瓶梅》出现的时间,明人沈德符在其《万历野获编》中说:"闻此为嘉靖间大名士手笔,指斥时事,如蔡京父子则指分宜,林灵素则指陶仲文,朱勔则指陆炳,其他各有所属云。"然而,现代学者一般认为《金瓶梅》大致成书于万历中前期,袁宏道在万历二十四年(1596年)做吴县知县的时候,写给董思白的书信中问道:"《金瓶梅》从何得来?伏枕略观,云霞满纸,胜于枚生《七发》多矣。后段在何处抄竟?当于何处倒换?幸一的示。"这是关于《金瓶梅》一书有年代可考的最早的记载。

515. 说说《金瓶梅》的主要版本。

《金瓶梅》成书之后以抄本流传,目前所知最早的刊本是"词话本"或"万历本",即万历丁巳年刊刻的《新刻金瓶梅词话》;之后是"崇祯本",即崇祯年间刊刻的《新刻绣像批评金瓶梅》;至清康熙年间又出现"张评本",即《张竹坡批评金瓶梅第一奇书》;民国十五年,存宝斋所出的"洁本",即《真本金瓶梅》,后改称《古本金瓶梅》。

516. 试述《金瓶梅》与之前的白话小说有何不同。

《金瓶梅》与其之前出现的几部长篇小说《三国演义》《水浒传》《西游记》相比,主要有两大不同点:

一是《三国演义》等几部小说涉及的人物和故事都经历长期的民间流传,在不同程度上可以说是人民群众和作家创作相结合的产物,而《金瓶梅》则属于作家个人创作。

二是《三国演义》等几部小说的主人公要么是历史和传说中的帝王将相,要么是神话英雄形象,所写故事主题宏大,而《金瓶梅》则是通过一个家庭来广泛地描述社会,主人公其人其事均系普通人物和平凡生活,这些都是前所未有的。

517. 分别介绍《金瓶梅》中西门庆的众妻妾。

(1)西门庆的原配陈氏。书中较少提及,在《金瓶梅词话》(万历本)第三回中,西门庆说:"小人先妻陈氏,虽是微末出身,却倒百伶百俐,是件都替的我。"

(2)继室吴月娘是西门庆续娶的正房妻子,清河县左卫吴千户之女,生得面若银盆,眼如杏子,举止稳重,持重寡言。吴月娘是整部《金瓶梅》中唯一恪守封建社会妇女道德准则"三从四德"的正经女人。

(3)李娇儿,本是勾栏里唱曲儿的妓女,西门庆一时兴起,将她娶回家中做了二房。

(4)卓二姐,又叫卓丢儿,私娼。西门庆娶为第三房姨太太,早死。

(5)孟玉楼,是西门庆的第三房妾(原补卓丢儿)。她是布贩子杨宗锡之妻,杨死,身边无子女。

(6)孙雪娥,是西门庆第四房妾。她是西门庆原配陈氏的陪床丫头,在娶潘金莲之前,与她戴了髻,排行第四。然而,在西门庆众妾中,其品最卑。

(7)潘金莲,早年被其母卖到王招宣府中,王招宣死后,潘妈妈又将其卖给张大户,之后被配与武大郎为妻,偶然被西门庆看到后,两人私通,在王婆的帮助下,毒杀武大郎,之后被西门庆娶进府中,做了第五房太太,称五娘。

(8)李瓶儿,曾是大名府梁中书的小妾,后嫁与花太监之侄花子虚为妻,因两家相邻,遂与西门庆私通,花子虚死后,被西门庆娶进府中,做了第六房太太。

518. 如何理解《金瓶梅》的价值与意义？

《金瓶梅词话·序》中写道："作者亦自有意，盖为世戒，非为世劝也。如诸妇多矣，而独以潘金莲、李瓶儿、春梅命名者，亦楚《檮杌》之意也。盖金莲以奸死，瓶儿以孽死，春梅以淫死，较诸妇更为惨耳。借西门庆以描画世之大净，应伯爵以描画世之小丑，诸淫妇以描画世之丑婆、净婆，令人读之汗下。盖为世戒，非为世劝也。余尝曰：读《金瓶梅》而生怜悯心者，菩萨也；生畏惧心者，君子也；生欢喜心者，小人也；生效法心者，乃禽兽耳。"

《金瓶梅词话·跋》中更是评论道："《金瓶梅传》，为世庙时一巨公寓言。盖有所刺也。然曲尽人间丑态，其亦先师不删《郑》《卫》之旨乎？中间处处埋伏因果，作者亦大慈悲矣。今后流行此书，功德无量矣。不知者竟目为淫书，不惟不知作者之旨，并亦冤却流行者之心矣。"

519. 欣欣子在为《金瓶梅》所写的序中首句即言"窃谓兰陵笑笑生作《金瓶梅传》，寄意于时俗"。其中的"时俗"如何理解，这与之前的长篇小说又有什么不同？

"时俗"是指《金瓶梅》描写的是当时的世俗社会，正如《金瓶梅词话·跋》中说《金瓶梅》"为世庙时一巨公寓言，盖有所刺也，然曲尽人间丑态"。

与之前的长篇小说相比：就小说的创作来说，由世代累积到独立创作；就创作意识来说，由依史演义、寄托寓言到全面而深刻地关注现实生活中的个体生命；就描写的题材来说，由军国大事、宏大的主题到闾阎琐事、日常的生活；就描写的人物来说，由英雄、超自然英雄到日常的平民百姓；就小说结构来说，由单一的线型结构到复杂的网状结构；就小说的语言来说，由半文半白到口语、方言等等。

520. 与之前的长篇小说相比，《金瓶梅》在人物塑造上有什么不同？

与"四大奇书"中其他三部相比，小说《金瓶梅》在人物塑造上有了很大不同。首先，《三国演义》《水浒传》《西游记》中的主要人物要么是帝王将相英雄豪杰，要么是神通广大的仙佛鬼怪，而《金瓶梅》中的所有人物都是现实生活中的鲜活个体。其次，《三国演义》《水浒传》《西游记》中的人物形象往往是单一的扁平人物，因此鲁迅就说《三国演义》中"欲显刘备之长厚而似伪，状诸葛之多智而近妖"，而《金瓶梅》中的人物多是立体的多面的，比如书中的西门庆虽是恶人，然而在其朋友有难处时，又能表现得颇为慷慨侠义。此外，《三国演义》《水浒传》《西游记》中多是以事件相接续，较少出现与故事情节发展无关的闲笔，而《金瓶梅》中往往会出现对情节发展作用不大的闲笔，正是这些闲笔从某些侧面突出刻画了人物的个性。

521. 何谓"三言"？何谓"二拍"？

"三言"指的是冯梦龙于明天启元年前后编著的《喻世明言》，天启四年编著的《警世通言》，天启七年编著的《醒世恒言》；"二拍"是在冯梦龙之后，凌濛初编著的《初刻拍案惊奇》《二刻拍案惊奇》。笑花主人在《今古奇观序》中评价"三言"是"极摹人情世态之歧，备写悲欢离合之致，可谓钦异拔新，洞心骇目。而曲终奏雅，归于厚俗。……其善者知劝，而不善者亦有所惭恧悚惕，以其成风化之美"。"二拍"与"三言"的思想特征近似，都是通过描写"耳目之内"的"日用起居"以达到劝解世人的目的。

522. 简述明代短篇小说集《今古奇观》。

"三言""二拍"一共有短篇白话小说一百九十八篇，不仅数量较多，并且每篇优劣不同，于是姑苏抱瓮老人从"三言"中挑选佳作二十九篇，从"二拍"中挑选十一篇，编辑成《今古奇观》一书，由于所选篇目皆为"三言""二拍"中的精品，所以此书流传极广。

523. 睡乡居士在《二刻拍案惊奇序》中所说的"无奇之所以为奇"怎么理解？

睡乡居士在《二刻拍案惊奇序》中说："今小说之行世者，无虑百种，然而失真之病，起于好奇。知奇之为奇，而不知无奇之所以为奇。舍目前可纪之事，而驰骛于不论不议之乡。如画家之不图犬马，而图鬼魅者。"睡乡居士所说的"无奇之所以为奇"，就是要在"目前可纪之事"中求真奇，来摆脱当时小说存在的"失真之病"。

这个观点正与《拍案惊奇序》中所讲一致，《拍案惊奇序》中说："今之人但知耳目之外，牛鬼蛇神之为奇，而不知耳目之内，日用起居，其为谲诡幻怪，非可以常理测者固多也。"

524. 简述"三言""二拍"在小说体式方面表现出的继承与创新。

"三言""二拍"作为明代最为杰出的短篇白话小说，是继承了宋元话本小说，并在其基础之上进行创新而形成的。总的来说，"三言""二拍"将过去说话的底本变为专供阅读的文本。具体来说，宋元话本的开头有"入话"，这些"入话"多是为了招徕稳定听众，往往与故事内容联系不紧密，"三言""二拍"极大地缩减了"入话"的篇幅，并使其与正文的关系更为紧密；同时，"三言""二拍"又缩减了故事中的韵文，减少阅读的障碍；在故事的结尾删去宋元话本最后"话本说彻，权作散场"之类的套话；在语言上，"三言""二拍"将小说语言变得更为通俗。

525. 试分析"三言""二拍"中商人形象的新变。

在中国传统的农业社会中，士农工商，商居其末，因此在以往的文学作品中，较少以商人作为正面的主人公进行描写。而在晚明出现的"三言""二拍"中，大量作品以商人作为主人公进行描写。首先，在"三言""二拍"中，人们开始认同并赞美通过自己的勤俭努力经商致富，比如《蒋兴哥重会珍珠衫》中说的"常言道：'一品官，二品客'"。其次，在以往的文学作品中，男女爱情故事的男主人公往往是文人雅士，而在"三言""二拍"中，大量男女爱情故事的男主人公变成了勤劳致富的商人。此外，"三言""二拍"中的这些商人往往还是勤劳、勇敢、善良、正直的正面形象。

526. 简述"三言"与"二拍"的艺术取向。

笑花主人在《今古奇观序》中评价"三言"是"极摹人情世态之歧，备写悲欢离合之致，可谓钦异拔新，洞心骇目。而曲终奏雅，归于厚俗。……其善者知劝，而不善者亦有所惭恧悚惕,以其成风化之美"。

凌濛初在《拍案惊奇序》中说:"今之人但知耳目之外,牛鬼蛇神之为奇,而不知耳目之内,日用起居,其为谲诡幻怪,非可以常理测者固多也。"睡乡居士在《二刻拍案惊奇序》中说:"今小说之行世者,无虑百种,然而失真之病,起于好奇。知奇之为奇,而不知无奇之所以为奇。舍目前可纪之事,而驰骛于不论不议之乡。如画家之不图犬马,而图鬼魅者。"实际上,这是"三言""二拍"共同的艺术取向,即睡乡居士所说的"无奇之所以为奇",就是要在"目前可纪之事"中求真奇,来摆脱当时小说存在的"失真之病",同时兼具劝解世人的目的。

527. 作为中国古代短篇白话小说,"二拍"的创新之处有哪些?

"三言"大量收录宋元旧篇,与之相比,"二拍"中的作品皆出自凌濛初之手。"二拍"是中国文学史上第一部由文人独立创作的白话短篇小说集。此外,在思想艺术追求上,"二拍"往往将那些假道学当作攻击的目标,比如《硬勘案大儒争闲气》中,将朱熹描述成一个无耻的小人。以往的文学作品往往将男女故事落脚于"情",在"二拍"中作者不仅注重"情",还肯定"欲"。比如《通闺闼坚心灯火》中,罗惜惜与张幼谦私订终身,张幼谦怕两人的私情被别人知道,而罗惜惜则说:"且尽着快活。就败露了,也只是一死,怕他甚么。"此外,"二拍"中推崇男女平等、尊重女性的思想,如《满少卿饥附饱飏》《酒下酒赵尼媪迷花》等篇。

528. 简述《娇红记》在中国小说史上的新进展。

在我国小说史上,《娇红记》是一部很值得重视的作品,小说是何时何人所作?一说是元初宋梅洞著,一说是明初无名氏著。它的出现,标志着我国小说创作的新进展。

(1)《娇红记》在赞颂坚贞爱情之外,更深入剖析了这种爱情如何被传统所扼杀。在这以前的小说中,男女主人公有的是爱情不坚贞,有的是结局超出了现实,被给予了理想的美满结局。《娇红记》一方面对申纯、娇娘的爱情做了高度肯定,一方面又真实地揭示了这种爱情的多灾多难和夭折的必然性。无论男女双方爱得多么热烈和坚定,只要他们家长中的一个不愿意,他们就没办法在一起,《娇红记》在对待男女爱情、婚姻问题上显得尤为清醒。

(2)小说以前所未有的笔触,细腻地展现了男女主人公内心的思想情感。如写娇娘和申纯从初见到热恋的过程,就很细致。申纯第一次见到娇娘,便"目摇心荡,不自禁制"。其后日渐熟悉,"或共饮宴,或同歌笑,申生言稍涉邪,娇则凝眸正色,若将不可犯"。随着恋爱的进展,两人的思想感情特点也就以新的形式展示出来。大致说来,申纯固然挚爱娇娘,每当他感到要失去娇娘时就痛苦万分,但有时却又显得怯懦,对娇娘不理解、不放心,相比之下,娇娘就比申纯要大胆、勇敢。

因此,《娇红记》对青年男女这种丰富、细腻的感情及其发展过程的展示,在元明时代是十分突出的。

529. 元明杂剧创作主体有什么差别？这对杂剧的创作产生了怎样的影响？

（1）元杂剧的创作主体往往是社会的底层文人、不羁浪子，与之相比，明代杂剧作家社会地位有很大提高，多是朝中显贵。

（2）由于创作主体的不同，元杂剧的作家更多关注于现实中的苦难，作品中往往呈现出对历史、人生的思索；明代杂剧则更多的是对内心情感的抒发。

530. 《四声猿》分别是哪四部作品？分析《四声猿》在明代戏曲发展中的新变。

《四声猿》是徐渭创作的一组杂剧，分别是《狂鼓史渔阳三弄》《玉禅师翠乡一梦》《雌木兰替父从军》《女状元辞凰得凤》。

明代杂剧与之前相比，不同之处在于：一是文人大量参与杂剧创作；二是官方对于思想领域的控制加强。这就导致了两种颇为严重的不良倾向：一是文辞趋向典雅骈俪；二是宣扬封建纲常的内容泛滥成灾。而《四声猿》在明代戏曲史上的新变表现在：首先，《四声猿》完全扫空了陈腐臭烂的伦理说教，相反表现出强烈的反传统色彩，给明代戏曲的面貌带来明显的改变；其次，《四声猿》的语言追踪元代作家，扭转了明代文人把戏曲案头化、书面化的趋势；此外，在戏曲形式上，《四声猿》也标志着明代杂剧的转变，《四声猿》虽然习惯上归于北杂剧，但完全打破了元杂剧的体制，它不守元人一剧四折的惯例，或长或短，随意变化，也不像元杂剧那样限定一人主唱，有时甚至一个曲牌就有两人对唱，显得紧凑活泼，为了适应舞台的实际需要，它还兼用南北曲。

531. "传奇"之一概念，应如何解释？

"传奇"一词的最初含义，约略等同于"志怪"。作为一种艺术形式的名称，其最初见于中唐元稹创作的文言小说《莺莺传》，原题《传奇》，《太平广记》收录时改作现名并沿用至今。此外，唐末裴铏的文言小说集亦名《传奇》，因此，"传奇"就专指唐代文言小说。

元代戏曲家将唐传奇中的故事大量搬演上舞台，因此当时人也将杂剧称为传奇。到明清时期，"传奇"又是有别于杂剧的长篇戏曲作品的总称。

532. 简述明传奇的渊源。

"传奇"早期专指唐代文言小说。元代戏曲家将唐传奇中的故事大量搬演上舞台，因此当时人也将杂剧称为传奇。到明清时期，"传奇"又是有别于杂剧的长篇戏曲作品的总称。明传奇是在宋元南戏的基础上发展而来的，早期的南戏随意性比较大，元末明初，随着《琵琶记》《荆钗记》《刘知远白兔记》《拜月亭记》《杀狗记》等南戏作品的出现，南戏的宫调、规范日益严谨，文辞更加典丽。随着四大声腔的发展成熟，源于南戏的明传奇遂成为明代戏曲的主流。

533. 何谓"玉茗堂派"?

"玉茗堂派"又称"临川派"。"玉茗堂"本是汤显祖的书斋名,而汤显祖是江西临川人,因而得名。汤显祖以《牡丹亭》为代表的"临川四梦",对当时文坛产生极大的影响,因此就有一批作家,如吴炳、孟称舜、洪昇、张坚等人刻意模拟"临川四梦"的立意构思、词曲风格,因此在戏曲史上将他们称为"玉茗堂派"。

534. 对"临川四梦"进行比较分析。

"临川四梦",是指明汤显祖撰写的《紫钗记》《牡丹亭》《南柯记》和《邯郸记》。

(1)就题材来说,《紫钗记》和《牡丹亭》描写的是男女爱情,而《南柯记》和《邯郸记》展现的是官场政治。

(2)就审美倾向来看,《紫钗记》和《牡丹亭》是对坚贞爱情的赞美与肯定,充满了人性的关怀,而《南柯记》和《邯郸记》则是对官场龌龊的批判与讽刺。

(3)就词曲风格来看,《紫钗记》和《牡丹亭》词曲清丽雅致,而《南柯记》和《邯郸记》词曲苍凉深彻。

535. 简述《牡丹亭》所具有的文化警世意义。

首先,汤显祖对《牡丹亭》中杜丽娘人物形象的刻画与赞美,有力地批判了程朱理学对女性的禁锢与压迫,使此后的女性能在杜丽娘身上得到启悟,直面自己内心的情感。

其次,明代中后期商业经济繁荣,市民阶层壮大,《牡丹亭》中的思想倾向对社会中的个性解放思潮起到很好的推波助澜的作用。

536. 明代戏曲、小说及民歌等通俗文学的发展,突出显示了明代文学的创作者们对文学特性认识的深化。这主要表现在哪些方面?

(1)高度重视情感的表达、真性情的歌颂。从李梦阳到袁宏道,从徐渭到汤显祖,无不展现明代作家对真情的追求。

(2)充分认识到通俗文学作品中虚与实的关系。比如谢肇淛在《五杂俎》中说:"凡为小说及杂剧戏文,须是虚实相半,方为游戏三昧之笔,亦要情景造极而止,不必问其有无也。"李日华亦在《广谐史序》中说:"虚者实之,实者虚之,实者虚之故不系,虚者实之故不脱。不脱不系,生机灵趣泼泼然。"

(3)对于文学作品中人物形象刻画的成熟与完善。比如王世贞评价《琵琶记》说:"各色的人,各色的话头,拳脚眉眼,各肖其人,好丑浓淡,毫不出入。"

(4)对于语言通俗化的追求,使明代的俗文学作品得到极大的传播。比如王骥德在《曲律》中说:"《琵琶》黄门白,只是寻常话头,略加贯串,人人晓得,所以至今不废。对口白须明白简质,用不得太文字;凡用之、乎、者、也,俱非当家。《浣纱》纯是四六,宁不厌人!"

537. 结合作家作品简述明代散曲发展情况。

明代散曲的艺术成就虽不及元代散曲,但总体而言,尚呈现盛而不衰的局面,并且明代散曲作家众多,数量也极为丰富。

明初的散曲创作显得比较沉寂,比较有影响的当属皇室贵族朱有燉,其散曲作品集为《诚斋乐府》。

弘治、正德年间,散曲创作较为繁盛,代表作家有王九思、康海、王磐、陈铎等人。王九思和康海分别有散曲集《碧山乐府》《沜东乐府》。与王、康创作相比,这一阶段以王磐、陈铎等人为代表的南方散曲家的作品,内容则显得较为广泛,风格大多清丽俊逸。王磐著有散曲集《王西楼乐府》,陈铎散曲有《秋碧乐府》《梨云寄傲》《滑稽余韵》等集。

自嘉靖年间以来,与整个文学创作演化的步调相一致,散曲创作进一步繁荣,南北方都有不少作家涌现。比如金銮、冯惟敏、梁辰鱼、施绍莘等人的散曲创作就皆颇具代表性,其中冯惟敏是北人作家中的佼佼者,也是这一时期散曲创作的大家,有散曲集《海浮山堂词稿》;金銮生于北方,但长期寓居南京,所以作品有着南方作家的风格,著有《萧爽斋乐府》;梁辰鱼有散曲集《江东白苎》;施绍莘是晚明时期重要的散曲作家,著有散曲集《秋水庵花影集》。

清代文学

538. 简述清代学术思想是如何转化的。

明末清初,社会动荡使得文人的心灵受到了巨大震撼,从而引起一批学者对社会现象、历史问题进行反思,学术思想由此发生了深刻转变,中国学术思想史上新的时代出现了。

第一,理欲之辩的深化。学者们对明代王阳明心学的扬弃,尤其是在对晚明李贽的反传统思想的否定中探寻社会解放的理想,进而对社会制度进行批判和探讨。

第二,强调文学的社会功用。文学思想随着学术思潮的转向而发生变化。一批文人、学者舍弃了晚明以来文学率直浅俗、个性解放、表现自我的理论观,相对更加注重文学的社会功用。顾炎武强调诗应该"为时""为事"而作,重视诗的社会意义和历史价值。

第三,发展文学批评理论。清中叶,汉学发生裂变,汉学家、思想家戴震在《孟子字义疏证》中说:"人伦日用,圣人以通天下之情,遂天下之欲,权之而分理不爽,是谓理"和"人生而后有欲,有情,有知",同时,他"由词以通道"的主张使他从对古籍文字的训诂,转而到对理学研究和对宋代理学的批判。

第四,文学中表现出人文意识。在清中叶,文学领域也呈现出尊情、求变的反传统思想。不论是诗歌领域的袁枚,传奇杰作《长生殿》《桃花扇》,还是小说《儒林外史》《红楼梦》都表现出对社会人生的反思,寄寓着人文思想。

539. "江左三大家"是谁?

江左三大家是指清代初期的钱谦益、吴伟业、龚鼎孳。他们都是明代遗臣,且在清廷做官,特殊的生活遭际使得他们在怀念明朝的同时又不得不为清朝效力,他们的内心充满痛苦与矛盾,常自觉不自觉地陷入进退失据的境地。就诗风而言,钱、吴、龚三人的差别较大,但三人诗歌创作都宗唐,反对元明以来的剽古拟古的诗风。就成就而言,钱、吴二人有较高的成就和较大的影响。

540. 什么是"虞山诗派"？

虞山诗派是指受常熟人钱谦益的影响而在其家乡形成的一个诗歌流派。该诗派主要成员有冯班、冯舒、钱曾、钱陆灿等。其中冯班曾师从钱谦益，是虞山诗派的代表，他反对七子、竟陵派和严羽的主张，主要著作有《钝吟杂录》，这是一本专门摘录严羽"以禅喻诗"之谬的书。其诗沉丽细密，婉而多讽，抒发亡国之痛。其后的吴乔、赵执信等，基本继承冯班的诗论。

541. 什么是"梅村体"？

"梅村体"是清初诗人吴伟业（号梅村）所创的七言歌行体叙事诗。这种体裁吸取了白居易长篇歌行的写法，以叙事（多为明清之际的史实题材）为主，以初唐四杰的缤纷辞藻和温庭筠、李商隐的韵味风情为辅，加之以奇曲变化的明代传奇的戏剧性，其题材、格式、语言、情调、风格、韵味等都相对稳定规范，由此形成一种自成特点的叙事体裁。堪称"可备一代诗史"。

542. 什么是"神韵说"？什么是"格调说"？什么是"肌理说"？

清初王士禛所倡导的诗歌理论称为"神韵说"。该说强调诗须有神情韵味，即以神韵为宗，以"羚羊挂角，无迹可求"和"不着一字，尽得风流"为最高水准，要求诗的内容和语言要含蓄蕴藉，似有寄托，又难于实指。

"格调说"是清中叶以沈德潜为代表的一种诗论。其说源于明代七子，倡导学诗必学古，尤重"唐音"。所谓"格调"，是指歌的格律、声调，"格调说"强调用唐诗的格调表现封建政治和伦理思想，以期恢复儒家"温柔敦厚"的诗教传统。但是，沈德潜的诗论将汉儒的诗教和唐诗的格调杂糅为一体，唐诗的格调是激情澎湃的，而汉儒的诗教却是含蓄内敛的，因而这两种主张本来就有其内在的矛盾。正因为如此，沈德潜的诗作大抵毫无新意，稀松平常，虽有时也有关怀民生疾苦之作，但不过是流于表面而已。

清乾嘉时期翁方纲提出的论诗主张称为"肌理说"，他主张"为学必以考证为准，为诗必以肌理为准"。"肌理"语出杜甫《丽人行》"肌理细腻骨肉匀"之句，包含了以儒家道德规范为基础的"义理"和强调诗律、结构、章句等结构词章方面的"文理"两方面。这实际上就是要求作诗要注重考证，使"义理"和"文理"统一。

543. 袁枚的诗论主张是什么？

袁枚的诗论主张是"性灵"。所谓"性灵"，包含三个方面，分别是性情、个性和诗才。袁枚认为，诗歌的第一要素是性情，这是诗的来源和灵魂；其次，他强调诗应该表现作者个人所独具的独特个性，创作"有我"之旨；最后，还需要有诗才来充分展示作者独特的个性和性情。这三方面共同构成了袁枚"性灵说"的理论内涵。

544. 龚自珍《己亥杂诗》的主要内容是什么？

《己亥杂诗》是清代诗人龚自珍创作的一组诗集，包含了他的生平出处、游历、著述等，共有七言绝句三百一十五首，这些诗大抵是因事即兴，不拘一格，又因其作于己亥年

(道光十九年),故而称为《己亥杂诗》。这一年四月,四十八岁的龚自珍结束了他二十年"冷署闲曹"的仕途生活,辞官离京,这些诗是在他南下省亲又北上迎眷往返八个月的旅途中因感而作。全诗中最为突出和精彩的部分大致包括以下几方面:

(1)这部自传诗的主体部分是回顾自己一生的志趣、抱负、仕宦和学术活动,有将近四十首。

(2)在龚氏回忆生平的诗歌中也有尤为动人的部分——对友情的眷念。

(3)其诗中所体现的贯穿于整个旅途中的那些对时政的抨击和对国事的关心是最富于思想性和战斗精神的一部分。

(4)这部诗中还有一些作品是关于恋情、宗教信仰、对未来田园生活的设想和安排,以及其他旅途生活中的插曲等等。这些作品并非都具有有价值的思想内容,有的甚至具有消极色彩或很不健康,却往往最能体现作者的自我和显示其内心深处的活动,这是因为通过这些作品,作者能忠实地表现和剖析自己,使之具有艺术上的魅力。

545. 谈谈龚自珍诗歌的浪漫主义特点。

(1)奇特瑰丽,具有高扬飞越的人格精神和睥睨俗世的奇气。龚自珍有奇特而丰富的想象力,常常将平常事物赋予超人的精神与力量,因此他的诗不落于俗套,显得浪漫而飞扬。例如,中国古典诗歌中常见的落花意象在龚自珍笔下却是"落红不是无情物,化作春泥更护花"(《己亥杂诗》其五)、"如钱塘潮夜澎湃,如昆阳战晨披靡;如八万四千天女洗脸罢,齐向此地倾胭脂"(《西郊落花歌》),除气势非凡和大气磅礴外,又有着崇高的境界。

(2)追求个性解放,具有反封建束缚的思想。龚自珍主张顺应自然,发展个性,渴望冲破封建主义的樊笼,所以,在他的诗中多用剑与箫这两种意象。剑代表着意气风发、斗志昂扬,箫代表着怨恨情怀。所以,龚诗中诸如"气寒西北何人剑,声满东南几处箫"(《秋心》)、"来何汹涌须挥剑,去尚缠绵可付箫"(《又忏心一首》)之类的诗句十分常见。

(3)龚诗将自然美与理想美融合于一体,形成生动的形象。如"风雷"这一意象被当作是震撼天地、摧枯拉朽的社会变革力量的代表,被赋予深刻的社会意义,具有鲜明的政治色彩。

546. 什么是"诗界革命"?

梁启超等人提出的"诗界革命"是一场近代文学史上的诗歌改良运动。明清以来,文人诗因循守旧,资产阶级改良运动高涨,因此梁启超等人提出"诗界革命"的口号,且试作新诗。黄遵宪喊出"我手写我口"的口号,要求诗歌要能够反映现实生活及斗争,反对拟古主义;主张利用古人优良的艺术传统,力求变化多样的表现手法;在语言方面,要尽量合理地利用历史资料,使之与新事物结合,使用新语言。他的诗揭示了中国近代社会的矛盾,记叙和描写了一系列重大历史事件,同时展现了新世界的奇风异物和新的思想文化,由此开辟了中国诗歌史上前所未有的广阔领域,表现了强烈的爱国主义精神。在改良运动中,黄遵宪是最早从理论和创作实践上给"诗界革命"开辟道路的开拓者,梁启超极力称之为"诗界革命"的一面旗帜。黄梁二人均有在国外生活的经历,具有先进的思想和强烈的改良愿望。因此,他们都运用诗歌去反映自己的改良思想。

547. 什么是"南社"?

南社是清末的一个进步文学团体,由柳亚子、陈去病、高旭等发起,1909年11月13日正式成立于苏州。第一次"雅集"十七人,其中十四人是同盟会会员。他们的宗旨就是提倡民族气节,呼唤国魂归来,反对清王朝的专制统治和民族压迫,鼓吹民族民主革命。陈去病说:"南者,对北而言,寓不向满清之意。"柳亚子说:"它的名字叫南社,就是反对北廷的标志。"南社成立后,每年出版两至三期社刊《南社》,内容是选编社友的文稿,每辑分文、诗、词三集,到1923年,共出版二十二集。1917年,另出版《南社小说集》一册。辛亥革命前有社员二百余人,主要是一些有志于用文学直接为民族民主革命服务的文人。他们的诗文虽然有的流于感伤、消沉,但总的倾向是激昂慷慨的,表达了忧国忧民的思想和推翻清朝大统的大志,在资产阶级民主革命中起过积极作用。辛亥革命后,社员剧增至一千余人,不免泥沙俱下,鱼龙混杂,矛盾不断激化,终于到1923年后,南社分化瓦解,停止了活动。

548. 为什么说清代是词学复兴的时代?

(1)清代拥有数量极为可观的词作家和词作。有清一代,出现了数量极为可观的清词选本,如清初选本《瑶华集》,是比较有代表性的一种。

(2)清人在词学理论方面做了许多有益的探索、研究,也留下了数量可观的理论著作。词话如徐釚的《词苑丛谈》、陈廷焯的《白雨斋词话》、刘熙载的《艺概·词曲概》等,都是很有影响的。

(3)对于清词,清代及新中国成立前的学者大都是加以褒扬的。沈曾植《疆村校词图序》谓:"词莫盛于宋,而宋人词为小道,名之曰诗余。及我朝而其道大昌。"

众多的派别,众多的作家,与元、明两代相比,无论在词的创作还是词的理论方面,清代都要超出许多。但清朝大多数词作家都成就不高,形式上墨守成规,缺乏创新精神,所以要全面考察,正确评价。

549. 什么是"浙西词派"?

朱彝尊主张宗法南宋词,尤崇格律词派姜夔、张炎,作词风格清丽,为浙西词派的创始者。厉鹗继朱彝尊后成为浙西派的支柱,该派势力由此从清初延伸到中期。在词中,北宗有辛弃疾、刘克庄等人,南宗为周邦彦、姜夔等人,而厉鹗论词,曾以画为譬,认为"画家以南宗胜北宗",褒贬自明。其意大抵承袭朱彝尊,认为豪放慷慨不及清婉深秀。浙派词自厉鹗之后,虽仍保持一定影响,但已声势不振。

550. 清初浙派词与清中叶浙派词有哪些不同?

《草堂》《花间》等对明末清初之际的浙江词风具有深刻的影响,使之形成了相当严重的冶荡风习。当时作词尚廊清纤仄绮靡之风,这与朱彝尊等倡导醇雅、宗法清空的主张不无关系。然而,浙派随着各自心态的演化和时势的变迁,特别是朱彝尊的穷通更替而渐渐改变,逐渐形成并推崇另一种颓风。于是嘉庆、道光年间的浙西派末流因务求纤巧绮丽逐渐流于空疏浮薄。

551. 什么是"常州词派"?

常州词派是清代词坛上继浙西词派之后出现的另一个词创作流派,它以张惠言为代表,到周济发扬光大,他们都强调要尊词体,词创作应意内言外,运用比兴寄托等手法,从而在词创作中反映出社会的兴衰治乱。

552. 简述陈维崧的词作特点。

(1) 填词富,题材广。其小令、中调、长调共计得四百六十调,一千六百二十九首,虽以辛弃疾填词六百余首之多,也瞠乎其后。陈词不但数量多,而且题材广泛,多前人履齿所未及。

(2) 才气大,骨力遒。陈维崧小令能举重若轻,杀鸡直用牛刀,故波澜壮阔,气象万千,如《醉太平·江口醉后作》下片:"估船运租,江楼醉呼。西风流落丹徒,想刘家寄奴。"而其长调如《水调歌头》诸阕的"英姿飒爽,行气如虹",如不是"才气大,骨力遒",是很难办到的。

(3) 兼有苏、辛、周、秦之长,而自成一家。陈维崧词兼有豪放、婉约二家之长,即所谓"铜琵铁板,残月晓风,兼长并擅"。

(4) 陈维崧词艺术上的缺点是"发扬蹈厉,而无余蕴",不能达到耐人玩味、耐人咀嚼的效果。

当时,曹亮武、蒋景祁、陈维岳等词人聚集在陈维崧周围,他们风格相近,相互唱和,编有《瑶华集》《今词苑》等词选,也算名噪一时,以宜兴古名称"阳羡派"。但他们不热衷于建立宗派,其风格被正宗词人看作一种"别调",故很快趋于式微,没有太大的影响。

553. 试析纳兰性德的词。

(1) 哀感顽艳的悼亡伤逝词。悼亡题材出现于宋词中,最早又写得最好的无疑当推苏轼作于密州的《江城子》"十年生死两茫茫"一阕。纳兰的悼亡词不仅拓开了容量,更主要的是情真意切,赤诚醇厚,其无限怅惘和依恋之情跃然纸上。所以,纳兰性德是继苏轼之后在词的领域内这一题材作品最称卓特的一家。王国维《人间词话》说"北宋以来,一人而已","以自然之眼观物,以自然之舌言情,此由初入中原,未染汉人风气",以之论纳兰悼亡词是确切的。

(2) 苍凉清怨的边塞行吟篇。塞外词自北宋范仲淹守边思乡几首之后,代不多见。清人词中颇有佳构,而纳兰性德尤为可观。纳兰厌弃仕宦生涯,因而以御驾亲卫的贵介公子身份扈从边地。由于身份的特殊,他的塞外行吟词,既不是戍守关外的流人凄凉哀苦的呻吟,又不同于边疆戍士万里怀乡的浩叹,而是在一次次的风餐露宿中,有感于满目荒寒苍莽的景象,无端思绪,凄清哀怨,所引发的心底"羁栖良苦"的抑郁和苦闷。他面对轻扬的雪花,会触目惆怅,耳听雪夜风声,更是怨不成眠。

554. "古文三大家"是谁?

又称"清初三大家",是对清初文坛上文学散文创作成就较高的三个作家的统称,他们分别是侯方域、魏禧、汪琬。其中,侯方域创作成就最高。他们三人散文创作各有特色,其中,魏禧以观点卓越、析理透辟见长;汪琬以写人状物笔墨生动见长;侯方域在继承韩愈、欧阳修散文创作特色的基础上,融入了小说笔法,从而取得了流畅恣肆、委曲详尽的叙事效果。

555. 什么是"桐城派"?

桐城派是清中叶以安徽桐城人方苞、刘大櫆、姚鼐为代表的一个重要的散文流派。桐城派为清王朝政权服务,他们提倡学习先秦、两汉和唐宋八大家的散文,以程朱理学为基础,有系统化的散文理论。方苞讲究"义法","义"即"言有物","法"即"言有序"。刘大櫆师承方苞,他对桐城派具有承上启下的作用。姚鼐则对前人的学说融会贯通,进行总结,使之更加具体化。他主张"义理、考据、词章"三者并重,还提出了"八要",将三者结合并落到实处,同时他把纷杂的文风分为了"阳刚"和"阴柔"两类。姚鼐不仅使得桐城派的散文理论得以发展,而且还围绕着自己形成了一个庞大的桐城派散文体系。管同、方东树、姚莹、梅曾亮号称"四大弟子"。

556. 方苞"义法"说的含义是什么?

义,即"言有物",散文的中心思想,实际上维护了封建统治的儒家思想。法,即"言有序",表达中心思想或基本观点所需的形式技巧,包括框架结构、语言和材料的运用等方面。

557. 应该怎样看待清代骈文的兴盛?

骈文自唐宋古文运动后就失去了先前的地位,但仍作为官方文书的应用文体被一般读书人所熟悉。而唐宋古文的传统被理学牵制,到了元明时期,无法顺应时代而改变,这就给了骈文重兴的机会。及明末,小品文打破了唐宋古文近俗方向上的传统,加之复社诸子对骈文的提倡,使得文风更趋古雅。而到了清朝,骈文因文化风气上的总体趋雅而更易于受到肯定。清初著名的骈文家陈维崧、毛奇龄诸人以及稍后的章藻功,实际上是把晚明风气带入清代的作家。至雍正、乾隆之际,胡天游因"骈体文直掩徐、庾"的成就而成为承上启下的人物。骈文发展至乾嘉之际,蔚为兴盛。《清史稿·胡天游传》称这一过程为:"俪体文自三唐而下,日趋颓靡。清初陈维崧、毛奇龄稍振起之,至天游奥衍入古,遂臻极盛。而邵齐焘、孔广森、洪亮吉辈继起,才力所至,皆足名家。"乾、嘉骈文之兴盛,似有和桐城古文相抗衡的意味。其中,以汪中的创作成就最为突出。

然而,骈体文写作之难和运用上的局限使得它不能取代散体文的优势地位。如汪中的《哀盐船文》。这篇文章描写仪征江面盐船连片失火、死伤无数的悲惨情状,著名学者杭世骏对其颇为赞赏,在为此文所作的序文中称其为"惊心动魄,一字千金",但用骈体文这种修饰性极强的文体状极悲惨之事,实在不太妥帖。又清中期大多骈文家作为著名学者,有过重的学问气,这也使得骈文受到一定程度的妨害。

558. 简述龚自珍散文在晚清文坛上的地位及影响。

龚自珍首开近代散文之风。他提倡散文要经世致用,提出"一代之治,即一代之学"的观点,主张把学术和政治统一起来。龚氏的散文创作遵循了近代文学求变求新的追求,其散文另辟新径,敢于打破历来散文创作的陈规,形成一种恢诡典丽、精悍犀利的独特风格,使人读之"若受电然"。这种经世散文的出现使得居于正统地位的古文流派如桐城派等受到撼动,开辟了晚清梁启超等人的"新文体"之道路。

559. 梁启超新文体散文的基本特点是什么?

梁启超新文体散文的基本特点有四:其一,较之传统古文语言更为通俗,条理清晰;其二,它不分骈散与有韵无韵,兼收俚俗语言和外国语法,具有丰富的词汇量,句法灵活多变,艺术手法各异,使得散文的表现力得以提高;其三,敢于直抒己见,思想新颖且具有警示作用;其四,文字饱含情感,往往通过铺排的笔墨强化文章的感染力、煽动力。

560. 什么是"子弟书"?

子弟书是清代一种流行的讲唱文学,由八旗子弟首创。清前期,许多八旗子弟戍守边关,他们一边以八角鼓击节,一边将流行的俗曲、巫歌编词演唱,借以抒发思乡之情,或反映军中时事。这类演唱在传入北京后,融合了北京鼓词,在乾隆初年左右便形成了子弟书。早期的子弟书曲调分为东城调和西城调,又称为东韵、西韵,以北京东、西两城地域为界。东韵粗犷,多写激情高昂的历史事件;西韵柔缓,多写委婉曲折的爱情故事。西韵代表作家为罗松窗。他是乾隆年间人,作品有《红拂私奔》《杜丽娘寻梦》《鹊桥密誓》《罗成托梦》等十余种。他的子弟书文笔细腻清丽,与西韵的婉转曲调相得益彰。东韵代表作家为韩小窗。他才高作富,写过子弟书五百篇,今存《长坂坡》《托孤》《宝玉问病》《黛玉悲秋》等三十多种。其作品除取材小说戏曲外,也有不少感愤现实之作。他东、西韵兼写,而以东韵为主。作品风格既有豪放雄奇,也有雅丽清婉。

561. 什么是"苏州派"?

苏州派指的是清朝初期以李玉为代表的,包括朱素臣、朱佐朝、叶时章、张大复等苏州人在内的一个创作群体。他们往来密切,常在一起合作写剧本,因而被一些研究者叫作"苏州派"。苏州派戏曲在选择题材方面,注重贴近世俗人生,关注时事,不落于写儿女私情的俗套;在思想方面,敢于揭露黑暗的社会现实,具有鲜明的伦理教化作用;在人物塑造方面,用更多的笔墨刻画平民阶层,使许多下层人物以正面形象活跃在舞台上;在艺术方面,苏州派作家谙熟音律,其曲辞通俗,能够紧密结合舞台实际,使戏剧冲突紧张集中,结构周密紧凑,具有绝佳的演出效果。苏州派以其成功的创作实践推动了戏曲艺术向广度和深度发展。

562. 试述《清忠谱》在戏曲史上的意义。

《清忠谱》是李玉作品中成就最高的一部。《清忠谱》以晚明周顺昌等人与魏忠贤阉党斗争的故事为主要内容,取材"事俱按实,其言亦雅驯,虽云填词,目之信史可也"。这个剧本能够迅速反映当代社会重大政治事件,是我国戏剧史上的著名作品之一,它上承《鸣凤记》,下启《桃花扇》,在中国古代戏曲史上有着特殊的地位。首先,它首创了在舞台上如实表演政治斗争的戏曲模式。其次,通过一场轰轰烈烈、声势浩大的群众斗争,下层人民成为正义的象征,他们的历史地位得到肯定,并且成为戏剧的重要人物,可以说是前无古人。同时,在有限的舞台上展现群众斗争场面,也是李玉的重要贡献之一。

563. 试论李渔的戏曲理论。

李渔戏曲理论比创作成就大,其理论著作《闲情偶寄》中的《演习部》和《词曲部》,分别专论戏曲和戏曲创作,是中国古代戏曲理论的集大成著作。

(1) 强调戏曲的社会性,内容必须适俗。他说:"文章做与读书人看,故不怪其深;戏文做与读书人与不读书人同看,又不读书之妇人小儿同看,故贵浅不贵深。"他提出"贵浅显""重机趣""戒浮泛""忌填塞",大体是要求语言通俗易懂,不要卖弄高深风雅,同时,又要生动有趣,令人闻之忘倦。

(2) 强调戏曲的舞台性。"填词之设,专为登场",创作剧本,为了演出,应"手则握笔,口却登场,全以身代梨园,复以神魂回绕,考其关目,试其声音,好则直言,否则搁笔"。针对前人曲论重音律文辞、轻视演出的偏差,李渔指出,文学音乐有文学音乐的特点,戏曲有戏曲的特点,"天地间有一种文字,即有一种文字之法脉准绳",而戏曲则是"填词之设,专为登场",明确要求戏曲创作应以是否适合演出为准则。

(3) 强调戏曲结构应遵循如下原则:"立主脑",即突出中心事件和主要人物;"脱窠臼",即取材新颖,不落俗套;"密针线",即故事情节周密紧凑,前后呼应;"减头绪",即删繁就简,使主线清晰可见。

戏曲最重要的是矛盾冲突,而戏曲创作最能展现矛盾冲突的莫过于情节结构的安排。因此,李渔把结构即全剧的构思布局放到首位加以考虑,即结构第一。

564. 什么是"南洪北孔"?

清康熙年间,清廷的统治日趋稳定,明亡的阵痛渐渐归于平静,这时的文人在看待明清之际的历史兴亡时,更多地带有一种空幻与伤感的情绪。这时,在戏剧史上出现了两部名作:洪昇的以安史之乱为背景的《长生殿》,孔尚任的以南明政权的覆灭为背景的《桃花扇》,它们把政治的动荡与美好爱情的失去联系起来,在不同程度上与社会情绪相关联,获得了时人高度的认同感。"南洪北孔"就是对这两位优秀作家的赞誉。

565.《长生殿》是怎样表现李、杨爱情的?

《长生殿》写李、杨情爱主要表现在三个方面:

(1) 写出了李、杨情爱不断深化与升华的过程。以往写男女情爱的经典剧本,如《西厢记》《牡丹亭》等,在写男女情爱实现的过程时总会套用"才子佳人相见欢,私定终身后花园。落难公子中状元,奉旨完婚大团圆"的固有模式。然而《长生殿》所写的李、杨二人系真实历史人物,所以描写他们的情爱过程必然不能过分背离史实,因此这篇作品无法使用现成"才子佳人"模式。其中,有三点最为突出:其一,《长生殿》中杨玉环与李隆基的结合是遵循钦命的,第二出《定情》通过赠受钗钿之举将李、杨的情爱关系稳定下来。其二,《献发》和《复召》描绘了杨妃的忑妒情真,同时写明皇为离别、相思之苦所煎熬。《夜怨》和《絮阁》既写杨妃醋海翻波而言辞微妙,也写明皇为情包容而不忍责备。《密誓》写杨妃和明皇共结同盟。《埋玉》一边写明皇深爱杨妃,宁可不要国家也不愿抛弃杨妃,一边也写杨妃深明大义,主动求死以保社稷。这几出所呈现的杨妃情感丰富,非常主动,使得李、杨之间的情感显得十分平等。这样,李、杨爱情在剧本中很自然地得到深化。其三,白居易《长恨歌》中写道,杨妃升仙时嘱咐道士转告明皇:"但教心似金钿坚,天上人间会相见。"《长生殿》写李、杨二人生离死别后在天上作合,这出人意表的想象,将李、杨情爱升华,使之更加优美。

(2)写出了李、杨情爱的审美性。男女情爱的美感,往往是高于情欲享乐之上的,应别具一番审美意趣。《长生殿》第四出《春睡》写明皇观赏杨妃之睡态,第十二出《制谱》写明皇赞杨妃制谱,第十六出《舞盘》写明皇赏杨妃舞态,第二十一出《窥浴》写明皇爱杨妃浴后的娇态。洪昇在剧作中通过各种视角描摹杨妃之美,而明皇则是一个懂美爱美的鉴赏者。

(3)化用织女牛郎故事作合李、杨的天上之情。《长恨歌》是最早写李、杨天上人间离别相思之情的作品。陈寅恪提道:"若依唐代文人作品之时代,一考此种故事之长成,在白歌陈传之前,故事大抵尚局限于人世,而不及于灵界,其畅述人天生死形魂离合之关系,似以长恨歌及传为创始。此故事既不限于现实之人世,遂更延长而优美。然则增加太真死后天上一段故事之作者,即是白陈诸人,洵为富于天才之文士矣。"《长生殿》即是据此铺展,以奇妙的笔触牵合嫦娥与织女,使情节更加曲折,情境也更加具体。例如第十一出《闻乐》,第二十三出《密誓》,第三十三出《神诉》,第三十七出《尸解》,第四十出《仙忆》,第四十四出《怂合》,第四十五出《雨梦》,第四十六出《觅魂》,第四十八出《寄情》,第五十出《重圆》等,均浪漫而虚幻。与《牡丹亭》的幽隐奇怪相较而言,其蕴含的精神内质显得活泼健康。

566.试论《长生殿》中爱情描写与政治批判之间的关系。

《长生殿》中的情爱描写与政治批判是矛盾的关系。爱情与政治作为《长生殿》的双重主题,使得作者对李、杨爱情既是歌颂的,又是谴责的。如何处理好这对矛盾对探讨此剧的思想意蕴具有至关重要的作用。一是作者对李、杨的歌颂又批判并不互相矛盾,感情是真挚的,但是却不能振国兴邦。二是将自己的思考通过艺术的方式表达了出来,将情缘看作虚幻,试图用佛家的色空观来消解两者矛盾的存在。

567. 试论《长生殿》的艺术特色。

(1)在创作方法上,结合了浪漫主义与现实主义的手法;在处理题材上,结合了政治斗争描写和爱情生活描写。《长生殿》前半部分用现实主义手法真实地再现了统治阶级生活的糜烂腐朽、统治集团内斗的场面以及黎民百姓生活在水深火热之中的悲惨境遇。后半部分则主要采用浪漫主义的方法,用幻想来表现李、杨二人至死不渝、天上人间的爱情,构成虚实相生的效果。

(2)在组织结构上,情节相当严密和紧凑。《长生殿》所包含的内容十分丰富,长达五十出,不仅场面宏大壮观,所涉人物和事件也很多,但能够以李、杨爱情为主线,以社会政治的演变为副线来结构全剧,交替上演两种不同的戏剧场面,表现出"占了情场,弛了朝纲"的创作意图。其中,以钗盒和盟言经纬相织来表现爱情生活,这样就构成了既曲折有致又波澜起伏、既精巧又宏大的结构。而且上半部与下半部写实与虚幻相互依存,前后照应,交织为一体,体现了作者的匠心独运。

(3)在曲辞上,融合了唐诗元曲的特点,典雅清丽,叙事简洁,富于诗情画意,既有浓厚的抒情性,又能声情兼具地表达出人物内心情感和心理活动,有形象性。

568. 试论《长生殿》曲辞的抒情色彩。

《长生殿》拥有十分优美的曲辞,具有强烈的抒情色彩。作者洪昇在创作《长生殿》时是把它当作诗来写的,每支曲都是一首诗,所以,该剧语言刻画精细,清丽流畅,具有极浓的抒情色彩。如《闻铃》一出中明皇的一段唱词:"淅淅零零,一片凄然心暗惊。遥听隔山隔树,战合风雨,高响低鸣。一点一滴又一声,一点一滴又一声,和愁人血泪交相迸。对这伤情处,转自忆荒茔。白杨萧瑟雨纵横,此际孤魂凄冷。鬼火光寒,草间湿乱萤。只悔仓皇负了卿,负了卿!"融情于景,语言清丽流畅,把明皇在失去杨妃后内心的极度愁苦抒发了出来,体现了很强的艺术感染力。

569. 与前代同题材的作品相比,《长生殿》有什么特点?

与前代同题材的作品相比,《长生殿》具有以下两方面特点:

(1)最大限度地强调和表现了"情"。剧中反复渲染和充分描写"情"这一全剧的核心,将全剧的结局设计成:死去的一方仍饱含深情,活着的一方亦痛不欲生,得以感动天地,共升天宫,欢喜团圆。剧本开场曲写道:"今古情场,问谁个真心到底?……借太真外传谱新词,情而已。"即是表明了此作以情为中心,并把情从故事中抽象出来,当作一种兼具普遍意义和超越生死的力量来歌颂。在例言中,作者认同有人将此剧称作"乃一部闹热《牡丹亭》",也即是承认了《长生殿》之"情"是由《牡丹亭》传承而来。但和《牡丹亭》所写的悖逆传统礼教精神之情相比,《长生殿》所写皇帝与妃子的情,是易于被世俗所接受的,它们的性质完全不同;作为历史题材,《长生殿》又以一种距离感避免了对人心的强烈刺激。这样,《长生殿》一方面在一定程度上承袭了晚明文学之特色,一方面又退缩到一个相对文雅和安全的范围之内。

（2）将李、杨的情爱同重大的历史事件和宏大的社会背景相结合，一方面既对唐明皇失政，寄寓"乐极哀来，垂戒来世"的思想进行批判，另一方面也凸显了个人命运无法与历史前进的脚步相抗衡的悲哀。由此，《长生殿》就使爱情主题富有沉郁厚重的历史感，它在以写情为主的同时，兼寓历史沧桑感和政治教训。

570. 试述《桃花扇》的主旨。

"颂清"还是"挽明"一直以来都是《桃花扇》主旨之争。学术界在"文革"以前，把《桃花扇》的主旨分为两种观点，一种观点认为《桃花扇》通过反映南明王朝灭亡史，来寄托孔尚任的爱国思想和民族意识，而另一种观点则批判《桃花扇》"严重歪曲历史"，是为清廷服务的。

到了新时期，学术界又再次针对这一问题展开了讨论，概括下来，有五种观点较为突出：

（1）表现民族意识说。这种观点赞成《桃花扇》是为明朝所唱的挽歌，诠释了爱国主义精神。

（2）拥护清廷说。该观点认为《桃花扇小引》中："知三百年之基业，隳于何人？败于何事？消于何年？歇于何地？不独令观者感激涕零，亦可惩创人心，为末世之一救矣。"是作者孔尚任的创作主旨，即："利用戏剧形式，总结历史教训，让人们了解明王朝所以灭亡的前因后果，为清朝统治者提供借鉴，以达到'惩创人心''救末世'的目的。"

（3）挽明拥清说。该观点认为孔尚任在创作时未选入清廷农民起义和入主中原等主要矛盾作为创作题材，而去写南明亡国，揭露"权奸误国"，从根本上是为了清朝的统治服务。但"《桃花扇》回避了明末清初国内民族矛盾的具体描写，却不等于作者无视当时的民族斗争，剧本字里行间，明显地流露出民族情绪"，所以把《桃花扇》的主旨归结为既诚"清"又悼"明"。

（4）救末世之人说。此说把"亦可惩创人心，为末世之一救"当作《桃花扇》的主旨，并提出"末世"不是指南明和清朝，而是指那些具有"亡国之恨"的人，他们分别是：一、如老赞礼、张瑶星一类的明朝遗臣；二、如蓝田叔、侯方域一类的清流儒士；三、如唱曲者苏昆生、说书者柳敬亭一类的下层市民阶层。由崇祯、弘光政权相继而亡所引发的兴亡之感、亡国之恨。这种感慨不能得以抒发，末世之人便只有归隐山林。

（5）历史沉思说。此说认为"《桃花扇》不是在反映南明历史，文学不负载'真实'描写历史的使命；不是在总结亡国教训，它超越了深层次的功利目的，没有为清王朝的长治久安出谋献策；也不是写宗教，人物是避世而居的贤者，不是斩断情思的道徒，侯、李入道也只是理想破灭后的迷惘困惑，'非入道也'。作品追求的是富有哲学性的悲剧目的而不是历史目的。作者只是借历史的框架抒写'天崩地解'历史巨变之后对士林群体人格的反思，成为吴敬梓《儒林外史》的先导"。在"天崩地解"之际，"士大夫支撑着封建的大厦，是社会的栋梁，但这栋梁已支撑不住倾斜的大厦了"。作家"意识到传统道德已无力挽救社会的危亡。作家是在用心灵感悟历史,借历史抒写心灵,写对人生、对历史、对社会的探求,充满了天才的孤寂之感和痛苦的沉思"。孔尚任创作了《桃花扇》,正是带着这种难以解脱的兴亡感慨、关心天下的经世精神和反思历史的现实态度,深刻反思了明末清初动荡的历史,由此对封建社会的逐渐没落感到忧伤。

571. 试论《桃花扇》的思想内容与社会意义。

剧作反映了南明王朝兴亡的历史,是通过秦淮名妓李香君与复社名士侯方域的爱情故事来展现,作者通过戏剧形式总结历史经验教训以及抒发兴亡感慨来表达自己的创作意图,即"借离合之情,写兴亡之感"。作者通过再现南明灭亡史,告知人们个人的力量在历史和政治面前是十分渺小的,人并不能掌握自己的命运。即便是真挚的爱情,也不会因为男女双方的坚贞不渝而得以圆满。与之相反,国破便预示着家亡。剧中侯、李爱情带有政治色彩,随着南明的政局变动而波折不断。最后二人在栖霞山白云庵相会时,被张道士的大声呵斥斩断了正要萌发的旧情,他们忽然醒悟,双双入道,而作为他们坚贞爱情象征的桃花扇被揉碎在斋坛之下,预示着他们的爱情以悲剧收尾。《桃花扇》体现了"借离合之情,写兴亡之感"的创作主题,富于写实精神,将爱情置于不以人的意志为转移的历史变迁和残酷的政治斗争中,以悲剧结尾,使观者在思考历史的同时,也会对未来和现在进行审视。这种思考使得《桃花扇》拥有深厚的思想价值和隽永的艺术魅力。

572. 分析李香君的形象。

《桃花扇》塑造了一系列性格鲜明的人物。其中,李香君的形象塑造最为成功,她区别于其他文学作品中的女性,具有大义凛然的气节、鲜明的政治立场、清醒的政治头脑,且在这些方面超过了男主角侯方域,成为中国文学史上最具光彩的人物形象之一。

573. 分析《桃花扇》"借离合之情,写兴亡之感"的艺术手法。

(1)贯穿了历史反思与征实精神。《桃花扇》是清初深刻反省、审视历史文化思潮的反映,是一部根据历史真实所创的历史剧,采取征实求信的原则,以侯方域和秦淮名妓李香君的离合至情为线索,对南明王朝统治集团内部矛盾,以及政治上的腐败做了深刻的揭露与批判,达到了"惩创人心"的艺术目的。

(2)表现了国家至上的思想,扩大了"忠"的思想范围。《桃花扇》对复社文人的态度,反映了作家的政治理想。把"国"放在了人伦最高位置,将国家作为君、臣、民安身立命的基础,认为先有国,后有儿女情。这是对晚明以来至情纵欲的文学思潮的一个反拨。

(3)善于对历史事件进行集中提炼,构成戏剧冲突,将儿女私情与国家兴亡之迹相结合,于冲突中刻画性格鲜明的人物形象。《桃花扇》既善于描绘体现在同一类型人物身上的不同性格,又善于刻画同一人物的多面性。

(4)巧妙的结构与精心的构思。《桃花扇》以艺术辩证法思想的原则为指导,具有一个明确的纲领性的戏剧结构。从人物来看,有左、右、奇、偶、总五种,加上"借离合之情,写兴亡之感"的主题,和以侯、李爱情纠葛为中心线索,使剧中人物位置各得其所,有条不紊,能够"明如鉴,平如衡"。剧本由兴亡带出离合之情,而离合又生出兴亡之感,环环相扣,十分巧妙。特别是作为侯、李二人的定情信物的宫扇,是塑造人物和推动剧情发展的点睛之笔。宫扇的出现引出了侯、李二人的爱情;美人鲜血染就的桃花,是他们曲折而又忠贞的爱情的象征;最后,桃花扇被揉碎于斋坛之下,代表了他们爱情愿望的破灭。而这一系列过程又暗合了当时特定的政治形势。桃花扇不仅是串联李、侯爱情的主线,也是串联南明政权各派各系及社会中各色人物的线索,复杂却条理清晰,起伏而又不枝不蔓。以物传情的写法在中国古代戏曲中屡见不鲜,但是,像桃花扇这样写兴亡之感,具有丰富的意蕴的则是作者的匠心别具。正如作者所说,这种艺术结构是:"桃花扇譬则珠也,作《桃花扇》之笔譬则龙也。穿云入雾,或正或侧,而龙睛龙爪,总不离乎珠。"《桃花扇》的情节转换灵活又能细针密线,就全剧而言,情节发展能够前后照应,通体布局则是无懈可击。

574. 试述清中后期剧坛上的"花雅之争"。

乾隆年间,清代戏剧出现了新的转折。即占有统治地位的昆曲日渐衰落,地方戏逐渐兴盛,清中叶的"花雅之争"由此而来。李斗《扬州画舫录》云:"雅部即昆山腔。花部为京腔、秦腔、弋阳腔、梆子腔、罗罗腔、二簧调。"可知,当时扬州的花部日趋壮大,而京师更是汇南腔北调于一城,百花齐放,争奇斗艳。秦腔表演艺术大师魏长生于乾隆四十四年进京,并使秦腔在与昆、高(弋阳腔在京的分支)二腔的争斗中渐占上风,后受到清廷干预,被迫离京。乾隆五十五年,出现了戏剧史上著名的"四大徽班"进京事件,因为这年逢乾隆皇帝八十大寿,高朗亭便率领在扬州的徽班进京,将安庆花部同京腔、秦腔组成三庆班,随后四喜、和春和春台接踵进京。徽班吸收昆腔、秦腔曲调,以唱二簧调为主,日趋风行。到了道光年间,又融合吸收了湖北艺人的西皮调,使用北京语言,顺应北京风俗,演变改造成一种新的徽剧,又称皮簧戏,即现在的"京剧"。京剧以其精美的表演艺术和独有的唱腔,逐渐风靡全国。

575. 清代小说与前代相较,有哪些新的变化?

清代小说的变化主要表现在三个方面:

(1)不断更新小说观念。在清代文学的感伤和重实思潮影响下,清代小说与明代小说相比有着明显的区别。在小说观念上,清代小说由晚明小说的主情、尚藻丽、重虚构、重个人而转变为重道统、尚实、重社会。

首先,小说被赋予了更多的社会功能。这点从众多清代小说的序言就可知,清代的小说家们有意识地努力改造世道人心。如闲斋老人在《儒林外史序》指出小说可以"善善恶恶,俾读者有所观感戒惧,而风俗人心,庶以维持不坏也"。这话虽然学究气十足,但从另一个角度说明了小说的作用和影响。

其次,受尚实思潮的影响,更加注重用艺术来写实。毛纶、毛宗岗父子在批注《三国演义》时,即指出之所以有三国的"妙文",是因为先有三国的"妙事";张竹坡在《金瓶梅读法》中也提到"入世最深,方能为众脚色摹神也";而曹雪芹创作《红楼梦》时,更是"追踪蹑迹,不敢稍加穿凿"。

最后,在人物塑造上,清代小说进一步从类型化、性格化发展到典型化的高度。从《三国演义》到《水浒传》再到《红楼梦》,清晰地画出了这条轨迹。创作是在理论的指导下进行的,在小说观念上,清人在塑造人物形象时,已能自觉按照典型化的标准来创作。

(2)不断扩大小说题材类型。清代小说从数量看,白话和文言小说均达到一个新的高度。白话小说在题材类型方面已衍生出除明代英雄传奇、历史演义、世情小说和神魔四大类型外的讽刺小说、才学小说、才子佳人小说、公案小说等新的类型。文言小说除去传统的志怪、志人、传奇等小说之外,又逐渐衍生了"虞初系列"、"剪灯系列"、拟晋志怪的"阅微系列"、拟《世说新语》的"世说体系列"和拟唐传奇的"聊斋系列",同时,新的文言长篇《燕山外史》《蟫史》等也相继产生。清代小说以其丰富多样的题材类型远超于清以前任何一个时代。

(3)不断成熟的小说编创方式。清代小说创作大多为文人独创型。明末清初的才子佳人小说虽然有概念化、公式化的问题,却创造了文人独创的先风。曹雪芹的《红楼梦》是其中的扛鼎之作,它的问世把"传统的思想和写法都打破了"。作家主体意识的加强,凸现了作家的艺术个性,呈现出多种风格、各种艺术形式争胜的局面:有的通过借鉴传统诗词的表现手法,使小说得以雅化,如《红楼梦》;有的改造和借鉴史料或者旧作,如《水浒后传》《隋唐演义》等;有的对体制进行创造和探索,如《豆棚闲话》《十二楼》等。日趋成熟的编创方式,使清代小说逐渐发展和壮大。

576. 简析清初才子佳人小说。

清初才子佳人小说从情节上看,有固定程序:一见钟情,私订终身,拨乱离散,及第团圆。在创作倾向上看,对男女之间美好的爱情愿望进行肯定和赞美,但反对不合礼教的肉欲,即提倡以理节情,存情去欲。在形式上看,有两个特点:一是大多模仿《金瓶梅》用主人公的名字连成书名,如《玉娇梨》《平山冷燕》等;二是篇幅多在十六至二十回之间,十万字左右,与现代中篇小说相当。这时期,才子佳人小说约有四十部,较有代表性的作品是《玉娇梨》《平山冷燕》《好逑传》。

577. 试论清代世情小说对《金瓶梅》的继承。

清代的世情小说主要从三个方面继承发展了明代《金瓶梅》的思想和写法。一是明末清初以《好逑传》《玉娇梨》等为代表的才子佳人小说,它们不满于《金瓶梅》的肉欲描写,主张用礼教去抑制个人欲望;二是清初以《桃花影》《杏花天》等为代表的猥亵小说,它们继承《金瓶梅》的肉欲描写,专以色情描写为能事;三是在继承了《金瓶梅》的艺术精神后,以《红楼梦》为代表的家庭生活小说,将社会面貌展现在家庭生活的琐事之中,亦寄托了人生理想,代表了世情小说的最高成就。

578. 试论清代文言小说的发展状况。

清代对文言小说来说,是一个"广种薄收"的时代。

(1)清初期。从清王朝建立至蒲松龄的《聊斋志异》出现之前。这时的文言小说大抵继承明末遗风,志人志怪,真伪杂处,附庸风雅,无病呻吟,实际上,多数作品是一锅大杂烩,有些甚至与小说毫不相干。较为可取的有张潮辑的《虞初新志》。

(2)清中期。从蒲松龄的《聊斋志异》问世到纪昀的《阅微草堂笔记》刊行,约百年时间。这是《聊斋志异》风靡文坛的"聊斋热"阶段。《聊斋志异》问世后,风行海内,"几于家弦户诵",被公认为"说部珍品"。文人们群起效仿,但大都无甚可观,只袁枚《新齐谐》(原名《子不语》)若有可观。

(3)从纪昀的《阅微草堂笔记》问世以后可作为第三期。其以写史的眼光和笔法来搜奇志异,并且以"不乖于风教"为宗旨,许多地方不惜大发议论,以补形象之不足。推崇效法者亦不少,成为当时一大流派。这一时期的文言小说大抵学《聊斋志异》与《阅微草堂笔记》两大类,也有兼学二者而略有侧重者。但这些作品往往比较粗疏,不耐咀嚼。

清末,林纾用文言翻译外国小说是清代文言小说发展的一个特异现象,他曾给文言小说带来了短暂的繁荣。但随着五四运动的兴起,文言小说也连同文言文一起走完了它最后一段路程,最终成了历史的遗迹。

579. 试论《聊斋志异》对女性才智的肯定与赞赏。

《聊斋志异》塑造了许多女性形象,她们大多光辉照人。"她们和以往文学作品中的女性形象是那样的一脉相承:她们把中国古代妇女特有的处境、遭遇、气质反映了出来。"但是,蒲松龄能够不落窠臼,对女性拥有一些独到的认识和表现。作者有意识地从不同角度描写女性的才与智,取得了很高的成就。蒲松龄笔下描摹了许多离经叛道的女性形象,她们真挚、美丽、坚毅、纯洁、脱俗。她们并非人类,却对人类的美丑善恶有敏锐的觉察力;她们当机立断,仗义于危难之中,代表着真善美的美好品格。作者将这群超凡脱俗的女性刻画得有血有肉。但她们对于孤独的士子们来说,更多地负载着一种象征意义,她们对男性的帮助、同情、以身相许,代表了一种美好的理想,体现了一种价值的认同与实现。正因如此,士子们才会不断地追求男女欢爱,借以超脱精神上的孤独感。

580.《聊斋志异》创作中"一书而兼二体"的基本内涵是什么?

唐传奇克服了六朝志怪小说形制短小、情节简单和缺乏艺术感染力的缺陷,题材内容得以丰富,结构也从六朝时期的粗陈梗概衍生到有头有尾、情节丰富曲折的完整故事。艺术上遵循"尽设幻语"的虚构手法,创作感人而又优美的故事。《聊斋志异》通过志怪来描摹现实,兼用传奇手法,使志怪、传奇合二为一,因而属于成熟的短篇小说。

清代纪昀评价《聊斋志异》为"一书而兼二体",初为讽刺之言,意在讽刺其体裁不纯粹,但这实际上正是《聊斋志异》的文体特征。《聊斋志异》在创作过程中,同时继承和借鉴了魏晋志怪小说对奇闻异事的记载传统和唐传奇委曲详尽的叙事特点,在题材上具有虚幻性,在体式上结合了魏晋志怪小说和唐传奇的特征。

581.《聊斋志异》在哪些方面超越了传奇手法?

《聊斋志异》继承并超越了唐传奇的手法,具体表现如下:

(1)从故事体到人物体。《聊斋志异》所描写的人物血肉饱满,鲜明生动,性格复杂,它已经从唐传奇以叙事为主发展到了以描写人物为主,因而在人物描写方面实现了质的飞跃。如《婴宁》所刻画的美少女婴宁,是一个活泼爱笑、青春而又无邪的女孩。

(2)环境描写。《聊斋志异》较之唐传奇有较多的环境描写,并使环境与人物相互映衬。如《婴宁》中美丽的少女婴宁就住在美丽的山上。

(3)心理描写。心理描写在唐传奇中较为罕见,像《红线》这样写红线取金盒归来的喜悦心情属于极少的例子。《聊斋志异》大量发展心理描写。如《聂小倩》刻画了宁采臣与聂小倩在几个不同场合相遇的不同的想法和心理变化的过程,体现了他们关系的变化发展过程,具有较好的艺术表现力。

582.试论《儒林外史》的礼乐兵农思想。

《儒林外史》塑造了一批贤士真儒,独立的人格是他们始终的追求,"修身齐家治国平天下"是他们的政治理想,他们对仁礼有着强烈的责任意识。"礼乐兵农"是这批人实践并追求着的一条挽救不良社会风气的道路。颜元云:"如天不废予,将以七字富天下:垦荒,均田,兴水利;以六字强天下:人皆兵,官皆将;以九字安天下:举人才,正大经,兴礼乐。"这一思想体现在书中便是泰伯祠古礼古乐的祭祀,萧云仙青枫城的改革等。"礼乐兵农"是吴敬梓为士子们设计的一条政治道路,而在当时这条道路行不通,未能起到矫正世风的作用。祭泰伯祠是培育人才、推行礼乐文化的根本之举,虽然一时兴盛,然最终也陷于落寞凄凉,贤人们云散风流。萧云仙治理青枫城,实质上便是在践行"礼乐兵农"学说,最终却落了个勒限"严比归款"的下场和"任意浮开"的罪名。他们身上体现着真正的文化精神,在现实中却是不折不扣的失败者,他们生活得悲凉而又沉重,内外交迫,走投无路,最后往往是宿命般地不了了之。这种无奈和悲凉意味着"礼乐兵农"并不能拯救当时的知识分子。

583.试论《儒林外史》中杜少卿形象的人文内涵。

《儒林外史》中杜少卿蕴含着丰富的人文内涵。这一人文内涵主要体现在以下几个方面:

(1)他淡薄功名,讲究"文行出处",如他认为朝廷统治黑暗,拒绝出去应考,因而背离科举世家为他规定的科举进身之路。

(2)他傲视权贵,却扶困济贫,乐于助人,有着豪放狂傲的性格。

(3)他讲究传统美德,在生活中又敢于向封建礼教和封建权威挑战,追求潇洒恣意、不受束缚的生活。

(4)他尊重女性,反对对女性的歧视与摧残。

(5)他尊重个性,追求自由自在的生活。

(6)他具有一颗强烈的忧国忧民之心。

584. 试析蒲松龄、吴敬梓两人对科举考试的认识有何异同。

蒲松龄仅仅将批判的矛头指向科场考官,并没有深刻认识到科举制度才是真正导致不幸的根本原因。而吴敬梓不仅通过写几代文人在科举考试制度下的悲惨命运,以揭示科举制度对他们精神的荼毒,还用他尖锐的笔触去批判科举制度本身。同时,作者还将改造社会的理想寄于笔端,这比蒲松龄的思想要深刻得多。

585. 试论《儒林外史》中两组对立人物的意义。

一类是为了追求功名利禄而抛弃自我与个性之徒。作者以辛辣和讽刺的笔触,使儒林群丑在人格意识上的堕落与扭曲暴露无遗。如范进听闻中举时的发疯,展现了士子沉迷科举而迷失自我。作者描写这类人是为了抨击和彻底否定毒害人的科举制度。

另一类是讲究文行出处的洒脱人士,他们始终保持人格独立。《儒林外史》中的王冕极具魏晋风度。如王冕送老母回家时,载母于车,"自被古冠服随车后"。作者将这一孝举改为一幅展现王冕叛逆精神与鲜明个性的画卷。从中可见到卓然不群的屈子形象,更可欣赏一番魏晋士子们宽衣大袖的飘逸风采。这一类人物是作者心中的理想人物的化身。

由此反映出作者的思想:其一,作者意识到了文人失去独立人格的重要原因是除了举业之外一无所能,只能成为封建政权的附庸;其二,劳动人民虽有技能,尚能自食其力,却远远达不到接受教育和追求风雅的程度。于是,作者按自己的理想将两者合二为一。但作者心中的理想人物如虞育德等人物,形象不鲜明,显得苍白无力,仅仅代表了某种象征意义,这表现了作者模糊不清的理想和找不到出路的愁苦彷徨。

586. 鲁迅先生说《儒林外史》"戚而能谐,婉而多讽",该怎样理解?

"戚而能谐,婉而多讽"是鲁迅先生对《儒林外史》讽刺艺术的精辟概括。所谓"戚而能谐",是指描写内容具有悲剧性。《儒林外史》揭示了病态社会所造就的病态人物和病态心理。而表现形式却颇具喜剧性,作者讽刺的矛头不是指向某一个人,而是深刻剖析社会的时代原因。所谓"婉而多讽",是指讽刺手法的委婉曲折,力求隐藏作者的身影,不直接评价人物,而是让读者去直接接触人物形象,在平庸、平凡、平常的生活中蕴含着巨大的讽刺力量。它将喜剧的形式与悲剧的内容相结合。作者对假、丑、恶的讽刺是一种特殊感情的表现形式,这些讽刺揭露了被讽刺者的矛盾所在,以及他的可恶可笑。《儒林外史》作为一部讽刺杰作,具有极高的艺术成就。鲁迅给予它高度赞誉,称其达到了中国古典小说讽刺艺术的顶峰,为后来者难以超越。《儒林外史》中,往往在可笑的故事形式下,隐含着凝重而深刻的社会内容,底蕴却是悲剧的。如范进中举,他发疯的故事是喜剧的,而底蕴却意在揭露封建科举制度对当时文人的荼毒。作品采用含蓄、婉转的讽刺手法,冷静自然,不动声色,使作品"戚而能谐,婉而多讽"。

587. 试论《儒林外史》的讽刺艺术成就。

《儒林外史》的讽刺艺术是其最高的艺术成就。其在讽刺艺术上的成功之处具体表现在以下几个方面：

（1）"直言其事，不加断语"的讽刺艺术。作者力求用自然的叙述表现客观事件，且并不随意加以褒贬。如小说第十七回，在自然的描写中，通过"斗方名士"的一段对话将文人士子们生活无聊、内心空虚的状态揭示出来。又如热衷八股文且受之长期熏陶的马二先生，失去了发现生活之美的能力，且十分迂腐，作者也通过客观的叙述来讽刺他。在游西湖时，马二不去欣赏西湖秀丽的景色，却惦记着酒店里的羊肉、蹄子，而对于西湖的女游客，他甚至不敢望上一眼。仁宗皇帝题的御书使他望之而下跪磕头。看到书店里有自己的八股选本则立即打听销售情况。

（2）"悖谬情态"的夸张式讽刺艺术。即是超越人情常态的夸张式描写，借此讽刺与展示人物主体性格，揭示问题的本质。如范进因中举而发疯，周进看到号板哭得晕了过去，讽刺知识分子受科举制度的毒害之深；范母喜极丧命反映难以承受事实的转变；严监生因两根灯草不肯咽气，使人物吝啬的形象深入人心，同时，也在一定程度上揭露了他的死因。

（3）"爱而知其丑，憎而知其善，善恶必书"的讽刺艺术。是指作者在创作过程中所坚持的"不虚美，不隐恶"的原则，用不同的程度与方式讽刺不同的人。作者对王惠、鲍廷玺、杜慎卿、汤知县等官绅进行了无情和尖刻的讽刺，对马二先生是讽刺与欣赏并存，对范进、匡超人等人则是在开始时给予同情或欣赏，对他们中举后腐败的生活给予无情的批判。

（4）善于表现互相矛盾的事物之间的矛盾性，从而达到讽刺的效果。如第四回写到"遵制丁忧"的范进去汤知县处打秋风，范进的言行充满了矛盾，将其居丧尽礼的虚伪性无情披露。又如范进中举前后胡屠夫对他的不同态度等。

（5）善于采取当面揭穿的讽刺手法，当面点破人物的言行不一，让人物陷于尴尬的处境，使得他们自我嘲讽，自我暴露，从而达到讽刺效果。如当面揭露匡超人自我吹嘘、严贡生吹牛等。

（6）善于在讽刺过程中，结合严肃的写实与诙谐的讽刺来挖掘产生该现象的社会根源，从而达到对社会制度进行反思和批判的目的。如未中举的范进日子过得十分紧迫，岳父常常骂他无用，母亲饿得两眼昏花，不得不抱鸡去卖；而在其中举后，不但岳父对他十分恭敬，周围的乡绅也争相巴结，于是很快就有了银子、房子和丫头、仆人。

588. 试论《儒林外史》的结构特点。

《儒林外史》的叙事方式从根本上区别于此前的长篇小说，且明显不同于此后的乃至外国的古今长篇小说。长篇小说一般多刻画一个或几个命运关联的主要人物以及他们所经历的一件或一串互有因果关系的基本事件，由此来构成完整连贯的故事格局。而

《儒林外史》却不是这样,书中没有主要人物,也没有基本事件。长篇小说的结构线索即是主要人物经历基本事件的过程脉络,具有特定的含义。由此观之,结构线索不存在于《儒林外史》中。《儒林外史》的叙事模式通常是由前一个人物引出后一个人物,前一件事情过渡到后一件事情,而一旦开始叙述后一件事,则不再会提起前几个人和前一件事。所以,《儒林外史》的叙事模式是按照逻辑将叙及的人物与事件连缀展开。鲁迅在《中国小说史略》中概括《儒林外史》的叙事模式为:"唯全书无主干,仅驱使各种人物,行列而来,事与其来俱起,亦与其去俱讫,虽云长篇,颇同短制。"

589.《红楼梦》脂评本与程刻本的主要区别是什么?

脂评本系统和程刻本系统被称作《红楼梦》的两大版本系统。所谓脂评本,指留有作者的亲友脂砚斋等人(至少还包括畸笏叟)在小说上所作批语的本子。这类本子通常被称作《脂砚斋重评石头记》,都是作者原作的八十回本,最初以抄本的形式流传。脂评本于二十世纪的二十年代被发现,在数十年间陆续出现了多个版本,其中重要的有"甲戌本""庚辰本""甲辰本""王府本""梦稿本""戚序本""己卯本""列藏本"等。早期《甲戌本》收藏者刘铨福跋语:"脂砚与雪芹同时人,目击种种事故,批笔不从臆度。"因此,这类本子具有很高的研究价值。苏州书商程伟元请人将《红楼梦》补葺整理成一百二十回,这便是程刻本的由来,这类本子于乾隆五十六年以萃文书屋名义用活字排印出来,书名称作《新镌全部绣像红楼梦》。这部书前八十回与脂评本颇为接近。而在乾隆五十七年初春,程伟元在搜集各种本子后,进行汇校改订,又再次排印出版。人们把前一种称为程甲本,后一种称为程乙本。此书因其有完整的故事情节,一经发行便风行天下,后来程乙本成为坊间最受欢迎的本子,选为源头进行刻印,其他本子基本被忽略。实际上,并非只有程伟元一家续写八十回后,但基本上只有程刻本历经筛选而流传下来。高鹗是程伟元所邀补葺之人,但却难以确定高鹗补葺中创作的部分到底有几许。

590. 简述红学的研究历程。

研究《红楼梦》的学问称作红学,至今已有两百多年的历史,它产生于《红楼梦》的写作和流传。红学在两百多年间经历了几个不同的发展时期。大致有三个时期:一是"旧红学"时期,从清代乾嘉年间至1921年以前;二是从1921年到1954年,"新红学"的出现到"新红学"时期;三是"当代红学"时期,从1954年批判《红楼梦》研究中的资产阶级思想至今。

红学研究大体分为四个阶段:

(1)早期红学(评点派):序跋、赞咏、评点为主要内容。脂砚斋的《脂砚斋重评石头记》以其史料价值而著称。脂砚斋之后,盛行于红学领域的还有多种《红楼梦》评点,如护花主人王希廉的《红楼梦总评》《红楼梦批序》,太平闲人张新之的《妙复轩评石头记》,大梅山民姚燮的《读红楼梦纲领》,陈其泰的《桐花凤阁评〈红楼梦〉》,等等。

(2)旧红学(索隐派):是形成于二十世纪初的红学研究中的一个派别。该派主张通过"索隐"找出书中的"真故事""真内容"。其中以"明珠家事"论、"清世祖与董鄂妃"论、"政治小说"三说影响较大。代表人物及著作是"晚清索隐三派",他们分别是:蔡子民(元培)的《石头记索隐》,王梦阮、沈瓶庵的《红楼梦索隐》,邓狂言的《红楼梦释真》。

(3)新红学(考证派):是指"五四"以后,以胡适、俞平伯为代表的考证派,提出"自传说"。其后在考证方面做出了突出的成绩的有顾颉刚、周汝昌、吴恩裕、吴世昌、邓绍基、冯其庸等人。考证派的研究主要集中在:一是"曹学",即是关于《红楼梦》作者曹雪芹及其生平与家世的研究。二是"版本学",即是对《红楼梦》版本的研究,包括对各版本间的源流、异同的分析,以及选出最接近原著的版本。三是"脂学",即是研究脂砚斋评语和脂本系统。四是"探佚学",即是收集相关资料对遗失的后四十回进行探佚。

(4)新时期红学:1949年新中国成立,《红楼梦》也进入了它的普及期。除了专业的红学家继续他们的书斋研究之外,还有一批业余红学家响应毛泽东"《红楼梦》要读五遍"的号召,研究《红楼梦》。1954年,红学大讨论,李希凡和蓝翎是发难者。二十世纪八十年代,红学研究进入了一个自觉的学术史时期。这一时期较为突出的有郭豫适的《红楼梦研究小史稿》和《红楼梦研究小史续稿》。

591. 什么是"木石前盟"和"金玉良缘"?

"木石前盟"与"金玉良缘"是曹雪芹在《红楼梦》中创造的两种爱情婚姻模式。"木石前盟"指的是贾宝玉和林黛玉之间的知己之爱。他们爱情的发生虽是对前世浇灌之恩的倾情回报,更是建立在后世互为知己的基础上。在后世的贾府生活中,不管是对封建家庭强加于个人的社会要求的强烈叛逆,还是对社会人生的悲剧性体验,贾宝玉与林黛玉都有共同之处,这就决定了他们爱情的发生建立在互为知己的基础上。"金玉良缘"是指贾宝玉和薛宝钗之间为封建家庭所选择并促成的以贵护富和以富补贵的婚姻关系。

592. 试论《红楼梦》的人物塑造艺术。

《红楼梦》对人物塑造的造诣极深,区别于前人创造的脸谱化的人物,曹公笔下的人物性格多样化且具有一定的复杂性。以前小说的人物是好人必好,坏人必坏,而《红楼梦》中打破了这种固化模式。鲜明的个性、复杂性和充分的真实性被赋予每一个典型人物。

(1)曹雪芹善于全面对照不同的人物,尤其是相近的人物之间的复杂性,使得他们的个性的独特性得以突显。

(2)作品通过日常的生活细节,精雕细刻人物。

(3)在复杂关系的大背景下刻画人物。

(4)《红楼梦》写出人物心灵深处情感因素与理性因素的搏斗。

(5)善于描写人物所处的环境,表现微妙心理活动。

593. 试论《红楼梦》的叙事结构特点。

《红楼梦》娴熟地继承和使用了《金瓶梅》的网状叙事结构。王希廉高度评价《红楼梦》的叙事结构，他说："结构细密，变化错纵，固是尽善尽美""错纵变化，如线穿珠，如珠走盘，不板不乱"。《红楼梦》网状叙事结构具体体现在以下几个方面：首先，于叙事过程中，将严密的、契合天地循环的圆形结构预先确定下来，如该书第一回中，作者先说明了顽石、神瑛侍者和绛珠草之间的故事，然后用一僧一道将他们带入红尘，在历经人世间的悲欢离合后，又由这一僧一道将他们带回青埂峰，并把他们在人间的经历写在石头上，是为《石头记》，并最终由曹雪芹删改完成。作者一开始就将该书的行为思路和创作宗旨以神话的形式确立了，从而为后来描写现实生活确立了总的叙事基调。其次，在描写现实事件时，采取了以圆形结构为主，网状的叙事形式为辅的方式。《红楼梦》一书通过一主一副两条线展现现实生活，它们互为表里、相互交织，主线是宝黛钗三人的爱情纠葛，副线是贾府的荣辱兴衰，其间又穿插了一系列小的故事情节，如薛蟠打人、宝玉挨打、螃蟹宴会等，网状叙事结构由此而来。此结构使得情节之间相关联，一环扣一环，这正是"一击空谷，八方皆应"的创作技巧，社会生活的原貌就此得以广泛地展示出来。

594. 简述《红楼梦》在诗词运用方面的特色。

《红楼梦》突破了以前叙事体小说，它充分调动我国诗词、散文、音乐、绘画、雕塑、建筑等一切艺术表现手段，呈现出诗化的性格、意境与风格。古代小说的诗词常常用于描写人的外貌和场面，与人物的性格甚少相关。而《红楼梦》却能融诗词歌赋与人物、环境、情节、场面等于一炉，达到人境合一、神形兼备、情景交融的艺术境界，给人以和谐感、整体感。

595. 分析《红楼梦》的悲剧意义。

《红楼梦》昭示了一个无法改变，却让人们感情上无法接受的事实：人和社会永远存在于一个巨大的悲剧之中。曹雪芹通过个人到社会、表层到深层四个层面揭示了悲剧意蕴。

（1）社会悲剧。《红楼梦》通过家庭悲剧来描摹社会悲剧。它的主线是四大家族的兴衰变化，以宝、黛爱情为主要事件，揭示了从家庭到社会的悲剧命运。第一，封建官僚家庭衰败的根本原因是政治上的腐败。如"护官符"暗喻贾、史、王、薛四大家族的黑暗内幕。第二，通过描写四大家族穷奢极欲来揭示其必然走向覆灭的命运。如秦可卿奢华的葬礼，而贾府等大家族不仅奢侈，还很荒淫，贾府的乱伦关系可谓比比皆是。第三，作者将封建家族自然衰败的悲剧命运暗藏于对贾府一代不如一代的描写中。贾宝玉是社会新思潮的代表人物，他在贾府悲剧发展的过程中具有特殊的意义。他与作为封建腐朽势力化身的家庭格格不入，社会悲剧亦导致了他的爱情悲剧。他把精力放在爱情上正是由于寻求不到自己理想的社会道路。

（2）道德文化悲剧。儒家思想实质上是一种伦理思想，它一方面用"仁爱"作为准则来规范每个人的行为,一方面又要求个人须得服从社会,这就要付出牺牲个性的代价。作者对这样的儒家思想提出了大胆的质疑,他笔下描写了一大批个性鲜明的人物形象。青年女子的不幸命运、贵族后裔身上往往体现出儒家教育的失败。如作为封建道德文化代表的标准淑女形象,薛宝钗以压抑个性去服从家庭和社会,所以她尽管在婚姻上取得了胜利,但在自我实现上却是一个不折不扣的失败者。

(3)爱情婚姻悲剧。《红楼梦》的灵魂是宝黛的爱情悲剧和宝钗的婚姻悲剧。甲戌本第五回脂批云"悲金悼玉,大有深意",既是对宝钗的悲念,亦是对黛玉的悼念。《终身误》暗示了宝玉的思想观念与世俗社会的格格不入。在思想观念上,宝玉和黛玉重"情","木石前盟"即是体现,而宝钗守"礼"。黛玉多愁善感,心气孤高,不懂周旋,且时时出言刻薄,在封建家庭曲高和寡,宝玉却引以为知音。而薛宝钗喜怒不形于色,顺从环境,性格温顺,懂得上下逢迎,博得一片赞扬。她规劝宝玉走"仕途经济"之道。她深重的封建等级观念和四大家族之一的家庭背景使得"金玉良缘"更合乎封建家长改造宝玉的意愿、贾府的家族利益以及封建礼教要求。所以,贾府不顾宝黛的爱情愿望而从中扼杀,象征着富贵结合的"金玉良缘"彻底地将象征着心有灵犀的"木石前盟"取代。而贾宝玉虽娶了薛宝钗,却"到底意难平",选择了"悬崖撒手",造成二人之间没有爱情的婚姻悲剧。

(4)人生悲剧。《红楼梦》的悲剧主题是多方面的,而"无材可去补苍天"的人生悲剧正是这众多悲剧主题的一种,这一悲剧主题具体来讲,是通过贾宝玉的艺术形象体现出来的。贾宝玉虽然出生于世家大族,但从其性格来讲,却是封建社会传统价值观的叛逆者,其叛逆性主要体现在:首先,贾宝玉具有"情不情"的性格特点,对于一切为正统文化所排斥的人与事,他都怀有一颗赞赏与怜悯之心,如他说"女儿是水做的骨肉,男子是泥做的骨肉。我见了女儿,便觉清爽;见了男子,便觉浊臭逼人";其次,贾宝玉厌恶八股文;再次,贾宝玉厌恶走仕途经济之路,称追求科举之士为"国贼禄蠹";最后,他反对"文死谏,武死战"的传统道德观念。正是由于以上性格行为的叛逆性,贾宝玉不可能担当起挽救家庭衰亡命运的重担,封建家庭的衰亡无可避免。

《红楼梦》是中国悲剧作品的顶峰之作,它敢于突破中国传统悲剧意识,反对中国传统悲剧小说那种自欺欺人,期待喜从天降的悲剧意识。从哲学的高度来认识人生活中无处不在的悲剧,体会其永恒的不幸。王国维将解脱悲剧分为两种,其中一种认为出世是因为看破红尘,这种解脱是平和的、超自然的、宗教的,而贾宝玉高于这种解脱,他并不因自己而痛苦,而是看到全人类的痛苦,并从中获得解脱之道。

596. 试述《红楼梦》在小说史上的地位。

(1)在创作观方面,作为世情小说,《红楼梦》是继《金瓶梅》之后的杰作。《红楼梦》直接继承《金瓶梅》表现日常生活的创作手法并加以发展,主要描写家庭琐事和儿女之事,"将人情世态,寓于粉迹脂痕",但除却《金瓶梅》的自然主义。它一方面将封建末世的腐朽和黑暗寓于所谓"家常琐事""儿女闲情"之中,另一方面还能发掘出蕴藏于生活中的诗意,体现了作者高超的美学造诣。

(2)在塑造人物形象方面,《红楼梦》将人物性格的独特性、复杂性、边缘性融于一体,总结了一直以来中国古典小说的形象塑造方法。《水浒传》《三国演义》等书遗留有说话艺人痕迹,书中人物形象虽鲜明,却十分单纯,如"三绝"。《金瓶梅》突破并发展了这一写法,其人物性格具有复杂性,如西门庆这一典型人物集恶霸、官僚、富商于一体,是明中期以来封建阶级走向没落、商品经济发展时期的特有产物。当时的才子佳人小说有明显的概念化倾向,人物形象颇多相似之处,可谓千人一面。《红楼梦》做到了将人物的复杂性与主体性有机统一,通过多个层次展现人物的性格特征,不仅写出他们鲜明而独特的理性思考,也写出他们丰富的内心世界,这是这部书的伟大之处。书中的一些主要人物的性格,通常会凝聚着各种联系,每个人都有其自己的世界,人物更像现实中的人。如王熙凤,小说写其性格充满了复杂性,且随着时代的变迁而发生变化。贾府鼎盛时,她骄横泼辣,恣意妄为;贾府衰败时,她灰心丧气,想脱离抽身;贾府一败涂地时,她感到无力回天,办事穷于应付、左支右绌,甚至屈尊求人。心理变化的轨迹清晰可见,如张盛藻说:"《石头记》一书,描写闺阁女儿意态如生,……历历如绘,览之如闻其声,如见其人,是为说部极诣。"而《金瓶梅》中的潘金莲,从嫁给西门庆之前,直到死的八年之间,性格始终如此。

(3)在爱情观方面,曹雪芹反对像猥亵小说和《金瓶梅》那样过于精细地描写男女交媾细节,他认为感情的最高境界在于精神层面的互通和契合,并不在于肉体结合的快感。因此《红楼梦》中描写两性之间的语言颇具诗情画意,且点到为止,具有"情不情""意淫"的精神追求。意淫是男女之间因为爱情而发生的性行为,是性理论的一个完整概念。宝玉之所求是情而非欲,他既不是纵欲者,也不是禁欲者。当他撞见茗烟与一个女孩做事时,并未责备他,却在听闻茗烟连女孩的年纪有多大都不知时说道:"连他的岁属也不问问,别的自然越发不知了,可见他白认得你了。可怜可怜!"在他看来,男女之事不是不可,而是要建立在一定的感情基础上,互相倾心才能发生的。

(4)在故事结局方面,《红楼梦》自觉避免才子佳人小说的公式化,突破了大团圆结局模式,体现出正视现实、反省人生的批判意识和悲剧意识,反映时代更为深刻,标志着中国古典小说的艺术水准迈上了一个新台阶。

(5)《红楼梦》总结了中国古典小说一直以来的美学风貌。《红楼梦》把中国传统诗文之"雅"和小说之"俗"熔于一炉,既美得有意境、韵味,又兼具《金瓶梅》《水浒传》的场面、人情世态、性格。如黛玉葬花、宝钗扑蝶、湘云醉眠、晴雯撕扇等,寓情于叙事中,饱含着浓厚的情感。小说中主要人物,如黛玉、宝钗、宝玉、妙玉等,他们或感伤,或端庄,或疏狂,或孤傲,皆颇具诗人之情致,而其命运遭际,亦犹如一首抒情诗。

597.李渔的短篇小说创作呈现出什么样的特点?

李渔的小说创作呈现出以下几方面的特点:

(1) 题材上,李渔的小说创作写的虽是世情,却并非真实的生活,而是他游戏人生的意趣和独具一格的经验之论。

(2) 李渔在小说创作末尾处总有一篇有关名教、有裨风化的说教,继承了拟话本小说的创作传统,但这些说教大多只关乎饮食日用,却鲜少提及封建伦理纲常。

(3) 李渔的小说创作呈现出玩世的娱乐性。

(4) 李渔的小说创作具有情节的随意性和主观专断的叙事特征。

598.《子不语》是一部什么样的书?

《子不语》是一部笔记体小说,又名《新齐谐》,作者袁枚,取意于《论语》中"子不语怪、力、乱、神",意谓所记为孔子"不语"者。袁氏于自序中提到,这部作品是他从事文史之余,"广采游心骇耳之事,妄言妄听,记而存之"的自娱之作。共二十四卷以及十卷续集,约一千则。全书记录了许多奇闻异事,没有明确的思想倾向,但作者反对旧传统道德的思想和诙谐放达的性格,诸如对假道学和腐儒嘲讽、对贪暴官吏讥刺、主张人欲合理等,仍时有流露。鲁迅称《子不语》的文字"屏去雕饰,反近自然"(《中国小说史略》),具有一定的特色。其不足在于全书杂乱无章,有些故事过于随便地记叙男女之事。

599. 简述《三侠五义》的成书情况。

《三侠五义》是说唱文学《龙图公案》的记录整理本。石玉昆说唱的原本是《龙图公案》,有爱好者"每日听书,归而彼此互记,因凑成此书"(崇彝《道咸以来朝野杂记》),故曰《龙图耳录》,是听后的记录本。后来有署名为问竹主人的改《龙图耳录》为《忠烈侠义传》,又名《三侠五义》,并将原书开头十二行作为《三侠五义》的序。

600. 什么是"谴责小说"?有哪些代表作?

谴责小说是中国旧小说的一种。其主要内容为揭示黑暗的封建社会,指摘清廷政治的腐败,大量作成于清末戊戌变法运动失败后。这类小说,"虽命意在于匡世,似与讽刺小说同伦,而辞气浮露,笔无藏锋,甚且过甚其词,以合时人嗜好,则其度量技术之相去亦远矣,故别谓之谴责小说"(鲁迅《中国小说史略》)。谴责小说大都反映资产阶级改良派的政治要求。其代表作有"四大谴责小说",它们分别是:吴趼人《二十年目睹之怪现状》、李宝嘉《官场现形记》、曾朴《孽海花》、刘鹗《老残游记》。